Jetzt lerne ich

Java

Jetzt lerne ich

Java

RALPH STEYER

Markt+Technik

ISBN 978-3-95982-044-8

Espenpark 1a
90559 Burgthann

Produktmanagement Christian Braun, Burkhardt Lühr
Herstellung Jutta Brunemann
Korrektorat Knut Lorenzen
Covergestaltung David Haberkamp
Coverfoto © laralova – Fotolia.com
Satz Gerhard Alfes, mediaService, Siegen (www.mediaservice.tv)
Druck Media-Print, Paderborn
Printed in Germany

Inhaltsverzeichnis

Vorwort

Java! Im Moment ist die achte Version aktuell und ich kann eigentlich kaum glauben, wie die Zeit vergeht. Ohne sentimental werden zu wollen – ich erinnere mich noch recht gut daran, wie ich Mitte der 90er Jahre mit dem Java-Quellcode für ein Apfelmännchen eines meiner ersten Honorare als Freelancer eingefahren habe. Der Quellcode auf Basis von Java 1 wurde als zentraler Part einer meiner ersten Beiträge in einer Computerzeitschrift vollständig abgedruckt. In Zeiten der Allverfügbarkeit von Informationen und Quelltexten per Internet ist es ebenso unglaublich, dass man einmal mit abgedrucktem Quelltext Geld verdienen konnte.

Unzweifelhaft ist Java seit damals erwachsen und eine etablierte Technologie zum Erstellen anspruchsvoller und leistungsfähiger Applikationen geworden. Sei es für den Desktop, für Server aller Art, für mobile Geräte, allgemein für Netzwerke und speziell für das Internet. Java ist durch seine Plattformunabhängigkeit ein Allzweckwerkzeug für (fast) jeden denkbaren Einsatzzweck und (nahezu) jede Betriebssystemumgebung.

Java ist nicht zuletzt deswegen erfolgreich, weil man seit Beginn konsequent auf die objektorientierte Programmierung (kurz OOP) setzt. Denn wer heutzutage neue Applikationen programmiert, wird das in der Regel objektorientiert tun.

Richtig durchgesetzt hat sich diese OOP erst Mitte der 90er Jahre. Ich bin mir sicher, dass daran insbesondere auch Java einen großen Anteil hatte. Denn Java ist als Sprache relativ einfach und logisch. Damit werden der Einstieg für angehende und ein Umstieg für erfahrene Programmierer erleichtert. Und trotz der konsequenten Umsetzung von objektorientierten Konzepten ist die Java-Denkweise nicht so radikal wie bei einigen Konkurrenztechnologien, dass erfahrene Programmierer bei einem Umstieg vergrault werden. Außerdem ist die Universalität von Java ein Zaubermittel für den Erfolg. Mit Java können Sie nahezu alles programmieren, was man sich so vorstellen kann, und das eben auch so, dass es auf den verschiedensten Plattformen lauffähig ist. Im Internet, auf einem Windows-Rechner, auf einem Linux-System oder einem Smartphone. Oder auch auf im Prinzip beliebigen elektronischen Geräten, die irgendwie programmierbar sind. Denken Sie an Kaffeemaschinen, Kühlschränke, Automobilelektronik, Heizungen oder Videorekorder.

Auch wenn Sie vielleicht noch gar nicht programmieren oder die Vor- und Nachteile bestimmter Programmiertechniken einschätzen können, möchte ich Ihnen Java in einem kleinen Vergleich mit (ausgewählten) Konkurrenztechnologien vorstellen, die es zu Zeiten der Entstehung von Java schon gab – wobei dieser Vergleich auch heute noch gar nicht so falsch ist.

Stellen Sie sich einmal vor, in den 90er Jahren sollte ein Visual-Basic-Programmierer einen (EDV-)Löwen fangen. Visual Basic war damals eine sehr beliebte Programmiersprache, denn es gab grafische Entwicklungsumgebungen, mit denen man visuell viele Elemente eines Programms »zusammenklicken« konnte. Mit ein paar einfachen Mausklicks in einer passenden integrierten Entwicklungsumgebung (IDE) hätte ein Visual-Basic-Programmierer also einen optimalen Käfig für einen drei Jahre alten männlichen Löwen erstellt. Und jeder drei Jahre alte männliche Löwe ließe sich perfekt mit diesem Käfig fangen, sofern er dort irgendwann einmal vorbeikäme. Leider passte aber in den Käfig kein Löwe, der nicht optimal an den Käfig angepasst wäre. Für jeden Löwentyp müsste ein eigener spezieller Käfig gebaut werden und für manche (etwa Linux-Löwen) gäbe es sowieso gar keinen passenden. Außerdem waren die Käfige in Visual Basic grundsätzlich nicht gerade stabil. Zahlreiche Visual-Basic-Löwenfänger haben ihre Karriere als Mittagessen beendet.

Wenn ein C/C++-Programmierer einen Löwen fangen sollte, konnte (und kann) er mit seiner Haustechnik perfekte, absolut robuste Käfige erstellen, die auch für verschiedene Löwen passen. Aber der Bau eines jeden C/C++-Käfigs wird ungleich aufwendiger als im Fall eines Visual-Basic-Käfigs und muss sehr sorgfältig durchgeführt werden. Ich möchte ein Szenario zur Erstellung skizzieren: Ein C/C++-Käfig wird erstellt, indem zuerst alle Stangen freistehend aufgestellt werden. Dazu wird vorher genau berechnet, wie und wo sich die Stangen berühren müssen, damit sie sich exakt im Gleichgewicht befinden, gegenseitig stützen, stabil verknotet werden können und an dem vorgesehenen Ort stehen bleiben. Und dann – wenn alle Käfigstangen stehen und passend aneinandergelegt sind – werden stabile, reißfeste Schnüre um alle Verbindungsstellen geknotet. Das Resultat wird perfekt. Wehe jedoch, wenn eine Verbindung nicht richtig verknotet oder gar die Schnur vergessen wird. Rums – und ein irgendwann im Käfig gefangener Löwe hat ihn zerstört (und danach den C/C++-Programmierer samt dessen obligatorischer Pizza gefressen ;-)). Erinnern Sie sich noch daran, was ein »Blue Screen of Death« ist? »Schreibschutzverletzung an Adresse 4fe588aa8« oder so?

Wie geht nun ein Java-Programmierer vor? Er muss überhaupt keinen Käfig erstellen. Jeder Löwe bringt selbst bereits einen Käfig mit (optimal passend natürlich und absolut sicher und stabil). Der Java-Programmierer muss dem Löwen nur noch sagen »Fang dich selbst« und die Sache ist erledigt. Das einzige Problem ist, einen Löwen so zu dressieren, dass er folgsam in seinen Käfig geht. Das muss man halt sorgfältig planen und etwas Zeit in die Dressur stecken. Und das machen wir in dem Buch – Sie erlernen die Dressur eines Java-Löwen.

Der kleine Vergleich, der die Situation beim Programmieren mit Java (und zugegebenermaßen auch einigen anderen modernen OO-Sprachen) besser beschreibt, als Sie am Anfang vielleicht erkennen können, macht Sie hoffentlich neugierig darauf, wie man mit Java so etwas machen kann.

Wer ich bin

Zum Abschluss des Vorworts möchte ich mich Ihnen noch kurz vorstellen. Mein Name ist Ralph Steyer, was Sie auch leicht auf dem Buchcover sehen können. Ich bin von meiner Ausbildung her Diplom-Mathematiker. Seit 1996 arbeite ich als Freelancer (Fachautor, Fachjournalist, Dozent und Programmierer) rund um die Themen Computer, Programmierung und Internet. Davor stehen einige Jahre als Programmierer bei einer großen Versicherung im Rhein-Main-Gebiet im Lebenslauf. Wir haben damals DOS- und Windows-Programme zuerst mit Turbo Pascal und dann mit C/C++ erstellt.

Meine Erfahrung im Schreiben von Büchern im Internet- und Programmierumfeld reicht bis 1995/96 und einem ersten HTML-Buch zurück, dem mittlerweile zahlreiche Bücher zu HTML, JavaScript, Java, Browsern, Intranet-Administration sowie weiteren Programmierthemen und zuletzt auch JavaFX, PHP, AJAX samt AJAX-Frameworks wie jQuery, XML sowie verschiedenen Google-Technologien wie dem Google Web Toolkit und einige Onlinetrainings folgten. Daneben übersetze und lektoriere ich hin und wieder auch Bücher von Kollegen.

Das zweite große Standbein sind meine Computerschulungen. Diese reichen von VHS-Kursen über Firmenschulungen (meist mit Programmierern, die umgeschult werden oder eine neue Programmiersprache bzw. Technik lernen sollen) bis hin zu Ausbildungsmaßnahmen für Fachinformatiker, Trainings bei verschiedenen Akademien und einem Lehrauftrag an einer Hochschule im Rhein-Main-Gebiet.

Und auch dem dritten Punkt – der praktischen Arbeit mit Programmierprojekten – widme ich mich regelmäßig. Wobei hier die letzten Jahre fast ausschließlich Projekte im Bereich der Webprogrammierung anstanden.

Im privaten Bereich stehen Sport jeglicher Art (von Leichtathletik über Rasenkraftsport, Mountainbiken, Motorradfahren bis zum Gleitschirmfliegen) sowie Saxophonspielen in einer Rockband ganz vorne in der Hitliste – sofern mir Arbeit und Familie die Zeit lassen.

Meine Homepage finden Sie unter *http://www.rjs.de* und unter *http://blog.rjs.de* meinen Blog. Aber damit sind meine Präsenzen im Web nicht abgeschlossen, denn unter *http://www.ajax-net.de* betreibe ich u. a. ein Portal zu Ajax und unter *http://javafx-buch.de* eine Webseite zu JavaFX. Sie finden mich aber auch auf Facebook, XING, Google+ oder Twitter.

Nun aber genug des Vorworts – viel Spaß sowie Erfolg beim Einstieg in die Programmierung mit Java wünscht Ihnen

Ralph Steyer

http://www.rjs.de und *http://blog.rjs.de*

Twitter-Screenname *rjsedv*

1 Einleitung

1.1 Was lernen Sie in diesem Kapitel?

In diesem Kapitel beschäftigen wir uns damit, was genau Java ist. Sie lernen die Geschichte von Java, die Hintergründe und das Umfeld kennen. Des Weiteren werden wir die Voraussetzungen schaffen, damit Sie erfolgreich in die Programmierung mit Java einsteigen können, und wir behandeln in diesem einleitenden Kapitel den grundsätzlichen Aufbau des Buches.

1.2 Was ist Java?

Willkommen in der Welt von Java. Wenn man aktuell die Programmiergrundlage von Applikationen betrachtet, die von Grund auf neu erstellt werden, wird man für die große Masse eine Aufteilung in wenige Welten sehen.

- Da gibt es einmal das **.NET-Framework** mit all seinen auf Windows-Rechner optimierten Möglichkeiten und den dortigen Programmiersprachen wie C#, VB.NET oder F#.
- Sogenannte **Rich Internet Applications** (RIAs) stellen über das Internet und den Webbrowser Funktionaliät bereit. Dabei kommen serverseitig die unterschiedlichsten Sprachen zum Einsatz (ASP.NET, PHP, Java, Perl, ...), aber im Client (Webbrowser) haben sich HTML (HyperText Markup Language), CSS (Cascading Style Sheets) und vor allen Dingen JavaScript als die zentralen Technologien durchgesetzt. Gerade HTML5 und CSS3 in Verbindung mit Ajax (Asynchronous JavaScript and XML) haben die Entwicklung hier auf eine ganz neue Ebene gehoben.
- Bei älteren Applikationen gibt es Anwendungen in den unterschiedlichsten Programmiersprachen. Diese werden vermutlich noch gefühlte Ewigkeiten gewartet und teilweise sogar weiterentwickelt. Insbesondere C/C++ hat hier noch eine sehr hohe Verbreitung und in vielen Banken und Versicherungen wird – gerade auf dem Großrechner – noch viel mit Cobol gearbeitet.
- Spezielle Programmiersprachen für geschlossene Habitate wie mobile Apps unter iOS.
- **Java** als universale Technologie. Vom Desktop über das Web bin hin zu mobilen Apps.

Diese Technologien teilen sich den Kuchen und lassen für den Rest nur Krümel übrig. Und das wird meines Erachtens auch die nächsten Jahre so bleiben und sich eher verstärken, wobei Rich Internet Applications immer stärker in den Markt der Desktop- und verteilten sowie mobilen Applikationen drängen. Dennoch ist die Zeit klassischer Applikationen noch lange nicht abgelaufen. Hier sollte man die sogenannten eingebetteten Systeme im Auge behalten, die eine riesige Zielumgebung für Java darstellen. Gerade die RIAs sind für Java eher noch ein weiterer Zielmarkt (mittlerweile im Client vor allen Dingen mit einer Technologie namens JavaFX), und nicht zuletzt kann Java auch als serverseitiges Rückgrat von RIAs dienen, die im Frontend durchaus mit den reinen Web-Technologien arbeiten. Von daher sehe ich in den nächsten Jahren einen sogar eher steigenden Bedarf sowohl an Java-Anwendungen als auch Java-Know-how.

Wie gehen wir nun am sinnvollsten vor, damit Sie Java kennenlernen? Ich nehme an, Sie brennen darauf, gleich loszulegen. Bevor es jedoch richtig losgeht, sollen in diesem einleitenden Kapitel jedoch wichtige Dinge geklärt werden, die Ihnen die folgende Arbeit mit dem Buch erleichtern werden oder sie gar erst möglich machen. Dazu sollen Sie Java auch so weit kennenlernen, dass Sie die Technik einschätzen und mit den diversen Schlagwörtern und Fachbegriffen im Java-Umfeld etwas anfangen können.

Ich stelle Ihnen einmal eine provakante Frage: Sie wollen Java lernen?! Wissen Sie überhaupt, auf was Sie sich einlassen? Weniger, was Ihnen bevorsteht. Halb so schlimm. Mehr, was Java eigentlich ist?

Sie werden vielleicht antworten, dass Java eine objektorientierte Programmiersprache ist. Damit haben Sie Recht. Aber das langt mir so noch nicht. Java ist eine ganz besondere Programmiersprache. Und sogar noch mehr als eine Programmiersprache. Es ist darüber hinaus eine ganze Plattform zur Ausführung von stabilen, sicheren und leistungsfähigen Programmen, unabhängig vom zugrunde liegenden Betriebssystem.

1.2.1 Die Java Technology

Unter der Java Technology (Java-Technik) versteht man eine ganze Sammlung von Spezifikationen, die einerseits eine Programmiersprache und andererseits verschiedene Laufzeitumgebungen samt umfangreichen Bibliotheken für Computerprogramme definieren. Die gesamte Spezifikation der Java-Technologie umfasst folgende Bestandteile:

- Die grundlegende **Java-Plattform** – eine standardisierte Softwareplattform.
- Die eigentliche **Programmiersprache** Java.
- Das grundlegende **Entwicklungswerkzeug** (Java Development Kit – JDK) samt darauf aufbauender Erweiterungen.
- Die Java-**Laufzeitumgebung** zur Ausführung von Java-Programmen.

Die Programmiersprache Java

Betrachten wir zuerst die Programmiersprache, denn damit werden Sie als Programmierer natürlich erst einmal umgehen müssen. Wenn Sie ein Java-Programm schreiben, machen Sie das in der Programmiersprache.

Die Programmiersprache Java ist von der Syntax her stark an C/C++ angelehnt, während die Objektorientierung eher von Smalltalk stammt. Java wurde deshalb so erfolgreich, weil die Stärken der Vorfahren übernommen und deren Schwächen ausgemerzt sowie über eine vertraute Syntax die Einstiegshürden niedrig gehalten wurden. Dazu kam die Ergänzung dann noch fehlender, sinnvoller Innovationen. Die genauen Hintergründe wollen wir später behandeln. Schauen wir uns nur kurz an, wie der Java-Erfinder Sun schon zu Beginn der Java-Karriere seine geniale Erfindung selbst charakterisiert hat:

Java: eine einfache, objektorientierte, dezentrale, interpretierte, stabil laufende, sichere, architekturneutrale, portierbare und dynamische Sprache, die Hochgeschwindigkeits-Anwendungen und Multithreading unterstützt.

Der Entwurf der Programmiersprache Java strebte hauptsächlich fünf Ziele an, die sich aus dieser Definition ergeben. Java sollte

- eine einfache, objektorientierte, verteilte und vertraute Programmiersprache sein,
- robust und sicher sein,
- architekturneutral und portabel sein,
- sehr leistungsfähig sein,
- interpretierbar, parallelisierbar und dynamisch sein.

Untersuchen wir die Details.

- Java wurde von Sun als **einfach** bezeichnet bzw. konzipiert. Das kann man in Bezug auf den Lernaufwand sehen. Wichtiger ist aber Einfachheit in Bezug auf die Strukturen der Sprache. Und hier ist Java – insbesondere am Anfang – viel einfacher als diverse Konkurrenztechnologien gewesen. Java an sich ist klein. Die Sprache Java ist insofern einfach, als es nur wenige Elemente und vor allem wenige Axiome (Grundregeln zum Aufbau des logischen Konzepts) gibt. Wenn man wenige – wenngleich oft abstrakte – Regeln berücksichtigt, baut sich die gesamte Java-Philosophie daraus auf. Allerdings muss man anmerken, dass sich Java in den letzten Jahren sehr an Features der Konkurrenztechnologien orientiert und diese ebenso integriert hat, was deutlich zulasten der Einfachheit ging. Aber immer noch gilt, dass der Verzicht auf komplexe Mechanismen wie Operatorüberladung und Mehrfachvererbung viel zur Einfacheit einer Sprache beiträgt. Gleichzeitig sorgen die syntaktische Nähe zu C++, die ursprüngliche Ähnlichkeit der Klassenbibliothek zu Smalltalk-Klassenbibliotheken und die Verwendung von Entwurfsmustern in der Klassenbibliothek für eine Vertrautheit bei erfahrenen Umsteigern. Java zeigt für den erfahrenen Programmierer keine unerwarteten Effekte.
- Java ist eine **streng objektorientierte** Technologie. In Java gibt es – bis auf wenige sinnvolle Ergänzungen – nichts außer Objekten und deren Bestandteilen. Das macht Java stabil, sicher und – wenn man das Konzept verinnerlicht hat – logischer als Sprachen, die nicht so streng sind.
- Der Begriff **dezentral** in der Beschreibung der Java-Eigenschaften bedeutet, dass ein Java-Programm auf verschiedene Systeme verteilt werden kann. Teile eines Vorgangs laufen beispielsweise auf einem Rechner, andere Teile auf einem anderen. Oder bestimmte Bestandteile (Bibliotheken) sind auf verschiedene Ressourcen verteilt. Sie werden zur Laufzeit von der Java-Laufzeitumgebung zusammengefügt. Dabei unterstützt Java durch seine Klassenbibliothek eine Reihe einfacher Möglichkeiten zur Netzwerkkommunikation, von TCP/IP-Protokollen über RMI (Remote Method Invocation) bis hin zu Webservices.

- Java gilt als **interpretiert** und **kompiliert** zur gleichen Zeit, was im Grunde einen Widerspruch darstellt. Ohne die Vorgänge der Interpretation und Kompilierung hier weiter zu verfolgen (dazu kommen wir ausführlich), wäre ein passender Vergleich, wenn man von einem schwarzen Schimmel reden würde. Was nun? Entweder – oder? Beide Vorgänge (Interpretation und Kompilierung) beschreiben den Vorgang der Übersetzung von Quelltext in lauffähigen Binärcode, der von einem Computer ausgeführt werden kann. Dies kann man auf zwei Arten machen. Entweder der Quelltext wird auf einen Schlag mit einem geeigneten Programm übersetzt und dann dieser daraus resultierende Binärcode auf dem Computer zum Laufen gebracht. Das bedeutet dann, dass der Quelltext **kompiliert** wurde. Man kann aber auch mit einem anderen Programmtyp den Quelltext laden, ihn Zeile für Zeile lesen und direkt zur Laufzeit des Programms übersetzen lassen. Das ist dann der Vorgang der **Interpretation**. Java macht beides. Der eigentliche Quellcode wird in einen binären Zwischencode (sogenannten **Bytecode**) kompiliert, der ein architekturneutrales und noch nicht vollständiges Object-Code-Format darstellt. Er ist noch nicht lauffähig und muss von einer **Laufzeitumgebung** interpretiert werden. Dies ist die sogenannte **JRE** (Java Runtime Environment), deren wesentlicher Bestandteil die **JVM** (Java Virtual Machine – ein virtueller Prozessor) ist. Da jede Java-Laufzeitumgebung plattformspezifisch ist, arbeitet das endgültige ausgeführte Programm auf dieser spezifischen Plattform. Dort werden alle Elemente eingebunden, die für eine spezielle Plattform notwendig sind. Die Tatsache, dass der letzte Teil der Übersetzung des Bytecodes von einem plattformspezifischen Programm auf der Plattform des Endanwenders ausgeführt wird, nimmt dem Entwickler die Verantwortung, verschiedene Programme für verschiedene Plattformen erstellen zu müssen. Die Interpretation erlaubt zudem, Daten zur Laufzeit zu laden, was die Grundlage für das dynamische Verhalten von Java ist.
- Java ist **stabil** im Sinne von zuverlässig. Dies bedeutet, Java-Programme werden seltener abstürzen als in den meisten anderen Sprachen geschriebene Programme. Die gesamte Java-Philosophie ist darauf ausgerichtet und zahlreiche hochintelligente Details im Hintergrund sorgen dafür.
- Java ist nicht nur stabil, sondern auch sehr **sicher**. So ist die Unterbindung von direkten Speicherzugriffen nicht nur ein Stabilitätskriterium, sondern trägt gleichfalls zur Sicherheit bei. Dazu kommt, dass sich Bytecode-Anweisungen von in Java implementierten Sicherheitsfunktionen gut überprüfen lassen.
- Java ist **architekturneutral**, d. h., es ist auf verschiedenen Systemen mit unterschiedlichen Prozessoren und Betriebssystemarchitekturen lauffähig. Der kompilierte Java-Bytecode kann auf jedem System ausgeführt werden, das die JRE samt der virtuellen Maschine von Java implementiert.
- Java ist **portierbar**, was bedeutet, dass Java durch zahlreiche Spezifikationen (etwa standardisierte Datentypen, die sich auf jeder Plattform gleich verhalten) auf alle denkbaren Plattformen übertragen und dort implementiert werden kann.

- Java ist **dynamisch**. Das kann man als reine Marketingaussage auffassen, aber so ist es nur in zweiter Linie gemeint. Die Aussage beschreibt, dass Java an eine sich ständig weiterentwickelnde Umgebung anpassbar ist. Wenn ein Java-Programm sich an veränderte Bedingungen anpassen muss, werden einfach einzelne Module ausgetauscht oder neu hinzugenommen. Sogar während der Laufzeit kann ein Java-Programm neu benötigte Funktionalitäten einfach einbinden.
- Ein Charakteristikum von Java ist nach Aussage von Sun seine **Leistungsfähigkeit**. Hier muss man aber realistisch bleiben. Gerade in frühen Java-Versionen war die absolut mangelhafte Performance einer der Hauptkritikpunkte. Allerdings haben sowohl interne Optimierungen von Java selbst (u. a. die Hotspot-Optimierung) als auch die mittlerweile hohe Leistungsfähigkeit selbst von Billigcomputern zu einer konkurrenzfähigen Java-Performance geführt. Java kann durch sein dynamisches Verhalten in einigen Situationen auch einige Optimierungsmöglichkeiten zur Laufzeit für eine bessere Performance einsetzen, die auf Kompilierzeit-Optimierungen begrenzten Sprachen (C++ etc.) nicht zur Verfügung stehen.
- Java unterstützte von Anfang an **Multithreading** (**Parallelisierbarkeit**). Bei Java ist das Multithreading-Konzept voll integrierter Bestandteil der Philosophie. Der hochentwickelte Java-Befehlssatz zur Synchronisierung von Threads ist in die Sprache integriert und macht diese stabil und einfach in der Anwendung. Und gerade das Aufkommen von Mehrkernprozessoren in den letzten Jahren macht Multithreading zu einem interessanten Aspekt bei der Erstellung leistungsfähiger Applikationen.

Vom Beginn bis heute

Aktuell liegt Java in der Version 8 vor. Betrachten wir kurz den Weg hin zu diesem Punkt. Insbesondere gibt es ein paar notwendige Anmerkungen zu den Benennungen der Versionen.

Hinter Java stand ursprünglich die amerikanische Firma **Sun Microsystems**, die mittlerweile von der Firma **Oracle** übernommen wurde.

Die Geschichte von Java geht bis ins Jahr 1990 zurück. Zu diesem Zeitpunkt versuchte Sun im Rahmen eines Projekts namens »Green«, den zukünftigen Bedarf an EDV zu analysieren, um einen zukunftsträchtigen Markt für seine Produkte und Dienstleistungen zu lokalisieren. Haupterkenntnis des Green-Projektes war, dass die Computerzukunft weder im Bereich der Großrechner noch bei PCs oder Kleincomputern in der damals aktuellen Form zu sehen war. Der Consumerbereich der allgemeinen Elektronik (Telefone, Videorecorder, Waschmaschinen, Kaffeemaschinen und eigentlich alle elektrischen Maschinen, die Daten benötigten) wurde als der (!) Zukunftsmarkt der EDV prognostiziert. Ein extrem heterogenes Umfeld mit den unterschiedlichsten Prozessoren bzw. grundverschiedenen Kombinationen von Hard- und Softwarekomponenten. Dafür eine gemeinsame Plattform zu schaffen und damit frühzeitig einen Standard festzulegen, wurde als die Zukunftschance der EDV schlechthin vorausgesagt.

Die wichtigsten Forderungen an eine solche auf allen denkbaren Systemen lauffähige Plattform waren eine erheblich größere Fehlertoleranz, eine leichtere Bedienbarkeit und eine bedeutend bessere Stabilität, als bei allen bis dahin vorhandenen Plattformen realisiert worden war. Die Plattform musste deshalb sowohl ein neues Betriebssystem oder zumindest eine neue Betriebssystemergänzung für alle populären Betriebssysteme bereitstellen als auch möglichst eine neue Programmiersprache, denn alle bis dahin vorhandenen Programmiersprachen wiesen zu große Schwächen in Hinblick auf die Stabilität auf. Gerade bei Bedienerfehlern – und diese gestand man beim Green-Projekt der potenziellen Zielgruppe, den Consumern, im Gegensatz zur gängigen Praxis bei Computeranwendern einfach zu – waren bisherige Techniken und Programme einfach zu intolerant.

Ab Frühjahr 1991 gingen die Planungen in die Erstellung eines Prototyps für eine solche universale Plattform über. Als Name für dieses neue System wurde **Oak** (Eiche) gewählt. Gerüchten zufolge geht der Name auf eine imposante Eiche vor den Sun-Büros zurück. Eine etwas andere Variante verlegt die Eiche in ein an der Wand hängendes Bild. Eine seriöse Erklärung für Oak ist, dass es die Abkürzung für Object Application Kernel war.

1992 präsentierte das Green-Team mit »Duke«, einer kleinen Trickfigur (Avatar) in einem virtuellen Haus, das erste Ergebnis[1].

Abbildung 1.1: Das spätere Java-Maskottchen Duke.

Und obwohl Duke überzeugte und in der Folge im Rahmen eines Sun-Tochterunternehmens namens First Person vorangetrieben wurde, brachte das Projekt keine konkrete Anwendung hervor. Die Zeit war noch nicht reif für die neue Technik, die ersten Kontakte verliefen im Sand und First Person sowie Oak verschwanden in der Versenkung.

Dann aber wurde bei Sun das Internet und insbesondere das WWW als Zielplattform für ein weiterentwickeltes Oak erkannt. Allerdings sollte ein neuer Name her. Dem Gerücht nach wurde der Name dann außerhalb des eigentlichen Brainstormings in einer beliebten Cafeteria der Sun-Mitarbeiter gefunden. JAVA! Der Name Java steht in Amerika (eigentlich altenglisch)

1 Duke ist auch heute noch das Maskottchen von Java.

für eine bestimmte Sorte Kaffee, heißen, sehr heißen Kaffee (und ist natürlich ebenfalls eine Insel in Indonesien). Deshalb auch das Java-Logo – eine dampfende Kaffeetasse.

Abbildung 1.2: Das Java-Logo.

Bei der Java-Entwicklung kooperierte Sun mit der Firma Netscape, die zu dem Zeitpunkt für ihren aktuellen Browser – den Netscape Navigator – eine Skriptsprache namens **LiveScript** entwickelte. Im Rahmen der gemeinsamen Marketingstrategie wurde diese Sprache von Netscape in das bekannte **JavaScript** umbenannt, um eine Verwandtschaft zu Java anzudeuten.

Im ersten Halbjahr 1995 präsentierte Sun das für das Internet aufbereitete und optimierte Java auf Basis der **Java-Applets**. Dazu wurde das zugehörige kostenlose und frei zu verwendende Paket von Entwicklungstools (das JDK 1.0 – Java Development Kit) vorgestellt.

Java schlug im Web wie eine Bombe ein. Als Plattform der Java-Applets lieferte Sun mit **HotJava** gleich auch eine erste komplexe und vollständig in Java geschriebene Anwendung, die auf allen Betriebssystemen lauffähig war, für die eine virtuelle Maschine verfügbar war. Mit anderen Worten – HotJava war der erste Java-fähige Browser und demonstrierte auf der anderen Seite, dass auch außerhalb von Webseiten Programme mit Java erstellt und in Webseiten integriert werden konnten. Aber auch der Netscape Navigator als damals mit Abstand populärster Webbrowser unterstützte unmittelbar Java-Applets.

Alles in allem eine geniale Strategie (revolutionäre Erweiterung des bis dato statischen Webs, die Demonstration der Leistungsfähigkeit eigenständiger Anwendungen auf im Prinzip beliebigen Plattformen und kostenlose Entwicklungstools sowie die Kooperation mit Netscape), die Java schlagartig populär machte.

Kurz nach Präsentation des JDK 1.0 wurden diverse kommerzielle oder freie Entwicklungspakete mit integrierten Programmiertechniken unter einer gemeinsamen Oberfläche nachgeschoben. Also eine grafische Benutzerumgebung (GUI, was die Abkürzung für Graphical User Interface ist). Obwohl dies allesamt integrierte Java-Entwicklungsumgebungen (IDE, was die Abkürzung für Integrated Development Environment ist) waren, handelte es sich um einfache Aufsätze auf dem JDK. Meist direkt, indem sie die Tools des JDK einfach aufrufen.

Natürlich gab es in Java und im ersten JDK diverse kleinere Kinderkrankheiten. Einige betrafen die Sicherheit, andere fehlende Funktionalitäten. Dies ist für ein vollkommen neues Produkt verständlich. Die verschiedenen Updates bis heute haben diese aber beseitigt, und mittlerweile ist Java voll ausgereift, stabil und erfolgreich. Auch wenn Java-Applets, die mehr oder weniger die Geburtshelfer von Java waren und in der Anfangszeit fast ein Synonym für Java darstellten, mittlerweile im Web kaum noch von Bedeutung sind.

Versionswechsel in Java und die Benennung

Selbstverständlich entwickelt sich eine Programmiersprache bzw. Technologie immer weiter. Normalerweise ist eine neue Version abwärtskompatibel zu den Vorgängern. Aber nicht immer. Der Versionswechsel JDK 1.1 auf JDK 1.2 war in der Java-Geschichte bemerkenswert, da hier ein inkompatibler Bruch mit den Vorgängerversionen durchgezogen wurde. Das wird auch dadurch deutlich, dass die mit dem JDK 1.2 verbundene Java-Plattform mit Java 2 bezeichnet wurde, während die Vorgängerversion Java 1 und Java 1.1 (parallel zur Benennung des JDK) genannt wurde. Ebenso wurde für eine Übergangszeit das JDK 1.1 weiterentwickelt, obwohl das JDK 1.2 schon veröffentlicht war. Aber seitdem sind die neuen Versionen nur als echte Erweiterungen und Verbesserungen zu sehen, die keine gravierenden Inkompatibilitäten zu Vorgängerversionen nach sich ziehen. So wurden alle JDK bis zur Versionsnummer 1.4 zu Java 2 gezählt und erst mit dem JDK 1.5 auf Java 5 (eine Produktnummer) hochgezählt. Die Benennung erfolgt immer noch auf diese Weise und Java 8 geht mit dem JDK 1.8 einher.

Im Anhang finden Sie eine ausführlichere Java-Versionsgeschichte mit Informationen zu den verschiedenen Features und Besonderheiten, die die jeweiligen Versionen (insbesondere die Version 8) beinhalten.

Wo findet Java heutzutage Anwendung?

Wie erwähnt, standen Applets am Anfang der (Erfolgs-)Geschichte von Java und waren die populärsten Java-Anwendungen. Aber heutzutage findet man im Web kaum noch Seiten, die Java-Applets einsetzen. Dafür gibt es diverse Gründe, die in den späten 90er Jahren zum Niedergang der Java-Applets geführt haben:

- Schlechte Performance und großer Ressourcenhunger der ersten Applets bzw. von Java selbst. Gerade in den späten 90er Jahren war dies ein großes Problem.
- Relativ schwache Hardware bei den damaligen Anwendern.
- Damals waren sehr langsame Internetverbindungen bei Privatanwendern üblich, die für die verhältnismäßig großen Datenmengen nicht ausreichend waren.
- In den ersten Jahren nach der Java-Vorstellung gab es permanente Konflikte zwischen Sun und Microsoft samt einer mangelhaften Java-Unterstützung im Internet Explorer – Microsofts Browser.
- Die clientseitige Webprogrammierung im Allgemeinen kam um das Jahr 2000 generell in Verruf und wurde für einige Jahre fast gänzlich eingestellt.
- Zwingend notwendige Installation einer passenden JVM bei den Anwendern.

Aber Java hat nach einer Schwächephase um die Jahre 2000 bis 2005 neue Einsatzgebiete gefunden und sich dort etabliert. Java kommt heutzutage zum Beispiel in folgenden Bereichen zum Einsatz:

- Java ist eine ideale und erfolgreiche Möglichkeit zur Erstellung von **plattformunabhängigen Desktopanwendungen**. Viel Individualsoftware muss heutzutage für mehr als nur ein Betriebssystem erstellt werden. Neben Windows haben vor allen Dingen auch Linux und macOS eine relevante Verbreitung, und insbesondere Firmen wollen nicht für jedes Betriebssystem ein eigenes Programm erstellen.
- Im Internet und Intranet kann man mit Java **serverseitige Dienste** bereitstellen. Etwa in Form eines Java Application Servers (z. B. Apache Tomcat, JBoss, GlassFish etc.) oder rein von der Programmierseite mithilfe von Java-Servlets, Java Server Pages (JSP), Java Server Faces (JSF) und spezieller Web-Frameworks wie Struts.
- Java nutzt man für Anwendungen auf Chipkarten – sogenannten **Java Cards**. Wobei man das allgemeiner sehen kann. Eine große Zielgruppe stellen grundsätzlich die **eingebetteten Systeme** dar, für die Java ja auch ganz am Anfang entwickelt wurde. In den ersten Jahren konnte Java da nicht den erwarteten Erfolg verbuchen, aber wer Geduld hat, wird (oft) belohnt. Mittlerweile ist Java bei den eingebetteten Systemen in Kühlschränken, in Aufzügen etc. die zentrale Steuerungstechnologie. Das geht hin bis zu Echtzeitsystemen, wie sie etwa bei der Steuerung von Verkehrssteuerungsanlagen zum Einsatz kommen (mittels Java Real Time).
- Auf **mobilen Geräten** (Smartphone, Tablet etc.) nutzt man sehr oft Java. Insbesondere unter Android ist Java sogar die Standardprogrammiersprache.
- Die Clientplattform im Web ist ein weiteres Einsatzgebiet von Java. Es gibt immer noch **Java-Applets**, die bei einem Internet-Surfer bestimmte ergänzende Features bereitstellen, die eine reine Webseite nicht leisten kann. Prinzipiell im Rahmen der traditionellen Techniken, versucht Sun/Oracle aber, Java-Applets zusätzlich über verschiedene neue Ansätze neu zu beleben. Als reine Schlagwörter sollen JavaFX, Java Web Start, Next Generation Java Plugin und der Java Quick Starter erwähnt werden. Und auch Java-Frameworks wie das Google Web Toolkit (GWT), mit dem zur Designzeit in Java entwickelt und das endgültige Resultat erst in HTML, JavaScript und CSS übersetzt wird, zielen explizit auf das Web. Dennoch muss man realistisch bleiben – bei der clientseitigen Webprogrammierung wird Java vermutlich eher ein Exot bleiben.

Die Java-Plattform

Unter der Java-Plattform versteht man die Java-Laufzeitumgebung (JRE) mit den Java-Programmierschnittstellen (Java-API – Application Programming Interface), die Sie sich erst einmal als Bibliotheken vorstellen können.

Sprachen für die Java-Plattform

Offensichtlich werden Programme für die Java-Plattform in der Regel in der Programmiersprache Java erstellt. Allerdings kann man auch andere Programmiersprachen verwenden, wenn diese die Spezifikationen der Java-Plattform erfüllen. Beispiele sind Nice oder Groovy.

Es gibt nun verschiedene Versionen der Java-Plattform, die unterschiedliche Ausrichtungen gestatten:

- Die Java Platform Java Card ist dafür optimiert, sogenannte Java-Card-Applets auf Chipkarten auszuführen. Die Java-Card-Applets basieren auf Java-Applets für das Internet, wurden aber im Leistungsumfang reduziert und vor allen Dingen für dieses spezielle Umfeld angepasst.
- Die Java Platform Micro Edition (kurz Java ME oder JME) ist eine Plattform für eingebettete Systeme wie etwa Smartphones. Diese hat sich allerdings nicht durchgesetzt und wird von speziellen APIs für spezifische Plattformen (vor allen Dingen Android) verdrängt, die dann oft auch nicht von Oracle selbst kommen.
- Die Java Platform Standard Edition (kurz Java SE oder JSE) ist die Kerntechnologie der Java-Plattform. Sie umfasst grundlegende APIs für den Einsatz auf Computern. Auf der Java SE bauen unmittelbar die Java-EE- und Java-ME-Technologien auf. Wir werden im Buch ausschließlich Java SE als Basis nehmen.
- Die Java Platform Enterprise Edition (kurz Java EE oder JEE) ist eine Erweiterung der Java SE. Die Erweiterungen umfassen die Unterstützung von transaktionsorientierten, komplexen Business- sowie Webanwendungen.

1.2.2 Java und Open Source

Java gehört einerseits Sun respektive Oracle, ist aber andererseits mittlerweile auch Open Source. Nur bestand bzw. besteht zwischen Java respektive Sun/Oracle und der Open-Source-Community ein nicht ganz einfaches Verhältnis. Doch klären wir erst einmal den Begriff »Open Source«.

Was ist Open Source?

Open-Source-Software (kurz OSS) wird landläufig gern als kostenlose Software (miss-)verstanden. Tatsächlich bezeichnet man damit jedoch Software, deren Quellcode offen liegt und (beliebig) benutzt und verändert werden darf. Es handelt sich also nicht um kostenlose, sondern freie, offene Software. Was das im Detail allerdings bedeutet, wie »beliebig« man diese Quellcodes benutzen und ändern darf, ob der veränderte bzw. weiterentwickelte Quellcode wieder kostenlos weitergegeben werden muss und wer der »Eigentümer« sowohl des Orginalquellcodes als auch des geänderten Quellcodes ist, wird jedoch in einer ganzen Palette von

Lizenzen festgelegt, die sich in vielen Details unterscheiden. Die Frage, unter welcher Lizenz Java und das JDK stehen, beeinflusst aber nicht die von Ihnen entwickelten Java-Programme, sondern nur die Java-Plattform selbst.

Sun/Oracle und Open Source

Bis zum Jahr 2006 hatte Sun gegenüber der Freigabe des Java-Quellcodes eine ablehnende Haltung eingenommen, was durchaus verständlich ist. Allerdings war Java schon von Anfang an mehr oder minder »offen«. Zumindest offen im Sinne von offenen Standards und einer Mitsprache der Java-Community sowie insbesondere der kostenlosen Weitergabe der Entwicklungswerkzeuge und der Java-Laufzeitumgebung, um die Verbreitung der Java-Plattform zu fördern. Die Community forderte mit der Zeit auch die Freigabe des Java-Quellcodes.

Mit dem Argument, einen einzigen Java-Standard und einheitliche Java-Plattformen sicherstellen zu wollen, widersetzte sich Sun jedoch lange der vollständigen Freigabe. Dies verärgerte viele Mitglieder der Community, auf deren Wohlwollen viele Softwarefirmen mittlerweile allerdings angewiesen sind. Und deshalb entwickelten sich diverse unabhängige Vereinigungen mit dem Ziel, ein vollständig unter einer freien Open-Source-Lizenz stehendes Java bereitzustellen. Dieser Entwicklung konnte Sun auf Dauer nicht widerstehen. Zuerst öffnete Sun Java mit einer eigenen Lizenz namens Common Development and Distribution License (CDDL), die Sun im Dezember 2004 vorstellte. Allerdings war diese Lizenz nicht mit der populären und auf breiter Front akzeptierten GNU General Public License (GPL) kompatibel und teils immer noch restriktiv. Mittlerweile steht Java allerdings unter der GNU General Public License.

1.3 Über das Buch

Ich möchte nun noch erläutern, wie das Buch konzipiert bzw. gedacht ist. Es ist ein Lehrbuch für den ambitionierten Einstieg in die Programmierung mit Java. Dabei stehen Java als Sprache und die Objektorientierung als Konzept im Fokus. Es soll Ihnen sowohl beim Selbststudium helfen als auch Basis dafür sein, in entsprechenden Kursen und Seminaren Java zu lernen.

1.3.1 An wen sich das Buch wendet

Das Buch wendet sich im Wesentlichen an Leser, die von Grund auf den sicheren Umgang mit Java lernen wollen. Sie haben ein Einsteigerbuch vorliegen, das von Anfang an den Umgang mit der objektorientierten Programmierung mit Java und ergänzenden Technologien erklärt. Allerdings werden wir nicht auf einem zu niedrigen Level aufsetzen und auch bis zu fortgeschrittenen Java-Techniken kommen. Aber wir werden vor allem am Anfang sehr langsam und grundlegend beginnen.

Diese Beschreibung der Zielgruppe soll bedeuten, dass Sie nicht unbedingt Vorwissen im Bereich Programmierung benötigen. Allerdings erleichtert es den Umgang mit dem Buch, wenn Sie schon einmal ein Programm oder ein Skript geschrieben haben (egal in welcher Programmiersprache) oder zumindest wissen, was Programmierung ist. Was ich bei einem Leser voraussetzen möchte, ist Folgendes:

- Sie haben einen modernen Rechner mit neuerem Windows, Linux[2] oder macOS zur Verfügung und können ihn einigermaßen sicher bedienen. Das bedeutet, dass Sie sich in Grundzügen mit Ihrem Betriebssystem auskennen. Dabei sollten Sie beachten, dass Java problemlos unter macOS läuft, aber die verfügbaren Entwicklungstools dort nur eingeschränkt und oft nicht in der aktuellsten Version bereitstehen. In dem Buch werden als Referenzsysteme **Windows 10** und eine aktuelle Linux-Distribution (konkret **Mint Linux 17.2**) verwendet.
- Sie sollten Zugang zum Internet haben. Ein eigener Internetanschluss ist zwar für die Programmierung mit Java selbst nicht relevant. Aber Java und dessen Tools sind mit Internet besser zu nutzen. Ebenso werden viele Quellen zu Java auf das Internet verweisen.
- Was sollten Sie an persönlichen Voraussetzungen mitbringen, um das Programmieren mit Java zu lernen? Wie beim Lernen aller Programmier- oder Skriptsprachen sollten Sie eine gewisse Hartnäckigkeit und Geduld mitbringen und vor allem Fehler als Teil des Lernens verstehen. Programmieren zu lernen, bedeutet nicht zuletzt, sich selbst genügend Zeit zu geben. Wenn Sie einigermaßen mathematisch, logisch bzw. abstrakt denken können, wird es das Programmieren erleichtern.

1.4 Wie dieses Buch organisiert ist

Die Kapitel dieses Buches sind immer gleich aufgebaut. Am Anfang erhalten Sie einen kurzen Ausblick auf das, was Sie in dem aktuellen Kapitel lernen werden. Danach folgt der eigentliche Stoff. Am Ende des Kapitels finden Sie eine Zusammenfassung der im Kapitel behandelten Themen.

Die Quellcodes des Buches finden Sie nach Kapiteln sortiert zum Download auf der Webseite des Verlags (*www.mut.de/2044*). Die Namen der jeweils aktuellen Dateien bzw. Projekte werden als Hinweise oder direkt im Text vor den jeweiligen Beispielen angegeben und bei Bedarf wiederholt. Ich empfehle allerdings, die Beispiele alle von Hand selbst zu erstellen. Das ist für das Verständnis und das Lernen eindeutig besser als ein Kopieren oder ein bloßes Ansehen.

1.4.1 Schreibkonventionen

In diesem Buch werden verschiedene Schreibkonventionen eingehalten, die Ihnen helfen sollen, die Übersicht zu bewahren. Wichtige Begriffe werden fett hervorgehoben. Vor allem sollten Sie erkennen können, ob es sich um normalen Text oder Programmcode handelt.

2 Solaris soll hier außer Acht gelassen werden, denn solche Systeme werden so gut wie ausschließlich in großen Firmen eingesetzt.

Wenn mir bestimmte Codepassagen besonders wichtig erscheinen, werde ich sie also hervorheben. Ebenso werden Tasten und noch einige weitere Besonderheiten gekennzeichnet. Diese Formatierungen werden konsequent verwendet. Und ebenso werden Sie in dem Buch Bereiche vorfinden, die über die Markierung mit verschiedenen Symbolen besondere Aufmerksamkeit erzeugen sollen.

Eine besondere Bemerkung soll noch zu Quelltextpassagen vollständiger Listings erfolgen. In seltenen Fällen kann es vorkommen, dass es aus drucktechnischen Gründen notwendig ist, eine Quelltextzeile auf mehrere Buchzeilen zu verteilen. Im Editor sollten Sie das alles aber noch in eine Zeile schreiben. Längere Strings (Texte in Hochkommata) dürfen auch nicht über mehrere Zeilen verteilt werden.

1.4.2 Quellenangaben im Internet

An verschiedenen Stellen im Buch und insbesondere im Anhang werden Sie Quellenangaben finden, die auf das Internet verweisen. Zum Zeitpunkt der Bucherstellung wurden die Quellen überprüft, aber es kann natürlich immer sein, dass diese Angaben im Laufe der Zeit nicht mehr aktuell sind.

1.4.3 Angaben zur Software und zu Bibliotheken

Wenn im Buch auf Software und Bibliotheken verwiesen wird, sollten Sie ebenfalls die Versionsnummern beachten. Gegebenenfalls werden auch hier neue Versionen verfügbar sein und bestimmte Erklärungen nicht mehr zu 100 % übereinstimmen.

1.5 Was Sie in diesem Buch lernen

Wir gehen am Beginn des Buches langsam und ausführlich vor und besprechen bereits in diesem Kapitel alle notwendigen Voraussetzungen für die Programmierung mit Java. Danach werfen wir einen Blick auf wichtige Java-Entwicklungstools und beginnen gleich mit ersten Beispielen. Im Laufe des Buches erfahren Sie dann Grundsätzliches zur Idee objektorientierter Programmierung. Natürlich anhand von Java als konkreter Sprache. Sie werden dabei auch eine Einführung in die Grundlagen der Programmierung mit Java sowie der wichtigsten Java-Techniken erhalten. Dies umfasst den generellen Programmaufbau bei Java (Klassenbildung) sowie Datentypen, Operatoren, Literale, Variablen und den Umgang mit verschiedenen Anweisungstypen (Kontrollflussanweisungen und Schleifen).

Fundamentale OOP-Techniken werden im Buch viel Raum einnehmen. Dies umfasst zuerst einmal allgemeine OO-Konzepte sowie die Gegenüberstellung des prozeduralen und des objektorientierten Programmieransatzes. Dazu kommen vertiefende Themen wie Objekte als Instanzen von Klassen und die Aufgaben von Konstruktoren sowie Destruktoren. Datenkapselung, Nachrichten, Assoziationen, Vererbung, Polymorphie, abstrakte Klassen, Schnittstellen, Paketierung und vertragsbasierte Programmierung sind weitere Schlagwörter, die detailliert ausgearbeitet werden. Darüber hinaus behandeln wir auch fortgeschrittene OO-Techniken wie komplexere Datenstrukturen oder Generics. Ebenso wollen wir einen Ausblick auf die Erstellung von grafischen Oberflächen, Multithreading und anderen nützlichen Anwendungen wagen, obgleich wie gesagt das Java-Konzept als Sprache und die Objektorientierung den Fokus des Buches bilden.

1.6 Was Sie unbedingt haben sollten

Es gibt ein paar Dinge, die Sie unbedingt brauchen, wenn Sie mit diesem Buch erfolgreich die Programmierung mit Java lernen und dann Java auch in der Praxis anwenden wollen. Aber keine Angst – viel ist das nicht und kosten tut es auch wenig bis gar nichts.

Die reine Erstellung von Java-Programmen erfordert außer einem beliebigen Editor keine weitere Software. Aber Sie müssen ja diese Eingaben im Editor übersetzen, damit daraus lauffähige Java-Programme werden. Und dazu sind gewisse Programme notwendig bzw. nützlich. Schauen wir uns das etwas genauer an.

1.6.1 Das JDK/SDK

Als Erstes sei das schon mehrfach erwähnte JDK (Java Development Kit) genannt. Die gesamte Java-Entwicklung dreht sich also um jenes ominöse JDK. Sie finden das JDK beispielsweise auf den Java-Seiten (Java SE Download) von Oracle unter *http://www.oracle.com/technetwork/java/javase/downloads/index.html*.

JDK versus SDK

Statt *JDK* wird in manchen Quellen gelegentlich vom ***SDK*** (Software Development Kit) gesprochen. Auch heißt das Java Development Kit an manchen Stellen ***Java SE Development Kit***, um die Edition ins Spiel zu bringen. Hier hat Sun in der Vergangenheit leider nicht ganz glücklich agiert, denn diese unterschiedlichen Bezeichner sorgen für unnötige Verwirrung. Im Grunde konnte man mit dem Auftauchen der Java-2-Plattform beobachten, dass an verschiedenen Stellen der Java-Seiten von Sun der Begriff SDK auftauchte, wo bei sinngemäßen Stellen der Vorgängerversionen der Begriff JDK verwendet wurde. SDK sollte wohl eine allgemeinere, erweiterte Form des JDK bezeichnen, aber im Grunde wurde SDK immer als Synonym für das JDK verwendet.

In späteren Java-Versionen ist man deshalb weitgehend wieder zum Begriff JDK zurückgekehrt, und auch in den meisten Java-Quellen, die nicht von Sun stammen, wird vom JDK gesprochen. Die Büchse der Pandora war jedoch geöffnet und so findet man beide Bezeichner in den verschiedenen Java-Quellen. Wir werden im Buch konsequent den Bezeichner JDK verwenden.

Grundsätzlich wird aber das JDK bzw. die Java-Plattform regelmäßig erneuert bzw. um neue Funktionalitäten erweitert. Diesem Buch liegt, wie bereits erwähnt, die Version 8 in der Standard Edition zugrunde. Wenn Sie diese von der Webseite von Oracle laden wollen, müssen Sie die Lizenzbedingungen akzeptieren und die passende Version für Ihr Betriebssystem auswählen. Sie erhalten über einen Link eine Installationsdatei zum Speichern auf Ihren Rechner.

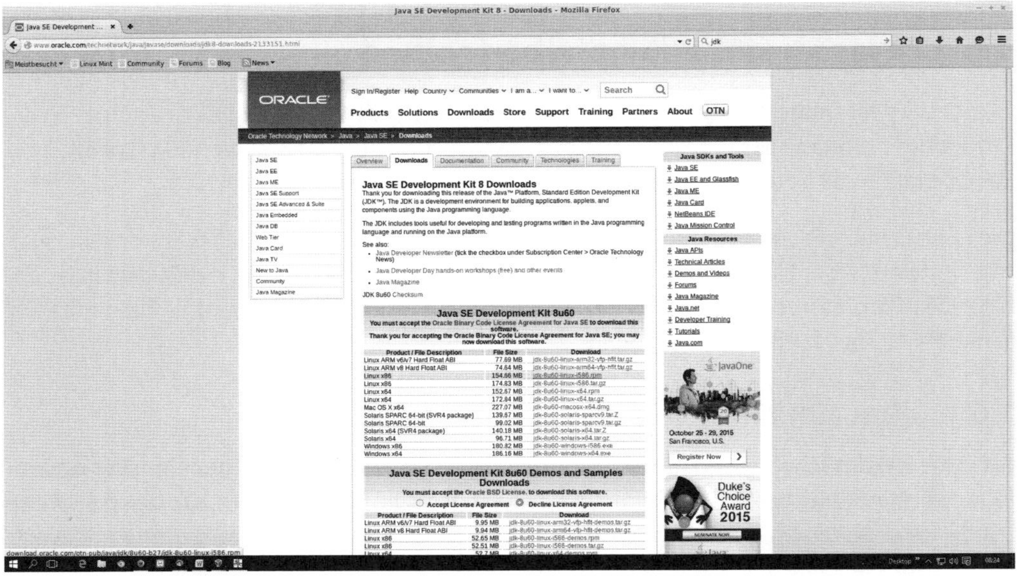

Abbildung 1.3: Java-Downloads.

Die nachfolgende Installation des JDK unter Windows ist absolut einfach. Ein Installationsassistent (Wizard) führt Sie mit wenigen Schritten zum Erfolg.

Unter Linux ist die Installation geringfügig aufwendiger. Entweder finden Sie eine passende Version bereits in der Anwendungsverwaltung Ihrer Distribution (oft ist die aber nicht auf dem aktuellsten Stand), oder aber Sie laden eines der für Linux angebotenen Formate. Sollten Sie eine Distribution verwenden, unter der Sie die *rpm*-Datei direkt installieren können, ist es sehr bequem. Andernfalls laden Sie eine passende *tar.gz*-Datei und extrahieren sie. Wie Sie dann vorgehen müssen, ist von der Distribution abhängig.

NetBeans-Bundle statt isoliertem JDK

Gerade unter Linux ist es einfacher, wenn Sie die NetBeans-IDE von Oracle installieren (siehe Seite 35). Die bringt einen einfachen Assistenten zur Installation mit und installiert dabei quasi nebenbei auch das aktuelle JDK.

1.6.2 Ein Editor bzw. eine IDE

Im Umfang des JDK, das wir uns noch genau ansehen werden, ist kein Programm zur Erstellung von Quellcode dabei. Aber wie erwähnt genügt zur Erstellung von Java-Programmen als Minimalausstattung ein Editor für reinen Text, wie er bei jedem Betriebssystem mitgeliefert wird. Ich habe in der Tat meine Programmierung in Java mit so einem primitiven Editor begonnen. Aber heutzutage ist das in der Praxis nicht mehr sinnvoll. Zumindest eine Unterstützung bei der Syntax sollte ein Editor bereitstellen.

Wir werden aus didaktischen Gründen im Buch ein paar Beispiele mit einem Editor für reinen Text durchspielen, und dabei erfahren Sie, wie man vom Quellcode zum lauffähigen Programm kommt. Aber dann sollten Sie bei der Java-Programmierung irgendwann auf eine IDE umsteigen.

Die Verwendung einer IDE bei der Erstellung von Quelltext hat diverse Vor- und Nachteile, wobei die Vorteile stark überwiegen. Solche Programme kennen Bestandteile und Strukturen einer Programmiersprache wie Java (was aber auch schon einige bessere Editoren leisten) und unterstützen zudem einfache und teilweise auch komplexere Standardvorgänge. Etwa das Einfügen von Quellcodeschablonen, das Bereitstellen von Objekteigenschaften und -methoden, Umstrukturierungen von Quelltext, Fehlersuche oder Hilfestellung für die Übersichtlichkeit durch farbliche Kennzeichnung von bekannten Befehlen und Strukturen. Ein weiteres Feature, das einige Programme bieten, ist die Bereitstellung von verschiedenen Ansichten der Strukturen eines Dokuments. Ebenso haben Java-IDEs mittlerweile oft das JDK integriert, weshalb im Grunde ein separates JDK gar nicht mehr zwingend notwendig ist.

Wir werden in diesem Buch zwei IDEs als Basis heranziehen und – soweit es notwendig ist – den Umgang damit erläutern:

- **Eclipse** (*www.eclipse.org*) – eine unter der Open-Source-Lizenz stehende IDE, die ursprünglich von IBM entwickelt und später freigegeben wurde und nun von der Eclipse-Foundation bereitgestellt wird. Obwohl Eclipse selbst in Java geschrieben und der Schwerpunkt auf der Entwicklung mit Java liegt, können in Eclipse mithilfe unzähliger Plug-ins nahezu alle Programmiertechniken abgedeckt werden. Man nennt Eclipse deshalb oft sogar ein Framework. Von Eclipse stehen verschiedene Varianten zum Download zur Verfügung und Sie sollten die *IDE for Java Developers* wählen. Die Installation von Eclipse ist vollkommen unproblematisch. Eclipse wird als komprimierte Datei ausgeliefert, die Sie einfach extrahieren müssen. Beim ersten Start richtet sich die IDE weitgehend automatisch ein. In ganz neuen Versionen von Eclipse gibt es aber auch einen Installer.
- **NetBeans** (*http://netbeans.org/downloads/index.html*) ist die kostenlose Java-IDE von Sun respektive Oracle selbst. Wie Eclipse ist auch NetBeans selbst in Java geschrieben und verfügt über übliche Features wie Syntaxhervorhebung und Codevervollständigung. Und wie mit Eclipse kann man mit NetBeans nicht nur Java-Programme schreiben (obwohl es auch bei NetBeans ganz klar der Schwerpunkt ist), sondern es werden mittlerweile auch diverse

andere Sprachen wie C, C++, Ruby und Fortran unterstützt. Eine weitere Gemeinsamkeit mit Eclipse ist der vollständig modulare Aufbau, der durch Plug-ins erweitert werden kann. Und da NetBeans die eigene IDE des Java-Erfinders zur Entwicklung von Java-Applikationen ist, ist die allgemeine Java-Unterstützung dieses Tools natürlich hervorragend. Man sollte jedoch bei aller Popularität von Eclipse nicht vergessen, dass viele Konzepte, die dort umgesetzt werden, ursprünglich in NetBeans ihren ersten Einsatz gefunden hatten.

Es gibt nun verschiedene Varianten von NetBeans, die als NetBeans IDE Download Bundles angeboten werden. Sie sollten entweder die Version *Java SE* oder *All* verwenden. Die Installation von NetBeans ist wie bei Eclipse vollkommen unproblematisch. Nur führt hier – im Gegensatz zu Eclipse – ein klassischer Installationsassistent zum Erfolg. NetBeans als Bundle wird mit dem JDK zusammengefasst – Sie benötigen also in der Regel kein separates JDK (wobei das nicht schadet).

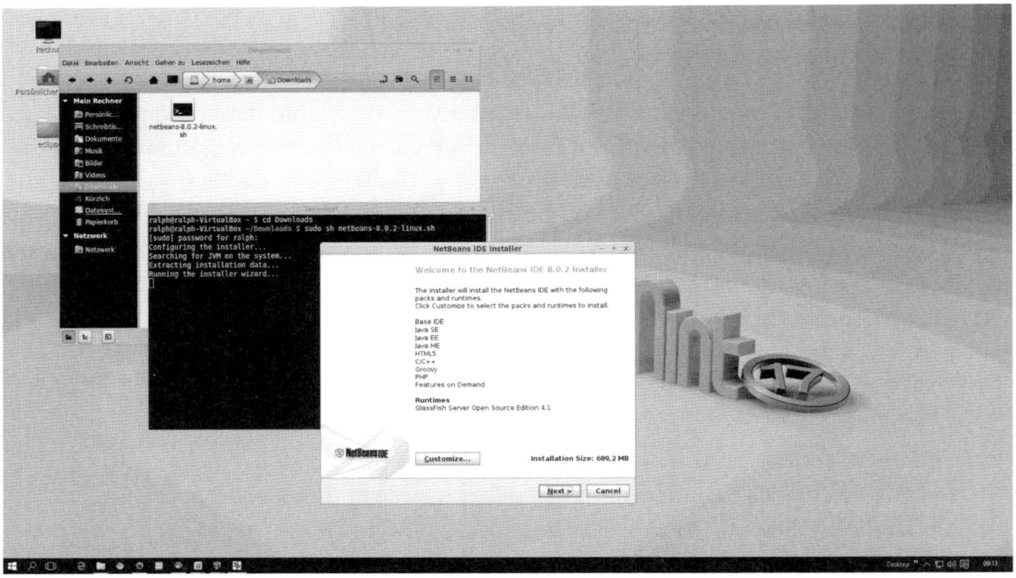

Abbildung 1.4: Installation von NetBeans – hier unter Linux.

Welche IDE oder welcher Editor?

Für die Arbeit mit diesem Buch ist es vollkommen irrelevant, für welchen Editor oder welche IDE Sie sich entscheiden. Ich empfehle, dass Sie sowohl ein paar Editoren als auch Eclipse und NetBeans ausprobieren und sich dann für eine Variante entscheiden. Wir werden im nächsten Kapitel sowohl den Weg über einen Editor und das JDK als auch die Arbeit mit Eclipse und NetBeans behandeln.

1.7 Zusammenfassung

Wir haben in diesem einleitenden kurzen Kapitel den grundsätzlichen Aufbau des Buches besprochen. Des Weiteren haben wir die Voraussetzungen dafür geschaffen, dass Sie erfolgreich in die Programmierung mit Java einsteigen können. Außerdem haben Sie etwas zur Geschichte, dem Umfeld und den Hintergründen von Java erfahren. Lassen Sie uns also anfangen.

2 Ein Blick auf Entwicklungstools und erste Beispiele

2.1 Was lernen Sie in diesem Kapitel?

In diesem Kapitel werden wir uns das JDK genauer ansehen und vor allen Dingen ins kalte Wasser springen. Das bedeutet, Sie werden – ohne (große) Theorie und Erklärungen im Vorfeld – Ihre ersten Java-Programme schreiben. Dazu lernen Sie sowohl deren Erstellung mit einem Editor für reinen Text und die Übersetzung sowie Ausführung unter direktem Einsatz der JDK-Tools auf Konsolenebene als auch mit den beiden von uns verwendeten Referenz-IDEs Eclipse und NetBeans kennen. Insbesondere wenn Sie diese IDEs noch nicht kennen oder mit IDEs generell nicht vertraut sind, liefert Ihnen dieses Kapitel die notwendigen Grundlagen, auf deren Basis Sie die kommenden Java-Beispiele im Buch erstellen können.

2.2 Was ist ein Programm und was bedeutet Programmieren?

Ich hatte so gut wie keine Theorie zu Beginn versprochen, aber über die Antwort auf eine Frage sollten wir uns zumindest im Klaren sein – was heißt Programmieren und was genau ist ein Programm bzw. eine Applikation oder neudeutsch eine App?

Programmieren bezeichnet die Vorgehensweise, mit der Sie einem Computer eine Reihe von Anweisungen geben können, die von diesem als zusammengefasste Einheit verarbeitet werden (und in der Regel aufgezeichnet werden, damit sie wiederholt werden können). Wenn Sie einem Computer eine einzelne Anweisung geben (Sie klicken beispielsweise mit der Maus auf eine Schaltfläche), redet man nicht von Programmieren. Wenn Sie jedoch eine Reihe von Anweisungen aufzeichnen (zum Beispiel mit einem Makrorekorder, wie er bereits bei diversen Textverarbeitungen vorkommt) und diese dann in einem Stück vom Computer ausführen lassen, haben Sie in gewisser Weise bereits programmiert. Allerdings ist das ziemlich weit gefasst, denn im Allgemeinen notieren Sie beim Programmieren selbst eine Reihe von Befehlen, die Sie dem Computer erteilen wollen. Aber in welcher Sprache?

2.2.1 Maschinencode – eine Sprache mit einer Vielzahl an Dialekten

Während Menschen in unterschiedlichen, aber grundsätzlich akustisch geprägten (analogen) Sprachen wie Deutsch, Englisch oder Französisch denken und reden, spricht und versteht jeder Computer immer nur eine digitale Sprache – **Maschinensprache** (der Vergleich hinkt ein wenig, worauf wir noch eingehen), die sich aber wie die verschiedenen menschlichen Sprachen bei unterschiedlichen Computern unterscheidet. Es gibt also eine Vielzahl von Maschinensprachen oder – besser – eine Vielzahl an Dialekten der Maschinensprache, die sich aber grundsätzlich auf die gleiche technische digitale Basis berufen. Digital (oder auch binär) bedeutet, dass es nur zwei Informationseinheiten gibt. Man nennt das auch Zustände oder Schalter – *An* oder *Aus*, *Strom* oder *Kein Strom*, 1 oder 0. Diese binären Informationseinheiten werden **Bits** genannt, was wahrscheinlich bekannt ist. Maschinensprache – gleich welchen Dialekts – setzt sich aus binären Informationseinheiten zusammen, die ein Computer ausschließlich verstehen kann.

Bits und Bytes in zusammenfassenden Einheiten

In zwei Zuständen kann man nicht viel Information unterbringen. Deshalb setzt man aus einzelnen Bits feste Folgen zusammen, die den Buchstaben, aber auch Zahlen und anderen wichtigen Zeichen, entsprechen. Im Allgemeinen werden 8 Bits zu einer Einheit zusammengefügt und die nennt man **Byte**. 1.024 Byte sind ein Kilobyte und 1.024 Kilobyte werden als ein Megabyte abgekürzt. 1.024 Megabyte sind ein Gigabyte etc.

Bytes und deren binäre Darstellung als Nullen und Einsen entsprechen in etwa dem, was man als Buchstaben (aber auch Zahlen und andere einzelne Zeichen) einer Computersprache verstehen kann. Erst aus diesen Zeichenfolgen werden durch erneutes Zusammensetzen Wörter gebildet, die dann zum Beispiel Befehle sind.

Jeder Prozessortyp kennt nun eine Reihe von Befehlswörtern dieser Art. Diese bilden die konkrete Ausprägung der digitalen Sprache, die ein jeweiliger Prozessor verstehen kann – seine spezifische Version der Maschinensprache.

Das »Gehirn« eines Computers – der Prozessor oder Mikroprozessor – verarbeitet also eine spezifische Folge von Impulsen, die entweder einer Null oder einer Eins entsprechen. Und eine Gruppe von so zusammengefassten digitalen Anweisungen zur Umsetzung solcher Aufgaben nennt man ein Programm oder eine Applikation, was im Grunde das Gleiche bedeutet. Mit App kürzt man Application ab, und obwohl das ursprünglich nur für kleine Anwendungen auf mobilen Geräten stand, wird dieser Bezeichner auch mehr und mehr für normale Programme verwendet (insbesondere unter Windows 10).

2.2.2 Von der Maschinensprache zur höheren Programmiersprache

Wenn ein Programmierer einem Computer Anweisungen geben möchte, kann das so erfolgen, dass er den internen Befehlssatz des spezifischen Prozessors genau kennt und dem Prozessor die jeweiligen Folgen von Nullen und Einsen schickt, die Adressen solcher Befehle entsprechen. Das ist dann explizit die Maschinensprache des Prozessors. Aber eine solche spezifische Bitfolge für einen Prozessor wird bei einem anderen Prozessor nicht funktionieren. Ein Programm, das in Maschinensprache für den einen Prozessor erstellt wurde, läuft auf einem Prozessor mit anderem internen Befehlssatz definitiv nicht. Ein weiteres Dilemma ist, dass Maschinensprache schwer zu programmieren ist und die Folgen von Nullen und Einsen für Menschen kaum zu lesen sind. Selbst wenn man Bitfolgen zu etwas komplexeren Gebilden (zum Beispiel einem Kopierbefehl) zusammensetzt und sie über kurze Buchstabenfolgen aufrufbar macht (das hat man tatsächlich gemacht und Assembler genannt), ist die Geschichte immer noch kompliziert und auf genau einen Prozessortyp gemünzt.

Was ist die Lösung für diese Probleme? Man kann eine Schnittstelle zwischen einer für Menschen halbwegs lesbaren Sprache und der Maschinensprache schaffen – eine sogenannte **höhere Programmiersprache**. Beispiele für solche höheren Programmiersprachen sind Basic, C/C++, Pascal oder eben auch Java.

Diese höheren Programmiersprachen sind für Menschen bedeutend einfacher als Maschinensprache zu handhaben und beinhalten einen Satz von Sprachelementen mit festgelegter Bedeutung, die meist der englischen Sprache entlehnt sind. Daneben haben höhere Programmiersprachen den unschätzbaren Vorteil, dass die darin geschriebenen Anweisungen reiner Text sind (der sogenannte **Quelltext** oder **Sourcecode** bzw. kurz **Source**), der erst einmal für jeden potenziellen Zielprozessor (weitgehend) identisch sein kann.

2.2.3 Vom Quelltext zum Programm

Normalerweise erfolgt Programmierung in einer höheren Programmiersprache, indem Anweisungen an den Computer in einem Editor (also einer Textverarbeitung ohne Formatierungsmöglichkeiten) oder einer darauf aufbauenden grafischen Entwicklungsumgebung vom Programmierer eingegeben werden. Dieser Quelltext ist reiner **Text**.

Bevor aus Quelltext jedoch ein ausführbares Programm wird, muss die Übersetzung in die spezifische prozessorabhängige, digitale Maschinensprache erfolgen. Denn nur die kann der Computer bekanntlich verstehen.

Kompilierung

Dies kann dann erfolgen, sobald der Quellcode fertig eingegeben und gespeichert wurde. Der gesamte Quellcode wird ***en bloc*** in Maschinensprache übersetzt (mithilfe eines sogenannten **Compilers**) und das fertige Produkt an den Anwender weitergegeben. Etwa als eine EXE-Datei unter Windows. Dieser Prozess heißt **Kompilierung** und wird von einer IDE – je nach eingestellter Option – weitgehend automatisch vollzogen. Dabei muss in der Regel für jede Zielplattform ein separates Programm erstellt werden, wobei Java hier eine Ausnahme darstellt – das sehen wir noch im Detail.

Interpretation

Eine alternative Möglichkeit zur Übersetzung von Quellcode in ein lauffähiges Programm ist, dass der fertige Quelltext an den Anwender weitergegeben und erst bei ihm Schritt für Schritt übersetzt wird, wenn das Programm ausgeführt werden soll und eine spezifische Anweisung an der Reihe ist. In diesem Fall erstellen Sie als Programmierer nur den Quelltext und benötigen streng genommen auch nur einen Editor für reinen Text. Sobald eine Anweisung ausgeführt werden soll, wird sie unmittelbar davor beim Anwender übersetzt. Der Quelltext wird also zur Laufzeit eines Programms interpretiert und das Verfahren nennt sich dementsprechend **Interpretation**. In Skriptsprachen wie JavaScript, VBScript oder PHP wird dieses Verfahren ebenfalls verwendet.

2.3 Das Java Development Kit

Die Installation des JDK hat diverse Programme und Dateien auf Ihren Rechner befördert. Die Programme werden fast ausnahmslos auf der Befehlszeilenebene – also aus der Konsole heraus – aufgerufen.

Beachten Sie allerdings, dass das Programmverzeichnis des JDK von der Installationsroutine nicht zum Suchpfad des Betriebssystems hinzugefügt wird. Der Suchpfad des Betriebssystems (Path) ist eine Auflistung von Verzeichnissen, die der Programminterpreter des Betriebssystems durchsucht, wenn er einen Befehl erhält und das angeforderte Programm nicht unmittelbar im aktuellen Verzeichnis finden kann. Warum die Aufnahme des JDK in diesen Suchpfad nicht sinnvoll wäre, erläutere ich gleich noch.

2.3.1 Allgemeines zu den Programmen des JDK

Das JDK besteht aus einer ganzen Reihe von Programmen, die sich nach der Installation im Unterverzeichnis *bin* des JDK-Installationsverzeichnisses befinden. Dieses finden Sie beispielsweise unter Windows 10 in der Grundinstallation unter *C:\Program Files (x86)\Java\jdk1.8.0_40* oder einer entsprechenden Struktur.

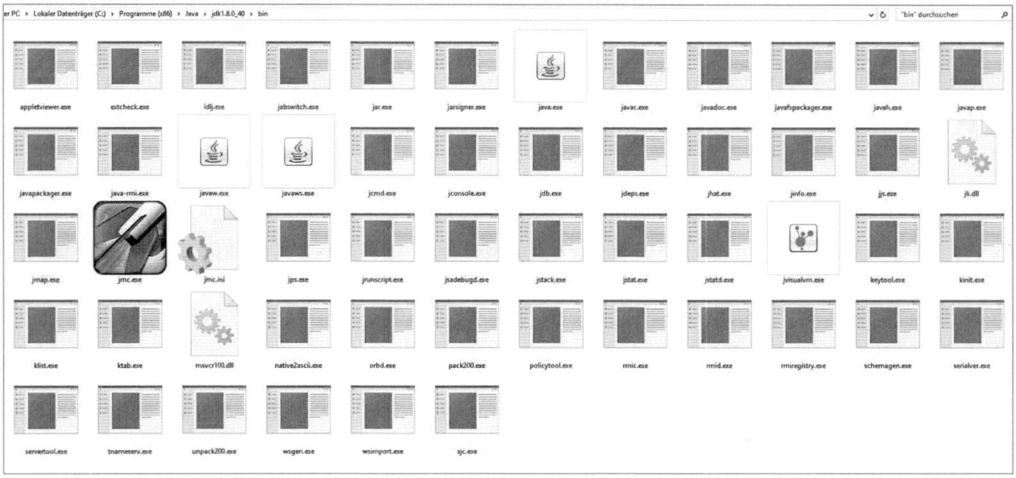

Abbildung 2.1: Die Tools des JDK im Verzeichnis bin – hier unter Windows 10.

Die meisten der Programme des JDK sind wie gesagt reine Konsolenprogramme. Das bedeutet, Sie können sie nur (sinnvoll) über die Befehlszeilenebene mit eventuell benötigten Parametern aufrufen. Ein Doppelklick mit der Maus auf das entsprechende Symbol im Explorer/Arbeitsplatz ist in dem Fall sinnlos, aber der Weg in die Konsolenebene sollte einen (angehenden) Java-Programmierer nicht schrecken. Schon gar nicht, wenn Sie dazu im Buch gleich eine Schritt-für-Schritt-Anleitung finden.

Konsolen, Terminals und die DOS-Box

Unter Windows nannte man die Konsole ganz früher MS-DOS-Konsole oder DOS-Box, aber dieser Begriff ist mittlerweile stark veraltet und passt auch überhaupt nicht mehr zur Architektur von Windows. Unter Unix/Linux/macOS sind die Bezeichner Shell, Konsole, Terminal oder Bash üblich. Um einheitlich für jedes Betriebssystem agieren zu können, wird in dem Buch grundsätzlich der moderne Bezeichner **Konsole** verwendet. Um unter Windows die Konsole aufzurufen, müssen Sie je nach Windows-Version unterschiedlich vorgehen.

Unter Windows 10 können Sie beispielsweise mit der rechten Maustaste auf den Startknopf klicken. Im daraufhin eingeblendeten Kontextmenü klicken Sie dann auf *Konsole*. Alternativ können Sie die Konsole mit dem Befehl *cmd* öffnen. Ebenso können Sie auch die Tastenkombination [Win]+[R] drücken.

Unter Linux/Unix/macOS öffnen Sie eine Konsole über diverse Wege. Insbesondere stellen die verschiedenen Distributionen zudem oft eigenständige Wege zur Befehlszeile zur Verfügung. Das macht es etwas schwierig, einen universellen Weg auf die Befehlszeile anzugeben. Anwendern von Linux/Unix ist das Öffnen einer Konsole aber in der Regel bekannt, weil hier grundsätzlich sehr viel mit der Befehlszeile gearbeitet wird. Sehr oft finden Sie in dem Startmenü Ihrer Linux-Distribution einen Eintrag Terminal, Console, Konsole, Shell oder Bash. Ebenso gibt es so gut wie immer ein passendes Icon auf dem Desktop zum Öffnen einer Konsole.

Nun muss man erst einmal beachten, dass man sich nach dem Starten der Konsole in der Regel an einer Stelle im Verzeichnisbaum des Betriebssystems befindet, an der kein direkter Zugriff auf die JDK-Tools möglich ist. Sie befinden sich etwa im Verzeichnis *C:* unter Windows bzw. in Ihrem *home*-Verzeichnis unter Linux, das JDK befindet sich aber an einer ganz anderen Stelle.

In der Konsole, die in Windows optisch sogar an alte DOS-Zeiten erinnert, können Sie auch noch wie früher unter DOS navigieren bzw. Anweisungen aufrufen. Fast alle traditionellen DOS-Befehle sind noch vorhanden und den Befehlen im Unix-Umfeld ähnlich (obgleich diese viel umfangreicher sind). Damit steht natürlich auch der Befehl *cd* (change directory) zum Verzeichniswechsel zur Verfügung. Wenn der Installationspfad des JDK wie oben beschrieben lautet, wechseln Sie so in das Verzeichnis mit den Programmen des JDK:

cd "C:\Program Files (x86)\Java\jdk1.8.0_40\bin"

Leerzeichen bei Datei- und Verzeichnisnamen

Früher war es verboten, Leerzeichen in Datei- und Verzeichnisnamen zu verwenden. Das hat sich zwar geändert, aber da Leerzeichen immer noch zur Trennung von Parametern bei Programmaufrufen verwendet werden, muss man in solchen Situationen die Datei- und Verzeichnisnamen oder gleich die ganze Pfadangabe wie in dem Beispiel in Hochkommata einschließen.

Es ist grundsätzlich zu empfehlen, dass Sie bei Datei- und Verzeichnisnamen keine Leerzeichen verwenden, um Probleme zu vermeinden. Aber leider gibt es einige Standardverzeichnisse in Windows, die eben doch Leerzeichen beinhalten.

Beachten Sie, dass unter Linux Verzeichnisse nicht durch den Backslash, sondern den Slash getrennt werden. Der Wechselbefehl unter Linux könnte also so aussehen:

cd /opt/java/jdk1.8.0_40/bin

Konsolenbefehle abschicken

Falls es wirklich nicht bekannt sein sollte – die Eingabe in der Konsole bestätigen Sie immer mit der Datenfreigabetaste [↵].

Mit dem Befehl *dir* können Sie sich den Inhalt des Verzeichnisses anzeigen lassen, und diese Liste ist natürlich identisch zu dem, was Sie in der grafischen Oberfläche sehen.

Jetzt können Sie in der Konsole einfach die Namen aller ausführbaren Dateien eingeben und die Programme werden gestartet. Nur braucht man in der Regel bei einem Programm diverse Parameter, damit dieses etwas Sinnvolles tut.

Hilfe zu den JDK-Programmen

Wenn Sie ein Programm des JDK ohne Parameter aufrufen, erhalten Sie in der Regel in der Konsole Hinweise sowohl zu den optionalen als auch den zwingend benötigten Parametern. Der Parameter *–help* ist oft ebenfalls möglich.

```
C:\Program Files (x86)\Java\jdk1.8.0_40\bin>javac
Usage: javac <options> <source files>
where possible options include:
  -g                         Generate all debugging info
  -g:none                    Generate no debugging info
  -g:{lines,vars,source}     Generate only some debugging info
  -nowarn                    Generate no warnings
  -verbose                   Output messages about what the compiler is doing
  -deprecation               Output source locations where deprecated APIs are used
  -classpath <path>          Specify where to find user class files and annotation processors
  -cp <path>                 Specify where to find user class files and annotation processors
  -sourcepath <path>         Specify where to find input source files
  -bootclasspath <path>      Override location of bootstrap class files
  -extdirs <dirs>            Override location of installed extensions
  -endorseddirs <dirs>       Override location of endorsed standards path
  -proc:{none,only}          Control whether annotation processing and/or compilation is done.
  -processor <class1>[,<class2>,<class3>...] Names of the annotation processors to run; bypasses default discovery process
  -processorpath <path>      Specify where to find annotation processors
  -parameters                Generate metadata for reflection on method parameters
  -d <directory>             Specify where to place generated class files
  -s <directory>             Specify where to place generated source files
  -h <directory>             Specify where to place generated native header files
  -implicit:{none,class}     Specify whether or not to generate class files for implicitly referenced files
  -encoding <encoding>       Specify character encoding used by source files
  -source <release>          Provide source compatibility with specified release
  -target <release>          Generate class files for specific VM version
  -profile <profile>         Check that API used is available in the specified profile
  -version                   Version information
  -help                      Print a synopsis of standard options
  -Akey[=value]              Options to pass to annotation processors
  -X                         Print a synopsis of nonstandard options
  -J<flag>                   Pass <flag> directly to the runtime system
  -Werror                    Terminate compilation if warnings occur
  @<filename>                Read options and filenames from file

C:\Program Files (x86)\Java\jdk1.8.0_40\bin>
```

Abbildung 2.2: Wenn Sie ein JDK-Tool ohne Parameter aufrufen, erhalten Sie in der Regel detaillierte Angaben zur Verwendung.

Die wichtigsten Tools des JDK waren schon in den ersten Versionen dabei, aber durch die Weiterentwicklung des JDK kamen immer neue dazu. Aber nicht nur das. Es wurden auch immer wieder Tools in neuen Versionen beseitigt, weil sie nicht so wie geplant funktioniert hatten oder weil sie nicht mehr benötigt wurden. Grundsätzlich werden Sie für die meisten Aufgaben beim Einstieg in Java aber nur die nachfolgend beschriebenen Programme benötigen, die wir kurz besprechen wollen (sie werden Basisprogramme des JDK im engeren Sinn genannt).

2.3.2 Der Compiler

Grundsätzlich unterscheidet man in der Programmierung zwischen Bytecode- und Nativecode-Compilern. Ein Nativecode-Compiler übersetzt Quellcode in nativ lauffähigen, vollständig übersetzten Code. Der Java-Compiler ist jedoch ein Bytecode-Compiler und Sie finden ihn als ein Programm namens ***javac*** vor.

Dieses Programm kompiliert die als Parameter angegebene(n) Quelltextdatei(en) mit der Dateierweiterung *.java* in Java-Bytecode, den die Laufzeitumgebung Java Runtime Environment (JRE) später ausführt.

Für jede Klassendefinition[1] in einer Quelltextdatei wird eine eigene Bytecode-Datei angelegt. Eine solche Bytecode-Datei besitzt immer die Erweiterung *.class*. Der Namensstamm der erzeugten Datei(en) wird aus dem Namen der Klasse(n) (nicht dem Dateinamen der Quelltextdatei) übernommen. Eine Java-IDE wie Eclipse oder NetBeans wendet beim Übersetzen des Quellcodes solch einen Compiler im Hintergrund an.

1 Es wird in Kapitel 3 noch ausführlich erklärt, was das ist.

2.3.3 Der Interpreter

Der Java-Interpreter namens ***java*** bzw. ***javaw*** ist ein Kommandozeilen-Interpreter zur Ausführung von eigenständigen Java-Anwendungen. Die das Programm repräsentierende Klassendatei (die Datei mit dem Bytecode und der Dateierweiterung *.class*) wird dem Interpreter als Parameter übergeben. Dabei darf jedoch die Dateierweiterung *.class* nicht angegeben werden – nur der Dateiname ohne Extension.

Der Unterschied zwischen den Interpretern java und javaw besteht darin, dass Meldungen von java immer in der Konsole ausgegeben werden, während die Ausgaben von javaw in ein grafisches Fenster umgeleitet oder unterdrückt werden können. Mit javaw wird oft bei Endkunden gearbeitet, während java in der Regel vom Entwickler verwendet wird, wenn dieser in der Konsole arbeitet. Eine integrierte Entwicklungsumgebung wie Eclipse oder NetBeans wendet beim Ausführen des übersetzten Quellcodes jedoch auch javaw an, um die Ausgaben in dem IDE-eigenen grafischen Konsolenfenster darzustellen.

Direktes Aufrufen von Java-Progammen

Der Aufruf eines Java-Programms durch einen Anwender ist nicht sonderlich komfortabel, wenn dieser den Interpreter samt Parameter einzugeben hat. Es gibt bei bestimmten Voraussetzungen auf der Plattform die Möglichkeit, dass als startbar gekennzeichnete Java-Archive (JAR-Dateien) direkt ausgeführt werden können. Allerdings sind dazu wie gesagt bestimmte Voraussetzungen notwendig, die nicht immer gegeben sind.

Java-Programme, die noch nicht bis zur nativen Ebene durchkompiliert wurden und auch nicht über solche JAR-Dateien bereitgestellt werden sollen oder können, lassen sich über sogenannte Wrapper starten. Dabei wird das Java-Programm in ein anderes natives Programm »eingepackt« (engl. »to wrap«). Dieses äußere Programm sucht nach einer installierten Java-Laufzeitumgebung, um das eigentliche Programm zu starten, und informiert gegebenenfalls den Anwender, wo er eine Laufzeitumgebung herunterladen kann, sofern noch keine installiert ist.

Eine weitere Alternative nennt sich **Java Web Start**, die mit dem JDK 1.4 eingeführt wurde. Dies ist ein eleganter und standardisierter Ansatz, um den Start eines Java-Programms über einen einzigen Mausklick zu gestatten. Die Applikationen werden in der Regel über das Internet von einem Server geladen und dann lokal gestartet. Das garantiert zum einen, dass immer die neueste Version der Anwendung ausgeführt wird, zum anderen werden dadurch komplizierte Installations- oder Aktualisierungsprozeduren automatisiert bzw. ganz vermieden.

2.3.4 Der Appletviewer

Der ***appletviewer*** ist eines der wenigen Programme des JDK mit grafischer Oberfläche. Er ermöglicht es, ein Java-Applet (ein Java-Programm, das normalerweise nur über einen Webbrowser als Teil einer Webseite läuft) auszuführen. Das Tool benötigt dazu als Parameter beim Aufruf nur die URL einer rudimentären HTML-Datei. Diese dient als Gerüst, das ausschließlich ein HTML-Tag mit Angabe des auszuführenden Applets sowie eventuell benötigten Parametern enthalten muss. Der Appletviewer lädt alle Applets innerhalb der HTML-Datei und führt sie – sofern es mehrere Applets gibt – jeweils in einem separaten Fenster aus. Alle anderen HTML-Anweisungen der Webseite werden ignoriert.

Durch die geringe Bedeutung, die Java-Applets aktuell haben, ist auch die Bedeutung dieses JDK-Tools mittlerweile untergeordnet und wir gehen nicht mehr weiter darauf ein. Als Java-Applets jedoch ihre Hochphase hatten, war das natürlich anders.

2.3.5 Das Dokumentationstool javadoc

Das Dokumentationstool ***javadoc*** ist eines der interessantesten und wahrscheinlich auch wichtigsten Programme des JDK. Daraus können Sie auf der Basis spezieller Kommentar-Tags innerhalb einer Java-Quelldatei sowie den eigentlichen Quellcode-Elementen eine lesbare Dokumentation einer Datei oder eines Pakets erzeugen.

2.3.6 Der Debugger jdb

Der Java-Debugger ***jdb*** hilft Ihnen bei der Fehleranalyse. Aber da auch jdb über Befehlszeileneingaben gesteuert wird, ist der Umgang damit recht kompliziert und unkomfortabel. Es handelt sich explizit nicht um einen integrierten Debugger, wie er mittlerweile in den meisten Entwicklungsumgebungen üblich ist, sondern um ein über Parameter auf Befehlszeilenebene gesteuertes Programm. Wenn Sie sich in die aufwendige Syntax und Logik des Tools eingearbeitet haben, zeigt es seine Zähne. Debuggen unter Java mittels eines Tools ist im Grunde nur im Rahmen einer IDE sinnvoll bzw. vernünftig zu bewerkstelligen. Eine IDE ruft implizit jdb selbst oder einen eigenen Java-Debugger auf.

2.3.7 Der Disassembler javap

Eher ein erweitertes, aber dennoch sehr interessantes Basisprogramm des JDK ist der Java-Disassembler ***javap***. Mit diesem Tool können Sie aus kompiliertem Java-Bytecode den ursprünglichen Quellcode wieder weitgehend reproduzieren bzw. zurückübersetzen. Dazu übergeben Sie – ohne Dateierweiterung – den Namen der Klassendatei, deren Quelltext Sie reproduzieren wollen – die Bytecodedatei. Bei der Reproduktion werden zwar nicht alle Details wiederhergestellt, aber die wichtigsten Bestandteile und Strukturen des Quellcodes. Nach der Rückübersetzung des Codes werden verschiedene Informationen über den Quelltext ausgegeben. Mit diversen Optionen kann man diesen Vorgang genauer spezifizieren.

2.3.8 Das Java Archive Tool jar

Ein weiteres erweitertes Basisprogramm des JDK ist das Archivierungsprogramm namens ***jar***. Damit können Sie eine beliebige Anzahl von Dateien zu einem einzigen und vom Java-System direkt nutzbaren komprimierten Java-Archiv mit der Erweiterung *.jar* (jar steht für Java Archive) packen. JAR-Archive basieren auf der ZIP-Technologie und dem ZLIP-Format und sind dazu binärkompatibel, obwohl sie intern zusätzlich noch einige spezielle Metainformationen beinhalten, die sie gegenüber gewöhnlichen ZIP-Dateien auszeichnen. Sie können sogar *.jar*-Archive einfach in *.zip*-Archive umbenennen.

2.3.9 Die Bibliotheken des JDK und die JRE

Im Installationsverzeichnis vom JDK finden Sie neben *bin* noch weitere Unterverzeichnisse. Insbesondere finden Sie hier das Java Runtime Environment. Hinter dem Verzeichnis *jre* verbirgt sich diese Java-Laufzeitumgebung, der Minimalstandard, um Java-Programme laufen lassen zu können. Das Java Runtime Environment besteht aus Java Core Classes (gepackt in mehreren Java-Archiven mit der Dateierweiterung *.jar*, die über verschiedene Verzeichnisse verteilt sind) und auf Seiten der Tools hauptsächlich aus dem Java-Interpreter samt der Java Virtual Machine, ein paar ergänzenden Programmen sowie einigen dazu gehörenden Bibliotheken bzw. sonstigem lauffähigen Code. Insbesondere sind keinerlei Entwicklungstools enthalten und auch kein Tool zum Starten und Ansehen von Applets.

Ein reiner Anwender benötigt kein vollständiges JDK, wenn er Java-Programme nur ausführen möchte. Anwender können deshalb das Java Runtime Environment separat von den gleichen Quellen beziehen, in denen auch das JDK zu finden ist. Oder eine solche Java-Laufzeitumgebung ist bereits beim Betriebssystem dabei oder sie wird von einem Java-Programm nachinstalliert, wenn sie nicht vorhanden ist. Sie installieren das JRE aber auch in der Setup-Routine des JDK mit.

Sie werden daher in der Regel auf Ihrem Rechner diverse Java-Laufzeitumgebungen finden. Das ist einmal diejenige, die vom JDK in dessen Installationsverzeichnis angelegt wird, aber auch an unterschiedlichsten anderen Stellen werden Sie – teils differierende Versionen – finden. Die verschiedensten Java-Programme installieren wie gesagt oft auch eine solche Umgebung – in den unterschiedlichsten Versionen. Auch Browser verwenden teils ihre eigenen Laufzeitumgebungen für Java.

Und da es verschiedene Varianten von Java auf einem Rechner gibt, wäre es nicht gerade sinnvoll, das Programmverzeichnis der JDK-Tools in den Suchpfad des Betriebssystems aufzunehmen. Das könnte dazu führen, dass in manchen Situationen die falschen Tools aufgerufen werden, weil diese dann – ohne absolute Pfadangaben – statt einer vorausgesetzten Standardumgebung verwendet werden.

2.4 Ab ins Wasser – die ersten Beispiele

Kommen wir nun zu den versprochenen ersten Beispielen mit Java.

2.4.1 Grundlegende Regeln für Java

Obwohl wir bewusst Details zu Java erst einmal hinnehmen, möchte ich einige notwendige Grundlagen und Tipps voranstellen, die Sie später immer wieder berücksichtigen müssen und deren Kenntnisnahme jetzt Sinn ergibt, damit die ersten Quelltexte nicht unnötige Rätsel aufgeben:

- Jede Java-Anweisung endet mit einem Semikolon. Eine Java-Anweisung kann sich deshalb auch über mehrere Zeilen erstrecken. Das erlaubt bei längeren Anweisungen eine übersichtlichere Darstellung.
- Strings (in Hochkommata eingeschlossene Zeichen) dürfen nicht auf mehrere Zeilen verteilt werden. Beachten Sie das auch in abgedruckten Beispielen, wenn diese einen String oder Bezeichner aus satztechnischen Gründen auf mehr als eine Zeile aufteilen müssen.
- Bezeichner und andere Schlüsselbegriffe dürfen nicht getrennt werden und enthalten niemals (!) Leerzeichen.
- Groß- und Kleinschreibung ist relevant! Im Quelltext sowieso, aber teilweise auch beim Aufruf der JDK-Tools. Bitte halten Sie sich immer an die im Buch vorgestellten Schreibkonventionen.
- Die geschweiften Klammern umschließen einen sogenannten Block von Anweisung (das sind mehrere zusammengefasste Anweisungen). Das Zeichen { öffnet einen Block und } schließt ihn wieder.
- Quelltexte werden in der Programmierung meist eingerückt, um die Lesbarkeit zu erhöhen. Ineinander geschachtelte Strukturen sind so bezüglich ihres Beginns und Endes besser zu erkennen. Das hat in Java keinen negativen Einfluss auf die Effizienz und Größe des kompilierten Bytecodes. Überflüssige Leerzeichen, Tabulatoren und Zeilenumbrüche werden vom Compiler wegoptimiert.
- Die Reihenfolge und der Ort der Deklaration von Variablen und Methoden innerhalb einer Klasse spielt in Java keine Rolle.
- Java basiert auf Unicode (UTF-16). Damit können zusätzliche Zeichen codiert werden, die nicht im lateinischen/englischen Alphabet enthalten sind. Zeichenketten nehmen zwar doppelt so viel Platz wie im ASCII-Format ein, jedoch wird die Internationalisierung leichter. Die Unicode-Spezifikation besteht aus Zigtausenden Zeichen. Da jedoch die ersten 256 Zeichen dem normalen ASCII-Zeichensatz entsprechen, brauchen Sie normalerweise sowieso darauf kaum Rücksicht zu nehmen. Sie können einfach wie bisher die Zahlen und Buchstaben für Variablen-, Methoden- oder Klassennamen verwenden. Speichern Sie in einem ASCII-Editor wie Notepad aber explizit keinen Unicode (UTF-16), denn sonst wird

der Compiler – falls er nicht durch entsprechende Optionen instruiert wird – den Unicode »aufblasen«, was zu zahlreichen Fehlern führt. Durch die Unicode-Darstellung von Zeichen ist es in Java erlaubt, Umlaute und andere Sonderzeichen in Bezeichnern zu verwenden. Ich würde aber raten, davon Abstand zu nehmen. Das mag einerseits traditionelle Gründe haben, aber es würde auch bei erfahrenen Programmierern aus anderen Sprachen überflüssige Irritationen auslösen.

- Kommentare in Java treten in drei Formen auf. Ein einzeiliger Kommentar erstreckt sich von der Zeichenfolge // bis zum Ende der Zeile, während sich die Kommentare /* ...*/ und /** ... */ über mehrere Zeilen erstrecken können. Der Kommentar /** ... */ ist ein sogenannter javadoc-Kommentar, denn er wird von dem Dokumentationstool javadoc zum automatischen Aufbau einer Onlinedokumentation herangezogen.
- Wenn Sie den Quellcode übersetzen – keine Nachrichten sind gute Nachrichten. Wenn Sie einen Quelltext kompilieren und der Compiler des JDK liefert keine Rückmeldung, ist das ein gutes Zeichen. Dann hat normalerweise alles geklappt. Nur im Fehlerfall erhalten Sie eine Rückmeldung. Meldet der Compiler bei der Übersetzung des Quellcodes einen Fehler, erhalten Sie eine Fehlerbeschreibung und eine Zeilennummer, wo der Fehler aufgetreten ist. Das kann, muss aber nicht die Stelle sein, an der Sie den Fehler gemacht haben. Es ist aber immer die Stelle, an der sich ein Fehler im Programm auswirkt. Das muss durchaus nicht identisch sein. Finden Sie bei der angegebenen Zeilennummer den Fehler nicht, gehen Sie Schritt für Schritt im Quelltext zurück. Ebenso ist die Anzahl der angegebenen Fehler nicht zuverlässig. Entweder werden Folgefehler mit angegeben oder bereits der erste Fehler verhindert, dass weitere Fehler vom Compiler zur Kenntnis genommen werden. Beseitigen Sie am besten immer nur einen Fehler oder solche, die offensichtlich sind, und kompilieren Sie erneut. Die meisten Warnungen des Compilers beim Übersetzen von Quelltext können Sie am Anfang ignorieren. Insbesondere diejenigen, in denen der Begriff **deprecated** auftaucht. Das bedeutet nur veraltet und ist kein Fehler im eigentlichen Sinn. Im Quellcode kann man als deprecated zu verstehende Elemente mit einem `@deprecated` (außerhalb eines Kommentars – man kann das auch innerhalb eines javadoc-Kommentars einsetzen) kennzeichnen. Das wird dann vom Compiler als spezielles Feld verstanden und er unterdrückt Warnungen.
- Verwenden Sie auf keinen Fall eine Textverarbeitung wie Word zum Eingeben von Quelltext. Diese speichern normalerweise den eingegebenen Text in einem eigenen Format, mit dem der Compiler nicht klarkommt. Zwar können Textverarbeitungen ASCII-Format speichern, aber das ist meist umständlich. Und außerdem brauchen Sie nichts von dem, was eine Textverarbeitung einem (guten) Editor oder eine IDE voraushat.

Viele der Regeln, die Sie hier sehen, werden Lesern mit Erfahrung in einer C-basierten Programmiersprache bekannt vorkommen. Lassen Sie uns nun die ersten Beispiele erstellen und nebenbei den Umgang mit den Tools des JDK üben. Und das erst einmal ohne eine IDE.

2.4.2 Das erste Beispiel – ohne IDE

Folgen Sie mir nun einfach Schritt für Schritt. Und beachten Sie alle Zeichen und Anweisungen, die Sie eingeben sollen. Und wie eben beschrieben mit allen Klammern, Kommata, Semikolons, Groß- und Kleinschreibung etc. Dann kann nicht viel schiefgehen.

Zur Erstellung des ersten Programms genügt ein einfacher Editor, wie er unter Windows bei einer Standardinstallation beispielsweise unter dem Zubehör zu finden ist. Aber ehrlich gesagt möchte ich Sie mit diesem extrem primitiven Editor nicht quälen. Nehmen Sie lieber einen Editor wie Notepad++ (*https://notepad-plus-plus.org/*) oder einen vergleichbaren Editor Ihrer Wahl, der zumindest schon ein bisschen Komfort besitzt. Gerade unter Linux sind zahlreiche gute Editoren vorhanden.

Die Eingabe des Quellcodes

Wie auch immer – geben Sie in den Editor einfach den folgenden Quelltext ein:

```
public class HalloWelt {
  public static void main (String args[]) {
    System.out.println("Hallo Welt!");
  }
}
```

Rücken Sie den Quellcode am besten so ein, wie er hier abgedruckt ist. Das ist zwar nicht notwendig, erhöht aber die Übersichtlichkeit.

Speichern

Wie geht es weiter? Der Quelltext muss gespeichert werden. Da wir bei der direkten Arbeit mit dem JDK zur Übersetzung des Quelltextes im Folgeschritt den Compiler aufrufen müssen, der eine Datei auf einem (beschreibbaren) Datenträger erwartet, muss der Quellcode vorher unbedingt gespeichert werden. Jeder Editor bietet im *Datei*-Menü einen entsprechenden Eintrag zum Speichern.

Die Datei sollte in einem entsprechenden Verzeichnis abgelegt werden, das Ihr Projekt umfasst. Zwar mag das für den Anfang – gerade bei so einem einfachen Beispiel – überdimensioniert erscheinen, aber ich möchte Sie von Anfang an an einen sauberen Programmierstil und eine saubere, vernünftige Projektverwaltung gewöhnen.

Ich verwende für die Beispiele in dem Kapitel ein Hauptverzeichnis *Kap2* und dort ein Unterverzeichnis für dieses Projekt. Dieses nenne ich *HalloWelt*. Ich hatte ja angedeutet, dass wir in diesem Buch grundsätzlich so vorgehen.

Die Groß- und Kleinschreibung der Verzeichnisnamen und im Folgenden auch der Dateinamen ist kein Zufall. Wir arbeiten ja sowohl unter Windows als auch Linux und dort spielt die Groß- und Kleinschreibung bei Pfadangaben eine Rolle. Um konsequent zu sein, habe ich mir angewöhnt, Verzeichnisse und vor allen Dingen alle Dateien (da ist es besonders wichtig) entsprechend der Camelnotation zu schreiben. Das bedeutet, dass zusammengesetzte Bezeichner immer mit einem Großbuchstaben beginnen. Und da ich schon recht lange programmiere, bin ich es gewohnt, auf Sonderzeichen, Umlaute und insbesondere auf Leerzeichen bei Verzeichnis- und Dateinamen zu verzichten.

Wenn wir davon ausgehen, dass Sie also ein Verzeichnis entsprechend den obigen Empfehlungen eingerichtet haben, können Sie Ihr erstes Programm dort speichern. Stellt sich nur die Frage, wie das Kind denn heißen soll? Das heißt, unter welchem Bezeichner und mit welcher Dateierweiterung soll der Quelltext gespeichert werden? Haben wir da freie Wahl? Nein. Java besitzt hier ein paar Eigenheiten, die Sie nicht früh genug kennenlernen können, die aber etwas weiter oben schon angedeutet wurden. Sie erinnern sich?

Der Name des Quelltextes muss zwingend *HalloWelt.java* lauten. Und zwar mit exakt dieser Schreibweise. Auch die Groß- und Kleinbuchstaben müssen unbedingt (!) genau so beim Speichern eingegeben werden. Es gibt zwar einige Ausnahmen, die wir noch sehen werden. Aber so wie das Beispiel aufgebaut ist, dürfen Sie den Bezeichner der Datei nicht ändern.

Syntaxhervorhebung und mehr

Ist Ihnen aufgefallen, dass ein guter Editor wie etwa Notepad++ nach dem Speichern die Codestrukturen farblich deutlicher hervorgehoben hat? Sobald ein für die Programmierung ausgelegter Editor die verwendete Sprache erkennt, wird er Ihnen auf diese Weise helfen. Aber auch weitere Hilfen wie das Expandieren und Kollabieren von Codepassagen, die Markierung von zusammengehörenden Klammern etc. kann ein Editor anbieten.

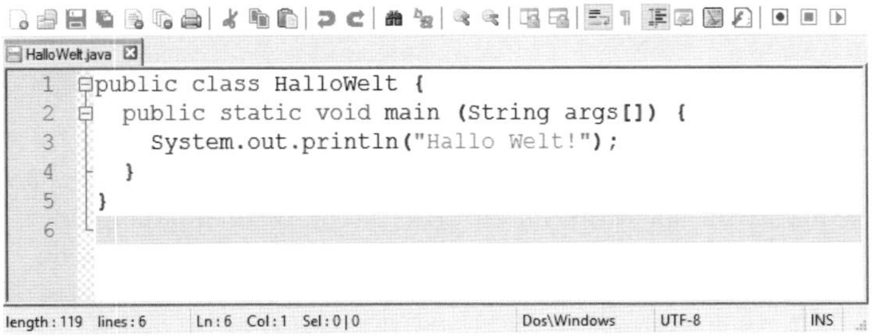

Abbildung 2.3: Unterstützung der Programmierung durch bessere Editoren.

2.4.3 Vom gespeicherten Quellcode zum lauffähigen Code

Im nächsten Schritt wird der gespeicherte Java-Source in lauffähigen Code übersetzt. Das heißt, Sie müssen nun ran an die JDK-Tools. Für unsere aktuelle Aufgabe ist der Compiler gefragt. Öffnen Sie dazu eine Konsole, wenn die noch nicht offen ist.

Nun müssen Sie wieder beachten, dass Sie sich wahrscheinlich im Verzeichnisbaum des Betriebssystems nicht an der Stelle befinden, an der die Java-Datei gespeichert ist. Und das JDK wird bei der Installation wie erwähnt nicht zum Suchpfad des Betriebssystems hinzugefügt. Um den Compiler auf die Java-Quelltextdatei anzuwenden, gibt es nun drei sinnvolle Vorgehensweisen:

1. Sie wechseln in das Verzeichnis mit den JDK-Tools und geben die Java-Quelltextdatei als Parameter mit vollständigem Pfad an. Dann können Sie einfach den zuerst angegebenen Namen des Compilers ohne Pfadangaben angeben.
2. Sie wechseln in das Verzeichnis mit der Java-Quelltextdatei und geben den Compiler vollqualifiziert (also mit vollständigem Pfad) an. Dann können Sie den Namen der Java-Quelltextdatei als Parameter ohne vollständige Pfadangabe notieren.
3. Sie bleiben in irgendeinem Verzeichnis des Verzeichnisbaums und geben sowohl den Compiler als auch den Parameter vollqualifiziert an.

Der Suchpfad

Sie könnten das Verzeichnis der JDK-Tools auch zum Suchpfad (Path) Ihres Betriebssystems hinzufügen. Dann wären die in der JDK-Umgebung verfügbaren Werkzeuge von allen Verzeichnissen auf Ihrem System aus zugänglich. Aber wir haben ja schon diskutiert, warum das nicht immer sinnvoll wäre.

Zumal Sie in der Praxis kaum direkt in der Konsole arbeiten werden. Wir spielen die Arbeit mit der Konsole hier ja nur aus didaktischen Gründen durch, um die Arbeitsweise vom JDK und Java zu verstehen. Die umständlichen Pfadangaben entfallen, wenn Sie mit einer IDE arbeiten.

Wir spielen hier exemplarisch – natürlich mit einer spezifischen Installation des JDK – den zweiten Fall durch. Wir wechseln also mit dem Kommando *cd* in das aktuelle Projektverzeichnis. Überprüfen Sie zur Sicherheit mit *dir*, ob sich da auch die Java-Quelltextdatei befindet.

```
F:\JavaBeispiele\Kap2\HalloWelt>dir
 Datenträger in Laufwerk F: ist Volume2GB
 Volumeseriennummer: D611-D155

 Verzeichnis von F:\JavaBeispiele\Kap2\HalloWelt

19.09.2015  11:26    <DIR>          .
19.09.2015  11:26    <DIR>          ..
19.09.2015  11:13               119 HalloWelt.java
               1 Datei(en),            119 Bytes
               2 Verzeichnis(se), 1.830.953.426.944 Bytes frei

F:\JavaBeispiele\Kap2\HalloWelt>_
```

Abbildung 2.4: Wenn Sie sich im richtigen Verzeichnis befinden, sehen Sie die Quelltextdatei.

Rufen Sie nun den Compiler mit vollständiger Pfadangabe und dem Namen der Java-Quelltextdatei als Parameter auf. Etwa so, wenn Sie unter Windows arbeiten:

"C:\Program Files (x86)\Java\jdk1.8.0_40\bin\javac" HalloWelt.java

Beachten Sie, dass Sie in der Konsole Verzeichnis- oder Dateinamen, die Leerzeichen enthalten, unbedingt in Hochkommata einschließen müssen. Sonst interpretiert das Betriebssystem das Leerzeichen als Trennzeichen und den zweiten Teil des Namens bereits als Parameter. Sie erinnern sich, dass ich von der Verwendung von Leerzeichen bei Datei- und Verzeichnisnamen abgeraten habe? Hier sehen Sie eine (kleine) Falle, in die man tappen kann, wenn man das trotzdem macht. Und beachten Sie ebenso, dass die Dateierweiterung eingegeben werden muss und die Groß- und Kleinschreibung beim Dateinamen und der Dateiendung genau so eingehalten werden sollte!

Der Compiler hat – falls der Quelltext in Ordnung war und alle anderen besprochenen Voraussetzungen passen – eine neue Datei angelegt. Diese trägt den Namen *HalloWelt.class*. Der Name ist aus dem Bezeichner entstanden, der im Quelltext hinter dem Schlüsselwort `class` stand. Dieser ist zwar in unserem Beispiel identisch mit dem Namen der Quelltextdatei, aber Sie sollten schon jetzt beachten, dass es der Bezeichner im Inneren ist, der den Namen der Bytecodedatei (also der Datei mit der Erweiterung *.class*) festlegt.

```
F:\JavaBeispiele\Kap2\HalloWelt>"C:\Program Files (x86)\Java\jdk1.8.0_40\bin\javac" HalloWelt.java

F:\JavaBeispiele\Kap2\HalloWelt>dir
 Datenträger in Laufwerk F: ist Volume2GB
 Volumeseriennummer: D611-D155

 Verzeichnis von F:\JavaBeispiele\Kap2\HalloWelt

19.09.2015  11:34    <DIR>          .
19.09.2015  11:34    <DIR>          ..
19.09.2015  11:38               423 HalloWelt.class
19.09.2015  11:13               119 HalloWelt.java
               2 Datei(en),            542 Bytes
               2 Verzeichnis(se), 1.830.953.398.272 Bytes frei

F:\JavaBeispiele\Kap2\HalloWelt>
```

Abbildung 2.5: Eine Klassendatei wurde generiert.

Der Aufruf unseres ersten Java-Programms

Ansonsten ist es Zeit, das in Bytecode übersetzte Programm auszuführen. Dazu wird der Java-Interpreter aufgerufen und die auszuführende Klasse als Parameter übergeben. Denn Bytecode ist ja – wie besprochen – nicht direkt ausführbar, sondern muss für die spezifische Umgebung noch fertig übersetzt werden. Geben Sie auf Befehlszeilenebene den Aufruf des Interpreters mit der Bytecodedatei als Parameter ein. Etwa so:

"C:\Program Files (x86)\Java\jdk1.8.0_40\bin\java" HalloWelt

Beachten Sie wie gesagt, dass die Angabe der Dateierweiterung hier unbedingt zu unterbleiben hat! Als Ergebnis des Aufrufs bekommen Sie *Hallo Welt!* auf dem Bildschirm angezeigt. Das ist sicher wenig eindrucksvoll, aber immerhin läuft ein erstes Java-Programm.

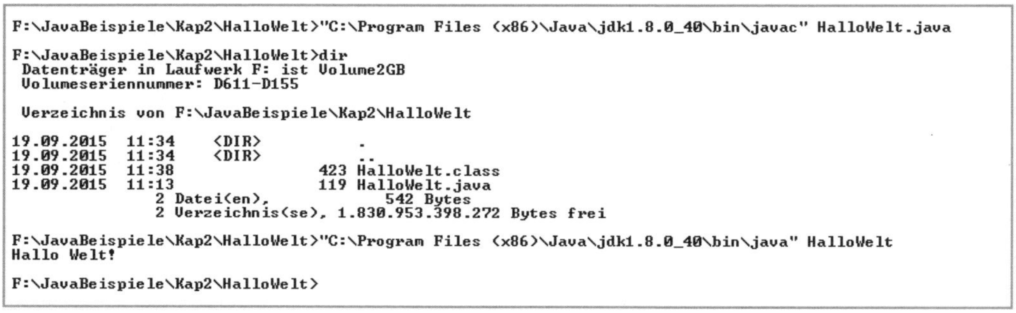

Abbildung 2.6: Das Java-Programm wurde ausgeführt und erzeugt eine Ausgabe in der Konsole.

Die genauen Details zum Quellcode sollen später geklärt werden, aber eine kurze Erklärung zu `System.out.println()` soll schon hier erfolgen, ohne zu tief einzusteigen (sofern es nicht sowieso klar wurde) – damit erzeugen Sie eine Ausgabe in der Konsole, inklusive eines Zeilenumbruchs. Hätten Sie `System.out.print()` verwendet, wäre der Zeilenumbruch unterblieben. Das würde sich aber erst bei mehreren Ausgaben hintereinander auswirken.

Zusammenfassung der wesentlichen Schritte

Am Ende des ersten Beispiels soll die prinzipielle Vorgehensweise der Erstellung eines Java-Programms noch einmal zusammengefasst werden (alle zukünftigen Beispiele können so durchgespielt werden, es sei denn, es wird explizit eine Abweichung angemerkt):

1. Zuerst erstellen Sie einen Ordner, in dem Ihr Projekt gespeichert werden soll.
2. Starten Sie einen Editor und erstellen Sie den Quelltext.
3. Speichern Sie den Quelltext unter einem Namen, der sich aus dem Namen der Klasse (der Bezeichner, der im Quelltext dem Schlüsselwort `class` folgt) und der Dateierweiterung *.java* zusammensetzt. Dabei muss streng auf Klein- und Großschreibung geachtet werden.

4. Öffnen Sie eine Konsole und wechseln Sie gegebenenfalls in das Projektverzeichnis oder das JDK-Toolverzeichnis.

5. Rufen Sie den Compiler *javac* auf. Dabei übergeben Sie den Namen der Quelltextdatei mit Dateierweiterung (!) als Parameter. Beim Aufruf des Compilers oder der Datei müssen Sie unter Umständen den Pfad mit angeben.

6. Rufen Sie den Interpreter *java* zum Start des Programms auf. Dabei übergeben Sie den Namen der vom Compiler generierten Klassendatei (der Name ergibt sich aus dem Namen der Klasse im Quelltext plus der Dateierweiterung *.class*) ohne (!) Dateierweiterung als Parameter. Beim Aufruf des Interpreters oder der Bytecodedatei müssen Sie unter Umständen wieder den Pfad mit angeben.

Vom Bytecode zurück zum Quellcode

Oben wurde bei den JDK-Tools der Disassembler ***javap*** angesprochen. Wenden wir diesen einmal auf unser erstes Beispiel an. Dann sehen Sie, was er leistet. Etwa so, wenn Sie sich im Arbeitsverzeichnis des Projekts befinden:

"C:\Program Files (x86)\Java\jdk1.8.0_40\bin\javap" HalloWelt

Damit wird anhand des binären Bytecodes des Java-Programms wieder der Quellcode (teilweise) reproduziert. Sie sehen das Ergebnis in der Konsole.

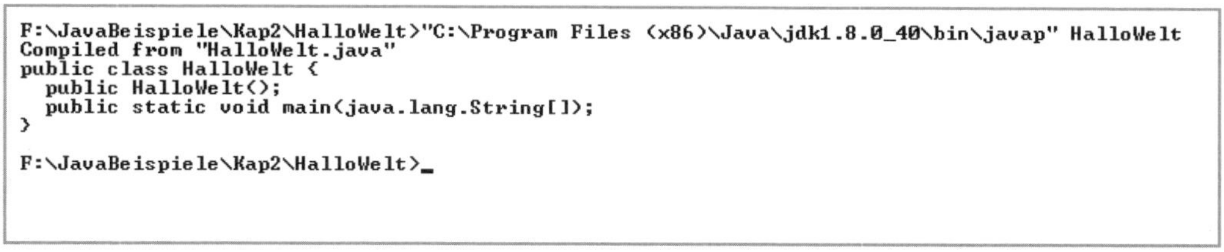

Abbildung 2.7: Aus dem binären Bytecode wurden lesbare Strukturen reproduziert.

So etwas können Sie mit vollständig übersetztem Binärcode, wie er etwa bei einer klassischen EXE-Applikation vorkommt, nicht machen. Da sind die lesbaren Strukturen vollständig wegoptimiert worden und es bleibt nur noch Maschinencode übrig.

Im Bytecode von Java werden hingegen zahlreiche **Metainformationen** gespeichert, die so eine Rückübersetzung (Disassemblierung) gestatten. Den Disassembler können Sie übrigens mit diversen Optionen genauer beeinflussen. Damit lässt sich detailliert angeben, welche Informationen in lesbarer Form aus dem Bytecode geholt werden sollen.

Eine Datei bei der Disassemblierung erstellen

Sie können die Ausgabe des Disassemblers auch in eine Datei umleiten, um den generierten Quelltext dann in einem Editor wieder zu bearbeiten. Dazu verwenden Sie einfach das Zeichen >, dem Sie den Namen einer gewünschten Datei nachstellen. Etwa so:
"C:\Program Files (x86)\Java\jdk1.8.0_40\bin\javap" > quellcodedatei.txt

2.4.4 Beispiel 2 –Aufrufargumente für ein Java-Programm entgegennehmen

Man kann an ein Programm beim Aufruf Parameter übergeben, die es dann verwenden kann. Solche Parameter werden auf Befehlszeilenebene einfach an den Programmaufruf – mit Leerzeichen abgetrennt – angehängt.

In der Vergangenheit waren Aufrufargumente für ein Programm wichtig. Denken Sie nur an die gesamten Betriebssystembefehle auf Konsolenebene wie *cd*, *copy*, *ren* etc. Oder die JDK-Tools selbst. Die Bedeutung von Aufrufargumenten ist aber unter grafischen Oberflächen wie Windows mittlerweile eher gering. Dennoch nutzt man so etwas auch heute noch für Programme (meist ohne grafische Oberfläche), die automatisiert aufgerufen werden sollen. Oder im Hintergrund eines Programmaufrufs über eine grafische Oberfläche steht so ein Konsolenaufruf, der nur mit einem grafischen Link verbunden ist.

Verändern wir doch unser erstes Programm ein wenig, sodass es Argumente auswerten kann. Dazu erstellen Sie ein neues Projektverzeichnis *NimmEntgegen* und erstellen dort die Java-Quelltextdatei *NimmEntgegen.java* mit folgendem Inhalt:

```
class NimmEntgegen {
  public static void main (String args[]) {
    System.out.println("Der Uebergabewert war: " + args[0]);
  }
}
```

Wenn Sie das Programm wie eben beschrieben gespeichert und kompiliert haben, können Sie beim Aufruf einen Programmparameter anfügen. Etwa so:

"C:\Program Files (x86)\Java\jdk1.8.0_40\bin\java" NimmEntgegen abc

Oder so:

"C:\Program Files (x86)\Java\jdk1.8.0_40\bin\java" NimmEntgegen "Mehrere Woerter muessen in Hochkommata gesetzt werden."

Beachten Sie bitte, dass das Programm nicht gegen das Fehlen von Übergabewerten geschützt ist. Falls Sie das Programm ohne einen Übergabewert aufrufen, wird eine sogenannte Ausnahme erzeugt und Sie sehen eine entsprechende Meldung auf dem Bildschirm.

Der Übergabewert steht über das Zeichenketten-Array `args` (oder den sonst in der `main()`-Methode angegebenen Namen) zur Verfügung. Falls Sie Arrays bereits kennen, ist hier zu beachten, dass der Index eines Arrays in Java mit 0 beginnt. Da die Liste der Argumente eines Programms immer ein Zeichenketten-Array ist, werden alle Übergabeparameter an ein Java-Programm als Zeichenketten übergeben. Diese Details werden wir detailliert behandeln.

Mehrere Parameter übergeben

Wenn Sie beim Aufruf mehrere Parameter an ein Programm übergeben wollen, sollte Ihnen – auch ohne große Java-Hintergrundkenntnisse – der Weg klar sein. Jeder Parameter wird durch ein Leerzeichen abgetrennt und steht dann im Array `args` über einen numerischen Index zur Verfügung. Der erste Übergabeparameter über `args[0]`, der zweite über `args[1]` etc.

Sie sollten damit die grundsätzliche Vorgehensweise bei der Erstellung von Java-Quellcode und der Verwendung des JDK verstanden haben. Erleichtern wir uns jetzt die Arbeit und erstellen die nächsten Programme mit unseren beiden Referenz-IDEs. Wobei ich explizit betonen möchte, dass die Art der Erstellung keine Rolle spielt.

Alle Applikationen können grundsätzlich ohne eine IDE auf die eben besprochene Weise erstellt werden. Und auch für den Start der Java-Anwendungen benötigen wir keine IDE. Sie können alle Java-Anwendungen aus der Konsole auf die beschriebene Weise aufrufen – auch die mit einer grafischen Oberfläche.

2.4.5 Eine grafische Oberfläche als drittes Beispiel – mit Eclipse

Das nächste Beispiel soll zeigen, wie einfach man unter Java ein Programm mit grafischer Oberfläche erstellen kann. Zwar wird das Miniprogramm nicht allzu viel leisten, aber die vollständigen Grundlagen einer Applikation mit einer grafischen Oberfläche werden realisiert. Das bedeutet neben der Bereitstellung eines Fensters, in dem die Applikation läuft, für einen Anwender die Möglichkeit, das Fenster zu vergrößern, auf der Taskleiste abzulegen, per Button zwischen Vollbild und Fenster zu wechseln und es auf dem Bildschirm zu verschieben. Ein Systemmenü wird ebenso vorhanden sein.

Darüber hinaus kann das Fenster per Schließbutton geschlossen und damit das Programm beendet werden – das wird schon die gesamte »Funktionalität« unseres Programms sein. Letzteres ist jedoch nicht ganz so trivial, worauf wir noch eingehen werden.

Warum ist das alles überhaupt erwähnenswert? Nun, es funktioniert unter allen Betriebssystemen, die Java unterstützen. Ein und dasselbe kleine Programm. Gleicher Quelltext, aber auch gleicher Bytecode. Klar, es wurde schon mehrfach erwähnt, dass Java plattformneutral ist. Aber wie einfach so etwas mit Java zu realisieren ist, wird erst deutlich, wenn Sie das einmal mit anderen Techniken versuchen.

AWT, Swing und JavaFX

Die Erstellung von grafischen Oberflächen in Java beruht auf speziellen APIs und damit verbundenen Konzepten. Ganz am Anfang hatte man mit dem sogenannten AWT (Abstract Window Toolkit) gearbeitet, aber das wurde bereits 1996 durch ein Konzept namens Swing abgelöst. Obgleich auch Swing mittlerweile ein fast biblisches Alter erreicht hat und sehr stark veraltet ist, wird es in der Praxis nach wie vor eingesetzt. Insbesondere gewachsene ältere Projekte arbeiten immer noch damit.

Der aktuelle Standard zum Erstellen grafischer Oberflächen nennt sich aber JavaFX. In diesem Buch wird die Erstellung grafischer Oberflächen nur ein Randthema sein, denn im Fokus stehen die grundsätzlichen Konzepte von Java und der objektorientierten Programmierung. Aber wir werden immer mal wieder damit konfrontiert (auch schon in diesem Kapitel und dann vor allen Dingen noch etwas genauer im letzten Kapitel).

Wir wollen das neue Beispiel jetzt aber auch unter Einsatz von Eclipse erstellen und deshalb gehen wir jetzt auf diese IDE ein. Sie brauchen diese beileibe nicht vollständig zu beherrschen und alle Facetten kennen, aber der grundsätzliche Umgang sollte Ihnen vertraut sein. Zuerst bereiten wir nur die Kenntnisse vor, die wir zur Erstellung des ersten Java-Programms mit Eclipse wissen müssen, dann erstellen wir es und bringen es zum Laufen. Schließlich werfen wir für spätere, komplexere Beispiele noch einen etwas tieferen Blick auf diese geniale IDE.

Projekte

Wenn Sie Eclipse das erste Mal starten, müssen Sie meist die Frage beantworten, welchen **Workspace** (gleich mehr dazu) Sie verwenden wollen. Bestätigen Sie die Grundeinstellung. Dann sehen Sie nach dem abgeschlossenen Start der IDE zuerst wahrscheinlich ein Fenster mit einigen Willkommensmeldungen. Damit wollen wir uns nicht aufhalten. Schließen Sie das Fenster mit einem Klick auf den Schließbutton beim Reiter des Tabs.

Dieses gesamte Eclipse-Fenster mit allen Fenstersegmenten und Menüs und den dahinter liegenden Funktionalitäten nennt man **Workbench**.

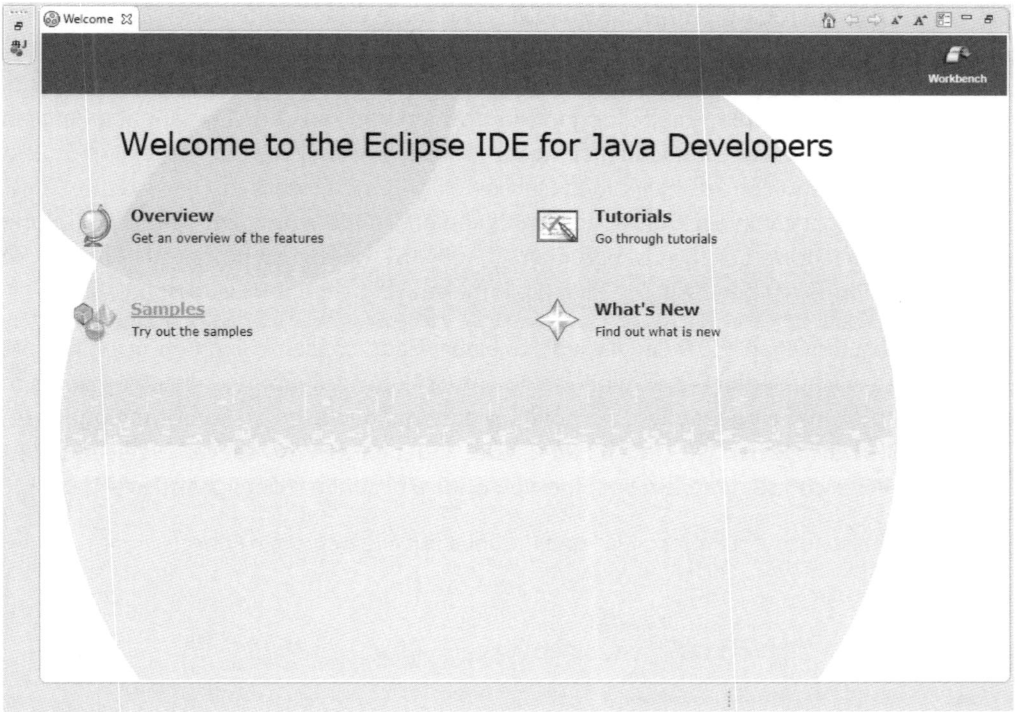

Abbildung 2.8: Nach dem Start von Eclipse sehen Sie möglicherweise einen Willkommensdialog.

In der Folge sollten Sie Eclipse in einer Ansicht sehen, die in der Regel für eine typische Java-Applikation besonders sinnvoll ist. Sie sehen eine Reihe integrierter kleiner Fenster, die erst einmal weitgehend leer sind. Das wird die **Java-Perspektive** genannt. Sie finden in Eclipse mehrere vorgefertigte Perspektiven, in denen für die unterschiedlichsten Aufgaben Fenster zusammengestellt sind.

Views

Die einzelnen Fenstersegmente in Eclipse, die zusammen eine Perspektive bilden, werden **Views** genannt. Sie können sie individuell verschieben und auch schließen. Sollten sie geschlossen sein und Sie benötigen solch einen View erneut, können Sie das Fenstersegment unter dem Menüpunkt *Window/Show View* wieder öffnen.

In Eclipse erstellen Sie nun in der Regel immer erst ein **Projekt** und nicht einfach eine isolierte Quelltextdatei bzw. eine Gruppe von irgendwo gespeicherten Quelltextdateien. Das ist sinnvoll und in der modernen Programmierung allgemein üblich. Grundsätzlich ist es zu empfehlen, für jede Applikation eine eigene Verzeichnisstruktur zu erstellen. Dabei hat sich in der Programmierung mittlerweile durchgängig eine bestimmte Strategie durchgesetzt, eine ***verwaltete Verzeichnisstruktur*** als Projekt zu bezeichnen, was vorher im Buch schon angedeutet wurde.

Ein Projekt beinhaltet auf Dateiebene alle Verzeichnisse und Dateien, die von einem Programm benötigt werden. Zusätzlich kommt optional eine Dokumentation und was sonst noch so notwendig ist dazu. Wenn Sie ein Programmierwerkzeug wie Eclipse verwenden, speichert es diverse eigene Einstellungen (Anordnung von Fenstern, Pfadangaben etc.) in Konfigurationsdateien, die individuell für jedes Projekt verwaltet werden. Bei einem Projekt können auch Ressourcen aus beliebigen Quellen eingebunden werden. Das bedeutet, dass diese Ressourcen nicht in ein Projektverzeichnis kopiert, sondern nur über eine Verknüpfung verfügbar gemacht werden. Das ist natürlich sehr effektiv, wenn man bestimmte Ressourcen in mehreren Projekten benötigt. Die Java-Bibliotheken sind etwa solche Ressourcen.

Projekte selbst fasst man in der Regel wieder in einem Hauptordner zusammen. Insbesondere werden die verschiedenen Projekte bei vielen Entwicklungsumgebungen in einen gemeinsamen Hauptordner eingegliedert, der selbst wieder mit gewissen Metainformationen verwaltet wird. In Eclipse handelt es sich hier um das sogenannte **Workspace**-Verzeichnis, dessen Ort im Verzeichnisbaum Sie beim Start von Eclipse bestätigt – oder geändert – haben.

Erstellen wir also jetzt ein Projekt. Klicken Sie zuerst auf *File/New/Java Project*.

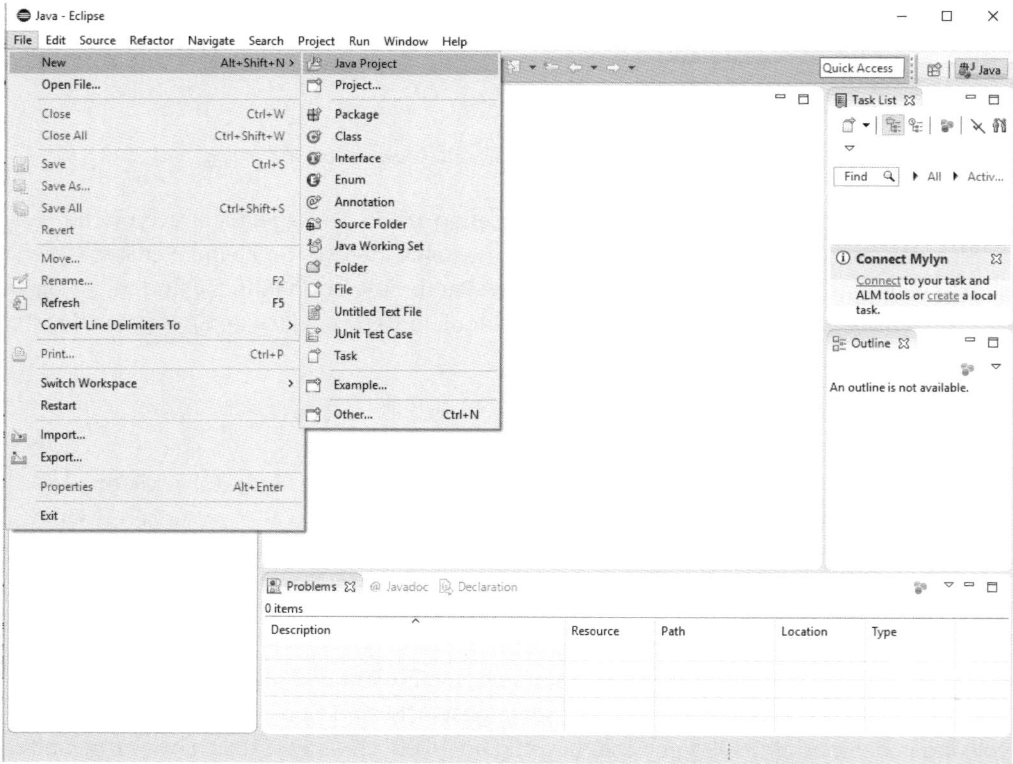

Abbildung 2.9: Ein neues Java-Projekt.

Sie können dann im nachfolgenden Dialog ein Java-Projekt anlegen.

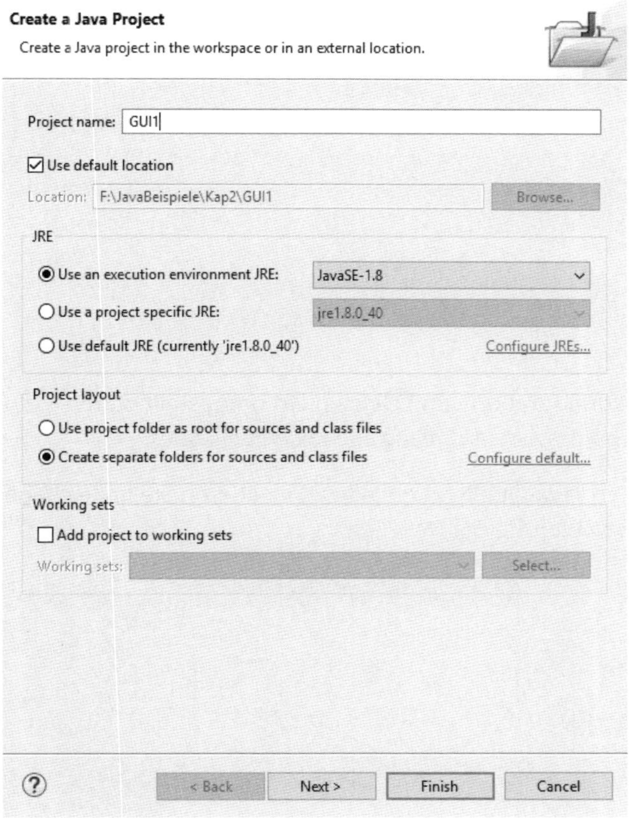

Abbildung 2.10: Anlegen eines Java-Projekts in Eclipse.

Vergeben Sie für das Projekt in diesem Dialog den Namen *GUI1*. Bei den weiteren Einstellungen können Sie die Grundeinstellungen übernehmen. Auch die weiteren Schritte des Assistenten, die Sie mit der Schaltfläche *Next >* aufrufen könnten, ignorieren wir.

Bestätigen Sie also den Dialog mit *Finish*.

Im sogenannten **Package Explorer** – normalerweise auf der linken Seite des Eclipse-Fensters – sollten Sie nun die Baumstruktur expandieren.

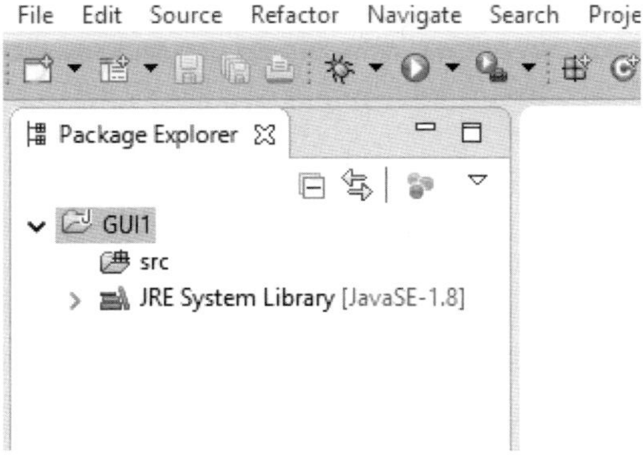

Abbildung 2.11: Das Projekt wurde angelegt.

Sie erkennen – wenn die Standardkonfiguration von Eclipse nicht umgestellt wurde – ein Unterverzeichnis *src*. Dort hinein gehören standardmäßig alle Java-Quellcodes.

In diesem werden wir also jetzt einen Java-Quelltext erstellen. Selektieren Sie im Package Explorer das Projektverzeichnis und wählen Sie *File/New/Class*.

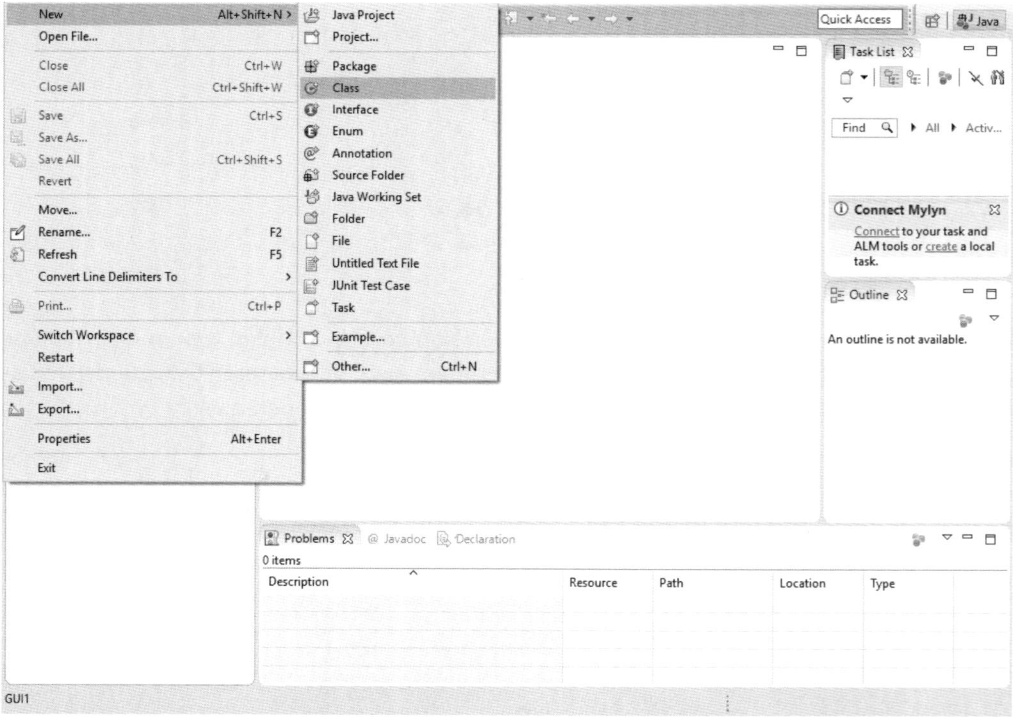

Abbildung 2.12: Anlegen einer Java-Klasse in dem aktuellen Projekt.

Im folgenden Dialog können Sie mehrere Dinge spezifizieren, die meisten Vorgaben können Sie jedoch übernehmen oder sie werden erst einmal nicht explizit angegeben. Sie sollten für den Anfang nur drei Einträge vornehmen. Geben Sie den Namen der Klasse an. Wir nennen sie *MeineGUI*. Damit legen Sie bei Eclipse immer auch den Namen der Java-Datei fest.

Wir werden in dem Beispiel eine Anwendung mit einer grafischen Oberfläche auf Basis von Swing erstellen. Im Feld *Superclass* geben Sie deshalb *javax.swing.JFrame* (das gehört zur Swing-API) an und bei *public static void main(String[] args)* setzen Sie einen Haken. Danach bestätigen Sie den Dialog.

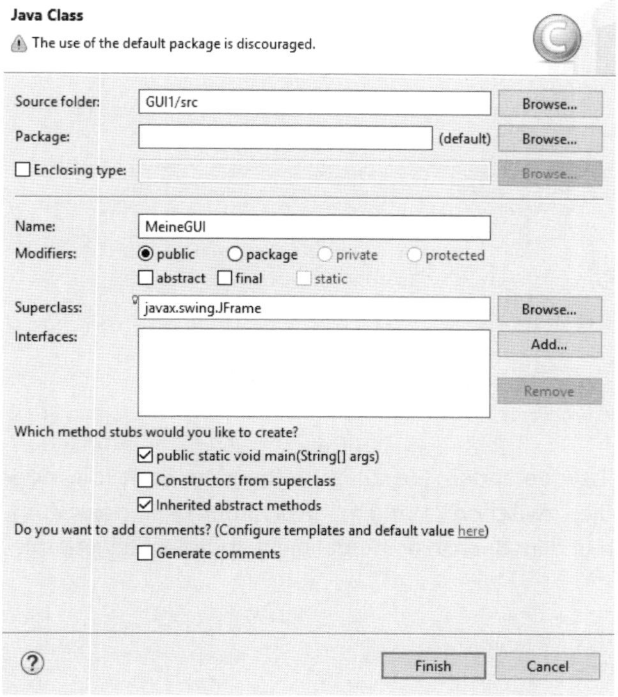

Abbildung 2.13: Grundeinstellungen zur Erzeugung des neuen Java-Programms.

Die Ansicht Ihrer Arbeitsumgebung in Eclipse hat sich nun ein wenig geändert. Rechts im Eclipse-Fenster sollten Sie in einem Bereich ***Outline*** **Strukturinformationen** Ihres neuen Programms sehen und unten befinden sich ein paar Reiter mit verschiedenen Statusinformationen.

Auf der linken Seite sehen Sie im Package Explorer, dass im Verzeichnis *src* eine Datei *MeineGUI.java* angelegt wurde. Insbesondere sehen Sie aber in der Mitte jetzt den Eclipse-Editor, in dem Sie den eigentlichen Java-Quelltext eingeben. Dort sind bereits diverse Zeilen vorgegeben, die Eclipse automatisch für Sie generiert hat.

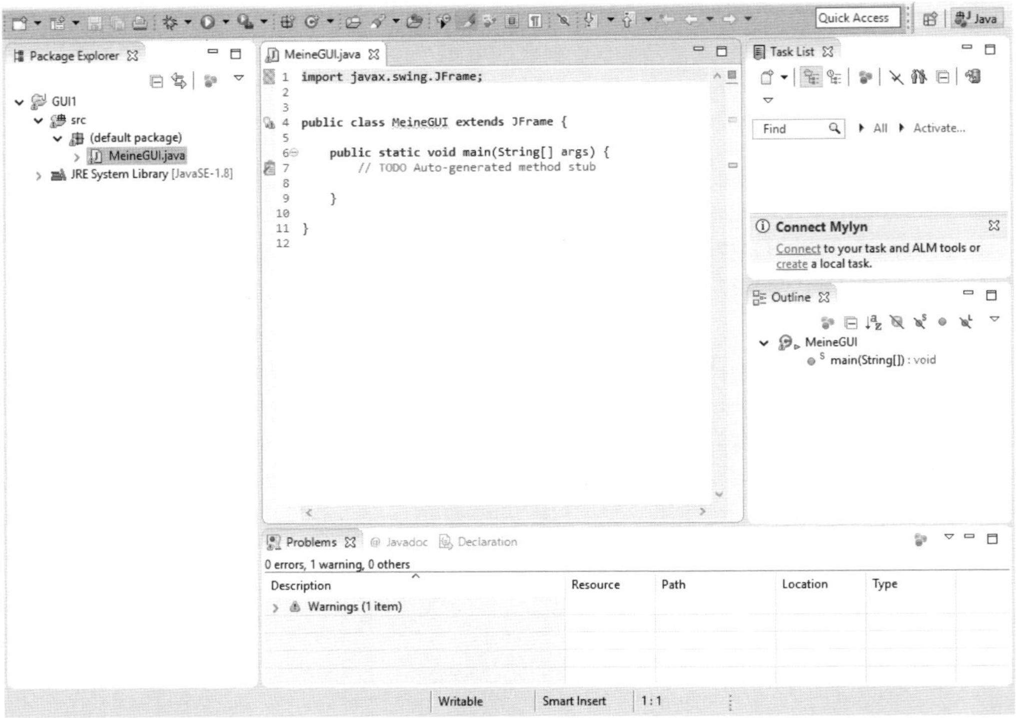

Abbildung 2.14: Eclipse mit der generierten Grundschablone.

Den generierten Quelltext ergänzen bzw. verändern Sie zu nachfolgendem Code (die möglicherweise ebenfalls generierten Zeilen zwischen /* und */ und hinter // sind nur Kommentare, die entfernt werden können und im Buch in der Regel nicht abgedruckt werden):

```
import javax.swing.JFrame;
public class MeineGUI extends JFrame {
    public static void main(String[] args) {
        MeineGUI f = new MeineGUI();
        f.setSize(300, 200);
        f.setDefaultCloseOperation(DISPOSE_ON_CLOSE);
        f.setVisible(true);
    }
}
```

Wir verwenden in der Folge in den abgedruckten Quelltexten hin und wieder eine Hervorhebung gewisser Java-Strukturen, die Ihnen in der Regel auch die IDE anzeigen wird. Sie werden ebenso schnell bemerken, dass Ihnen die IDE bei der Eingabe der Quelltexte vielfältig helfen wird. Am Anfang können Sie die Hilfe ignorieren und einfach weiterschreiben – auch wenn ein Hilfefenster der IDE aufgegangen ist. Natürlich dürfen Sie die angebotene Hilfe auch verwenden, wenn Sie das hinbekommen und es Ihnen nützt.

Der Quelltext muss wieder gespeichert werden, aber das erledigt Eclipse für Sie per Mausklick. Sie finden dazu in Eclipse die übliche Schaltfläche in der Symbolleiste oder Sie drücken Strg+S. Der Name lautet wie erwähnt zwingend *MeineGUI.java*, und das ist ja bereits beim Anlegen der Datei spezifiziert worden.

Nächster Schritt ist wieder die Kompilierung. Im Menü *Project* finden Sie den Eintrag *Build Project* und diesen wählen Sie aus. Noch bequemer ist es, wenn die automatische Erstellung über *Build Automatically* aktiviert ist. In dem Fall wird Eclipse immer dann, wenn es notwendig ist, automatisch das gesamte Projekt neu kompilieren.

Wie bei der manuellen Übersetzung mit dem Java-Compiler des JDK legt Eclipse – falls kein Fehler auftritt – eine neue Datei mit Namen *MeineGUI.class* an (bei der Grundeinstellung in einem weiteren Unterverzeichnis *bin*, das nach der ersten Übersetzung von Eclipse automatisch neu erzeugt wird), die Sie dann ausführen können.

Zum Programmstart muss wiederum der Java-Interpreter aufgerufen und die auszuführende Klasse als Parameter übergeben werden. Auch das ist direkt in Eclipse möglich. Im Menü *Run* finden Sie *Run As* und dort den Eintrag *Java Application*.

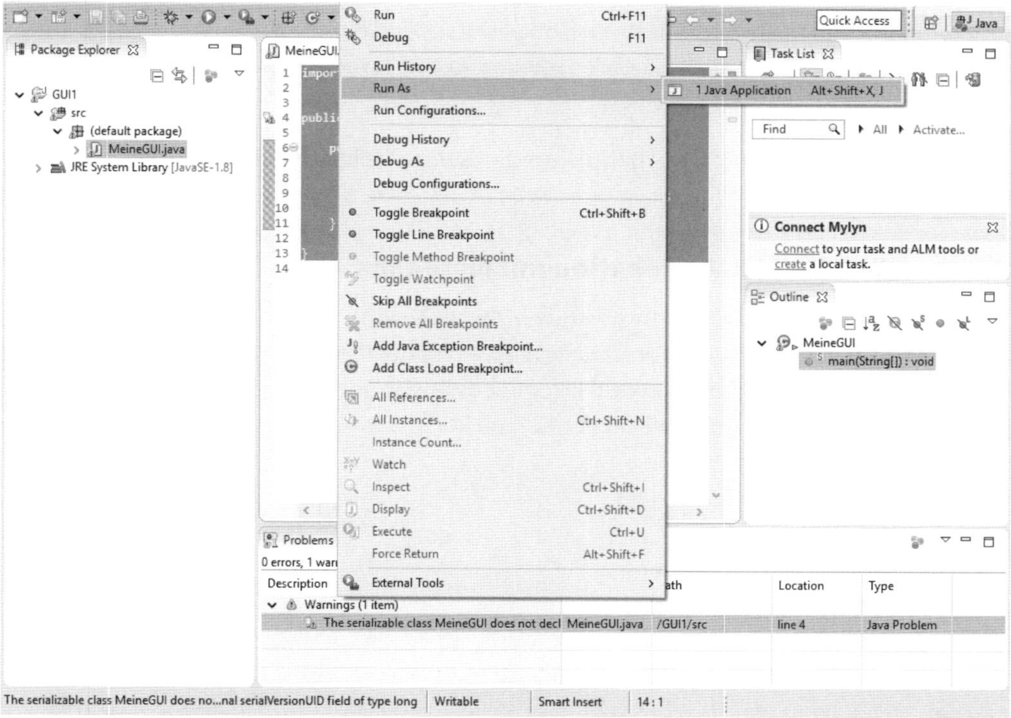

Abbildung 2.15: Ausführen der Java-Applikation aus Eclipse.

Damit wird das Programm aus der IDE gestartet. Als Ergebnis des Aufrufs öffnet sich bei unserem Beispiel ein grafisches Fenster auf dem Bildschirm. Sie können das Programmfenster mit der Maus verändern.

Wenn Sie das Symbol links oben anklicken, klappt das Systemmenü auf. Ein Klick auf den entsprechenden Menüeintrag oder den Schließbutton ganz rechts beendet das Programm.

Abbildung 2.16: Das erste sehr einfache Java-Programm mit grafischer Oberfläche

Tieferer Einblick in Eclipse

Im Anhang finden Sie noch diverse wichtige Details und Einstellungsmöglichkeiten von Eclipse und wie Ihnen die IDE bei der Erzeugung von Java-Programmen helfen kann.

Erstellen wir nun auch noch zwei Beispiele mit unserer zweiten Referenz-IDE, damit Sie diese auch kennenlernen.

2.4.6 Eine JavaFX-Applikation mit NetBeans

Wie auch Eclipse organisiert NetBeans sowohl Quellcodes als auch die generierten Ergebnisse in **Projekten**. Also müssen wir auch hier zuerst ein neues Projekt einrichten. Wenn NetBeans gestartet ist, schließen wir eventuelle Willkommensfenster und erstellen über den Eintrag *File/ New Project* aus dem Hauptmenü ein neues Projekt.

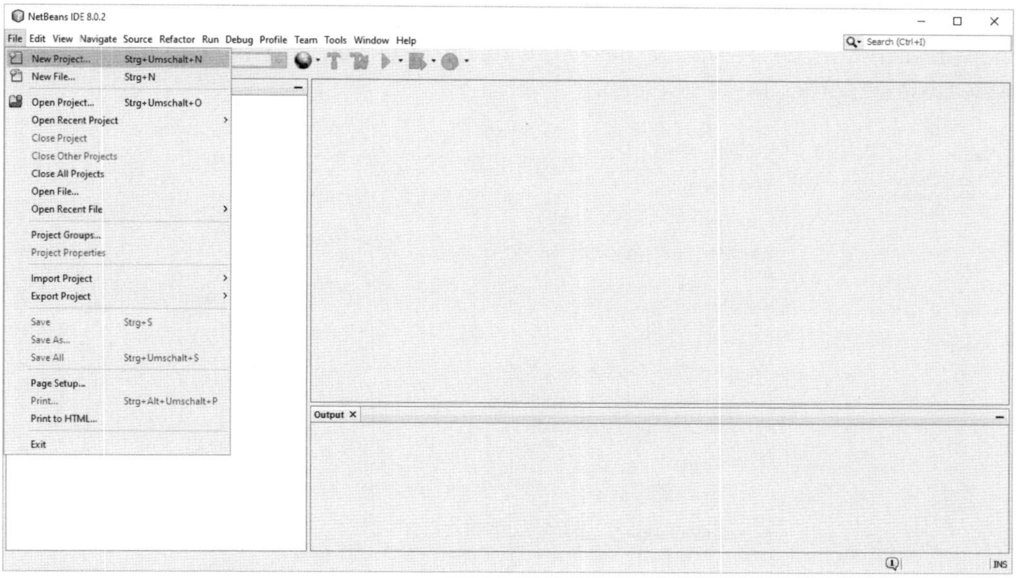

Abbildung 2.17: Auch bei NetBeans legen Sie erst ein Projekt an.

Im folgenden New-Project-Wizard finden Sie eine Aufstellung der Projektkategorien, die NetBeans in der aktuellen Konfiguration unterstützt. Wir selektieren hier *JavaFX* und rechts davon dann erst einmal *JavaFX Application*. Das macht offensichtlich, dass diese Applikation mit einer grafischen JavaFX-Oberfläche daherkommen soll.

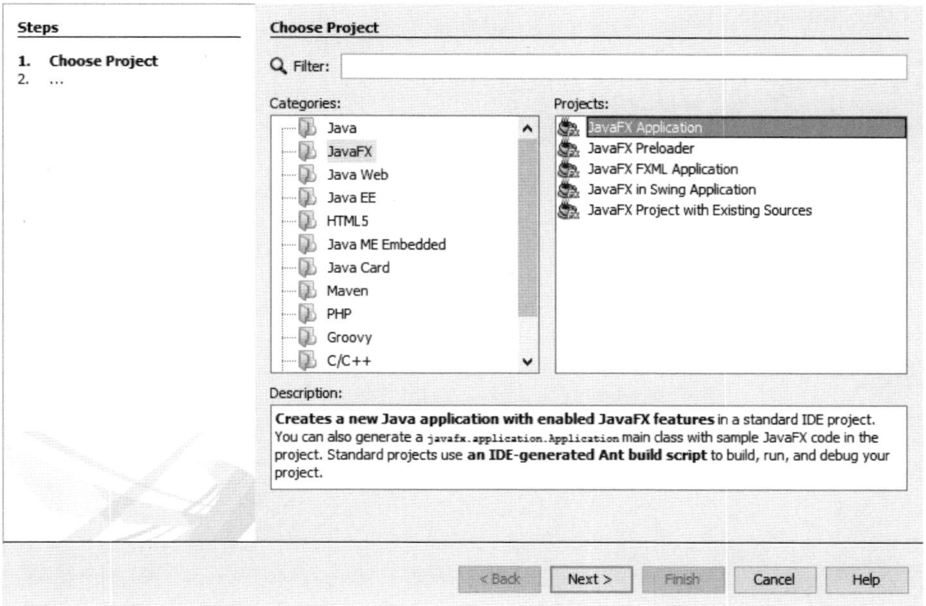

Abbildung 2.18: Ein neues JavaFX-Projekt in NetBeans.

Im nächsten Schritt vergeben Sie den Projektnamen *JavaFXApplication* und legen bei Bedarf individuell fest, wo das Projekt gespeichert wird. Die restlichen Einstellungen können Sie so lassen, wie sie vorgeschlagen werden.

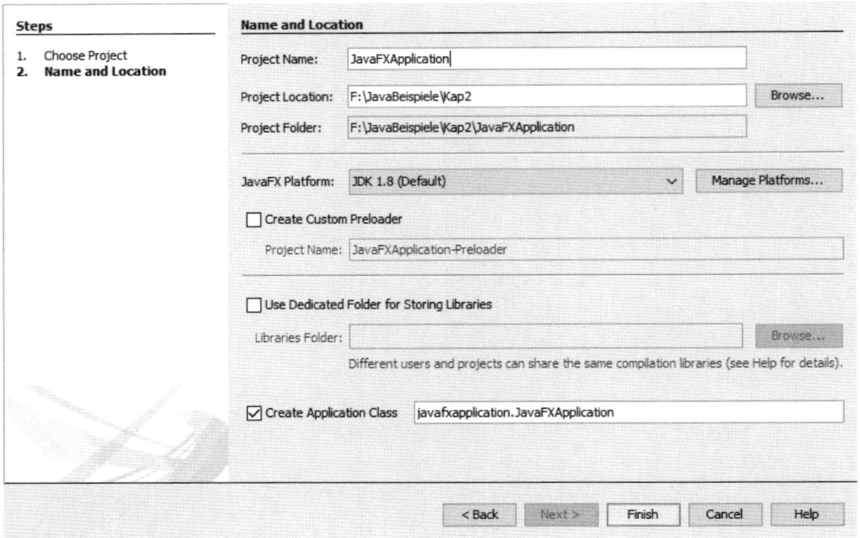

Abbildung 2.19: Name und Speicherort des Projekts.

Nach dem Klick auf die Schaltfläche *Finish* werden das Projekt und eine Quellcodedatei erstellt und im Projektfenster von NetBeans angezeigt. Zusätzlich wird der Inhalt der Quellcodedatei im Quellcodeeditor angezeigt.

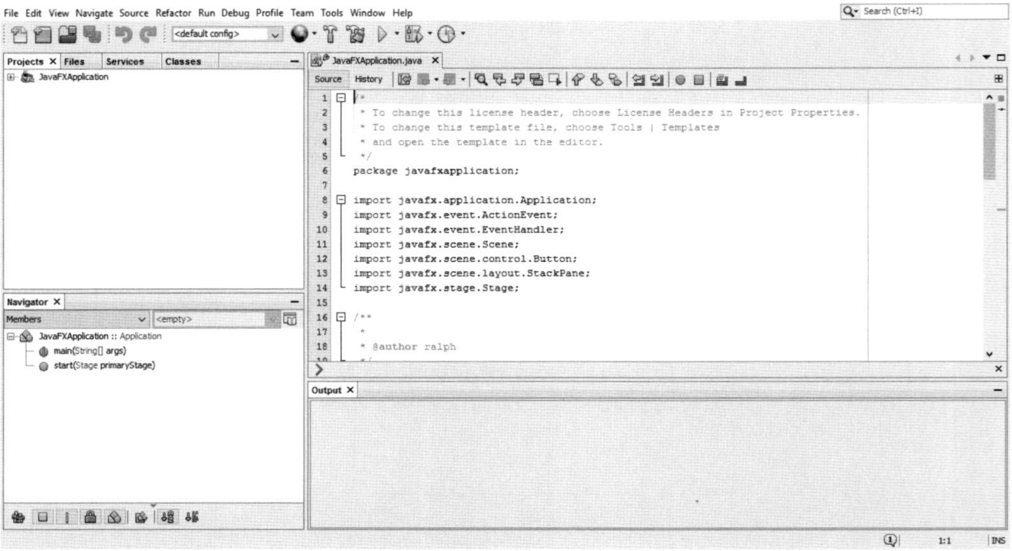

Abbildung 2.20: Das Projektfenster des neuen Projekts.

Die von NetBeans generierte Codeschablone ist zum Teil bekannt, aber es gibt diverse kleine Unterschiede. Wir verschieben aber die Erklärungen zu den Details, denn wir wollen hier einfach den Umgang mit NetBeans zeigen. Wenn Sie sich nun in NetBeans umsehen erkennen Sie, dass auch NetBeans wie Eclipse die Erstellung einer Java-Applikation mit verschiedenen Hilfsmitteln unterstützt. Etwa die Bereitstellung aller Methoden und Eigenschaften eines Objekts.

Wenn Sie nun mit NetBeans eine Java-Applikation erzeugt haben, können Sie diese wie bei Eclipse natürlich auch im Rahmen der IDE direkt ausführen. Im NetBeans-Projektfenster klicken Sie zum Ausführen der Applikation am einfachsten mit der rechten Maustaste auf den Projektordner und selektieren im Kontextmenü *Run*. Sie finden aber auch einen entsprechenden Befehl im Menü.

Der Befehl übersetzt – in der Grundeinstellung – die Applikation automatisch und führt sie aus. Über den Befehl *Build Project* können Sie die Applikation übersetzen, ohne sie auszuführen.

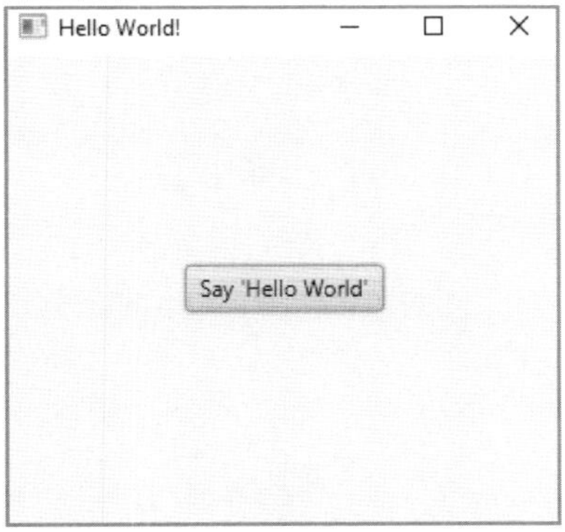

Abbildung 2.21: Eine ganz einfache JavaFX-Applikation.

2.4.7 Eine GUI mit NetBeans und dessen GUI-Builder

Wer schon einmal mit einer IDE wie dem Visual Studio für Windows programmiert hat, kennt die visuelle Erstellung einer Windows-Applikation mit einer grafischen Oberfläche ohne echte Programmierung. Das ist teils ein reines »Zusammengeklicke« und wird oft abfällig als »Mausschubserei« verunglimpft.

Das ist natürlich naheliegend, denn das .NET-Framework wie auch das Visual Studio selbst sind tief mit Windows verwoben und daher liegt die möglichst einfache Erstellung von Windows-Oberflächen direkt im Zielfokus.

In Java ist die Erstellung einer grafischen Oberfläche nicht so extrem das Ziel, zumal ja auch nicht nur eine Betriebssystemoberfläche betrachtet werden muss. Aber selbstverständlich kann man mit Java ebenso grafische Oberflächen erzeugen, wie wir bereits gesehen haben.

Und es gibt auch visuelle GUI-Builder – visuelle Oberflächendesigner. In Eclipse muss man solch ein Tool als Plug-in nachinstallieren, aber in neuen Versionen von NetBeans ist ein visueller GUI-Builder bereits direkt integriert. Dazu gibt es im Umfeld von JavaFX den Scene Builder, der mit FXML-Code (ein XML-Format) grafische Oberflächen deklarativ beschreiben kann.

Das folgende Beispiel zeigt den Einsatz des integrierten GUI-Builders von NetBeans zur Erzeugung einer Swing-Oberfläche.

Erzeugen Sie also ein neues Java-Projekt. Aber dieses Mal eine *Java Desktop Application* aus der Kategorie *Java* mit Namen *GUI2*.

Deselektieren Sie aber bitte die Auswahlbox zum automatischen Erstellen einer `main()`-Methode.

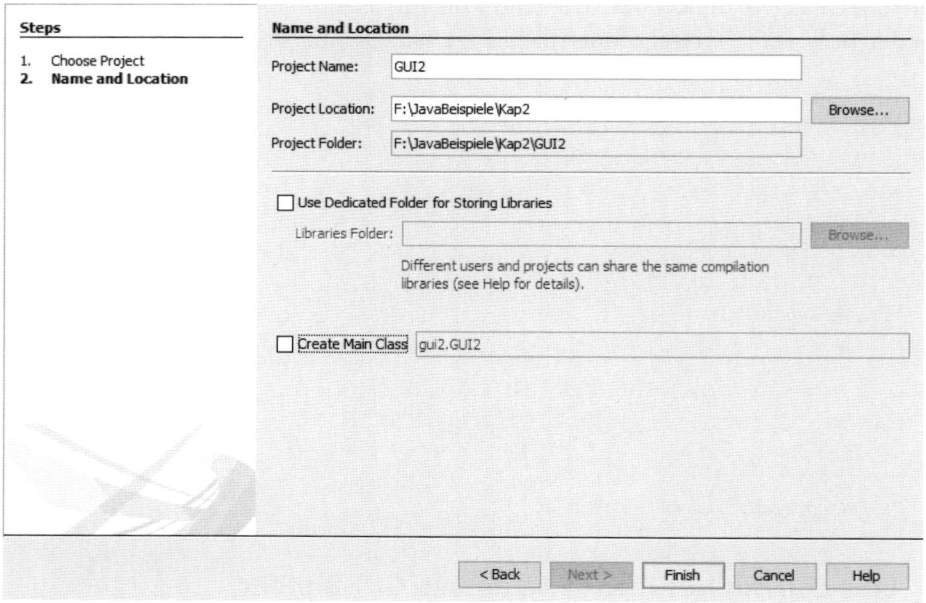

Abbildung 2.22: Eine reine Java-Applikation – ohne automatisches Anlegen der main()-Methode.

Wenn Sie den Assistenten zum Anlegen des Projekts beendet haben, klicken Sie im *Projects*-Fenster mit der rechten Maustaste auf den Projektknoten und wählen aus dem Kontextmenü *New/JFrame Form*.

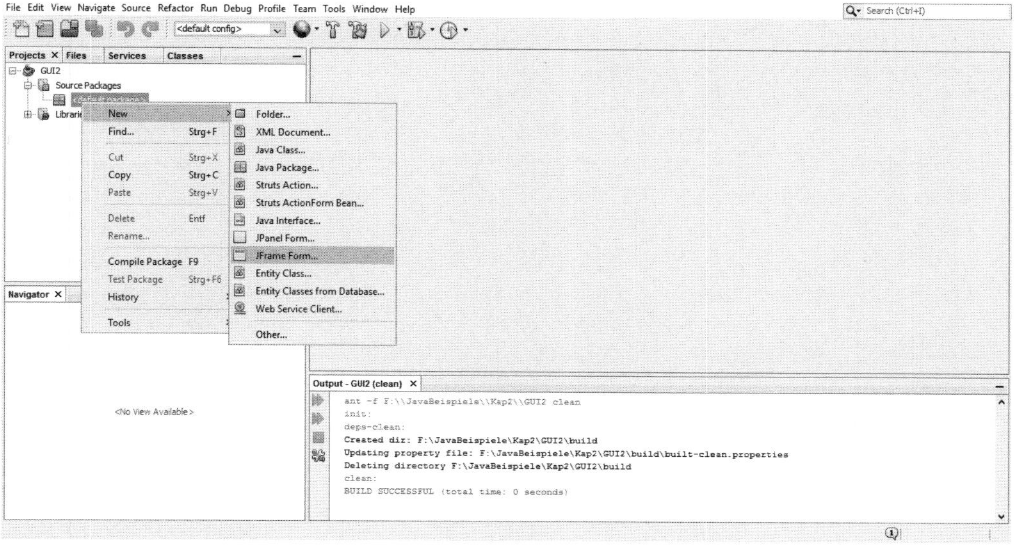

Abbildung 2.23: Eine neue JFrame-Form mit dem Kontextmenü hinzufügen.

Als Name der Klasse geben Sie *GUI2* ein und die restlichen Angaben in dem aktuellen Dialog sollen so bleiben, wie sie sind (trotz eventueller Warnungen).

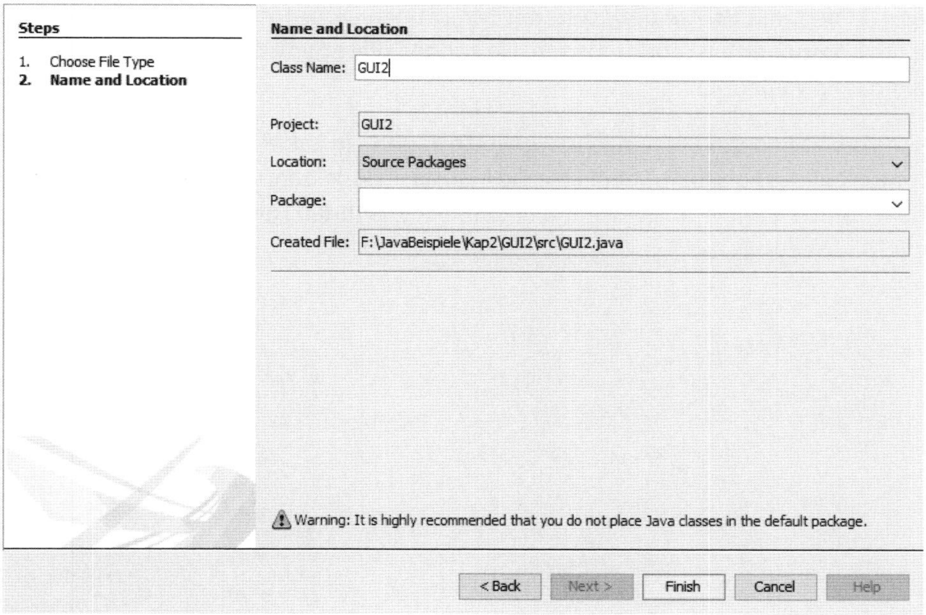

Abbildung 2.24: Name und Ort der Klasse.

Nach der Bestätigung mit *Finish* sehen Sie in NetBeans den integrierten GUI-Builder.

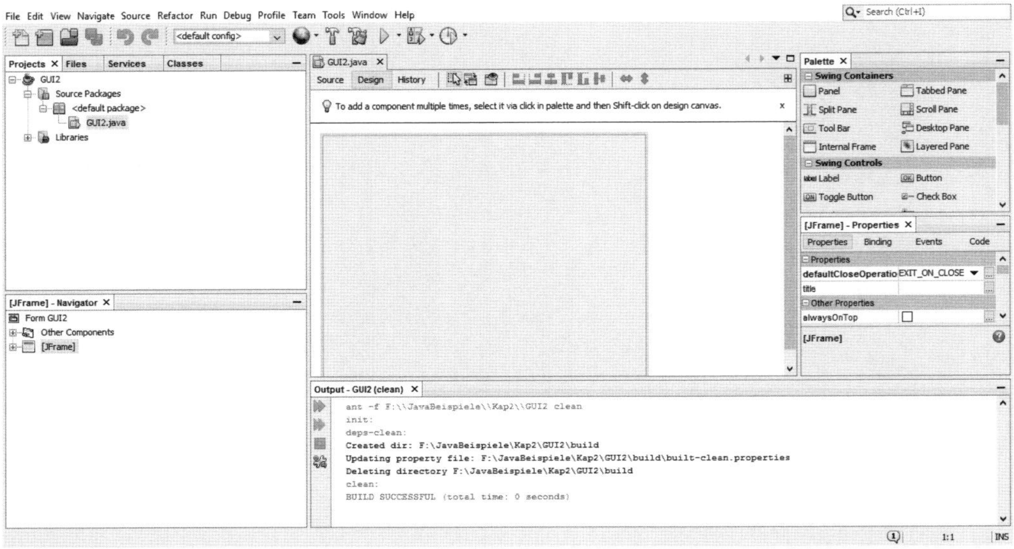

Abbildung 2.25: Der GUI-Builder von NetBeans.

Das Formular, das Sie in der Mitte der IDE sehen sollten, ist das grafische Fenster Ihrer neuen Applikation. In dem mit *Palette* bezeichneten Bereich der IDE sehen Sie Schaltflächen bzw. Symbole, die **Komponenten** repräsentieren. Sie können diese Symbole anklicken und meist einfach auf das Formular ziehen.

Wählen Sie zum Testen der Reihe nach zwei Buttons und ein Label aus und ziehen Sie die Komponenten auf das Formular. Sobald Sie die Maustaste loslassen, werden die Komponenten auf dem Fenster abgelegt. Sie werden erkennen, dass Ihnen Hilfslinien die Anordnung erleichtern.

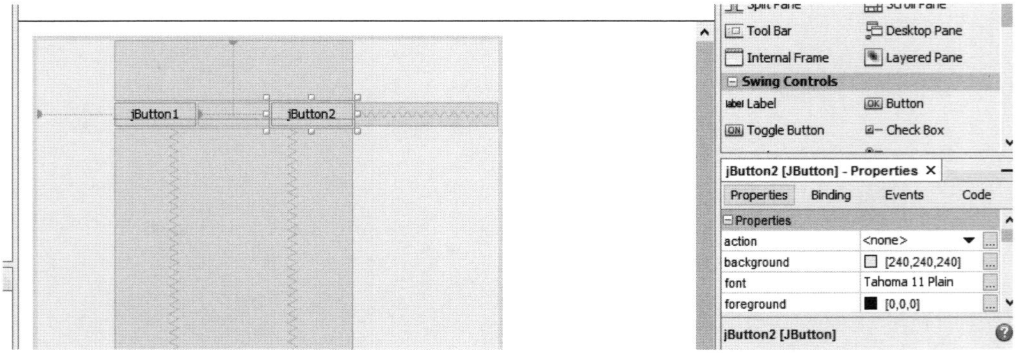

Abbildung 2.26: Anordnen von Komponenten auf der Oberfläche.

Und wenn auf dem Formular eine Komponente selektiert ist, sehen Sie deren Eigenschaften in einem Bereich, der mit ***Properties*** benannt ist. Hier können Sie etwa die Beschriftung der Schaltflächen und des Labels ändern (das machen Sie mit der Eigenschaft `text`).

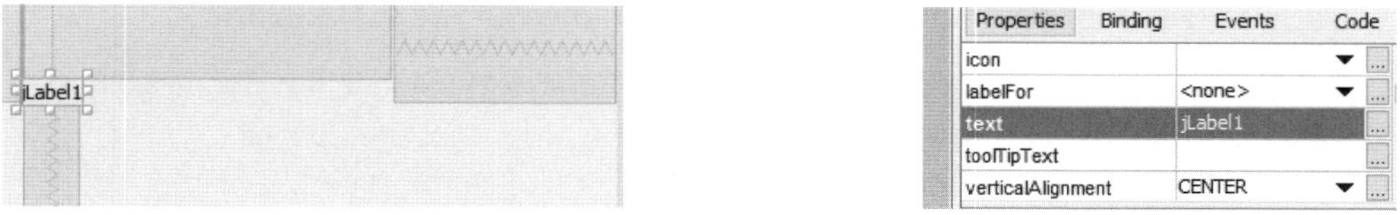

Abbildung 2.27: Die text-Eigenschaft des Labels ändern.

Leeren Sie den Text des Labels und ändern Sie die Beschriftungen der Schaltflächen auf *Schreiben* und *Leeren*.

Nun sollten Sie das erste Mal den Quellcode übersetzen. Das machen wir indirekt, indem wir versuchen, die Applikation auszuführen.

Dabei wird Ihnen NetBeans sagen, dass keine `main`-Klasse festgelegt wurde. NetBeans bietet Ihnen an, dass die Klasse *GUI2* dazu gemacht wird. Bestätigen Sie das. In der Folge wird dann ein Programm mit einer grafischen Oberfläche gestartet, das wir gleich wieder beenden.

Nun selektieren Sie die erste Schaltfläche auf dem Formular und wählen dort unter dem Bereich ***Events*** den Eintrag *actionPerformed* aus. Wenn Sie den Listenpfeil anklicken, sollte dort der Text *jButton1ActionPerformed* auftauchen. Damit können wir die Ereignisbehandlung bei einem Klick auf den ersten Button festlegen. Also was passieren soll, wenn ein Anwender später die Schaltfläche anklickt.

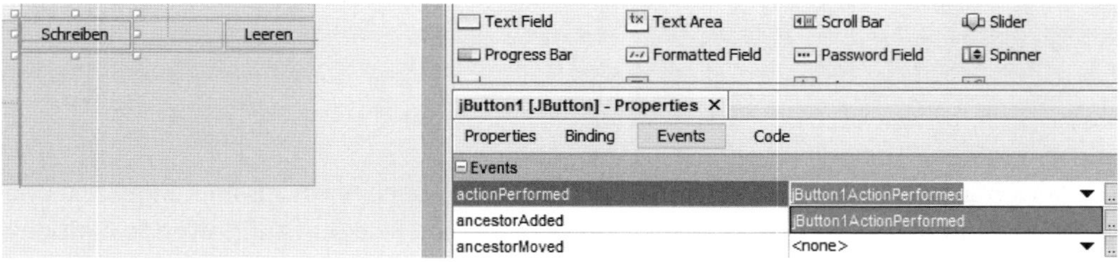

Abbildung 2.28: Die Ereignisbehandlung bei einem Klick auf den ersten Button.

Führen Sie einen Doppelklick auf diesen Text *jButton1ActionPerformed* aus. Sie sollten daraufhin in den Quellcodeeditor gelangen und der Cursor sollte sich innerhalb der Methode befinden. Diese modifizieren Sie wie folgt:

```
private void
jButton1ActionPerformed(java.awt.event.ActionEvent evt) {
     jLabel1.setText("Neuer Text");
}
```

Achten Sie unbedingt darauf, dass Sie nicht wichtige Dinge löschen oder verändern oder sich »im Code verirren«. Am Anfang werden Sie das vermutlich nicht korrigieren können.

Wechsel zwischen der Codeebene und der visuellen Ebene in NetBeans

Zwischen dem Codeeditor und der visuellen Ebene wechseln Sie mit den Registern ***Source*** und ***Design*** am oberen Rand des Editors.

Gehen Sie beim zweiten Button analog vor und erzeugen Sie dort folgenden Code:

```
private void
jButton2ActionPerformed(java.awt.event.ActionEvent evt) {
     jLabel1.setText("");
}
```

Wenn Sie das Beispiel nun laufen lassen (etwa mit F6) sehen Sie eine Windows-Anwendung. Klicken Sie auf den ersten Button, wird ein neuer Text im Label angezeigt und mit dem Klick auf den zweiten Button der Text wieder gelöscht.

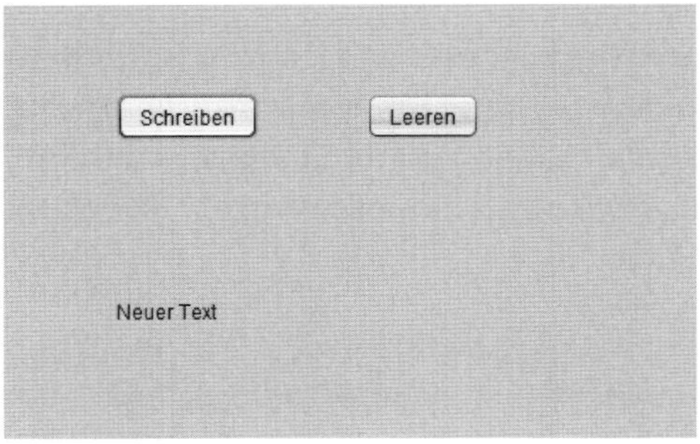

Abbildung 2.29: Der Text wurde in das Label geschrieben.

Die Anwendung ist nun sicher kein optisches Highlight, aber einfach zusammengeklickt und sie hat mit ein bisschen Code an der richtigen Stelle eine Reaktion auf Anwenderaktionen implementiert.

2.5 Zusammenfassung

Wir haben in diesem Kapitel nach grundsätzlichen Erläuterungen zum Wesen von Programmen und Programmierung im Allgemeinen den Umgang mit dem JDK und unseren beiden Referenz-IDEs besprochen und mit ersten Beispielen einen Kontakt zu Java aufgebaut. Aber es fehlen noch sämtliche Grundlagen dessen, was die Syntax und das Konzept von Java angeht. Die folgenden Kapitel werden dies nun in Angriff nehmen.

3 Einführung in die objektorientierte Programmierung mit Java

3.1 Was lernen Sie in diesem Kapitel?

Java ist eine streng objektorientierte Programmiersprache und ohne Verständnis der grundlegenden Idee objektorientierter Programmierung (OOP) kommen Sie in Java nicht zurecht. Dieses Kapitel führt Sie in die fundamentalen theoretischen Konzepte, Ideen und Methodiken der objektorientierten Denkweise und vor allen Dingen deren konkrete Umsetzung in Java ein. Wobei in jedem Buch zu Java das Dilemma besteht, dass ein Programmierer für konkrete Praxis ebenfalls Kenntnisse über die Syntax der Sprache benötigt. Manche Java-Bücher beginnen deshalb mit der Syntax statt mit den OO-Konzepten. Ich bewerte allerdings das Verständnis des OO-Konzepts als die elementare Basis für einen Einstieg höher und möchte damit beginnen. Das ist auch aus meiner eigenen Historie beim Lernen von Java motiviert, denn ich bin von der prozeduralen auf die objektorientierte Programmierung umgestiegen und habe mich mit deren Konzepten sehr lange schwergetan. Mit den syntaktischen Strukturen hingegen kam ich sofort zurecht, da diese auch in prozeduralen Sprachen wie Pascal oder C ähnlich bis gleich sind. Und Java ähnelt von der Syntax her fast allen Sprachen, die zur C-Sprachfamilie zählen (wie etwa C, Perl, JavaScript, PHP etc.).

Die Syntax mit Details wie Datentypen und Variablen, Operatoren, Literalen, verschiedenen Anweisungstypen (Kontrollfluss-Anweisungen und Schleifen) etc. folgt im nächsten Kapitel, denn für ein funktionierendes Programm ist sie unabdingbar. In den Beispielen dieses Kapitels wird die Syntax aber natürlich benutzt, damit wir überhaupt etwas praktisch vorführen können. Allerdings werden die Beispiele grundsätzlich eine einfache Syntax besitzen und nur die OO-Konzepte anschaulich verdeutlichen.

Auf den folgenden Seiten erfahren Sie also Genaues zum grundsätzlichen Programmaufbau bei Java (Klassenbildung) und der praktischen Erzeugung von Objekten, dem Umgang mit Vererbung und Assoziationen sowie Modifizierern etc. Und warum sich OOP durchgesetzt hat und wie sie sich von klassischer Programmierung abgrenzt.

Etwas komplexere Konzepte der objektorientierten Programmierung verlagern wir dann aber hinter das folgende Syntax-Kapitel, um diesen beiden Säulen der Java-Programmierung gleichermaßen gerecht zu werden.

3.2 Objektorientierte Programmiersprachen

Die Geschichte der Programmierung geht von den theoretischen Ansätzen auf den Beginn des 19. Jahrhunderts zurück. Allerdings begann die praktische Umsetzung in der heute darunter verstandenen Form erst nach den Arbeiten von Konrad Zuse und der Von-Neumann-Maschine um 1945. Seit dieser Zeit wurde eine große Anzahl verschiedener Programmiersprachen entwickelt, die sich bestimmten Sprachfamilien zuordnen lassen. So werden die heute wichtigsten Programmiersprachen von der Syntax her meist zur C-Familie gezählt, die wiederum auf eine Sprache namens Algol zurückgeht.

3.2.1 Generationen

Programmiersprachen werden aber nicht (nur) bezüglich der Syntax klassifiziert, sondern ebenfalls historisch in verschiedene Generationen eingeteilt:

1. Die historisch erste Generation ist die **Maschinensprache** mit all ihren Facetten. Maschinensprache ist, wie bereits erörtert, explizit plattformabhängig bis hinunter zur Prozessorebene.

2. Als die zweite Generation wird **Assembler** gesehen. Assembler verwendet anstelle von numerischen Binärcodes symbolische Bezeichner (Mnemonics) für Anweisungen, die in genau einen Maschinenbefehl umgesetzt werden. Auch Assembler ist wie erwähnt plattformabhängig.

3. Mit der dritten Generation beginnen die **höheren Programmiersprachen**. Diese unterstützen Algorithmen und die Verwendung von Schlüsselwörtern, die der englischen Sprache entliehen sind und in Form von Text Anweisungen formulieren. Höhere Programmiersprachen sind weitgehend anwendungsneutral und (als Quelltext) plattformunabhängig. Diese Generation der Programmiersprachen beginnt Mitte der 50er Jahre mit Fortran, Cobol und Algol-60. Später kamen unter anderem Pascal, Modula-2, C und Basic hinzu.

4. Die vierte Generation der Programmiersprachen bezeichnet **anwendungsbezogene (applikative) Sprachen**. Solche Programmiersprachen ergänzen Techniken der dritten Generation um Sprachmittel für relativ komplexe, anwendungsbezogene Operationen. Dies sind beispielsweise Zugriffe auf Datenbanken (zum Beispiel mit SQL) oder die Gestaltung von grafischen Benutzeroberflächen (GUI).

5. Als fünfte Generation der Programmiersprachen werden solche Sprachen gesehen, die das relativ neutrale Beschreiben von Sachverhalten und Problemen erlauben und den genauen Problemlösungsweg nicht exakt vorgeben. Diese Sprachen werden im Rahmen der künstlichen Intelligenz eingesetzt.

3.2.2 Die Generation OO

Wenn Sie sich nun die Sprachgenerationen ansehen, werden Sie sich vielleicht fragen, wo objektorientierte Sprachen einzusortieren sind? Die Antwort ist einfach – sie passen nicht in dieses Generationenmodell. Sie werden daher oft als eigenständige **OO-Generation** bezeichnet, die sich bis Anfang der 70er Jahre und teilweise noch weiter zurückverfolgen lässt. Sehr frühe Vertreter mit objektorientiertem Denkansatz sind Lisp oder Logo. In den 70er Jahren entstand als wichtigster Vertreter erster objektorientierter Sprachen **Smalltalk**, das sich in mehreren Zyklen entwickelte und als einer der geistigen Väter von Java gilt. In den 80er Jahren entstanden mehrere OO-Sprachen, die bestehende, nicht objektorientierte Konzepte um objektorientierte Techniken erweiterten. Zum Beispiel wurde C um C++ erweitert und tritt seitdem meist als Paar auf (**C/C++**). C++ gibt es nicht als eigenständige, von C vollkommen losgelöste Sprache. Seit Anfang der 90er Jahre entstanden eine Reihe moderner eigenständiger Programmiersprachen, die sich ausdrücklich als rein objektorientierte Programmiersprachen verstehen und mit prozeduralen Erblasten vollkommen brechen. Java zählt explizit dazu. Oder auch die meisten Sprachen unter dem .NET-Konzept von Microsoft, wie etwa C#. Diese Programmiersprachen unterstützen im Allgemeinen die wichtigsten Konzepte der objektorientierten Programmierung – allerdings in unterschiedlichem Maße.

3.2.3 Bessere Softwarequalität durch OOP

Das zentrale Problem bei der Entwicklung komplexer Softwaresysteme ist, eine möglichst hohe Softwarequalität zu erreichen. Allgemein betrachtet man dabei sowohl die innere als auch die äußere Softwarequalität. Die innere Softwarequalität bezeichnet die Sicht des Entwicklers. OOP bietet durch die Möglichkeiten der Abstraktion, Hierarchiebildung, Kapselung von Interna, Wiederverwendbarkeit, Schnittstellenbildung und einige weitere Techniken hervorragende Ansätze zur Gewährleistung einer hohen inneren Softwarequalität. Die äußere Softwarequalität spiegelt die Sicht des Kunden wider. Dieser erwartet Dinge wie die Korrektheit, Stabilität, Anwendungsfreundlichkeit oder Erweiterbarkeit einer Software. Ein Paradigma der OOP ist, dass eine hohe innere Softwarequalität zu einer hohen äußeren Softwarequalität führt. Und Java bestätigt dieses Paradigma eindrucksvoll.

3.2.4 Kernkonzepte der Objektorientierung

Als die theoretischen Kernkonzepte der objektorientierten Softwareentwicklung werden in den meisten Abhandlungen folgende Punkte angeführt:

- **Objekte** dienen als Abstraktion eines realen Gegenstands oder Konzepts und verfügen über einen spezifischen Zustand und ein spezifisches Verhalten. Man bezeichnet sie auch als **Instanzen** von Klassen, die durch **Konstruktoren** erzeugt werden.
- **Klassen** dienen als Baupläne für Objekte. Sie repräsentieren die Objekttypen. Auf der anderen Seite fassen Sie alle relevanten Eigenschaften und Verhaltensweisen der repräsentierten Objekttypen zusammen (sie ***klassifizieren*** diese).
- **Attribute** versteht man als Beschreibung objekt- und klassenbezogener Daten. Attribute sind die einzelnen Dinge, durch die sich ein Objekt von einem anderen unterscheidet. Man nennt Attribute meist die **Eigenschaften** eines Objekts.
- **Methoden** versteht man als Beschreibung der objekt- und klassenbezogenen Funktionalität. Sie repräsentieren das, was Objekte tun.
- **Assoziationen**, **Kompositionen** und **Aggregationen** sind Mechanismen zum Ausdruck von Klassen- bzw. Objektbeziehungen, wobei diese Schlagworte in Java allgemein und insbesondere in diesem Buch mehr theoretische als praktische Bedeutung haben. Eine Assoziation beschreibt in der Regel eine Beziehung zwischen zwei (meistens) oder mehr Klassen. Eine ganz besondere Assoziation, die wir konkret praktisch verwenden und auch

nur unter diesem Begriff weiter ausführen wollen, ist die **Vererbung**. Diese beschreibt einen Mechanismus zum Generalisieren und Spezialisieren von Objekttypen. In der objektorientierten Programmierung ist die Aggregation ebenso eine besondere Art der Assoziation – aber zwischen den Objekten selbst. Sie beschreibt eine sogenannte schwache Beziehung zwischen Objekten. Ein Objekt wird hier Teil eines anderen, ganzen Objekts gesehen. Es kann aber auch ohne das umgebende Objekt existieren. Im Fall einer Komposition ist ein Objekt auch Teil eines anderen, ganzen Objekts. Es kann jedoch nicht ohne das umgebende Objekt existieren.

- Die **Polymorphie** dient zur flexiblen Auswahl geeigneter Methoden (und teils auch anderer Syntaxstrukturen) identischen Namens anhand der Argumentenliste bzw. der gesamten Methodenunterschrift.
- **Schnittstellen** beschreiben einen Mechanismus zur Strukturierung von Klassenbeziehungen.
- Über **abstrakte Klassen** kann man bestimmte Operationen in spezialisierten Klassen erzwingen.
- **Generische Klassen** dienen zur Darstellung von ganzen Klassenfamilien.

Der Begriff Member

Ein wichtiger Begriff bei Klassen ist **Member** (Mitglied). Das ist eine Verallgemeinerung der Klassenbestandteile – also der Attribute und Methoden.

Wahrscheinlich werden diese Schlagworte am Anfang für Sie kaum Bedeutung haben, aber wir werden diese mit Substanz füllen. Neben der Syntax sind diese Konzepte eben der wesentliche Teil dessen, was Sie zum erfolgreichen Lernen von Java beherrschen müssen, den wir deshalb ins Zentrum des Buches stellen. Zum Teil besprechen wir die eben aufgeführten Konzepte bereits in diesem Kapitel, zum Teil aber auch erst in den folgenden Kapiteln des Buches.

3.2.5 Vertragsbasierte Programmierung

Nun soll Ihnen noch kurz ein Verfahren vorgestellt werden, das über weite Strecken der OOP im Allgemeinen und Java im Besonderen zum Tragen kommt. In vielen Situationen werden sogenannte **Verträge** bzw. **Kontrakte** zwischen dem Ersteller eines Codes und dessen Verwender geschlossen. Entweder in eigenen Sprachkonstrukten oder durch geeignete Programmierung. Vertragsbasierte Programmierung oder Kontrakt-Programmierung legt zwischen den aufrufenden und den aufgerufenen Stellen fest, welche Bedingungen vor der Verwendung und nach der Verwendung eines Codesegments gelten müssen. Bedingungen beziehen sich etwa auf den Zustand des aufgerufenen Objekts, die übergebenen Parameter und die Ergebnisse. Insbesondere legt ein Kontrakt fest, welche Eingangs- und Ausgangsbedingungen bei einem Methodenaufruf sowie welche invarianten Eigenschaften im aufgerufenen Objekt gegeben sein müssen.

Bei einem Kontrakt werden einzelne Bestandteile unterschieden:

- **Preconditions** legen die Parameter und den Anfangszustand des aufgerufenen Objekts fest.
- **Postconditions** legen die Ergebnisse und den Zustand des aufgerufenen Objekts nach Ausführung des Aufrufs fest.
- **Invariants** überprüfen die Konsistenz des Zustands des aufgerufenen Objekts.

Ein Kontrakt wird in Java immer zwischen dem Aufruferobjekt (dem Client) und dem aufgerufenen Objekt (dem Supplier) geschlossen. Der Aufrufer kümmert sich um die Einhaltung der Preconditions. Dies bedeutet zum Beispiel sinnvolle Werte für die Argumentwerte bei einem Methodenaufruf. Der Supplier kümmert sich darum, dass bei Beendigung des Methodenaufrufs die Postconditions erfüllt sind. Dies bedeutet etwa, dass ein erwarteter Rückgabewert auch geliefert wird oder eine Ausnahme nur dann von einer Methode ausgelöst werden kann, wenn dies in der Methodensignatur dokumentiert wird. Dabei befindet sich das aufgerufene Objekt vor und nach dem Aufruf der Methode in einem gültigen Zustand.

Nun wird Ihnen dieses Konzept sehr wahrscheinlich etwas abstrakt erscheinen. Aber ich möchte Sie insofern beruhigen und auf die konkreten praktischen Umsetzungen neugierig machen, dass diese Verträge die Programmierung in Java einfach, sicher und logisch machen. Und gerade in Java wird durch das Laufzeitsystem und den Compiler streng auf die Einhaltung von Verträgen geachtet.

Deshalb ist Java so logisch, sicher und stabil. Ein Programmierer, der eine bestimmte Verhaltensweise eines Objekts bereitstellen will, muss das garantieren und der Verwender kann zu 100 % sicher sein, dass der Programmierer seine Versprechungen auch einhält.

3.3 Rund um Objekte, Instanzen und Klassen

In der OOP wird alles, was Sie jemals im Quelltext notieren, als Objekt bzw. Klasse oder ein Objekt-/Klassenbestandteil (oder eine Spezialform davon) zu verstehen sein. Das gilt nicht für sogenannte hybride Sprachen, mit denen man zwar objektorientiert programmieren kann, die jedoch mit ihrer prozeduralen Vergangenheit nicht vollständig gebrochen haben. Als Beispiele seien C/C++, Delphi, PHP oder Visual Basic genannt. Dort finden Sie aufgrund der historischen Altlasten Techniken, die nicht in das OO-Konzept passen und die dort parallel zu OO-Techniken verwendet werden können. Sogenannte objektbasierende Sprachen wie JavaScript verwenden Objekte, realisieren aber die verbindlichen Konzepte der OOP nur teilweise. Aber versuchen wir erst einmal genauer zu klären, was Objekte sind.

3.3.1 Objekte in der realen Welt

Lösen wir uns kurz von der Programmierung und betrachten die reale Welt. Objekte kommen ständig in unserer Umgebung vor. Ein Mensch bedient sich eines Objekts, um eine Aufgabe zu erledigen. Man weiß dabei in der Regel nicht genau, wie das Objekt im Inneren funktioniert, aber man kann es bedienen (weiß also um die verfügbaren Methoden, um es verwenden zu können), kennt die Eigenschaften des Objekts (die Attribute) und weiß, wann welche Funktionalität zur Verfügung steht (kennt den Zustand). Die Reihe von Beispielen kann man beliebig lang ausdehnen, wir wollen es beim Auto, der Waschmaschine, einem Kugelschreiber oder – natürlich – der Kaffeemaschine (es geht ja um Java) belassen.

Verfolgen wir unser Gedankenmodell mit einem ausgewählten realen Gegenstand weiter. Wenn Sie einen (realen) Kugelschreiber in die Hand nehmen, können Sie die Eigenschaften dieses (realen) Objekts beschreiben. Seine Form, die Größe, die Farbe. Sie können alle Eigenschaften (Attribute) des Objekts aufführen, soweit es notwendig bzw. sinnvoll ist. Und Sie können die aktiven Fähigkeiten des Stifts beschreiben, soweit auch dieses notwendig bzw. sinnvoll ist (Methoden). Etwa, dass Sie mit dem Stift schreiben können.

Dabei ist es offensichtlich, dass Sie mit dem Kugelschreiber nur dann schreiben können (eine aktive Fähigkeit), wenn die Mine vorher ausgefahren wurde. Und ebenso klar ist, dass eine Mine nur dann herausgedrückt werden kann, wenn sie zu diesem Zeitpunkt eingefahren ist und umgekehrt. Offensichtlich kann sich ein reales Objekt in einem spezifischen **Zustand** befinden und bestimmte Fähigkeiten in Abhängigkeit davon bereitstellen oder deaktivieren.

Ebenso ist ein Objekt in unserer Wahrnehmung immer nur die Abstraktion eines realen Gegenstands. Auch wenn das erst einmal sehr theoretisch klingt, bedeutet es nur, dass man immer selektiv die wirklich vorhandenen Eigenschaften und Methoden eines Objekts wahrnimmt. Dabei spricht man von **Abstraktion**, weil zur Lösung eines Problems normalerweise weder sämtliche Aspekte eines realen Elements benötigt werden, noch überhaupt darstellbar oder wahrnehmbar sind. Irgendwo muss immer abstrahiert werden.

Nehmen wir uns wieder unser reales Referenzobjekt. Jeder Kugelschreiber hat auch ein spezifisches Gewicht, einen bestimmten inneren Aufbau aus Mine und Feder bis hin zu einer im Prinzip angebbaren Anzahl an Atomen, aus denen er besteht. Ebenso können Sie mit dem Kugelschreiber auch einen Nagel in die Wand schlagen oder darauf Musik machen. Aber in der Regel interessieren Sie weder diese gerade genannten Eigenschaften noch nutzen Sie diese Methoden, die über ein »natürliches« Verständnis des Objekts hinausgehen – wir abstrahieren den realen Gegenstand, indem wir ihn in der Wahrnehmung auf nützliche Dinge reduzieren.

Die objektorientierte Denkweise im Computerumfeld entspricht vollkommen dem Abbild der realen Natur und den Objekten, die wir dort wahrnehmen. Die Objektorientierung versucht einfach, diese aus der realen Welt so natürlichen Vorstellungen in die EDV zu übertragen.

3.3.2 Objektorientierte Denkweise in der Benutzerführung

Wenn Sie sich den Desktop einer grafischen Betriebssystemoberfläche ansehen, repräsentieren alle dort zu findenden Symbole Objekte, die zu nützlichen Dingen abstrahiert wurden. Ein Objekt wird also als ein Symbol (ein Icon) dargestellt und dem Anwender ein Menü (zum Beispiel ein Kontextmenü) bereitgestellt, das die Möglichkeiten des Objekts und seine Eigenschaften – möglicherweise abhängig von einem Zustand – zugänglich macht. Bei einer grafischen Benutzeroberfläche setzt man die Darstellung für so eine zustandsabhängige Verhaltensweise dadurch um, dass man zu einem bestimmten Zeitpunkt nicht verwendbare Fähigkeiten in einem Menü deaktiviert und grau darstellt. Die aktivierbaren Fähigkeiten und der Zugang zu den Eigenschaften werden normal dargestellt. Betrachten Sie nur einmal das Symbol des Papierkorbs auf Ihrem Desktop.

Abbildung 3.1: Das Symbol für ein Objekt mit spezifischen Informationen zu den relevanten Eigenschaften.

3.3.3 Objektorientierte Denkweise in der Programmierung

Objektorientierung kann nicht nur auf Anwendungsebene in einer GUI umgesetzt werden, sondern ebenso in der Programmierung. Unter einem Objekt stellt man sich in der EDV allgemein ein Softwaremodell vor, das ein Ding aus der realen Welt mit all seinen relevanten Eigenschaften und Verhaltensweisen beschreiben soll und das einem Anwender über ein Symbol oder einen Bezeichner zugänglich ist. Zum Beispiel das Objekt Drucker, Bildschirm oder Tastatur. Oder ein Objekt aus der realen Welt, das EDV-technisch abgebildet werden soll. Zum Beispiel ein Stift, ein Bankkonto, ein Bauernhof, ein Geldinstitut, ein Mensch. Auch Teile der Software selbst können ein Objekt sein. Ein Browser beispielsweise oder ein Teil davon – zum Beispiel ein Frame. Oder Teile der Verzeichnisstruktur eines Rechners. Zum Beispiel ein Ordner. Im Grunde ist in dem objektorientierten Denkansatz alles als Objekt zu verstehen, was sich eigenständig erfassen und ansprechen lässt.

Objektorientiert versus prozedural

In der althergebrachten Programmierung (ab der dritten Generation) programmiert man prozedural. Dieses bedeutet die Umsetzung eines Problems in ein Programm durch eine Folge von Anweisungen, die in einer festgelegten Reihenfolge auszuführen sind. Einzelne zusammengehörende Anweisungen werden dabei maximal in kleinere Einheiten von Befehlsschritten zusammengefasst (sogenannte Unterprogramme oder Module).

Ganz wichtig – die Datenebene und die Anweisungsebene kann aufgetrennt werden. Das Problem prozeduraler Programmierung ist, dass Änderungen in der Datenebene Auswirkungen auf die unterschiedlichsten Programmsegmente haben können und die Wiederverwendbarkeit von Unterprogrammen sehr eingeschränkt ist, da oft Abhängigkeiten zu anderen Bestandteilen eines Programms existieren (beispielsweise zu globalen Variablen).

Objektorientierte Programmierung lässt sich im Vergleich zur prozeduralen Programmierung darüber abgrenzen bzw. definieren, dass zusammengehörende Anweisungen und Daten eine zusammengehörende, abgeschlossene und eigenständige Einheit bilden – eben Objekte!

Kernsatz der OOP

OOP hebt die Trennung von Daten- und Anweisungsebene auf!

Java setzt den objektorientierten Ansatz konsequenter um als viele vergleichbare Techniken. Java ist von der Philosophie her grundsätzlich objektorientiert.

Das hat massive Konsequenzen. Es gibt in Java beispielsweise keine globalen Variablen. Diese würden außerhalb von Objekten existieren und das ist explizit unmöglich.

Auch Strings und Arrays sind in Java Objekte. Ebenso werden Ereignisse, Ausnahmen oder Fehler durch spezifische Objekte repräsentiert.

Sogar ein Java-Programm selbst ist als Objekt zu verstehen. Es existiert im Hauptspeicher des Computers, solange das Programm läuft. In Java muss im Grunde nur eine Ausnahmesituation für die Aussage »Alles ist ein Objekt« beschrieben werden. Das sind sogenannte primitive Datentypen. Auf die hat Sun bei der Konzeption von Java nicht verzichtet, um prozedurale Programmierer nicht vollkommen vor den Kopf zu stoßen. Aber auch primitive Datentypen sind mittels sogenannter Wrapper-Klassen in das Konzept eingebunden. Damit werden für jeden primitiven Datentyp zugehörige Objekte bereitgestellt. Diese Details sollen allerdings zurückgestellt werden, denn primitive Datentypen zählen zu den syntaktischen Fragen, die später beantwortet werden.

Objekte und der Hauptspeicher

EDV-technisch sind Objekte bestimmte Bereiche im Hauptspeicher des Rechners, in denen zusammengehörige Informationen und Funktionalitäten gespeichert oder zugänglich gemacht werden.

3.3.4 Identifizieren Sie sich – Botschaften und Identifikatoren

Die Verwendung von Objekten in einer GUI erfolgt – wie wir besprochen haben – in der Regel über Kontextmenüs. Indem ein Anwender zum Beispiel mit der rechten Maustaste auf ein Objekt klickt und im Kontextmenü alle erlaubten Methoden und Eigenschaften angezeigt werden.

Im Rahmen eines Quelltextes muss ein Zugriff auf Objekte natürlich anders erfolgen. Man braucht einen Namen für das Objekt oder zumindest einen Stellvertreterbegriff, der ein Objekt repräsentiert (der **Identifikator**).

Egal, ob die Identität eines Objekts durch einen grafischen oder einen textnotierten Identifikator dargestellt wird – in der Regel ist der Identifikator eine Referenz (ein Zeiger bzw. Pointer) auf das tatsächliche Objekt. Meist handelt es sich bei einer solchen Referenz technisch um eine Hauptspeicheradresse, aber es kann auch anders umgesetzt werden. Das interessiert uns aus Sicht von Java aber grundsätzlich nicht. Wir müssen in Java nicht so tief in die Systemebene hinunter. Das ist ein zentraler Aspekt von Java und dessen virtueller Maschine.

Besonders wichtig ist im Zusammenhang mit der Verwendung von Objekten der Begriff der **Botschaften**. Damit man Objekte im Rahmen eines Quelltextes verwenden kann, tauschen sie sogenannte Botschaften (oder Nachrichten bzw. Messages) aus. In der strengen OOP werden ausschließlich Botschaften für die Kommunikation zwischen Objekten verwendet. Andere Kommunikationswege gibt es nicht.

Das Objekt, von dem man etwas will, erhält eine Aufforderung, eine bestimmte Methode auszuführen oder den Wert einer Eigenschaft zurückzugeben oder zu setzen. Das Zielobjekt versteht (hoffentlich) diese Aufforderung und reagiert entsprechend.

Punktnotation bzw. DOT-Notation

Die genaue formale Schreibweise solcher Botschaften ist in den meisten OO-Programmiersprachen nach dem folgenden Schema aufgebaut:

Empfängerobjekt [Methode oder Eigenschaft]

In den meisten OO-Sprachen trennt dabei ein Punkt die Bestandteile der Botschaft. Deshalb wird von der **Punktnotation** bzw. **DOT-Notation** gesprochen. Eine Botschaft, dass ein Objekt eine bestimmte Methode bereitstellen soll, sieht also meist so aus:

Empfängerobjekt.Methodenname(Argument)

Das Argument stellt in dem Botschaftsausdruck einen Übergabeparameter für die Methode dar.

Analoges gilt für die Verwendung von Objektattributen. In der Regel sieht das dann so aus:

Empfängerobjekt.Attributname

Die Anwendung der Punktnotation haben Sie in ***allen*** bisherigen Beispielen zu Java schon gesehen. Ich erinnere nur an die folgende Anweisung:

```
System.out.println("Hallo Welt");
```

Dem Objekt[1] `System` wird eine Nachricht geschickt, dass man dessen Unterobjekt `out` benötigt. Und diesem Unterobjekt `out` wird die Nachricht geschickt, dass man dessen Methode `println()` gern benutzen würde.

3.3.5 Ich denke, also bin ich

Aus programmiertechnischer Sicht ist es so, dass nicht nur der Programmierer weiß, was ein Objekt leistet. Auch das Objekt selbst weiß es und kann es nach außen dokumentieren. Es ist sich quasi seiner Existenz und seiner Fähigkeiten und Eigenschaften »bewusst«. Das wird in Java-Tools beispielsweise sehr umfangreich eingesetzt und äußert sich darin, dass der Compiler beim Übersetzen bereits vieles abfangen kann, was bei der Verwendung eines Objekts nicht erlaubt ist. Aber sogar schon vor der Kompilierung kann man diese Information nutzen. In geeigneten Entwicklungsumgebungen kann Ihnen ein Editor bereits Hilfe anbieten, indem er Ihnen bei einem Objekt alles anzeigt, was es leisten kann. Das haben Sie in den Beispielen mit Eclipse und NetBeans gesehen.

Und umgekehrt gilt, dass man von einem Objekt auch nur das fordern kann, was dort auftaucht.

In der OOP gibt es also eine Hilfe bzw. Kommunikation in zwei Richtungen. Der Programmierer sieht in einer geeigneten IDE sämtliche Eigenschaften und verfügbaren Methoden eines Objekts (samt dessen Zustand) und wird auf der anderen Seite sofort darauf hingewiesen, wenn er etwas vom Objekt anfordert, das dieses nicht bietet (falls zum Beispiel ein Schreibfehler bei einer Methode oder Eigenschaft gemacht wurde).

3.4 Klassen

Wenn nun Objekte die Basis der OOP sind und man in streng objektorientierten Sprachen wie Java ohne Objekte nichts machen kann – wie entstehen Objekte und was muss man als Programmierer konkret tun? Die Lösung heißt wie schon erwähnt Klassen (auch **Objekttyp** oder **abstrakter Datentyp** genannt) und darin enthaltene Konstruktoren. Diese müssen Sie schreiben und verwenden. Wenn man es genau betrachtet, besteht die gesamte Java-Programmierung daraus, Klassen zu schreiben und in ihnen Methoden und Eigenschaften zu definieren.

Erinnern Sie sich nur daran, dass Sie bei ***allen*** bisherigen Java-Beispielen das Schlüsselwort `class` verwendet haben. Das war der Beginn der Notation einer Klasse.

Das Schreiben einer Klasse, aber auch die Notation der darin enthaltenen Eigenschaften/Attribute und Methoden nennt man die **Deklaration** der Klasse.

1 Streng genommen ist `System` eine Klasse. Aber in Java kann man Klassen auch als Objekte betrachten – als Instanzen von Metaklassen. Das führen wir gleich noch aus.

Eine Klasse kann man sich wie angedeutet als eine Gruppierung von ähnlichen Objekten vorstellen, die deren Klassifizierung ermöglicht. Eine Klasse ist also die Definition der gemeinsamen Attribute und Methoden sowie der Semantik für eine Menge von gleichartigen Objekten. Alle erzeugten Objekte einer Klasse werden dieser Definition entsprechen.

Die Eigenschaften und Funktionalität der Objekte werden also in der Gruppierung gesammelt und für eine spätere Erzeugung von realen Objekten verwendet. Mit anderen Worten: Klassen sind so etwas wie Baupläne oder Rezepte zur Erzeugung eines konkreten Objekts. Ein aus einer bestimmten Klasse erzeugtes Objekt nennt man deren Instanz. Beachten Sie, dass der Zustand eines spezifischen Objekts natürlich nicht in der einer Klassifizierung auftaucht. Allerdings kann man in einer Klasse einen Anfangszustand für jedes daraus erzeugte Objekt beschreiben.

3.4.1 Metaklassen als philosophischer Überbau

Betrachten wir das konkrete Erstellen von Klassen in Java. Java setzt den objektorientierten Ansatz wie gesagt sehr konsequent um. Klassen werden im Java-Konzept selbst wieder als Objekte betrachtet, aber eben als besondere. Sie werden über sogenannte Metaklassen erzeugt, die in Java eine abstrakte, nicht greifbare Konstruktion sind, die man im Quelltext gar nicht notieren kann. Sie halten aber das gesamte Konzept schlüssig. Viele andere OO-Sprachen müssen hier eine ziemlich künstliche Sonderregulierung vornehmen, um die gleichen Schritte vernünftig in ein Konzept einzufügen.

Insbesondere kann damit in Java vollkommen konsistent die Punktnotation auf den Fall von Klassen und deren Methoden und Variablen angewandt und grundsätzlich von Objekten gesprochen werden, ohne sprachlich genau den Fall einer Klasse und eines Objekts zu trennen (was in vergleichbaren Sprachen immer erforderlich ist, um keine fachlichen Ungenauigkeiten zu begehen). Und man kann in einem Quelltext einfach eine Klasse notieren, ohne der Philosophie zu widersprechen.

3.4.2 UML und Diagrammdarstellungen in der OOP

Kommen wir zu einem kleinen Exkurs, der aber spätere Diagramme im Buch vorbereiten soll. Insbesondere haben wir bisher in diesem Kapitel noch nichts programmiert, und Sie haben nicht einmal praktisch arbeiten müssen oder dürfen. Das werden wir jetzt ändern – ohne direkt schon Java-Code zu schreiben, aber zu generieren.

OOD und OOA

Beim Erstellen einer größeren Applikation sind nicht nur Programmierer beteiligt. Es gibt Leute, die Fachvorgaben machen, andere analysieren ein Problem (im Fall der Objektorientierung spricht man von der objektorientierten Analyse – **OOA**). Und dann gibt es Fachleute, die ein objektorientiertes Modell schaffen, das später konkret programmiert werden soll. Das nennt man das objektorientierte Design (**OOD**).

Das Problem ist, dass diese verschiedenen Gruppen, die allesamt wichtig für ein Programmierprojekt sind, meist sehr unterschiedliche Kenntnisse haben und oft auch über keine gemeinsame (Fach-)Sprache verfügen. Um eine gemeinsame Kommunikation zu gestatten, greift man deshalb in vielen professionellen Projekten auf eine Metasprache mit grafischen Modellen zurück, die die Strukturen und Abläufe in einer Applikation verdeutlichen soll.

In den meisten Modellen der OOP wird man zur grafischen Darstellung von Klassen mit ihrem Aufbau und ihren Beziehungen Diagramme verwenden. Aber auch für die Darstellungen von Objekten und ihren Beziehungen, für den Ablauf von Programmen und einiges mehr.

Solche Hilfsmittel werden vor allem in Analyse- und Designphasen der Softwareentwicklung als flankierende oder gar unabdingbare Maßnahmen Verwendung finden. Aber diese grafischen Möglichkeiten können wir uns auch im Buch zunutze machen, um insbesondere Klassenstrukturen und Klassenabhängigkeiten zu visualisieren.

UML zur gemeinsamen Verständigung

In der Praxis kommt in vielen Fällen eine neutrale Sprache namens **Unified Modeling Language** (UML) zum Einsatz. UML bezeichnet eine vereinheitlichte Modellierungssprache, mit der allgemein Strukturen und Abläufe in objektorientierten Softwaresystemen darzustellen sind. Die Sprache definiert eigene Bezeichner und Symbole (Stereotypen) für die meisten Begriffe in der OOP sowie deren mögliche Beziehungen und Abläufe.

UML kennt verschiedene Diagrammtypen, deren Anzahl über die verschiedenen Versionen von UML immer weiter gewachsen ist. UML2.3 kennt mittlerweile sieben sogenannte Strukturdiagramme, zu denen sich sieben weitere sogenannte Verhaltensdiagramme gesellen. Dabei sind die Grenzen zwischen den vierzehn Diagrammtypen fließend. UML2 verbietet nicht, dass ein Diagramm grafische Elemente enthält, die eigentlich zu unterschiedlichen Diagrammtypen gehören.

Wir werden in diesem Buch ausschließlich das **Klassendiagramm** (ein Strukturdiagramm) zur grafischen Sicht auf ausgewählte, statische Aspekte des modellierten Softwaresystems verwenden, um damit Klassen und deren Beziehungen zu verdeutlichen.

Dabei sehen Sie einerseits im Buch immer wieder UML-Diagramme, die den Aufbau einer Klasse und/oder deren Beziehungen zu anderen Klassen zeigen. Andererseits können Sie in geeigneten Tools mit UML OO-Modelle »zeichnen«, die sogar per Mausklick direkt in Grundgerüste (Skeletons oder Stubs) einer konkreten OO-Sprache wie Java überführt werden können. Und das werden wir jetzt tun, um etwas Praxis ins Spiel zu bringen.

UML-Tools zur Auswahl

Es gibt eine ganze Anzahl an – oft auch quelloffenen bzw. kostenlosen – UML-Tools bis hin zu UML-Plug-ins für Eclipse. Als Beispiele seien der Diagram Designer (*http://meesoft.logicnet.dk/DiagramDesigner/*), Dia (*http://dia-installer.de/*) und ArgoUML (*http://argouml.tigris.org/*) erwähnt, die für verschiedene Betriebssysteme verfügbar sind.

Allerdings ist UML für unsere Belange wirklich nur ein winziges Randthema und weder die zahlreichen Details zu UML noch der Umgang mit den verschiedenen Tools werden hier tiefergehend behandelt. Für Sie soll ein Diagramm nur gegebenenfalls die Struktur einer Klasse grafisch verdeutlichen.

Eine Klasse mit UML erstellen und daraus echten Code generieren

Ich möchte nun mit Ihnen über ArgoUML ein Klassendiagramm erstellen. Dazu können Sie das Programm aus dem Internet laden und installieren. ArgoUML ist selbst in Java geschrieben und da gibt es neben der Installation noch eine andere Variante zum Starten des Programms, die ich gleich vorstelle.

Ich möchte mit der Verwendung von ArgoUML also gleich mehrere Fliegen mit einer Klappe schlagen – mehr als Sie im ersten Moment vielleicht vermuten:

- Wir visualisieren Klassen und deren Bestandteile.
- Wie generieren aus einem Klassendiagramm echten Java-Code.
- Wir verwenden ein weiteres Referenzprogramm, das selbst in Java geschrieben ist.
- Wir »versuchen«, Java Web Start zu nutzen.

Gerade der letzte Punkt ist besonders spannend, denn ich hatte oben angedeutet, dass Sie ArgoUML gar nicht unbedingt installieren müssen. Sie können das Programm (im Prinzip) per Java Web Start aufrufen. Das bedeutet, dass Sie diese Technik einmal in einer konkreten Anwendung und möglicherweise auch die damit verbundenen Probleme kennenlernen, weshalb sich Java Web Start in der Praxis nur eingeschränkt durchgesetzt hat.

Auf der Webseite zu ArgoUML finden Sie einen Link, mit dem Sie das Programm direkt aus dem Web starten können.

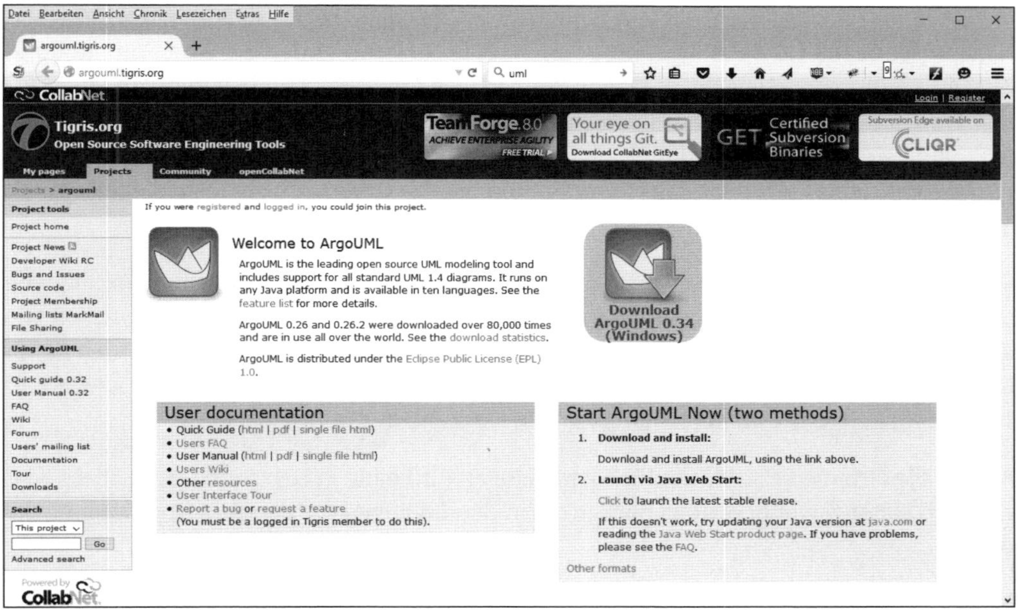

Abbildung 3.2: Hier gibt es ArgoUML zum Download oder Aufruf per Java Web Start.

Dieser Link zum direkten Aufruf von ArgoUML per Java Web Start sieht derzeit so aus:

http://argouml-downloads.tigris.org/jws/argouml-latest-stable.jnlp

Dabei wird eine sogenannte **Launch-Datei** aufgerufen, über die Sie Java-Programme starten können. Details dazu finden Sie im Anhang.

Wenn die Datei durch den Klick auf den Link aufgerufen wird, müssen Sie in der Regel festlegen, womit Sie die Launch-Datei öffnen wollen. Wählen Sie den *Java Web Starter Launcher*.

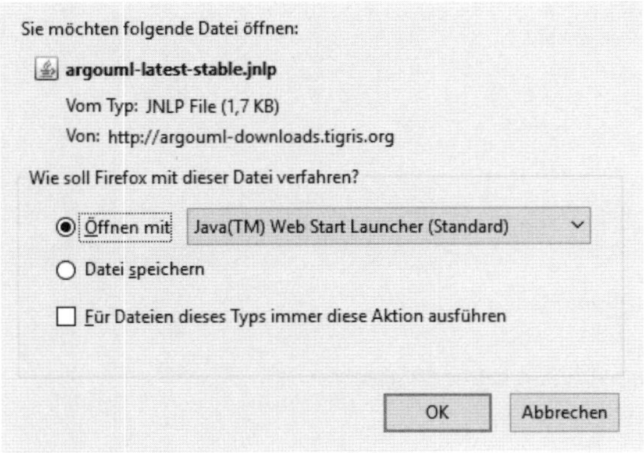

Abbildung 3.3: Web Start von ArgoUML.

Nun sollte ArgoUML starten. Allerdings gibt es auch bei Ihnen sehr wahrscheinlich ein Sicherheitsproblem, mit dem der Start blockiert wird. Im Anhang finden Sie eine Beschreibung der Hintergründe und wie Sie vorgehen können, um ArgoUML dennoch per Web Start auszuführen. Sie können allerdings auch abbrechen und die lokal installierte Version aufrufen. Sie sollten eigentlich nur auf das Problem stoßen, dass Java Web Start im Grunde eine geniale Methode zum Aufruf von Java-Programmen über ein Netzwerk darstellt, die aber durch Sicherheitsmechanismen meist blockiert wird.

Wenn ArgoUML also gestartet ist, sehen Sie am oberen Rand Schaltflächen für verschiedene UML-Symbole bzw. -Stereotypen, unter anderem auch eins für eine Klasse, das aussieht wie ein Kasten mit zwei Querlinien drin. Als Überschrift einer Klassendarstellung werden deren Name und darunter die Eigenschaften und die Methoden der Klasse samt Sichtbarkeit und Typ angegeben. Das wird durch die zwei Linien unterteilt.

Klicken Sie also die Schaltfläche für eine Klasse an und dann in den Arbeitsbereich. Es wird ein UML-Klassensymbol erstellt. Klicken Sie in den Bereich der Überschrit und notieren Sie dort `UML`.

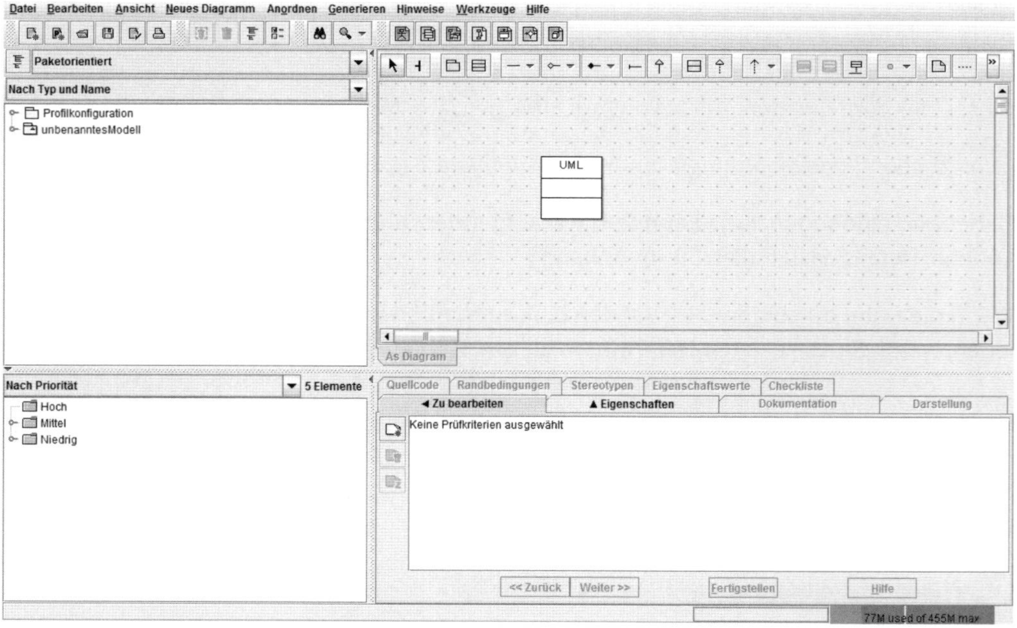

Abbildung 3.4: Die Klasse in dem in Java geschriebenen ArgoUML.

Nun wählen Sie den Menübefehl *Generieren/Alle Klassen generieren.*

Abbildung 3.5: Aus UML Java-Code generieren-

Aus dem UML kann nun konkreter Code für verschiedene objektorientierte Sprachen generiert werden. Wählen Sie *Java* und ein passendes Ausgabeverzeichnis. Dann klicken Sie auf *Generieren.*

In dem angegebenen Ausgabeverzeichnis wird eine Datei mit dem Namen der UML-Klasse und der Dateierweiterung *.class* erstellt. Deren Quellcode sieht so aus:

```
public class UML {
}
```

Das ist offensichtlich nur ein ganz einfaches Grundgerüst und enthält noch keine Funktionalität. Diese wird erst bei der konkreten Programmierung eingerichtet. Aber wenn Sie in UML bereits Methoden und Attribute erstellen, werden auch diese als Gerüst generiert.

Gerade im Zusammenhang mit Vererbung und anderen Objektbeziehungen kann man auf diese Weise bereits komplexere Strukturen generieren, die man dann »nur noch« mit Funktionalität füllen muss.

3.5 Konkret in Java Klassen schreiben

Wir haben gerade mit einem UML-Tool eine (äußerst einfache) Java-Klasse erstellt. Aber ohne echte Funktionalität. Diese wird eingerichtet, wenn Sie nun im Editor oder einer IDE Java-Code schreiben. Sämtliche Java-Programme werden aus Klassen erzeugt. In dem Java-Quellcode kann man das deutlich erkennen, denn Sie schreiben immer nur Klassen oder einige wenige Spezialformen von Klassen.

Jede Klasse im Java-Code beginnt mit dem Schlüsselwort `class`, dem höchstens Modifizierer[2] vorangestellt werden können und dem dann der Bezeichner der Klasse folgt.

3.5.1 Namensregeln

Wenn Sie Klassen und Objekte konstruieren oder auf fremde Klassen und Objekte zugreifen wollen, ist der Schlüssel für den Zugriff (meist) der Klassenname bzw. der Bezeichner eines Objekts. Ebenso verwenden Sie Bezeichner für Variablen und Methoden. Die Namen sind in Java relativ frei zu wählen. Es gibt in Java einige wenige Regeln, die die Vergabe von Bezeichnern beschränken und sowohl für Klassen, aber auch für die anderen Strukturen gelten:

- Bezeichner dürfen im Prinzip eine unbeschränkte Länge haben (bis auf technische Einschränkungen durch das Computersystem).
- Bezeichner dürfen nicht getrennt werden.
- Bezeichner in Java müssen mit einem Buchstaben oder einem der beiden Zeichen _ oder $ beginnen. Des Weiteren dürfen nur Unicode-Zeichen oberhalb des Hexadezimalwerts 00C0 (normale Buchstaben und Zahlen, sowie einige andere Sonderzeichen) verwendet werden. Das bedeutet mit anderen Worten, dass jeder (!) Buchstabe eines beliebigen (!) im Unicode abgebildeten Alphabetes verwendet werden kann.
- Zwei Bezeichner sind nur dann identisch, wenn sie dieselbe Länge haben und alle Zeichen bezüglich des Unicode-Werts identisch sind. Java unterscheidet deshalb Groß- und Kleinschreibung.
- Selbst definierte Bezeichner dürfen keinem Java-Schlüsselwort gleichen und sie sollten nicht mit Namen von Java-Paketen oder sonst bereits vorbelegten Bezeichnern identisch sein.

2 Was Modifizierer sind, wird noch ausgeführt.

3.5.2 Namenskonventionen

Es gibt in Java neben den zwingenden Regeln für Bezeichner ein paar unverbindliche, aber gängige Konventionen für Klassennamen, Objektnamen und andere Elementen.

Man sollte in der Praxis möglichst sprechende Namen verwenden. Wenn Sie eine Klasse erstellen, die ein Fenster generiert, wäre `MeinFenster` ein sprechender Name für die Klasse und `meinFenster1`, `meinFenster2` und `meinFenster3` sprechende Namen für daraus erzeugte Objekte. Oder Sie verwenden eine englische Notation. Sehr oft werden auch Bezeichner gewählt, die eine Funktion genauer beschreiben. Wenn etwa eine Klasse `Button` zur Erzeugung einer OK-Schaltfläche verwendet wird, wäre `OKbtn` ein sinnvoller Name für die referenzierende Variable.

Aber über diese recht schwammigen Regeln hinaus gibt es Konventionen, die ziemlich genau formuliert sind. So gibt es Regeln für die Groß- und Kleinschreibung von Elementen im Java-Quellcode:

- Die Bezeichner von Klassen (und Schnittstellen oder Enums, was besondere Formen von Klassen sind) sollten immer mit einem Großbuchstaben beginnen und anschließend kleingeschrieben werden.
- Konstanten werden vollständig großgeschrieben.
- Die Bezeichner von Objekten, Variablen oder Methoden sollten immer mit einem Kleinbuchstaben beginnen und anschließend weiter kleingeschrieben werden.
- Wenn sich ein Bezeichner aus mehreren Wörtern zusammensetzt, dürfen diese nicht getrennt werden. Die jeweiligen Anfangsbuchstaben der zusammengesetzten Begriffe werden jedoch innerhalb des Gesamtbezeichners großgeschrieben (Camelnotation oder auf Deutsch Binnenmajuskel).

Darüber hinaus gibt es weitere Konventionen für verschiedene Syntaxstrukturen, die als so wichtig und selbstverständlich angesehen werden, dass IDEs wie Eclipse oder NetBeans Ihnen bei vielen automatischen Vorgängen gar keine Möglichkeiten bieten, von den Konventionen abzuweichen. Das werden wir sehen. In vielen professionellen Projekten werden zusätzlich zu den zwingenden Regeln und den offiziellen Konventionen ergänzende, projektverbindliche Regeln für Bezeichner aufgestellt.

Aber wie gesagt – Konventionen sind zwar keine zwingenden Regeln und Sie müssen sich nicht unbedingt an diese Konventionen halten. Dennoch sollten Sie es dringend tun!

Nur so kann jeder, der Ihren Quellcode liest, bereits über die Bezeichner Syntaxstrukturen eindeutig identifizieren. Außerdem passt dann die Logik Ihrer Bezeichner zu der überall sonst (in der Java-API, aber auch in anderen Projekten) verwendeten Logik. Wenn Sie diese Konventionen einhalten, ist unmittelbar klar, ob es sich bei den – vollkommen aus dem Syntaxzusammenhang gerissenen – Bezeichnern um Klassen oder Objekte oder auch andere Strukturelemente handelt. Und Sie bekommen Unterstützung von Tools nur entsprechend der Konventionen.

Was ist, wenn man gegen die Konventionen verstößt?

Wenn Sie im stillen Kämmerlein vor sich hin programmieren und Ihren Code nicht mit dem anderer Programmierer zusammenbringen, sind die Namenskonventionen nicht unbedingt so wichtig. Wenn Sie diese nicht beachten, machen Sie sich nur selbst das Leben schwer. Bei Projekten, an denen mehrere Programmierer beteiligt sind, ist das anders. Um die Bedeutung von Konventionen und formalen Regeln beim Codieren in professionellen Projekten zu dramatisieren: Wenn ich Projektleiter wäre und ein Programmierer würde die Konventionen und formalen Vorgaben nicht einhalten, wäre das für mich Sabotage, und der Programmierer würde aus dem Projekt fliegen. Auch wenn der Code funktionell vollkommen in Ordnung wäre. Oder wenn ich eine Arbeit kontrollieren würde und der Code wäre funktionell vollkommen in Ordnung, aber die Bezeichner hielten sich nicht an die obigen Konventionen – Note 6. Die Wartbarkeit und Verständlichkeit von Quellcode ist in einem Projekt auf längere Sicht mindestens genauso wichtig wie die Funktionalität.

3.5.3 Ein Beispiel für das Erstellen einer eigenen Klasse

Verdeutlichen wir uns das Erstellen einer eigenen Klasse mit einem konkreten Java-Beispiel. Dazu sollten Sie wieder in einem Verwaltungsverzeichnis Ihrer Projekte ein Projektverzeichnis anlegen. In meinem Fall *Kap3/KlassenSchreiben*.

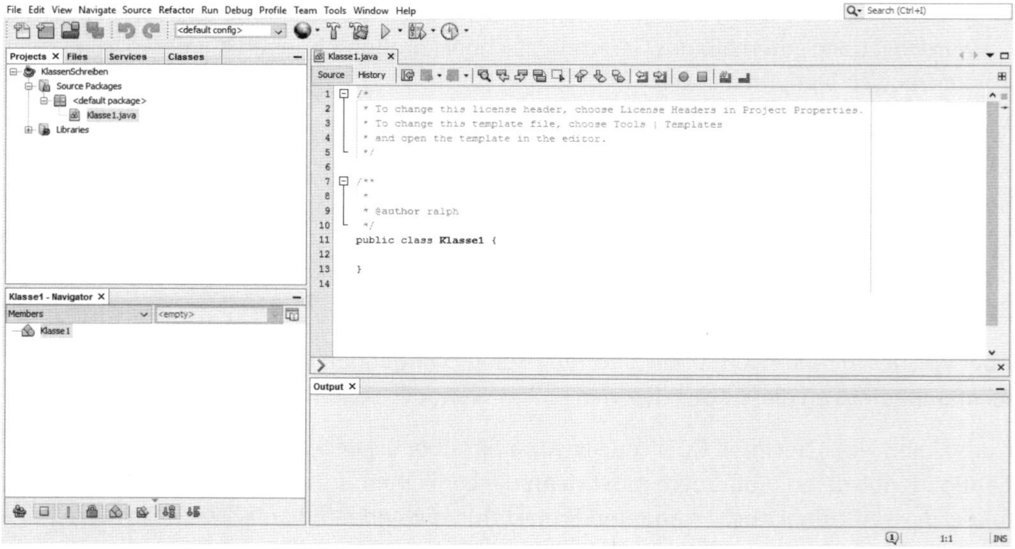

Abbildung 3.6: Das Projekt KlassenSchreiben und die Datei Klasse1.java in NetBeans.

Legen Sie dort eine Java-Datei mit dem Namen *Klasse1.java* an. Dazu können Sie zum Beispiel in Eclipse oder NetBeans den im letzten Kapitel beschriebenen Weg verwenden. Sie können auch mit einem einfachen Editor arbeiten, aber dann werden manche Codestrukturen nicht automatisch generiert und Sie müssen diese von Hand anlegen. Deshalb möchte ich die Verwendung von Eclipse oder NetBeans und gewisse Automatismen voraussetzen.

Der Bezug zwischen dem Klassennamen und dem Namen der .java-Datei

Machen wir uns noch einmal Gedanken um den Namen der Java-Datei. Vielleicht haben Sie schon einmal etwas von einem Zusammenhang zwischen dem Namen der *.java*-Datei und dem darin notierten Klassenbezeichner gehört. Immerhin haben wir die beiden Bezeichner bisher immer gleich gewählt. Und das war kein Zufall.

Wenn eine Klasse als öffentlich deklariert wird (mit dem vor dem Schlüsselwort `class` platzierten Schlüsselwort `public`[3]), muss die *.java*-Datei einen Namensstamm haben, der mit dem Bezeichner der Klasse identisch ist.

Andernfalls ist der Name jedoch frei wählbar. Das ist auch notwendig, denn Sie können in einer *.java*-Datei eine beliebige Anzahl an Klassendeklarationen notieren. Und dann kann nur eine davon einen Namen der *.java*-Datei erzwingen.

Was umgekehrt bedeutet, dass in einer *.java*-Datei auch nur eine der darin deklarierten Klassen öffentlich sein darf.

Der Compiler erzeugt bei der Übersetzung für jede Klassendefinition eine eigene Bytecode-Datei mit dem Namen des Klassenbezeichners! Vollkommen unabhängig davon, ob die Klassendefinitionen alle in nur einer einzigen *.java*-Datei oder jede für sich in einer eigenen *.java*-Datei notiert wurden.

Sie sollten allerdings dringend von solchen Möglichkeiten Abstand nehmen und zwei Regeln einhalten:

1. Jede Klasse wird in einer eigenen Datei deklariert.
2. Der Name der deklarierten Klasse legt den Namen der *.java*-Datei fest (gleichgültig, ob öffentlich oder nicht).

Dies ist wie gesagt **nicht zwingend**, für die Wartbarkeit und Übersichtlichkeit aber immens von Vorteil. Das ist auch ein Teil der Konventionen, die in professionellen Projekten elementar sind. Man sollte sich diese Erfahrungen zunutze machen und die Konventionen einhalten.

3 Was das genau bedeutet, behandeln wir natürlich noch. Zunächst einmal soll es als »frei zugänglich« verstanden werden.

Doch zurück zu dem Code, der in Eclipse oder NetBeans bereits angelegt wurde. Am Beginn werden Sie – wenn nicht irgendwelche Codestrukturen generiert wurden – eine leere Klassenschablone sehen:

```
public class Klasse1 {
}
```

Dennoch besitzt diese Klasse bereits alle Kennzeichen und notwendigen Strukturen einer Bauvorschrift für Objekte. Das Beispiel zeigt insbesondere die grundsätzliche Vorgehensweise, wie Sie in Java eine jede Klasse erstellen.

- Am Beginn steht nach einem optionalen Modifizierer für die Zugänglichkeit der Klasse das Schlüsselwort `class`.
- Als Zweites folgt ein Bezeichner für die Klasse.
- In den geschweiften Klammern (dem Block) wird der eigentliche Code der Klasse notiert.

Anonyme Klassen

Es gibt in Java auch die Möglichkeit, die Klassen innerhalb anderer Klassen zu definieren sowie auf den Namen für eine Klasse zu verzichten. Auf diese lokalen bzw. anonymen Klassen kommen wir zurück, wenn wir die zum Verständnis notwendigen Voraussetzungen geschaffen haben. Gerade bei der Ereignisbehandlung grafischer Oberflächen werden sehr oft anonyme Klassen verwendet.

3.5.4 Die Inhalte von Klassen

Bei der Spezifikation von Klassen können **Instanzelemente** und **Klassenelemente** deklariert werden. Das sind in beiden Fällen die Attribute und die Methoden, die ein Objekt besitzen soll und die relevanten spezifischen Eigenschaften und Funktionalitäten charakterisieren. Aber die beiden Typen unterscheiden sich im Zeitpunkt ihrer Existenz und dem möglichen Zugang.

Instanzelemente versus Klassenelemente

- **Instanzattribute** und **Instanzmethoden** sind die Elemente, die erst in einer konkret erzeugten Instanz (einem Objekt) existieren und erst dort verwendet werden können. Sie gehören damit explizit zu einer konkreten Instanz, zu einem einzelnen Objekt. Andere Instanzen bekommen nicht mit, wenn und wie eine Instanz mit ihren Instanzelementen operiert. Ohne besondere Kennzeichnung sind die Attribute (Eigenschaften) und Methoden in Java immer Instanzelemente.
- **Klassenattribute** (auch **statische Attribute** genannt) sind Attribute, die zu einer Klasse selbst und nicht zu einem spezifischen Objekt gehören. Alle Instanzen einer Klasse und auch die Klasse selbst haben gemeinsam Zugriff auf statische Attribu-

te, die zudem unabhängig davon existieren, ob es von der Klasse kein, ein oder mehrere Objekt(e) gibt. Vollkommen analog sind **Klassenmethoden** (auch **statische Methoden** genannt) solche Methoden, die unabhängig von einem Objekt der Klasse ausgeführt werden können. Statische Attribute und Methoden ähneln in gewisser Weise globalen Variablen und globalen Funktionen in prozeduralen Programmiersprachen. Statische Klassenelemente sind jedoch im Unterschied zu diesen dem Namensraum der Klasse zugeordnet. Sie sind also auf die Klasse und ihre Instanzen beschränkt und existieren nicht in anderen Klassen und daraus erzeugten Objekten. Dafür existieren Klassenelemente grundsätzlich bereits dann, wenn eine spezifische Klasse verwendet wird. Das bedeutet auch dann, wenn noch kein Objekt konstruiert wurde. In Java werden Klassenelemente mit dem vorangestellten Modifizierer `static` gekennzeichnet, was man sich ob der alternativen Bezeichnung als statische Attribute bzw. Methoden sicher gut merken kann. Die Technik der statischen Variablen gab es schon in C selbst. Damit wurden Variablen bezeichnet, die ihren Wert auch dann behielten, wenn ein Gültigsbereich (etwa eine Funktion) verlassen wurde. Wurde die Funktion später wieder aufgerufen, besaß die statische Variable immer noch den letzten Wert.

Vorsicht bei der Verwendung von Klassenelementen

Grundsätzlich sollte die Verwendung von Klassenelementen mit Vorsicht bzw. sparsam geschehen. Denn in der Regel ist es nicht sinnvoll, wenn spätere Änderungen klassenglobal erfolgen und sowohl die Klasse als auch alle Instanzen von einer Änderung betroffen sind. Stellen Sie sich vor, Sie haben eine Klasse zum Erzeugen eines Balls, die ein Attribut für den Umfang besitzt. Sie erzeugen 1.000 Bälle als Instanzen, die alle einen Umfang von 50 Zentimenter haben. Dann platzt ein Ball und dessen Umfang schrumpft massiv. Wenn der Umfang in einer Klassenvariablen gespeichert wäre, würden alle verbleibenden 999 Bälle »platzen«, denn deren Umfang wäre davon auch betroffen.

Wenn Sie die Wahl haben, Klassen- oder Instanzelemente zu verwenden, sollten Sie sich fast immer für Instanzelemente entscheiden. Für die Wahl von Klassenelementen sprechen außer der globalen Kommunikation nur wenige Argumente. Klassenvariablen sind beispielsweise noch bei Konstanten oft sinnvoll (denn es werden keine Änderungen mehr vorgenommen) und in den Situationen, in denen eine Instanziierung unnötigen Aufwand oder Ressourcenverbrauch bedeuten würde. Und es gibt ein paar spezielle Situationen, in denen Sie zwingend Klassenelemente brauchen.

Klassenelemente werden wie erwähnt auch statische Elemente genannt und in Java entsprechend mit `static` gekennzeichnet. Diese Betrachtung zeigt, was sich technisch dahinter verbirgt. Während eine Instanzvariable in der Instanz aus der Klasse als ***Kopie*** der Klassendeklaration erzeugt wird und in der Instanz diese Kopie vollkommen ohne Auswirkungen auf die Klasse oder andere Instanzen der Klasse verändert werden kann, wird bei einer Klassenvariablen nur eine ***Referenz*** (ein Zeiger) auf den Speicherbereich in der Klasse in die Instanz kopiert. Der eigentliche Speicherbereich mit dem Wert bleibt fest (statisch). Dementsprechend wird sich jede Änderung in der Klasse auch in allen Instanzen auswirken.

3.5.5 Variablen versus Felder, Eigenschaften und Attribute

Im Zusammenhang mit Attributen/Eigenschaften muss man auch den Begriff der **Variablen** ansprechen. Auf Java-Variablen gehen wir natürlich noch im Detail ein. Hier soll aber eine erste Erklärung folgen, soweit sie an der Stelle notwendig ist.

Eine Variable ist erst einmal ein benannter Speicherplatz im Hauptspeicher des Computers, der beliebig mit (passenden) Werten gefüllt werden kann. Diese Werte können über den Bezeichner wieder ausgelesen werden. Darüber hinaus besitzt eine Variable auch einen spezifischen Typ oder Datentyp, der festlegt, welche Art von Wert darin gespeichert werden kann. Und eine Variable wird innerhalb einer Klasse deklariert.

Doch wie hängen Variablen und die Begriffe **Felder**, **Eigenschaften** oder **Attribute** zusammen?

Aus Sicht der OOP ist eine Variable, die über das Objekt bzw. die Klasse nach außen gegeben und damit sichtbar ist, eine Eigenschaft bzw. ein Attribut eines Objekts. Attribut und Eigenschaft kann man im Sinn der objektorientierten Philosophie also synonym verwenden, sofern man nicht einen der Bezeichner noch mit zusätzlichen Kriterien versieht, was etwa von Microsoft im .NET-Umfeld im Hinblick auf die Verwendung des Begriffs »Eigenschaft« gemacht wird. Das verfolgen wir hier aber nicht weiter.

Ist die Variable von außen nicht zugänglich, ist es keine Eigenschaft bzw. kein Attribut, sondern eben nur eine interne Variable, die für irgendwelche Algorithmen in der Klasse verwendet werden kann. Die sogenannte Sichtbarkeit bzw. Zugänglichkeit legt also in Java bzw. der reinen Objektorientierung fest, ob eine Variable als Eigenschaft/Attribut zu verstehen ist oder nicht. Ob die Variable mit `static` gekennzeichnet ist oder nicht, spielt bei dieser Einordnung keine Rolle.

Oft redet man auch neutral von sogenannten Feldern. Damit ist man sozusagen auf der sicheren Seite, wenn man die Eigenschaften/Attribute und Variablen nicht bewusst trennen will. Ein Feld kann von außen sichtbar sein oder aber auch nicht.

3.5.6 Deklaration von Variablen und Eigenschaften

Betrachten wir noch einmal Variablen und Eigenschaften bzw. Attribute aus einer anderen Sicht. Ein Attribut, dessen Wert ein Objekt von einem anderen unterscheidet, bezeichnet aus Sicht des Quelltextes eine benannte Eigenschaft. Ein Attribut ist ein Datenelement, das in jedem Objekt einer Klasse enthalten ist und in jedem dieser Objekte durch einen individuellen Wert repräsentiert ist. Im Quelltext wird jedes Attribut über einen Datentyp und einen Bezeichner repräsentiert.

Die allgemeine formale Schreibweise in UML sieht so aus:

```
attributName : datenTyp
```

Diese Form der Darstellung wird in der Regel auch im Rahmen eines UML-Klassendiagramms verwendet, während Java eine spezielle syntaktische Darstellung verwendet, die aber hinsichtlich der Aussage identisch ist. Im Grunde ist diese Deklaration aber unabhängig von der hier verwendeten Sichtbarkeit bzw. Zugänglichkeit. Und von daher handelt es sich eigentlich um eine allgemeine Variablendeklaration.

In Java wird bei der Deklaration einer Variablen immer zuerst der Datentyp und dann der Bezeichner für die Variable notiert. Allgemein wird in Java eine Eigenschaft einfach darüber definiert, dass in einer Klasse ein Typ der Eigenschaft festgelegt und dann ein Bezeichner vergeben und zusätzlich sichergestellt wird, dass die Zugänglichkeit von außen ausreicht. Dazu regelt man die Sichtbarkeit mit vorangestelltem Modifizierer.

Etwa so:

- `private int a;`
- `Integer b;`
- `public String meinText;`
- `protected Tier obj;`
- `java.awt.Frame fenster;`

In der Regel weist man der Eigenschaft dann noch einen Wert zu. Entweder direkt bei der Deklaration oder in einem späteren Schritt.

Vorgabewerte

Instanz- und Klasseneigenschaften haben in Java immer einen Vorgabewert. Er entspricht dem numerischen Nullwert, dem Leerstring oder im booleschen Fall dem Wert `false`. Beachten Sie, dass lokale Variablen dagegen keinen Vorgabewert besitzen. Lokale Variablen werden innerhalb von Methoden deklariert.

Die Definition einer Eigenschaft bzw. Variablen kann an einer beliebigen Stelle im Namensraum einer Klasse, aber auch in einer Methode (als lokale Variable) oder auch in einer Struktur wie einer Schleife (als schleifenlokale Variable) erfolgen. Für die bessere Lesbarkeit sollten Sie jedoch die Deklarationen in Ihren Klassen einheitlich und strukturiert vornehmen.

Lokale Variablen versus nicht-lokale Variablen und Eigenschaften

Eben wurden bereits lokale Variablen angesprochen. Das sind Variablen, die nur in einem geschlossenen Bereich unterhalb des Gültigkeitsbereichs der Klasse gültig sind (meist innerhalb einer Methode, einer Schleife oder eines Blocks). Lokale Variablen verwenden keine Zugriffsmodifizierer (das nennt man auch Sichtbarkeitsmodifizierer) und können auch nicht als `static` definiert werden. Sie sind ja explizit nicht als Eigenschaften vorgesehen. Ebenso gilt es bei lokalen Variablen zu beachten, dass diese in Java keinen Standardwert besitzen, während Klassen- und Instanzeigenschaften – wie gerade erwähnt – immer einen Vorgabewert haben.

Vor der Verwendung einer lokalen Variablen muss deshalb zwingend ein Wert zugewiesen werden. Am besten machen Sie das direkt bei der Deklaration, Sie können dies jedoch auch später in einer zweiten Anweisung durchführen. Nur muss die Zuweisung eben vor dem ersten lesenden Zugriff auf die Variable erfolgen.

Konstanten

Als Modifizierer von lokal definierten Variablen ist in Java ausschließlich ein einziger Modifizierer erlaubt. Das ist `final`. Damit wird eine Variable zu einer Konstanten. Im Fall einer lokalen Variablen ist das also eine lokale Konstante.

Streng genommen besitzt Java gar keine Konstanten im üblichen Sinn. Mit dem Voranstellen des Schlüsselworts `final` wird einfach gesagt, dass sich die Variable nicht mehr ändert. Zusätzlich müssen Sie dieser Variablen einen Anfangswert zuweisen (der sich dann auch nie mehr ändert – sonst hätten wir ja keine Konstante).

Sie sollten beachten, dass man in Java per Konvention festgelegt hat, dass eine Konstante immer vollständig großgeschrieben wird!

Es gibt neben den lokalen Konstanten auch Konstanten im Namensraum der Klasse. Letztere werden in der Regel als `static` deklariert, denn deren Wert wird sich ja in unterschiedlichen Instanzen nicht unterscheiden.

Beispiel:

```
final static int TEST = 42;
```

3.5.7 Erweiterung des Beispiels einer Klasse mit Eigenschaften

Erweitern wir die bisher ziemlich leere Klasse `Klasse1` einmal um die Deklaration zweier Attribute, die einfach ganze Zahlen repräsentieren sollen. Eines der Attribute soll ein Klassenelement darstellen, das zweite Attribut ein Instanzelement.

```
public class Klasse1 {
    int attr1;
    static int attr2;
}
```

In der zweiten Zeile sehen Sie die Definition eines Instanzattributs (da kein `static` davorsteht) und in der dritten Zeile wird ein Klassenattribut angelegt (mit vorangestelltem `static`).

3.5.8 Methodendeklarationen

Bei Methoden verhält es sich bei der Verfügbarkeit ähnlich wie bei Attributen. Alle Objekte einer Klasse verfügen über die gleichen Methoden, die die Funktionalität der Objekte realisieren. Es gibt etwa Methoden zur Ausführung irgendwelcher Aktionen, zur Abfrage von Informationen, zur Modifikation von Werten oder zur Änderung des Zustands eines Objekts. Das Verhalten eines Objekts ist also festgelegt durch eine Menge von Methoden, die im Allgemeinen mit den Daten des Objekts operieren. Die Spezifikation von Methoden erfolgt in nahezu allen OO-Sprachen über

- einen Methodennamen,
- die Zugänglichkeit,
- eine Argumentliste,
- einen Rückgabetyp,
- gegebenenfalls vertragsbasierte Vereinbarungen (Regeln) zum Aufruf und
- die konkrete Implementierung.

Die **Argumentliste** besteht dabei aus Argumenten, für die sowohl ein **Argumentname** als auch ein **Argumenttyp** festgelegt wird.

Wenn man die konkrete Implementierung nicht aufführt, redet man von der **Methodenunterschrift** bzw. **Methodensignatur**. Dies bezeichnet also neben dem Methodennamen samt Zugänglichkeit die Anzahl und Typen der Argumente einer Argumentliste sowie den optionalen Rückgabetyp. Die allgemeine Schreibweise einer Methodensignatur, die ebenfalls im Rahmen eines UML-Klassendiagramms Anwendung findet, sieht so aus:

```
methodenName(argName1:argTYP1, argName2:argTYP2, ...) : rückgabeTyp
```

Die mehrfach erwähnte Zugänglichkeit zu Attributen und Methoden kann in der OOP über einen Zugriffsschutz geregelt werden. Das wird dann auch in der formalen Beschreibung des Elements notiert. Die Details dieses Themas wollen wir aber gesondert behandeln.

Die Deklaration einer Methode können Sie an einer beliebigen Stelle im Namensraum einer Klasse vornehmen. In Java 8 geht das sogar innerhalb einer anderen Methode (ein sogenanntes **Closure**), wobei die Syntax hier nicht weiter verfolgt wird. Die schematische Deklaration einer Methode sieht konkret in Java generell folgendermaßen aus:

```
[<Modifiziererliste>] <Typ des Rückgabewerts> <NameMethode>
([<Parameterliste>]) [throws] [<Exception-Liste>]
```

Dabei ist alles in eckigen Klammern optional. Die Methodenunterschrift oder Methodensignatur besteht also aus mindestens dem Namen der Methode, dem Rückgabetyp und den Klammern.

Ausnahmen

Die als letzte Angabe zu findende Exception-Liste steht für eine Liste mit sogenannten Ausnahmen oder Exceptions. Exceptions sind Bestandteil eines Java-Konzepts, wie auf nicht planbare Situationen reagiert werden kann. Sie gehören zum Konzept der vertragsbasierten Programmierung und werden noch ausführlich Thema sein.

Die Anweisung return und die Rückgabewerte

Unter einem **Rückgabewert** einer Methode versteht man ein Ergebnis, das eine Methode dem Aufrufer der Methode liefert. Die Rückgabewerte von Java-Methoden können von jedem erlaubten Datentyp sein. Nicht nur primitive Datentypen, sondern auch komplexe Objekte.

Eine Methode in Java muss immer einen Wert zurückgeben (und zwar genau den Datentyp, der in der Deklaration angegeben wurde), es sei denn, sie ist mit dem Schlüsselwort `void` deklariert worden. Das Schlüsselwort `void` bedeutet nämlich, dass eine Methode explizit keinen Rückgabewert besitzt.

Rückgabewerte werden in Java mit der Anweisung `return` zurückgegeben. Hinter dem Schlüsselwort steht der gewünschte Rückgabewert. Bei der `return`-Anweisung handelt es sich um eine sogenannte **Sprunganweisung**, die beim Aufruf unmittelbar eine Methode verlässt.

Bei einer als `void` deklarierten Methode kann man die `return`-Anweisung ebenfalls verwenden – nur dann ohne nachgestellten Rückgabewert. Das ist etwa dann sinnvoll, wenn ein Rücksprung aus einer solchen Methode an bestimmte Bedingungen gekoppelt ist, sie aber kein Ergebnis an den Aufrufer zurückgeben muss oder soll.

Die Parameter als lokale Variablen

Die optionalen Parameter einer Methode sind Variablen, die in einer Methodendeklaration in der Signatur eingeführt werden und dann über diesen Namen im Inneren der Methode als lokale Variablen zur Verfügung stehen. Bei der Deklaration werden in der Methodenunterschrift der Typ und ein Bezeichner für jeden Parameter angegeben. Mehrere Parameter werden durch Kommata getrennt. Beim Aufruf werden die Bezeichnernamen durch Werte des entsprechenden Typs ersetzt.

Beachten Sie, dass die Klammern unbedingt bei einer Methode auftauchen müssen. Auch wenn keine Parameter an die Methode übergeben werden. Dann bleiben die Klammern leer.

3.5.9 Das Beispiel einer Klasse mit Methoden erweitern

Erweitern wir unsere Klasse `Klasse1` noch um zwei Methoden, wobei auch hier sowohl ein Klassenelement als auch ein Instanzelement verwendet werden sollen.

```
public class Klasse1 {
    int attr1;
    static int attr2;
    void init() {
        attr1 = 2;
        attr2 = 5;
    }
    static void ausgabe() {
        System.out.println(attr2);
    }
}
```

Zuerst wird eine Instanzmethode `init()` definiert, die den Wert beider Eigenschaften der Klasse setzt.

Danach sehen Sie die Deklaration einer Klassenmethode `ausgabe()`, die den Wert des Klassenelements `attr2` ausgeben wird.

Beachten Sie, dass innerhalb einer Klasse Instanzmethoden immer sowohl auf Instanzelemente als auch Klassenelemente (sowohl Attribute als auch Methoden) in der Klasse zugreifen können, während Klassenmethoden immer nur auf die Klassenelemente zugreifen können. Das kann deswegen auch nicht möglich sein, weil zur »Lebenszeit« einer Klasse ja nicht unbedingt eine Instanz davon existieren muss und sich zudem die Werte von Instanzvariablen je nach Instanz unterscheiden können. Dies zu verstehen ist grundlegend. Oder anders ausgedrückt: Wenn Ihnen das klar ist, haben Sie Instanz- und Klassenelemente richtig verstanden. Aber auch nur dann. Wir spielen ein Beispiel durch, das Ihnen (hoffentlich) hilft.

Reihenfolgen

Die Reihenfolge von Deklarationen in einer Klasse spielt in Java allgemein keine Rolle! Sie können zuerst die Variablen deklarieren und dann die Methoden oder umgekehrt. Sie können die einzelnen Deklarationsarten auch mischen. Es ist aber in der Regel übersichtlicher, wenn Sie zuerst die Variablen deklarieren und dann die Methoden. Eine gute IDE erlaubt aber sowohl eine gefilterte Ansicht auf die verschiedenen Typen einer Deklaration als auch die Umsortierung, obwohl dies für den Compiler uninteressant ist.

Nun können Sie die gerade deklarierte Klasse verwenden. Nur wie?

3.5.10 Eine besondere Klasse – die Programmklasse und die Methode main()

Betrachten Sie das nachfolgende Listing der Datei *KlassenSchreiben.java*, die nun in unserem Projekt angelegt werden soll:

```
public class KlassenSchreiben {
    public static void main(String[] args) {
    }
}
```

Diesen Aufbau kennen Sie von unseren ersten Java-Beispielen. Im Inneren der Klasse `KlassenSchreiben` finden Sie eine statische Methode namens `main()`. Diese Methodendeklaration zeichnet diese Klasse aus. Denn diese Klasse kann als **Java-Programm** aufgerufen werden. Oder noch genauer – jedes (normale) Java-Programm benötigt zwingend eine Klasse mit einer `main()`-Methode, die formal genau so aussehen muss wie in dem Beispiel.

Aber nicht jede Klasse ist ein Programm. Wie etwa unsere Klasse `Klasse1`. Ganz im Gegenteil. Die meisten Klassen in Java werden nur Hilfsmittel sein, die im Rahmen eines Programms verwendet werden. Die gesamte Java-Standard-API mit ihren zigtausenden von Klassen besteht aus solchen Klassen, die selbst kein Programm darstellen.

Gehen wir einmal einen (normalen) Programmablauf unter Java durch:

1. Der Interpreter *java* bzw. *javaw* wird aufgerufen und erhält als Übergabeparameter den Namen einer Klasse mit einer `main()`-Methode. Er startet die Java Virtual Machine, in der die Klasse geladen und deren Bytecode dann interpretiert wird.

2. Der Interpreter sucht in der Klasse nach einer Klassenmethode mit der Signatur `public static void main(String args[])`. Findet er diese Signatur nicht, bricht der Interpreter mit einer Fehlermeldung ab. Findet er sie, wird das Programm mit dem ersten Befehl innerhalb der `main()`-Methode gestartet. Die Methode `main()` kann ohne Objekt verwendet werden, denn sie ist ja explizit eine Klassenmethode. Als Startmethode ist das auch unabdingbar, denn dadurch wird quasi das Problem gelöst, ob zuerst die Henne oder das Ei da sein muss. Denn um überhaupt irgendeine Instanz zu erzeugen, muss erst einmal ein Programm laufen.

3. Alle Anweisungen in der `main()`-Methode werden der Reihe nach abgearbeitet. Bei Bedarf lädt der Interpreter weitere Klassen dynamisch nach. Diese können zwar auch `main()`-Methoden enthalten, aber das wird fast nie der Fall sein. Und wenn diese nachgeladenen Klassen eine `main()`-Methode enthalten und sie diese wirklich aufrufen, wird das nur als »normaler« Aufruf einer Klassenmethode verstanden.

4. Nach der letzten Anweisung in der `main()`-Methode wird das Programm beendet.

Objektorientiert kann man das so ausdrücken: Der Interpreter erzeugt aus der Klasse, die das Programm darstellt, ein Objekt im Hauptspeicher des Rechners, das das Programm repräsentiert und von dem aus alle anderen Objekte erzeugt und dann verwendet werden. Ist das Programm zu Ende, wird das das Programm repräsentierende Objekt wieder aus dem Hauptspeicher entfernt.

Bei anderen Formen von Java-Applikationen wie Java-Applets, JavaFX-Applikationen oder Java-Servlets läuft der Vorgang zwar im Detail etwas anders, aber dennoch ähnlich[4] ab.

Sie haben also hier bereits einen Weg gesehen, wie aus einer Klasse (wenngleich einer sehr besonderen) ein Objekt (dasjenige, das das Programm selbst repräsentiert) entstehen kann. Im Allgemeinen reicht das nicht aus, denn wie gesagt – das ist nur das Verfahren, wie ein Programmlauf und das zugehörige Objekt in Beziehung gebracht werden.

3.5.11 Klassenelemente verwenden

Erweitern wir unser Programm *KlassenSchreiben.java* wie folgt:

```
public class KlassenSchreiben {
    public static void main(String[] args) {
        Klasse1.attr2 = 42;
        Klasse1.ausgabe();
    }
}
```

Sie sehen in der dritten Zeile, dass wir über den Namen der Klasse `Klasse1` den Wert des Klassenattributs `attr2` setzen und dann in der folgenden Zeile den Wert dieses Klassenattributs über die Klassenmethode `ausgabe()` – wieder mit dem vorangestellten Namen der Klasse `Klasse1` – ausgeben.

Sie sehen hier also, wie Sie auf Klassenelemente in fremden Klassen zugreifen können, wenn Sie Zugriff auf die fremde Klasse haben. Diese muss sich im gleichen Verzeichnis wie die zugreifende Klasse befinden oder allgemein im sogenannten Klassenpfad, über den wir uns noch genauer unterhalten werden.

Lassen Sie das Programm ruhig einmal laufen. Auch wenn die Ausgabe nicht sonderlich eindrucksvoll ist, verdeutlicht es ein sehr wichtiges Java-Konzept.

4 Auch da gibt es gewisse Standardmethoden, die beim Start automatisch ausgeführt werden müssen.

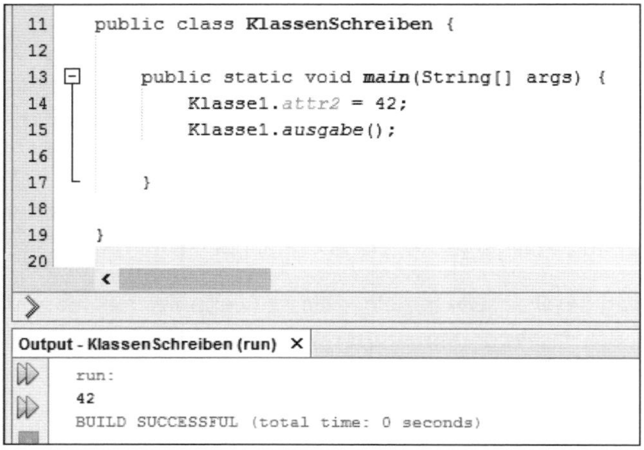

Abbildung 3.7: Das Programm erzeugt in NetBeans Output-Ansicht die Ausgabe 42 – der Wert der Klassenvariablen.

Klassenelemente aus derselben Klasse verwenden

Wenn Sie eine Klassenmethode aufrufen wollen, die innerhalb der aufrufenden Klasse definiert ist, können Sie auf den vorangestellten Namen der Klasse verzichten. Das gilt auch für die Verwendung von Klassenvariablen. Erweitern wir das Beispiel noch ein wenig:

```
public class KlassenSchreiben {
    static int attr3 = 7;
    public static void main(String[] args) {
        Klasse1.attr2 = 42;
        Klasse1.ausgabe();
        System.out.println(attr3);
    }
}
```

Nun deklarieren wir noch eine Klassenvariable `attr3` in der Programmklasse selbst. Auch das ist natürlich möglich. Wir könnten hier auch von einem Klassenattribut oder einer Klasseneigenschaft reden, denn im Prinzip kann man die Variable `attr3` von außen sehen und über die Klasse `KlassenSchreiben` aus einer anderen Klasse heraus verwenden. Nur handelt es sich ja hier um unser Programm selbst und aus diesem heraus ist das als Variable zu sehen.

Beachten Sie nun die sechste Zeile. Hier greifen wir auf die Klassenvariable `KlassenSchreiben.attr3` zu. Aber ohne (!) die vorangestellte Klasse! In dem Fall ist das wie erwähnt möglich, weil wir uns bereits in der Klasse `KlassenSchreiben` befinden.

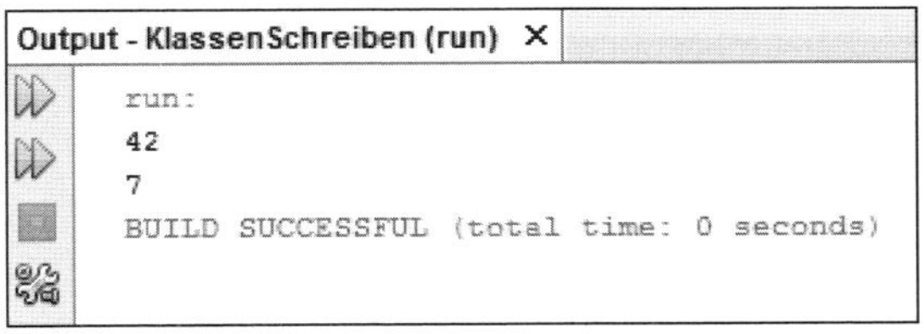

Abbildung 3.8: Die Ausgaben des Programms.

3.5.12 Statische Initialisierer

Wenn Sie eine statische Variable deklarieren, können Sie die Initialisierung direkt mit angeben. Soweit nichts Neues. Nur die Zuordnung von Werten für statische Variablen kann auch in einen statischen Initialisierer »ausgelagert« werden. Er beginnt mit dem Schlüsselwort `static` und dahinter folgt einfach ein Block. Innerhalb der geschweiften Klammern können dann die gewünschten Initialisierungen vorgenommen werden. Etwa so:

```
static int i;
static double j;
static String[] k;
static {
    i = 3;
    j = 3.1415;
    k = new String[]{"Hans", "Dampf"};
}
```

3.5.13 Methoden mit variabler Argumentanzahl (Varargs)

In der Regel ist es bei der Deklaration einer Methode klar, wie viele Argumente sie haben muss. Allerdings kann es Fälle geben, in denen eine variable Anzahl an Parametern vorkommt. Vor Java 5 musste man dann entweder mehrere Methoden gleichen Namens und unterschiedlicher Parameterzahl explizit deklarieren oder einfach ein Array als Parameter angeben. In Java 5 wurde zusätzlich ein Konzept eingeführt, um Methoden mit variabler Parameterzahl mit einem eigenständigen Token deklarieren zu können. Diese werden umgangssprachlich **Varargs** genannt. Nach dem Datentyp des Parameters und vor dessen Bezeichner wird einfach ein Token aus drei Punkten (`...`) notiert.

Im Inneren können Sie diesen Parameter dann als Array verwenden. Wir greifen etwas vor, aber in dem nächsten Beispiel sollen die Methoden `test1()` und `test2()` als Methoden mit Vararg definiert werden, und im Inneren geben wir mit einer Schleife[5] einfach alle Werte in dem Übergabe-Array aus (Projekt *Varargs*).

5 Das wird im Kapitel zur Syntax erläutert.

```
public class Varargs {
  static void test1(int... a) {
    for (int i = 0; i < a.length; i++) {
      System.out.print(a[i] + "; ");
    }
    System.out.println();
  }

  static void test2(String t, int... a) {
    System.out.print(t);
    for (int i = 0; i < a.length; i++) {
      System.out.print(a[i] + "; ");
    }
    System.out.println();
  }
}
```

Bei der ersten Methode sind alle Parameter als Varargs definiert, während bei der zweiten Methode ein zwingend notwendiger `String`-Parameter notiert werden muss und alle folgenden Varargs sind.

Das bedeutet, dass die erste Methode gar keinen oder eine beliebige Anzahl von Parametern des Typs `int` besitzen kann. Die zweite Methode benötigt mindestens einen Parameter des Typs `String`, dem eine beliebige Zahl `int`-Parameter folgen kann.

Und so könnte man die Methode verwenden:

```
public class NutzerVarargs {
  public static void main(String[] args) {
    Varargs.test1(1,2,3);
    Varargs.test1(7,8);
    Varargs.test1();
    Varargs.test2("Drei Parameter: ",7,8);
    Varargs.test2("Sechs Parameter: ",1,2,3,4,5);
    Varargs.test2("Nur ein Parameter");
  }
}
```

Sie sehen, dass die Methode `test1()` zuerst mit drei, dann zwei und dann gar keinen `int`-Parametern aufgerufen wird. Letzteres erzeugt einfach einen leeren Zeilenvorschub.

Beim Aufruf der Methode `test2()` steht immer zuerst ein `String`-Parameter. Dann folgen beliebig viele `int`-Parameter.

Varargs immer zum Schluss

Wenn Sie mit Varargs arbeiten wollen und zusätzliche Parameter in der Methode benötigen (etwa eines anderen Typs – aber das ist nicht zwingend), so dürfen Sie das Vararg-Array immer nur als **letzten Parameter** notieren. Andernfalls kann der Compiler beim Aufruf der Methode nicht zuverlässig feststellen, was ein normaler Parameter ist und was schon zum Vararg gezählt werden muss (insbesondere bei gleichen Datentypen).

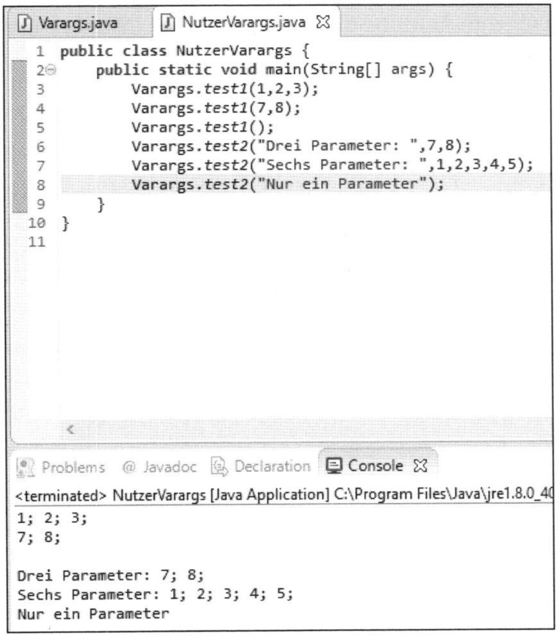

Abbildung 3.9: Varargs nutzen – hier in Eclipse.

3.6 Konstruktoren und Destruktoren – Objekte erzeugen und beseitigen

Wie jede Programmiersprache muss auch Java das Management des Hauptspeichers zur Laufzeit eines Programms bewerkstelligen. Ein Programm benötigt ja zur Ausführung einen gewissen Platz im Hauptspeicher eines Rechners.

Java verfügt über ein ausgefeiltes **Speichermanagement**, das nicht nur die Allozierung von Speicher bei der Nutzung von Klassen sowie der Erzeugung von Objekten und Variablen betrifft, sondern auch die Speicherfreigabe. So gut wie sämtliche Speicherverwaltung erfolgt in Java automatisch oder mit einfachster Syntax.

Verallgemeinern wir nun die Möglichkeiten, wie wir eine Klasse nutzen können. Bisher verwenden wir ja nur die Klassenelemente. Das ist aber eher die Ausnahme. In der Regel verwendet man eine spezifische Instanz einer Klasse und deren Instanzelemente. Allgemein erzeugt man in der OOP Objekte mittels sogenannter **Konstruktoren** (engl. Constructors), von denen es in Java in jeder (!) Klasse per Definition mindestens einen gibt (der **Default-Konstruktor**).

Dies ist ein entscheidender Faktor der OOP und damit auch in Java essenzieller Bestandteil des Konzepts.

Bei Konstruktoren handelt es sich um sehr spezielle Methoden (deshalb wird auch oft von **Konstruktormethoden** gesprochen), deren einzige Aufgabe die Erstellung einer Instanz einer Klasse ist.

Dabei wird ein Objekt initialisiert: Es werden bestimmte Eigenschaften der Instanz festgelegt, bei Bedarf notwendige Aufgaben ausgeführt und vor allem Speicher für die Instanz alloziert. Konstruktoren sind damit explizit ein Teil des Java-Speichermanagements. Wenn Sie mit einem Konstruktor eine neue Instanz einer Klasse erstellen, belegt Javas Laufzeitsystem dafür einen Teil des Speichers, in dem die zu der Klasse bzw. ihrer Instanz gehörenden Informationen abgelegt werden.

Und ein Konstruktor kann als Rückgabewert eine Referenz auf eine Instanz liefern, die einem Identifikator für das Objekt zugewiesen werden kann. Darüber ist das Objekt dann später zugänglich. Sie initiieren damit zwar für jedes neue Objekt eine Zuweisung von Speicherplatz, spezifizieren jedoch nicht die benötigte Größe des Speicherplatzes, sondern nur noch den Namen des benötigten Objekts oder können gar anonym arbeiten.

3.6.1 Namensregeln bei Konstruktoren

Eine sehr elegante und vor allem sehr praktisch anzuwendende Java-Regel ist, dass Konstruktoren in Java **immer den gleichen Bezeichner wie die Klasse selbst haben müssen!**

Nun erinnern Sie sich, dass Klassennamen immer mit einem Großbuchstaben beginnen sollen, Methodennamen jedoch immer mit einem Kleinbuchstaben. Wenn Sie also einen Methodennamen sehen, der mit einem Großbuchstaben beginnt, kann es sich nur um eine Konstruktormethode handeln – solange Sie (oder der fremde Programmierer) nicht gegen diese Konventionen verstoßen haben. Sie erkennen hier, wie wichtig die Einhaltung von Namenskonventionen ist, weil damit logische Schlussfolgerungen auf dem Silbertablett präsentiert werden.

> **Konstruktoren in UML**
>
> In UML werden Konstruktoren mit `<<create>>` gekennzeichnet. Das macht deren Zweck recht deutlich.

Der unsichtbare Default-Konstruktor

Kommen wir noch einmal auf einen generierten Code zurück:

```
public class Klasse1 {
}
```

Das ist eine leere Klasse, von der ich oben behauptet hatte, dass sie bereits alle Kennzeichen und notwendigen Strukturen einer Bauvorschrift für Objekte besitzt. Das bedeutet, dass der Default-Konstruktor bereits in ihr enthalten ist.

Sehen Sie dessen Code?

Natürlich nicht. Aber es ist dennoch da. Auch wenn Sie ihn nicht im Quellcode notieren. Das ist eben das Paradigma, dass jede Klasse automatisch einen Default-Konstruktor besitzt. Sie müssen ihn nicht explizit hinschreiben.

Das Schlüsselwort new

Obwohl Konstruktoren Methoden sind, werden sie nicht wie gewöhnliche Methode aufgerufen (obgleich das prinzipiell möglich wäre – nur würde dann kein Objekt erzeugt). Konstruktoren werden in Java immer in Verbindung mit dem vorangestellten Schlüsselwort new eingesetzt. Das bedeutet ebenfalls, dass mit der `new`-Anweisung bereits der richtige Datentyp zugewiesen wurde, wenn sie eine Referenz auf einen zugewiesenen Speicherbereich zurückgibt. Deshalb wird keine Datentypkonvertierung (d. h. Umwandlung) wie in einigen anderen Sprachen benötigt. Der Default-Konstruktor unserer Klasse `Klasse1` wird damit so eingesetzt:

```
new Klasse1();
```

Mit dem Aufruf des Konstruktors wird ein Objekt des Typs `Klasse1` erzeugt. Beachten Sie die Klammern. `Klasse1()` bezeichnet nicht den Namen der Klasse, sondern den (identischen) Namen der Konstruktormethode.

Hinter dem Bezeichner einer Klasse oder einer Variablen darf nie ein Klammerpaar stehen, einer Methode dagegen muss in Java immer (!) ein solches Klammerpaar folgen. Sie haben damit ein eindeutiges Unterscheidungskriterium (unabhängig von der Verwendung im Quelltext, die ebenso eindeutig ist), ob es sich um den Klassenbezeichner oder den Konstruktor handelt.

Damit Sie nun das so erzeugte Objekt auch nutzen können, wird meist eine Referenz darauf einer Variablen zugewiesen. Über deren Namen kommen Sie dann an den Speicherplatz, in dem das Objekt abgelegt wird. Diese Variable muss für die Aufnahme eines ganz bestimmten Objekts eingerichtet werden. Sie bekommt dazu bei der Deklaration einen passenden Datentyp (dazu wird noch mehr folgen). In Java wird – wie schon ausgeführt – eine Variable so eingerichtet, dass zuerst der Datentyp notiert wird und dann der Bezeichner für die Variable. Das haben wir in der Klasse `Klasse1` bereits mit primitiven Datentypen gemacht. Hier aber erfolgt die Deklaration einer Struktur, die in anderen Programmiersprachen wie C/C++ als Pointer (Zeiger) bezeichnet wird.

Wenn eine Instanz einer Klasse erstellt wird, ist es nötig, dass ein Speicherbereich für verschiedene Informationen reserviert wird. Wenn Sie eine Variable für eine Instanz am Anfang einer Klasse deklarieren, dann sagen Sie dem Compiler damit lediglich, dass eine Variable eines bestimmten Namens in dieser Klasse verwendet wird. Eine Variable vom Typ einer Klasse ist in Java ein Alias für einen 32-Bit-Zeiger, eine Referenz auf einen Speicherbereich, in dem das konkrete Objekt abgelegt wird. Die Deklaration der Variablen ist dennoch eine gewöhnliche Variablendeklaration. Der Typ der Variablen entspricht demjenigen des Objekts, auf das damit referenziert werden soll. Die Syntax sieht folgendermaßen aus:

```
KlassenName Klasseninstanz;
```

Klasse, Typ und Referenztyp

Die Klasse wird auch als **Typ** bezeichnet. Und die so angelegte Variable ist eine Referenzvariable. Deswegen spricht man oft auch vom **Referenztyp**.

Wenn also eine Variable ein Objekt des Typs der Klasse `Klasse1` aufnehmen (darauf verweisen) soll, muss die Deklaration der Variablen so erfolgen:

```
Klasse1 ob1;
```

Der Bezeichner `ob1` ist der Name der Variablen, der das Objekt zugewiesen werden soll. Der gesamte Vorgang sieht also so aus:

```
Klasse1 ob1;
ob1 = new Klasse1();
```

Nun kann man die Erzeugung des Objekts und die Variablendeklaration zu einer Quellcodezeile zusammenfassen. Diese bereitet vielen OOP-Einsteigern zwar Schwierigkeiten, ist aber gängige Java-Praxis und es ist wichtig, dass Sie sich daran gewöhnen:

```
Klasse1 ob1 = new Klasse1();
```

Java- und OOP-Einsteiger monieren jetzt oft, da würde ja auf beiden Seiten der Gleichung das Gleiche stehen. Das wären indessen zwei gravierende Denkfehler.

- Es handelt sich nicht um eine Gleichung bzw. einen Vergleich, sondern eine Zuweisung. In dieser Zuweisung wird das, was auf der rechten Seite steht, dem, was auf der linken Seite steht, zugewiesen. Vollkommen egal, was da rechts steht. Es muss nur »passen«.
- Es steht nicht das Gleiche auf beiden Seiten. Wir haben es ja gerade besprochen, dass mit den Klammern die Konstruktormethode bezeichnet wird und ohne die Klammern die Klasse.

3.6.2 Das Beispiel um die Erzeugung von Instanzen erweitern

Wenden wir uns der Vervollständigung des Beispiels *KlassenSchreiben* zu. Die Klasse, die das Programm repräsentieren wird, soll nun so aussehen:

```
public class KlassenSchreiben {
    static int attr3 = 7;
    public static void main(String[] args) {
        Klasse1.attr2 = 42;
        Klasse1.ausgabe();
        System.out.println(attr3);
        Klasse1 ob1 = new Klasse1();
        System.out.println(ob1.attr1);
    }
}
```

In der `main()`-Methode wird ein Objekt `ob1` der Klasse `Klasse1` erzeugt und dann der Wert der Instanzeigenschaft `attr1` in der folgenden Zeile über das Objekt `ob1` ausgegeben. Der Wert dieser Eigenschaft ist noch nicht explizit angegeben worden und besitzt den Vorgabewert 0.

Anonyme Instanziierung und anonyme Objekte

Wenn Sie die Objektinstanz einer Klasse nur einmal benötigen, um etwa den Wert einer Eigenschaft auszulesen oder eine Methode aufzurufen, benötigt man keine Referenz auf die Objektinstanz.. Sie können mit dem Konstruktor die Instanz erzeugen und direkt per Punktnotation die gewünschte Eigenschaft oder Methode nachstellen. Etwa so:

```
System.out.println(new Klasse1().attr1);
```

So etwas nennt man eine **anonyme Instanziierung.** Das erzeugte Objekt nennt man dementsprechend ein **anonymes Objekt.**

Weisen wir der Instanzvariable `attr1` nun einen Wert zu und erzeugen wir ein zweites Objekt des Typs `Klasse1`. Anschließend geben wir mit beiden Objekten den Wert von `attr1` aus. Die weiterhin identischen Teile des Quellcodes werden aus Platzgründen nicht mehr abgedruckt:

```
public class KlassenSchreiben {
...
        ob1.attr1 = 666;
        Klasse1 ob2 = new Klasse1();
        System.out.println(ob1.attr1);
        System.out.println(ob2.attr1);
    }
}
```

Der Instanzvariablen `attr1` vom Objekt `ob1` wird der Wert `666` zugewiesen. Dass dies funktioniert, ist an der folgenden Ausgabe erkennbar. Die Ausgabe der Instanzvariablen `attr1` vom Objekt `ob2` zeigt jedoch, dass diese Zuweisung das zweite Objekt nicht tangiert. Instanzelemente sind also wirklich explizit auf ihr jeweiliges Objekt beschränkt.

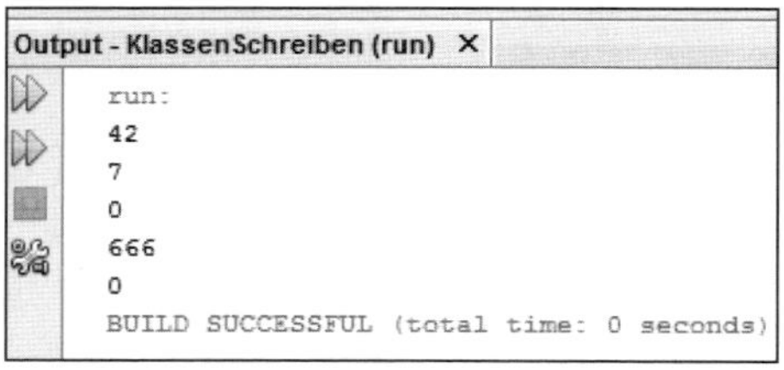

Abbildung 3.10: Die Instanzen sind vom gleichen Typ, aber streng getrennt.

Nun erweitern wir das Listing um folgende Zeilen, wobei die nicht mehr abgedruckten Zeilen wie gehabt bleiben:

```
...
        System.out.println(ob1.attr2);
        System.out.println(ob2.attr2);
    }
}
```

Die Eigenschaft `attr2` ist in Klasse `Klasse1` als `static` deklariert. Damit können Sie darauf über die Klasse `Klasse1` wie auch jede Instanz dieser Klasse zugreifen. Egal wie der Zugriff erfolgt – es ist immer die gleiche Stelle, die Sie erreichen. Und jede Änderung – gleich wie Sie diese durchführen – wirkt sich sowohl in der Klasse als auch in sämtlichen Instanzen dieser Klasse aus.

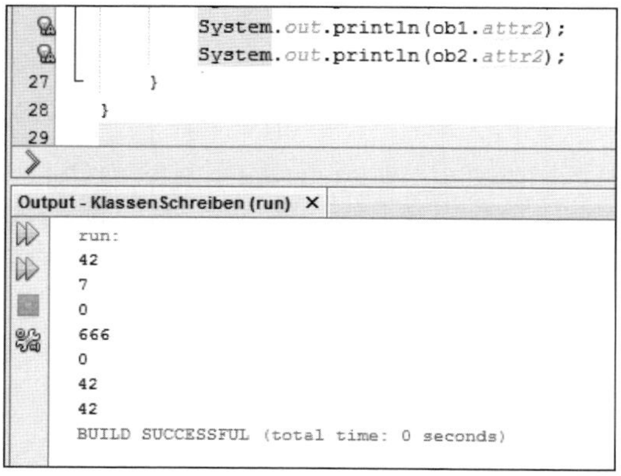

Abbildung 3.11: Der Weg des Zugriffs auf die Klassenvariable ist egal – der Wert ist immer gleich. Aber NetBeans gibt Hinweise, dass der Zugriff über die Klasse nicht sinnvoll ist.

Der Zugriff auf ein Klassenelement sollte jedoch immer über die Klasse und nicht über eine Instanz der Klasse erfolgen – obgleich das möglich ist, wie das Beispiel und der zugehörige Screenshot beweisen. Allerdings sehen Sie auch, dass IDEs wie Eclipse oder NetBeans gar nicht glücklich mit dieser Art des Zugriffs sind. Am Rand des Editorbereichs sehen Sie Warnhinweise bzw. Tipps, wie eine Situation zu bereinigen ist. Wenn Sie diese anklicken, erhalten Sie den Hinweis, dass ein statisches Feld nur auf statische Weise (über die Klasse) verwendet werden sollte.

So geht es nicht

Abschließend möchte ich Ihnen einen verbotenen Zugriffsweg skizieren. Dabei soll aus einer Klassenmethode auf eine Instanzvariable in der gleichen Klasse zugegriffen werden. Und das geht nicht. Betrachten Sie diese Anweisungen:

```
...
    System.out.println(ob1.attr2);
    System.out.println(ob2.attr2);
    Klasse1.init();
   }
}
```

Wenn Sie versuchen, die Instanzmethode `init()` über die Klasse `Klasse1` und nicht über eine spezifische Instanz der Klasse aufzurufen, erhalten Sie einen Fehler.

Das ist auch keine einfache Warnung wie im Fall des Zugriffs auf eine Klassenvariable über eine Instanz, was man nicht machen sollte. Das ist schlicht und einfach Unsinn und der ***Compiler wird den Code nicht übersetzen***!

Sie müssten eine Instanz verwenden und darüber die Methode aufrufen. Etwa so:

```
public class KlassenSchreiben {
  static int attr3 = 7;
  public static void main(String[] args) {
    Klasse1.attr2 = 42;
    Klasse1.ausgabe();
    System.out.println(attr3);
    Klasse1 ob1 = new Klasse1();
    System.out.println(ob1.attr1);
    ob1.attr1 = 666;
    Klasse1 ob2 = new Klasse1();
    System.out.println(ob1.attr1);
    System.out.println(ob2.attr1);
    System.out.println(ob1.attr2);
    System.out.println(ob2.attr2);
    ob1.init();
    System.out.println(ob1.attr1);
```

```
    System.out.println(ob2.attr1);
  }
}
```

In der hervorgehobenen Zeile wird über das erste Objekt auf die Instanzmethode `init()` zugegriffen. Damit wird die Instanzvariable `attr1` für das Objekt `ob1` initialisiert. Für das Objekt `ob2` hingegen nicht. Die nachfolgenden Ausgaben zeigen das Ergebnis.

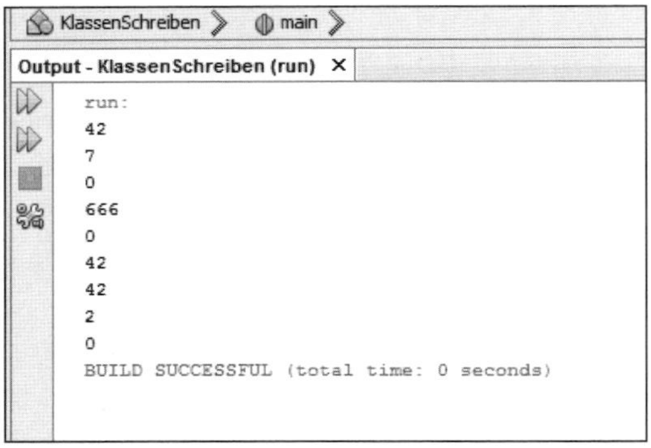

Abbildung 3.12: Das eine Objekt wurde initialisiert, das andere nicht.

3.6.3 Den Default-Konstruktor redefinieren

Der Default-Konstruktor einer Klasse ist wie gesagt automatisch vorhanden und im Quellcode normalerweise unsichtbar. Sie können das Verhalten des Default-Konstruktors in einer Klasse aber redefinieren, indem Sie ihn einfach in der Klasse neu hinschreiben. Im Inneren der Implementierung machen Sie dann etwas Sinnvolles. Etwa so:

```
class A {
  A() {
    System.out.println("Das Objekt wird erzeugt");
  }
  ...
 }
```

In der Regel wird man im Inneren des Konstruktors spezifische Eigenschaften einer konkreten Instanz initialisieren.

3.6.4 Zugriff auf das Objekt selbst und das Schlüsselwort this

In manchen Situationen möchte man in einer Klasse auf eine Instanz der Klasse selbst bzw. deren Instanzelemente zugreifen. Nur wie geht das? Denn an dieser Stelle wird noch keine konkrete Instanz davon existieren und genauso ist selbstverständlich nicht bekannt, über welchen Bezeichner die konkrete Instanz später verfügbar gemacht wird. Es kann sogar sein, dass eine Instanz anonym eingesetzt wird. Das bedeutet, dass direkt an den Aufruf des Konstruktors mit vorangestelltem new ein Punkt notiert und eine verfügbare Methode oder Eigenschaft benutzt wird. Etwa so:

```
new javax.swing.JFrame().setVisible(true)
```

Hier wird ein Objekt erzeugt, aber es gibt keinen Bezeichner, über den man zugreifen kann. Dennoch kann man über das anonyme Objekt eine Methode aufrufen.

In allen beschriebenen Situationen besteht das Dilemma, dass eine Klasseninstanz nicht über einen individuellen Bezeichner angesprochen werden kann. Aber es gibt in Java das Schlüsselwort `this` zum Zugriff auf die aktuelle Instanz einer Klasse aus der aktuellen Instanz der Klasse heraus.

Klassenmethoden und this

Das Schlüsselwort `this` kann nur in der Implementierung einer nicht-statischen Methode verwendet werden. Das ist zwangsläufig, denn Sie wollen ja explizit direkt auf eine Instanz der aktuellen Klasse zugreifen und statische Methoden können – wie bereits erörtert – nicht direkt auf Instanzelemente zugreifen.

Es gibt im Allgemeinen mehrere Situationen, die den Gebrauch von `this` rechtfertigen bzw. notwendig machen:

- Unabdingbar ist der Einsatz in dieser Situation: In einer Klasse gibt es zwei Variablen mit gleichem Namen – eine gehört als Instanzvariable zum Namensraum der Klasse, die andere zum Namensraum einer spezifischen Instanzmethode in der Klasse. Die Benutzung der Syntax `this.`*VariablenName* ermöglicht es, eindeutig auf diejenige Variable zuzugreifen, die zum Namensraum der Klasse gehört. Ohne `this` wird immer die lokale Variable angesprochen. So eine doppelte Verwendung eines Bezeichners für eine Instanzvariable und eine lokale Variable in einer Methode kommt in der Praxis sehr oft vor. Vor allen Dingen im Zusammenhang mit Übergabewerten an eine Methode, wenn diese den Wert einer Instanzvariablen setzt. Es ist also gängige Praxis, die Bezeichner von Variablen der Übergabewerte an Methoden genauso wie die Bezeichner von Instanzvariablen zu benennen, um eine logische Zuordnung bereits im Quelltext erkennen zu können. Java stellt dafür Namensräume bereit, die eine Eindeutigkeit gewährleisten.
- In vielen Syntaxkonstruktionen wird `this` implizit verwendet. Sie notieren etwa in einer Instanzmethode den Namen einer anderen Instanzmethode der gleichen Klasse oder den Bezeichner einer Instanzvariablen in der Klasse, die nicht lokal verdeckt wird. Dann können Sie auf `this` verzichten, denn implizit wird das System das gleiche Objekt als Ziel der Botschaft verwenden. Aber man notiert `this` oft dennoch explizit. Sie wollen dann der besseren Lesbarkeit wegen ausdrücklich deutlich machen, dass Sie ein Instanzelement ansprechen. Mit dem Schlüsselwort ist die Notation eindeutiger.

- Der Parameter für eine Methode oder der Rückgabewert ist eine Objektinstanz der aktuellen Klasse.
- Man nutzt `this` auch zum anonymen Zugriff auf ein Objekt. Vor allem dann, wenn man die Funktionsweise von Konstruktoren modifiziert. Dort können Sie auch mit `this()` (beachten Sie die Klammern) samt optionaler Parameter direkt einen anderen Konstruktor der gleichen Klassen aufrufen, wenn der Konstruktor überladen[6] ist.

Hilfe durch die IDE

Bessere Java-Editoren und IDEs helfen mit einer Auswahlliste der erlaubten Methoden und Eigenschaften des über `this` referenzierten Objekts. Sie schreiben einfach this und dann einen Punkt und der Editor bietet die gleiche Hilfe an, die er bei Eingabe eines expliziten Objektnamens und eines Punkts anböte.

Das Schlüsselwort `this` kann allgemein so verstanden werden, dass es im Quelltext an jeder Stelle verwendet werden kann, an der das Objekt der jeweiligen Klasse erscheinen kann, dessen Methode gerade aktiv ist. Etwa als Argument einer Methode, als Ausgabewert oder in Form der Punktnotation zum Zugriff auf eine Instanzvariable. In vielen Anweisungen steckt das Schlüsselwort wie gesagt implizit drin, denn man kann oft darauf verzichten, wenn die Situation eindeutig ist.

Die nachfolgenden Beispiele im Projekt *ThisTest* zeigen die Verwendung von `this` in verschiedenen Varianten.

Die Klasse `This1` zeigt, wie Sie innerhalb einer Methode auf eine Variable der Klasse zugreifen können. Beachten Sie, dass die Instanzvariable in der Klasse den gleichen Namen trägt wie die als Parameter übergebene Variable. Ohne das vorangestellte `this` wären die Zuweisungen in der Methode `mMethode(int x, String y)` Selbstzuweisungen der lokalen Variablen. So bedeutet die Zeile `this.x = x;`, dass der Instanzvariablen `x` der Wert zugewiesen wird, der als Parameter der Methode übergeben wird.

```
public class This1 {
  int x = 0;
  String y = "Vorbelegung";
  void mMethode(int x, String y) {
    this.x = x;
    this.y = y;
  }
  void printwas() {
    System.out.println("Wert der Instanzvariable y: " + y);
```

6 Die Technik des Überladens ist elementar bei der erweiterten objektorientierten Programmierung. Wir kommen im übernächsten Kapitel darauf zu sprechen.

```
    System.out.println("Wert der Instanzvariable x: " + x);
  }
  public static void main(String args[]) {
    This1 ob1 = new This1();
    ob1.printwas();
    ob1.mMethode(666666, "Ihre TAN: ");
    ob1.printwas();
  }
}
```

In der `main()`-Methode wird zuerst ein Objekt der Klasse `This1` erstellt. Beachten Sie, dass wir hier ein Objekt der Klasse erstellen, in der wir uns gerade befinden! Ich habe schon mehrfach festgestellt, dass diese Logik Einsteigern Probleme bereitet. Es suggeriert ein wenig einen Münchhausen-Effekt, bei dem sich der Protagonist am eigenen Schopf aus dem Sumpf zieht. Aber das ist nicht so und diese Vorgehensweise ist nicht nur problemlos möglich, sondern auch üblich.

Über das Objekt wird die Methode `printwas()` aufgerufen. Diese gibt die Werte der beiden Instanzvariablen `x` und `y` aus. Diese haben beim ersten Aufruf noch ihre Defaultwerte. In der nachfolgend aufgerufenen Methode `mMethode(int x, String y)` setzen wir den Wert der Instanzvariablen `x` in der Klasse auf `123456` und die Instanzvariable `y` bekommt den Wert `"Ihre TAN: "`. Diese neuen Werte geben wir dann über den erneuten Aufruf der Methode `printwas()` aus.

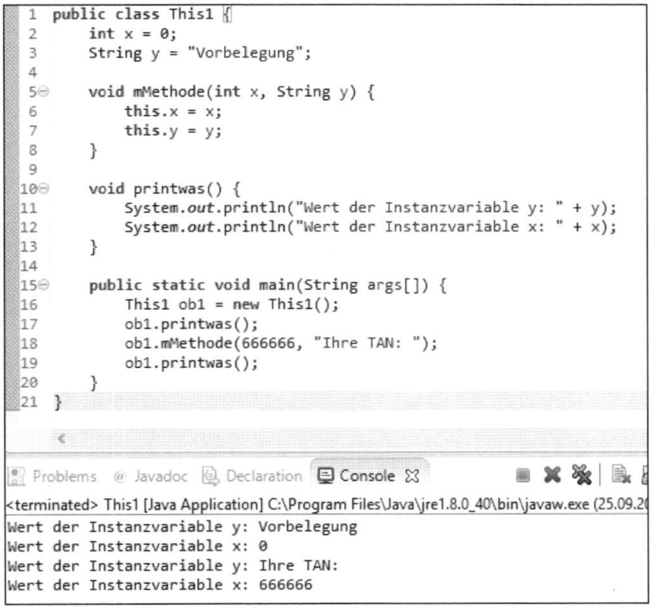

Abbildung 3.13: Zugriff auf Instanzvariablen über this.

Erstellen wir noch ein Beispiel *This2.java*, das `this` verwendet. Hier nutzen wir `this`, um aus einem Konstruktor auf das erst zur Laufzeit erzeugte Objekt zugreifen zu können. In »diesem« Objekt initialisieren wir eine Instanzvariable.

```
public class This2 {
  int x;
  static int y;
  This2() {
    y++;
    this.x = y;
  }
  public static void main(String args[]) {
    System.out.println("Id von dem Objekt: " +
      new This2().x);
    System.out.println("Id von dem Objekt: " +
      new This2().x);
    System.out.println("Id von dem Objekt: " +
      new This2().x);
  }
}
```

In dem Beispiel verwenden wir eine Instanzvariable x und eine Klassenvariable y. Der Default-Konstruktor der Klasse `This2` wird redefiniert. In der ersten Zeile der Redefinition des Konstruktors wird die Klassenvariable y um den Wert 1 erhöht. Das bedeutet tatsächlich, dass wir uns die Anzahl der erzeugten Instanzen aus der Klasse merken. Und diesen Wert verwenden wir, um jeder Instanz einen spezifischen Wert als ID zuzuweisen.

Dazu verwenden wir die Instanzvariable x, der wir in der zweiten Zeile des Konstruktors über `this.x` einfach den aktuellen Wert der Klassenvariable y zuweisen. Da das Objekt im Konstruktor klar ist, könnte auch auf `this` verzichtet werden. Aber so ist die Notation eindeutiger.

In den `main()`-Methode wird in den Zeilen eine Reihe von Objekten des Typs `This2` anonym erzeugt und dabei unmittelbar der Wert der ID des Objekts ausgegeben. Da jede Erzeugung eines Objekts dieses Typs die Klassenvariable erhöht, besitzt jede Instanz so eine eindeutige ID.

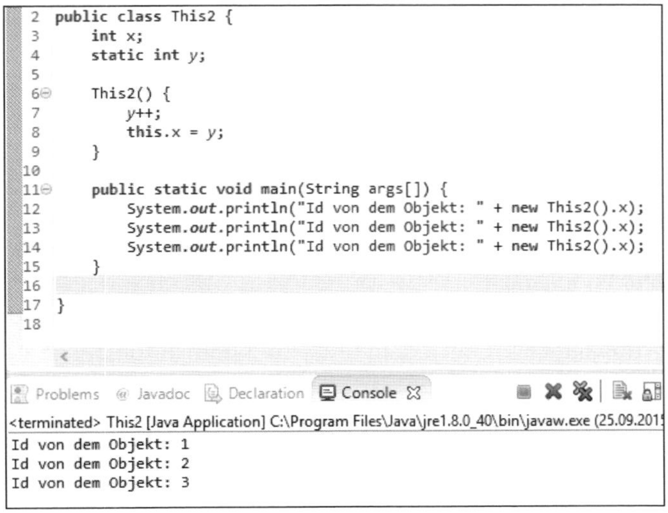

Abbildung 3.14: Im Konstruktor wird this verwendet.

Anzahl von Instanzen verfolgen

Dieses Verfahren zum Speichern der Anzahl bereits erzeugter Objekte ist von allgemeiner Bedeutung. Sie können damit insbesondere sicherstellen, dass nur eine bestimmte Anzahl von Instanzen einer Klasse erzeugt werden kann.

Beachten Sie, dass wir uns nicht darum kümmern, wie lange die Objekte existieren (dazu finden Sie im nächsten Abschnitt Ausführungen). Es geht nur um den Zugriff auf die Instanz aus dem Konstruktor heraus via `this`.

3.6.5 Destruktoren und der Garbage Collector für die Speicherbereinigung

Nun sollte ein Programm natürlich nicht unbegrenzt Speicherplatz des Rechners belegen. Das ist offensichtlich. Der Speicherbedarf eines Programms muss also so verwaltet werden, dass jeder Speicherbereich, der nicht mehr notwendig ist, wieder freigegeben wird. In Sprachen wie C/C++ muss sich ein Programmierer manuell darum kümmern. Wird das in solch einer Programmiersprache vergessen, wird eventuell nicht mehr benötigter Speicher nicht freigegeben, und ein solches Programm kann in einen ineffektiven oder gar instabilen Zustand geraten und sogar den ganzen Rechner in Mitleidenschaft ziehen, weil der freie Platz im RAM irgendwann ausgeht. In Java kann das nie passieren.

Das Gegenstück zu Konstruktoren sind in der OOP **Destruktoren**. Diese vernichten ein nicht mehr benötigtes Objekt, führen Aufräumarbeiten aus und geben Speicher frei, der von einem Objekt belegt wurde. Destruktoren greifen bei einem manuellen Aufruf, wie er etwa in C/C++ erfolgt, über den Identifikator eines Objekts darauf zu.

Im Fall von Java werden sie automatisch aufgerufen. Destruktoren sind damit ein weiteres explizites Mittel des Java-Speichermanagements. Oder genauer gesagt: Java besitzt gar keine expliziten Destruktoren. Stattdessen gibt die Java-Laufzeitumgebung Speicherplatz immer automatisch mit einer Papierkorbfunktionalität frei. Diese wird Garbage Collection oder auch **Garbage Collector** (GC) genannt. Wenn es keine (starken) Referenzen[7] mehr auf ein Objekt gibt, wird es beseitigt. Diese Funktionalität läuft bei jedem Java-Programm automatisch als Hintergrundprozess mit niedriger Priorität.

Keine manuelle Speicherfreigabe in Java

Eine explizite Speicherfreigabe ist in Java zwar grundsätzlich möglich, aber meist überflüssig und nicht zu empfehlen. Man kann die Speicherbereinigung durch den Garbage Collector etwa mit der Methode `System.gc()` direkt manuell aufrufen. Aber das bedeutet nicht, dass sie auch unmittelbar ausgeführt wird.

Wie bei allen Multithreading-Prozessen wird der Zeitpunkt der Ausführung davon abhängen, ob der Prozessor gerade Zeit dafür hat. Falls höher priorisierte Prozesse CPU-Zeit brauchen, wird die Ausführung auf keinen Fall unmittelbar erfolgen und keinerlei Vorteile gegenüber dem automatischen Speicherbereinigungsprozess bringen. Mit hoher Wahrscheinlichkeit stattdessen sogar Nachteile.

3.7 Fremde Klassen verwenden

Bisher haben wir weitgehend selbst definierte Klassen verwendet. Das wird in der Praxis natürlich nicht so bleiben. Die Leistungsfähigkeit der Objektorientierung beruht auch darauf, dass Sie Klassen verwenden, die andere Programmierer bereitstellen. In Java steht Ihnen explizit eine extrem umfangreiche Sammlung von Klassen mit vorgefertigten Funktionalitäten zur Verfügung, die Sie natürlich ausführlich nutzen (die Java-Standard-API mit ihren tausenden von Klassen). Wir haben schon darauf zurückgegriffen – selbst wenn das nicht explizit deutlich gemacht wurde.

7 Das Objekt wird nicht mehr über eine Variable referenziert.

3.7.1 Der Einstiegspunkt in die Suche nach Klassen

Der Einstiegspunkt für die Suche nach den entsprechenden Klassen der Standard-APIs durch das Java-System ist das Verzeichnis, das bei der Installation der JRE erstellt und entsprechend als Java-Standardverzeichnis in die Suchstrukturen des Java-Systems (dem besagten Klassenpfad) oder Classpath eingetragen wurde. Damit werden die Klassen, die zur Standard-API gehören, (weitgehend) direkt gefunden.

Ein Beispiel für die Verwendung einer Standardklasse

Betrachten Sie das nachfolgende Beispiel, in dem die Klasse `Date` der Java-Standard-API verwendet wird.

```
public class Datumsausgaben {
  public static void main(String[] args) {
    java.util.Date d = new java.util.Date();
    System.out.println("Tag: " + d.getDay());
    System.out.println("Monat: " + d.getMonth());
    System.out.println("Jahr: " + d.getYear());
    System.out.println("Stunden: " + d.getHours());
    System.out.println("Minuten: " + d.getMinutes());
    System.out.println("Sekunden: " + d.getSeconds());
  }
}
```

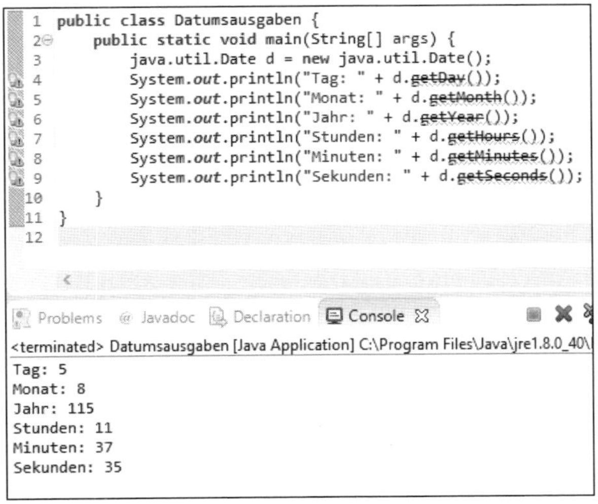

Abbildung 3.15: Die Ausgabe des Programms.

In dem Beispiel wird über die von der Java-API bereitgestellte Klasse `Date` das Systemdatum des Rechners abgegriffen. Das erzeugte Datumsobjekt stellt diverse Methoden bereit, die in dem Beispiel über das Objekt `d` genutzt werden.

Deprecated ist kein »Fehler«

Beachten Sie, dass die zurückgegebenen Werte etwas von der deutschen Datumsnotation abweichen und die Methoden selbst als deprecated (veraltet) angezeigt werden, was aber hier keine Rolle spielen soll. Wichtiger ist, dass über eine »Pfadangabe« *java.util* auf die Java-Standardklasse `Date` zugegriffen wird. In der Praxis sollten Sie allerdings auf veraltete Techniken verzichten, denn es gibt dann immer eine neuere Version.

Und selbst die einfache Ausgabe in der Konsole nutzt eine Standardklasse der Java-API – `System`.

3.8 Pakete und die import-Anweisung

Java-Klassen werden allgemein in sogenannten **Paketen** organisiert. Pakete sind in Java – vereinfacht – die objektorientierte Abbildung von Verzeichnissen, in denen Klassen[8] bzw. deren Dateien einsortiert werden können. Und die virtuelle Abbildung der Verzeichnisstrukturen geht auch oft mit einer physikalischen Einsortierung der Dateien in entsprechende Verzeichnisse einher.

Pakete (engl. **Packages**) sind in Java also Gruppierungen von Klassen über eine baumartige Struktur. Sie sind das Java-Analogon zu den Bibliotheken vieler anderer Computersprachen. Die Verzeichnisstrukturen werden im Java-Quelltext durch Bezeichner repräsentiert, die im Normalfall genau den physikalischen Verzeichnisnamen entsprechen. Der Zugriff auf Verzeichnisse und Unterverzeichnisse erfolgt gemäß den allgemeinen Regeln bei Objekten über die Punktnotation.

Pakete in UML

Im UML werden verschiedene Pakete durch zwei Doppelpunkte getrennt. Auch die zuletzt notierte Klasse wird mit zwei Doppelpunkten abgetrennt.

Betrachten wir etwa die Angabe `java.util`.

Dabei steht der Bezeichner `java` für ein Verzeichnis gleichen Namens und `util` spezifiziert darin ein Unterverzeichnis. Also steht `java.util.Date` für die Klasse `Date` (diese wird über die Datei *Date.class* zur Verfügung gestellt) im Verzeichnis `util`, das sich wiederum in einem Verzeichnis `java` befindet. Wenn Sie sich die bisherigen Beispiele ansehen, erkennen Sie dort

8 Wir werden verallgemeinernd von Klassen sprechen. Aber auch Schnittstellen, Enums etc. gehören dazu. Da wir diese Strukturen aber noch nicht eingeführt haben und es sich gewissermaßen um »Spezialfälle« von Klassen handelt, genügt es, von Klassen zu reden.

mehrfach bereits den Zugriff per Punktnotation auf Paketstrukturen und darin enthaltene Klassen.

Die enge Ähnlichkeit zum Dateisystem bzw. der meist sogar unmittelbare Bezug zwischen den Dateien und Verzeichnissen auf der einen Seite und den Klassen und Paketen auf der anderen Seite macht offensichtlich, dass sich in einem Paket nur immer genau eine Klasse eines Namens befinden kann. Wenn es in einem Projekt zwei verschiedene Klassen mit dem gleichen Namen geben soll, müssen diese zwingend in verschiedene Pakete einsortiert sein.

3.8.1 Die Zuordnung einer Klasse zu einem Paket und das Default-Paket

Jede Klasse in Java ist Bestandteil eines Pakets. Wenn Sie zu einem Paket im Quelltext keine Angaben machen, werden die Klassen in der Datei dem **Default-Paket** zugeordnet, das normalerweise dem aktuellen Arbeitsverzeichnis Ihres Projekts entspricht. Dies nennt man auch das **anonyme Paket**.

Die Klassen darin werden immer nur direkt über den Bezeichner angesprochen. Klassen in anderen Paketen hingegen werden vollqualifiziert angesprochen. Der vollqualifizierte Name einer Klasse besteht in Java immer aus dem Namen des Pakets, gefolgt von einem Punkt, eventuellen Unterpaketen, die wieder durch Punkte getrennt werden, bis hin zum eigentlichen Klassennamen.

Um nun eine Klasse außerhalb des Default-Pakets verwenden zu können, muss einem Java-Tool wie dem Compiler gesagt werden, in welchem Paket (Verzeichnis) er sie suchen soll. Etwa so:

```
java.awt.Frame;
```

Das bedeutet, das Java-Tool sucht in dem Paket `java` nach dem Unterpaket `awt` (physisch in der Regel wie gesagt ein Unterverzeichnis des Verzeichnisses *java*) und dort die Klasse `Frame` (die physische Datei *Frame.class* im Verzeichnis *awt*). Das ist genau die Logik, die wir gerade beschrieben haben.

Das Default-Paket besser nicht verwenden

Die Verwendung des Default-Pakets wird für das Speichern von eigenen Klassen allgemein nicht empfohlen. Das sagt Ihnen sogar Eclipse oder NetBeans, wenn Sie eine Klasse erstellen und diesem Paket zuordnen wollen. Verboten ist das aber nicht, und warum es nicht empfohlen wird, behandeln wir gleich.

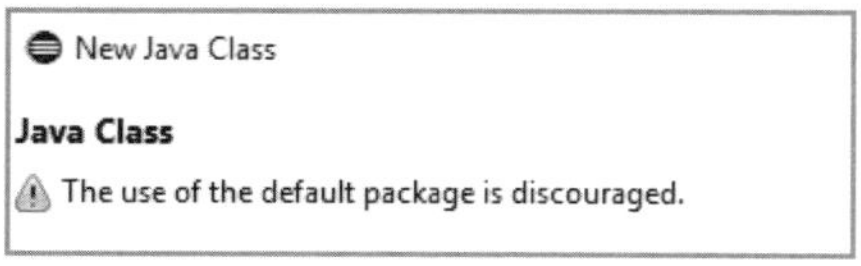

Abbildung 3.16: Das Default-Package ist kein guter Ort für Ihre Klassen.

3.8.2 Grundsätzliches zur Zuordnung zu einem Paket

Jede Java-Datei gehört ohne eine explizite Zuweisung im Quellcode automatisch zum Default-Paket. Die Zuordnung zu einem spezifischen Paket erfolgt mit der Anweisung `package`. Wenn die `package`-Anweisung in einer Java-Datei fehlt, werden alle Klassen in der Datei also dem anonymen Paket zugeordnet.

Eine Java-Datei wird einem anderen neuen Paket bzw. einem bestehenden Paket zugeordnet, wenn Sie ganz am Anfang der Datei als erste gültige Anweisung (auch vor der ersten Klassendefinition, aber abgesehen von Kommentaren) das Schlüsselwort `package` und den Namen des Pakets schreiben, gefolgt von einem Semikolon.

> **Nur eine package-Anweisung**
>
> Es kann nur eine solche `package`-Anweisung in einer Java-Datei notiert werden.

Wenn der Compiler eine entsprechende Verzeichnisstruktur nicht vorfindet, werden die Verzeichnisse angelegt. Dieser Vorgang wird mit eventuell vorhandenen Unterverzeichnissen fortgesetzt. Anschließend können Sie wie gewohnt Ihre Klassen definieren.

3.8.3 Mit einer IDE Pakete erstellen und Java-Klassen zuordnen

Wie gerade erwähnt, kann man aus dem Java-Code heraus mit der Anweisung `package` die Klassen in einer Datei einem Paket hinzufügen. Bequemer geht das aber mit einer IDE wie NetBeans oder Eclipse. Spielen wir das mit NetBeans durch.

Erzeugen Sie zunächst ein neues Java-Projekt namens *PaketeErstellen*. Nun klicken Sie im Register *Projects* mit der rechten Maustaste auf das Projekt oder Sie wählen *File*. In beiden Fällen wählen Sie dann *New/Java Package*.

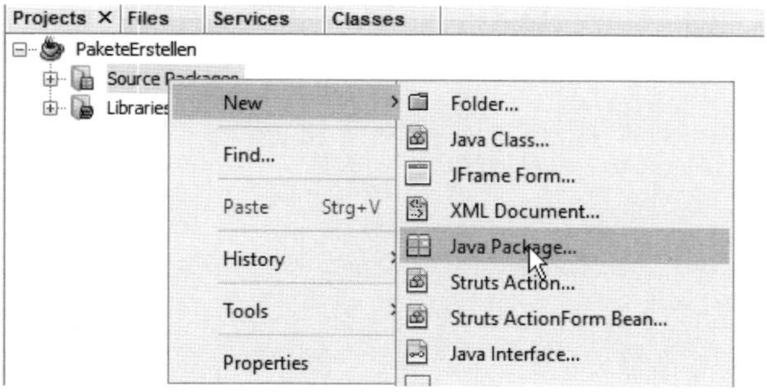

Abbildung 3.17: Ein neues Paket anlegen.

Im folgenden Dialog geben Sie für den Namen *meinpaket* an.

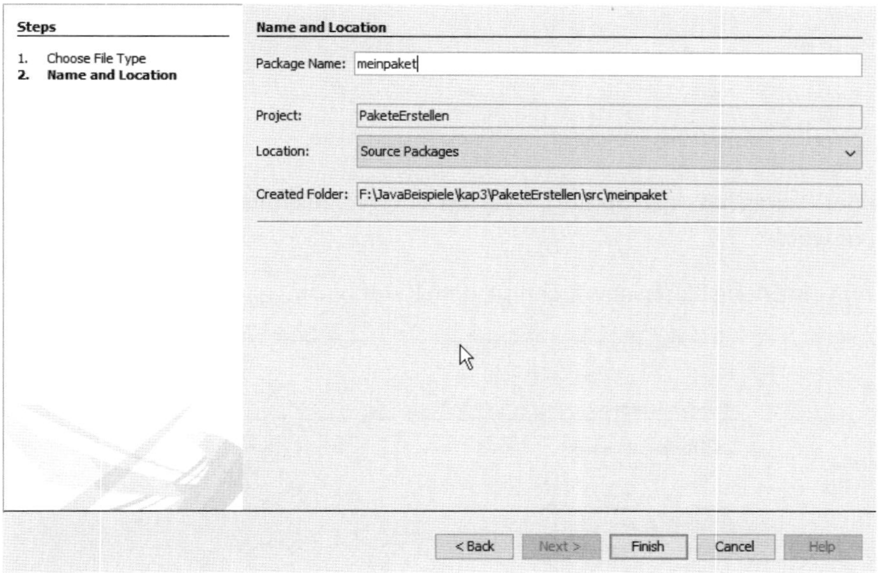

Abbildung 3.18: Der Name des Pakets wird angegeben.

Wenn Sie den Dialog mit *Finish* beenden, wird die IDE ein Paket erzeugen. Im Register *Projects* sehen Sie nachfolgend ein entsprechendes Symbol für ein (noch leeres) Paket unterhalb von *Source Packages*.

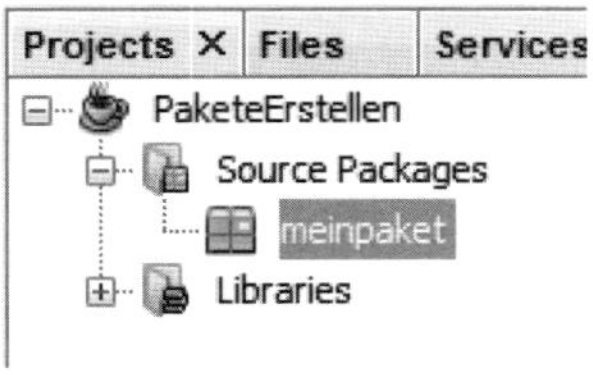

Abbildung 3.19: Das leere Paket wurde angelegt.

Jetzt lohnt sich ein Blick auf die physikalische Verzeichnisstruktur, wie sie etwa der Dateimanager des Betriebssystems bietet.

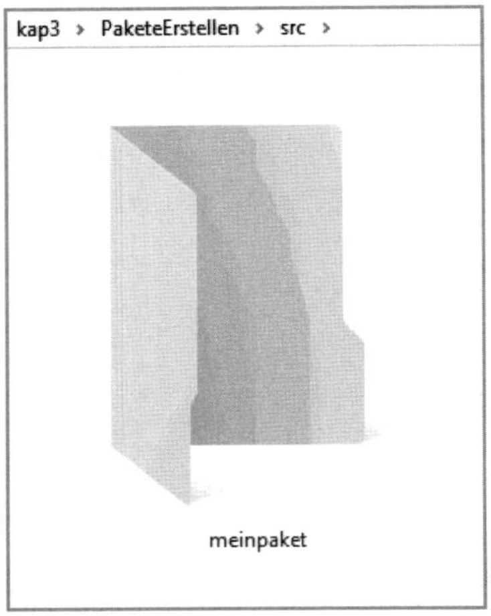

Abbildung 3.20: Das neu angelegte Unterverzeichnis.

Das Anlegen des Pakets hat dazu geführt, dass ein Unterverzeichnis mit dem Namen des Pakets angelegt wurde.

Erstellen wir nun eine neue Klasse und fügen sie dem Paket hinzu.

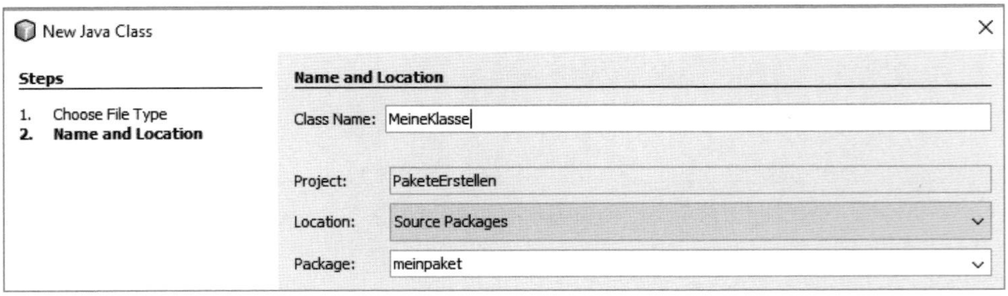

Abbildung 3.21: Eine neue Klasse in dem neuen Paket.

Wenn im Dialogfenster zum Anlegen einer Klasse im Eingabefeld *Package* kein Paket angegeben ist, können Sie es entweder direkt eingeben oder mit einem Standardsuchdialog auswählen.

Geben Sie als Name der Klasse *MeineKlasse* an und achten Sie darauf, dass der richtige Zielordner und das gewünschte Paket auch selektiert sind.

Als Resultat sollten Sie den folgenden Code bekommen:

```
package meinpaket;
public class MeineKlasse {
}
```

Beachten Sie die `package`-Anweisung in der ersten Zeile, die automatisch angelegt wurde. Werfen wir wieder einen Blick auf die physikalische Verzeichnisebene.

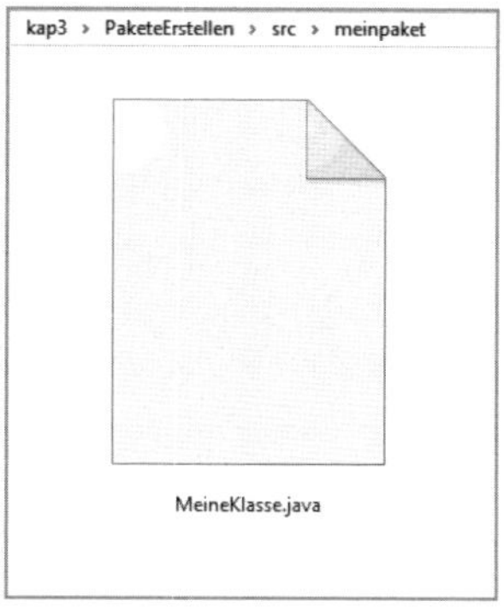

Abbildung 3.22: In den Paketverzeichnissen finden Sie die jeweiligen Dateien.

Wenn das Projekt übersetzt wird, werden die gleichen Unterverzeichnisse auch für die Einsortierung der Bytecodedateien erzeugt.

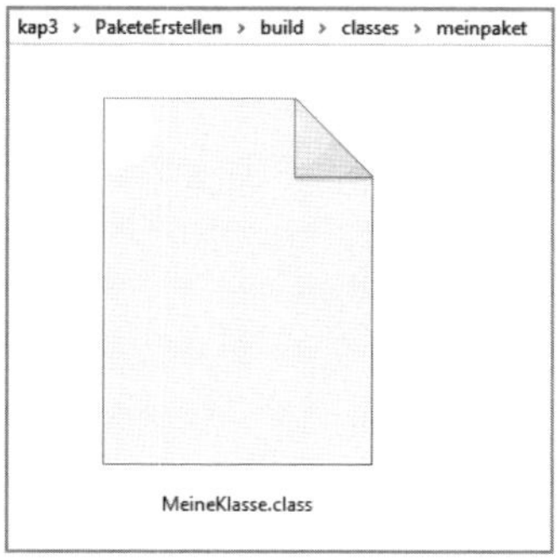

Abbildung 3.23: Auch die .class-Dateien werden in solche Paketverzeichnisse einsortiert.

Sie werden sehen, dass in den jeweiligen Paketverzeichnissen die entsprechenden *.java*- bzw. *.class*-Dateien zu finden sind. Diese wurden von der IDE automatisch richtig angelegt und einsortiert.

Um die Sache noch deutlicher zu machen, erzeugen wir ein weiteres Paket. Geben Sie dafür *meinpaket.unterpaket* an. Beachten Sie die Punktnotation.

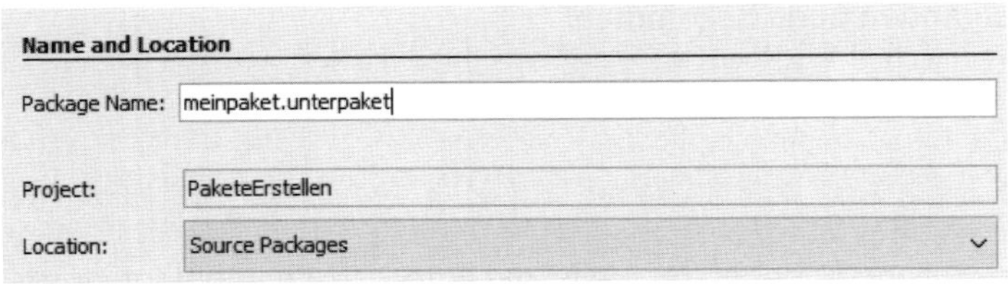

Abbildung 3.24: Ein weiteres Paket wird angelegt.

Im Dateimanager sehen Sie nach der Erstellung ein weiteres leeres Paket.

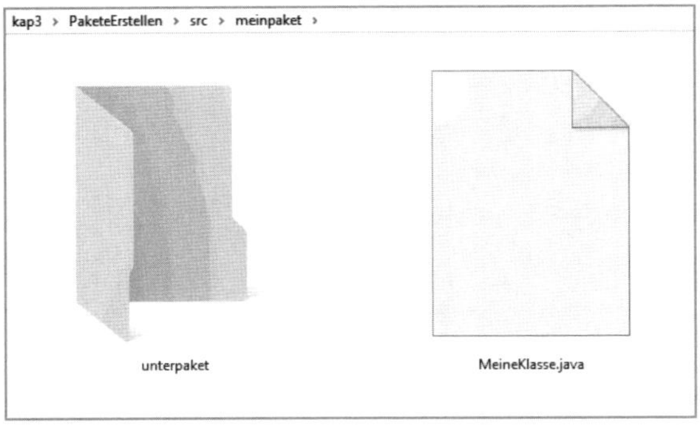

Abbildung 3.25: Im Projekt gibt es ein weiteres leeres Paket.

Nun verschieben Sie im *Projects*-Register mit der Maus die Datei *MeineKlasss.java* in das Paket *meinpaket.unterpaket*. Jetzt wird Ihnen ein Dialog angeboten, in dem Sie entscheiden können, ob die IDE bestehende Referenzen auf die Klasse bei der Verschiebung aktualisieren soll. Man nennt das dann **Refaktorisierung** oder englisch **Refactoring**.

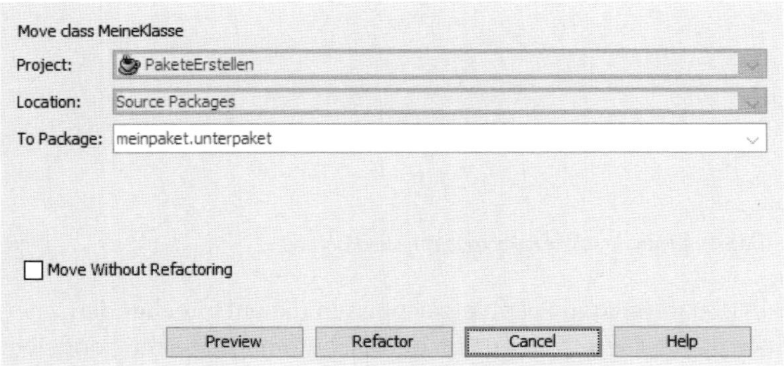

Abbildung 3.26: Verschieben mit Aktualisierung von Referenzen und Code.

Das ist ein extrem nützliches Feature, um Ihre Projekte bei solchen Verschiebeaktionen konsistent zu halten. In der Regel werden Sie das bestätigen und das wollen wir jetzt auch tun, obwohl es nicht notwendig ist.

Kein Verschieben, Kopieren, Umbenennen oder Löschen im Dateimanager

Wenn Sie Dateien mit dem Windows-Explorer oder einem anderen Dateimanagementprogramm des Betriebssystems verschieben, werden die Referenzen und Codes nicht aktualisiert und Ihre Projekte werden u. U. inkonsistent. Nutzen Sie deshalb unbedingt die Werkzeuge von Eclipse selbst oder NetBeans, wenn Sie damit arbeiten.

Wichtig ist das Resultat, das sich durch die Verschiebung ergibt.

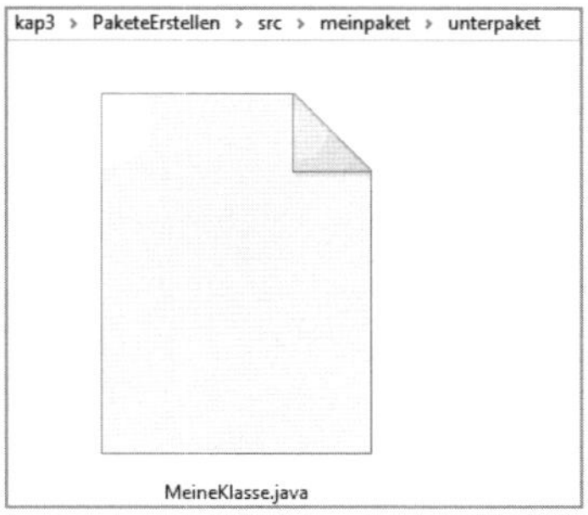

Abbildung 3.27: Nach dem Verschieben.

Sie sehen im Dateimanager, dass das Paket *meinpaket.unterpaket* nun gefüllt ist.

Vor allen Dingen wurde im Quelltext automatisch die `package`-Anweisung am Beginn der *.java*-Datei aktualisiert. Sie spiegelt exakt wider, wo sich die Datei befindet.

```
package meinpaket.unterpaket;

/**...4 lines */
public class MeineKlasse {

}

```

Abbildung 3.28: Die package-Anweisung wurde automatisch angepasst.

Auch die *.class*-Datei wird automatisch mit verschoben, wenn ein Erstellungsprozess abgelaufen ist.

Sie sollten anhand der langen und sehr ausführlichen Ausführungen also erkannt haben, dass die `package`-Anweisung immer direkt mit dem Paket und damit normalerweise dem Verzeichnis korrespondiert, in dem die jeweilige Datei zu finden ist.

3.8.4 Die Klasse in dem Paket verwenden

Lassen Sie uns nun unsere Beispielklasse mit etwas Substanz füllen und wie folgt erweitern:

```
package meinpaket.unterpaket;
public class MeineKlasse {
  public static int a = 42;
}
```

Das ist sicher nicht viel Funktionalität (nur eine initialisierte Klasseneigenschaft), aber darum soll es hier nicht gehen. Wir wollen diese Klasse nun verwenden. Erzeugen Sie im Default-Paket des Projekts eine neue Klasse `NutzeKlasse` mit einer `main()`-Methode.

Die Klasse soll folgenden Inhalt haben:

```
public class NutzeKlasse {
  public static void main(String[] args) {
    System.out.println(meinpaket.unterpaket.MeineKlasse.a);
  }
}
```

In der dritten Zeile können Sie erkennen, wie Sie die Klasse `MeineKlasse` und die darin enthaltene Klasseneigenschaft a verwenden können – mit dem vollqualifizierten Pfad entsprechend der Paketstruktur. Ausgehend von dem aktuellen Verzeichnis – dem Wurzelverzeichnis des Projekts. Das erscheint vollkommen analog zu einer Pfadangabe im Verzeichnissystem zu sein. Oder ist da ein Unterschied? Täuscht der Schein?

Verschieben wir die Klasse `NutzeKlasse` einmal in das Paket `meinpaket`. Der Quelltext muss am Anfang entsprechend die `package`-Anweisung `package meinpaket;` enthalten.

Dabei zeigen sich sowohl NetBeans als auch Eclipse u. U. etwas störrisch, wenn Sie eine Klasse in ein übergeordnetes Paket verschieben wollen und dieses leer ist. In NetBeans nutzen Sie dann den Befehl *Refactor/Move* und geben das Paket direkt an.

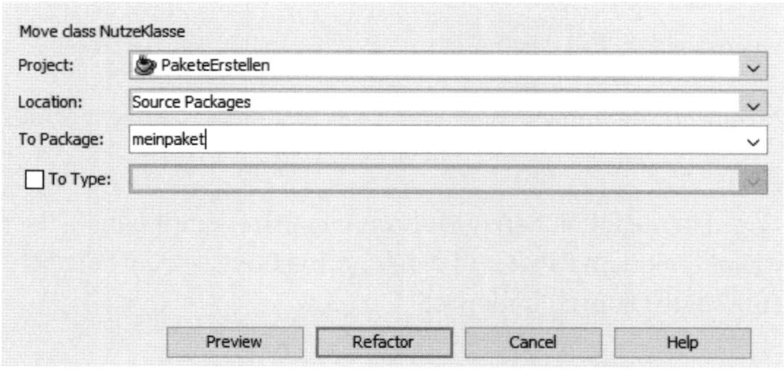

Abbildung 3.29: Explizites Refactoring zum Verschieben in NetBeans.

In Eclipse verschieben Sie die Java-Datei in der *Navigator*-View. Das führt zwar zu einem Fehler in Eclipse, aber die Datei ist in dem entsprechenden Paket. Sie müssen dann nur noch manuell die `package`-Anweisung ergänzen.

Das sind auch keine besonderen Schwächen von NetBeans oder Eclipse – normalerweise macht man solche Spielereien auch nicht, die wir hier rein zu Lernzwecken durchführen.

Doch was wird mit der vollqualifizierten Angabe in der Klasse `MeineKlasse` aus der dritten Zeile passieren? Bleibt die gleich? Oder muss sie angepasst werden?

Das aktuelle Verzeichnis des Programms ist doch schon `meinpaket` bzw. das entsprechende Paket. Und kann man doch das Paket `meinpaket` weglassen – oder etwa nicht? Tatsächlich können Sie es **nicht** weglassen.

Das **Projektverzeichnis** ist immer die Wurzel der Paketangaben.

3.8.5 Namenskonventionen und Standardpakete

Es gibt nun neben den üblichen Regeln für Bezeichner unter Java einige spezielle Namenskonventionen für Pakete. Die Java-Standardklassen sind in eine Paketstruktur eingeteilt, die an das Domain-System von Internetnamen angelehnt ist. Denn dieses Namenssystem ist eindeutig. Grundsätzlich sollte jeder Anbieter von eigenen Java-Paketen diese nach seinem DNS-Namen strukturieren. Nur in umgekehrter Reihenfolge der normalen Verschachtelung von Domains.

Wenn etwa eine Firma RJS mit der Internetadresse *www.rjs.de* Java-Pakete bereitstellt, sollte die Basispaketstruktur `de.rjs` lauten. Dies würde die Wurzel eines eigenen Namensraums darstellen. Eventuelle Unterpakete sollten darunter angeordnet werden. Selbst offiziell in der Java-Standard-API enthaltene zusätzliche Pakete (etwa CORBA-Pakete – z. B. `org.omg.CORBA`) halten diese Konventionen ein.

org.ietf.jgss
org.omg.CORBA
org.omg.CORBA_2_3
org.omg.CORBA_2_3.portable
org.omg.CORBA.DynAnyPackage
org.omg.CORBA.ORBPackage
org.omg.CORBA.portable

Abbildung 3.30: Auch in der offiziellen Java-API werden umgedrehte DNS-Namen verwendet.

Einzige (offizielle) Ausnahmen sind die Klassen, die im Standardumfang einer Java-Installation enthalten sind. Diese beginnen mit `java`, `javax` oder `javafx`.

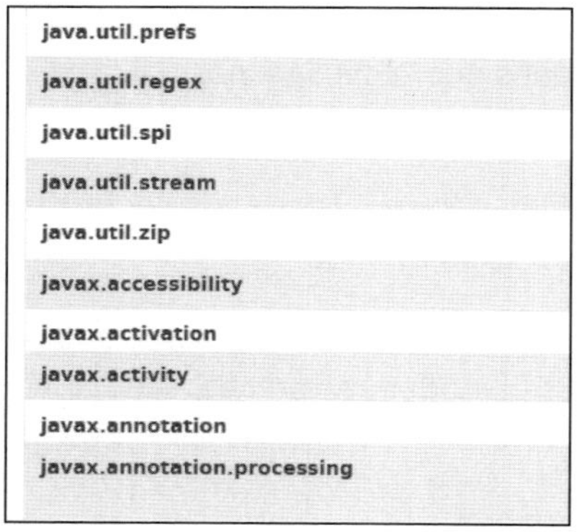

java.util.prefs
java.util.regex
java.util.spi
java.util.stream
java.util.zip
javax.accessibility
javax.activation
javax.activity
javax.annotation
javax.annotation.processing

Abbildung 3.31: Die Standardnamensräume java und javax.

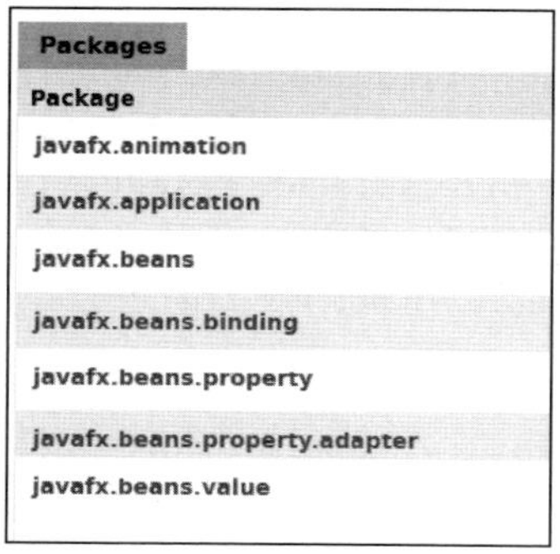

Packages
Package
javafx.animation
javafx.application
javafx.beans
javafx.beans.binding
javafx.beans.property
javafx.beans.property.adapter
javafx.beans.value

Abbildung 3.32: Für JavaFX wurde der neue Standardnamensraum javafx eingeführt.

Bei der Auswahl der Namen für Pakete gelten ansonsten nur wieder die üblichen Regeln für Token. Grundsätzlich werden Paketbezeichner kleingeschrieben bzw. nur die Anfangsbuchstaben ab dem zweiten Begriff (Camelnotation), aber das ist nur eine Konvention. Allerdings müssen Sie beachten, dass das dann auch bei den Verzeichnisnamen so einzuhalten ist.

Von den Namenskonventionen für Pakete abweichen

Die Einhaltung dieser Vorschläge zur Benennung von Paketstrukturen ist nicht zwingend. Wie alle reinen Konventionen. Sie können beliebige Namen für Ihre Pakete verwenden. Sie könnten sogar hingehen und die Java-Klassen in »offizielle« Pakete wie `sun.com` oder `microsoft.de` einsortieren. Es gibt in dem Sinn keine »Eigentümer« dieser Paketnamen bzw. Paketstrukturen, wie es mit den DNS-Namen selbst der Fall ist. Nur kann es bei Nichtbeachtung der Konventionen dazu führen, dass es in größeren Projekten oder bei der Zusammenarbeit mit anderen Projekten zu Namenskonflikten kommt. Und diese lassen sich eben leicht vermeiden.

Wenn sich jeder Programmierer bzw. jede Firma oder Organisation an die Konventionen hält und die Pakete entsprechend des eigenen DNS-Namens benennt (alle Firmen, aber auch einzelne Java-Programmierer sollten eine Webseite und einen DNS-Namen besitzen), werden alle Klassen in eigenen und weltweit eindeutigen Namensräumen verwaltet und diese Klassen können dann problemlos gemeinsam verwendet werden. Denn da sich in einem Paket nur immer genau eine Klasse eines Namens befinden darf, kann man durch getrennte und eindeutige Namensräume gewährleisten, dass es auch dann keine Konflikte gibt, wenn ein Klassenbezeichner in einem Projekt mehrfach vorkommt – solange die Klassen sich in unterschiedlichen Paketen befinden.

3.8.6 Die Suche nach Paketen

Nun wissen wir, wie Klassen in einem Projekt zu finden sind. Entweder befinden sie sich im gleichen Paket (Verzeichnis) und Sie können einfach direkt den Klassennamen angeben, oder sie befinden sich in Paketen. Dann geben Sie in Punktnotation den Namen des Pakets bzw. der Pakete und dann die Klasse an. Etwa `java.awt.Frame`.

Aber wo ist beispielsweise das Java-Standardverzeichnis `java` selbst zu finden? Wenn Sie aus einer Klasse heraus auf andere Klassen – sowohl Standardklassen der Java-API als auch selbst geschriebene Klassen – zugreifen, wird das aktuell verwendete JDK-Programm (Interpreter, Compiler, Debugger etc.) zuerst in dem aktuellen Verzeichnis danach suchen. Bei einem Element, das mit vorangestellten Verzeichnissen (Paketen) angegeben wird, wird dort vollkommen analog zuerst die Verzeichnisstruktur gesucht.

Der Klassenpfad

Finden sich die gesuchten Klassen respektive die Verzeichnisstrukturen nicht innerhalb des aktuellen Verzeichnisses, wird die Suche in der Verzeichnisstruktur der Java-API selbst fortgesetzt, die bei der Installation von Java angelegt und im Betriebssystem als **Klassenpfad** (**Classpath**) für Standardklassen registriert ist. Das wurde schon mehrfach thematisiert. Zusätzlich können Sie auch einen individuell über die Option *–classpath* angegebenen Pfad spezifizieren, der durchsucht werden soll. Das macht man aber nicht mehr von Hand.

Klassenpfad anzeigen lassen und bei Bedarf Dateien hinzufügen

Es gibt verschiedene Möglichkeiten, sich den Klassenpfad anzusehen, der in Ihrem Betriebssystem eingestellt ist. Das hängt allerdings stark vom jeweiligen Betriebssystem bzw. dessen Version ab. In der Konsole können Sie sich in einigen Windows-Versionen mit dem Befehl *set* die Umgebungsvariablen Ihres Betriebssystems anzeigen lassen. Früher wurde hier für Java eine globale Umgebungsvariable *Classpath* gesetzt, aber in modernen Java-Versionen macht man das unter Windows nicht mehr. Der Pfad wird im Hintergrund verwaltet.

Es gibt aber in der Systemsteuerung einen Eintrag *Java*, über den Sie an einen Dialog zur Konfiguration diverser Dinge rund um Java (auch zum Klassenpfad) gelangen.

Sinnvoll ist es normalerweise immer, wenn Sie in einer IDE bei Bedarf Dateien dem Klassenpfad hinzufügen, denn dort ist das besonders bequem.

In Eclipse können Sie den Klassenpfad für ein Projekt etwa über *Project/Properties/Java Build Path* und dort das Register *Libraries* einstellen bzw. ihm Ressourcen hinzufügen. Im Dialogfenster ist erkennbar, dass Ihnen die komplette Java-Standard-API angezeigt wird und Sie zusätzliche Pakete hinzufügen können, die ebenfalls bei der Suche berücksichtigt werden sollen.

In NetBeans finden Sie die Einstellungen unter *Run/Set Project Configuration/Customize* und dort unter dem Eintrag *Libraries*.

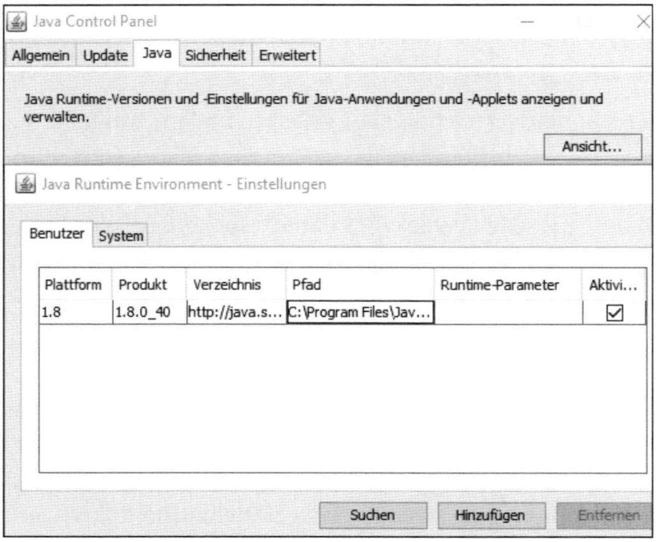

Abbildung 3.33: Diverse Einstellungen rund um Java über die Systemsteuerung.

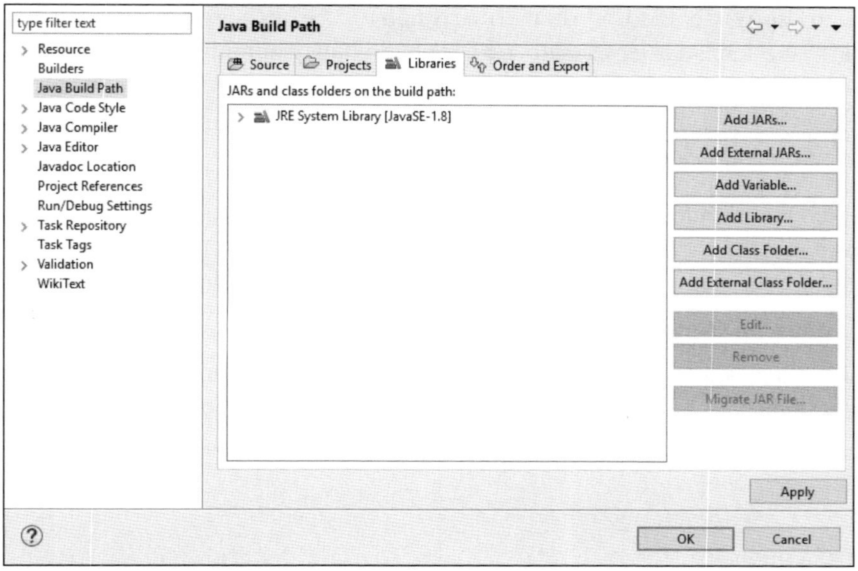

Abbildung 3.34: Zugriff auf den Klassenpfad in Eclipse.

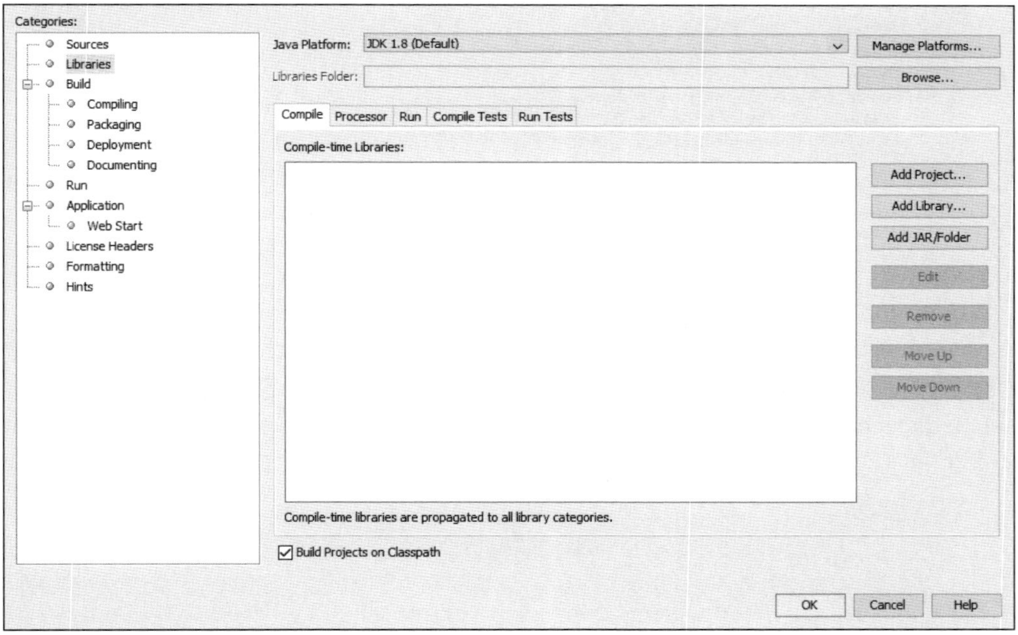

Abbildung 3.35: Hier kommen Sie in NetBeans an den Klassenpfad.

Die Durchforstung des Klassenpfads ist dann eine rein physische Suche nach *.class*-Dateien, die auch gepackte Verzeichnisse (*.jar*-Dateien) einbezieht. Genau genommen wird die gesamte Java-Standard-API in *.jar*-Dateien bereitgestellt, die sich in den verschiedensten Verzeichnissen des Betriebssystems befinden. Solange diese Verzeichnisse im Klassenpfad eingetragen sind, werden sie alle durchsucht.

Wenn nun aber ein Verzeichnis zum Durchsuchen nach einer Klasse feststeht, werden dort eventuell vorhandene Unterverzeichnisse nicht (!) nach benötigten Klassen durchsucht. Deshalb muss bei der Verwendung von Paketen der vollqualifizierte Name einer Klasse angegeben werden.

Expandieren Sie einfach einmal im Package Explorer von Eclipse mit einem Doppelklick den Zweig *JRE System Library*.

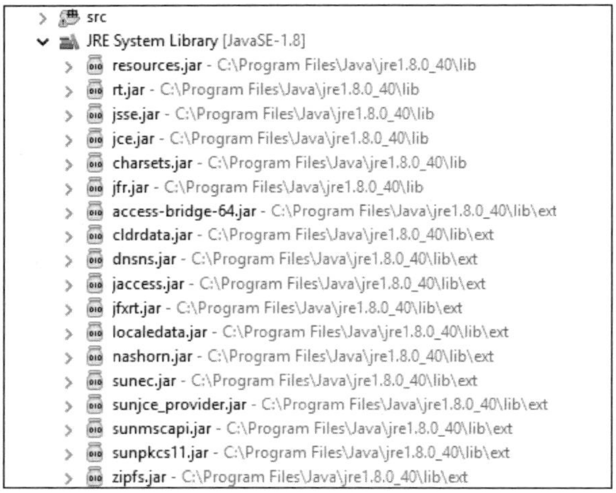

Abbildung 3.36: Die .jar-Dateien stellen die Standardklassen der Java-API zur Verfügung und befinden sich im Klassenpfad.

Dort finden Sie unter anderem eine Datei ***rt.jar*** und die sollten Sie ebenso expandieren. Sie sehen danach eine große Anzahl von Standardpaketen. Expandieren Sie zum Beispiel den Zweig `java.lang` weiter, dann sehen Sie die *.class*-Dateien, die den Kern von Java ausmachen.

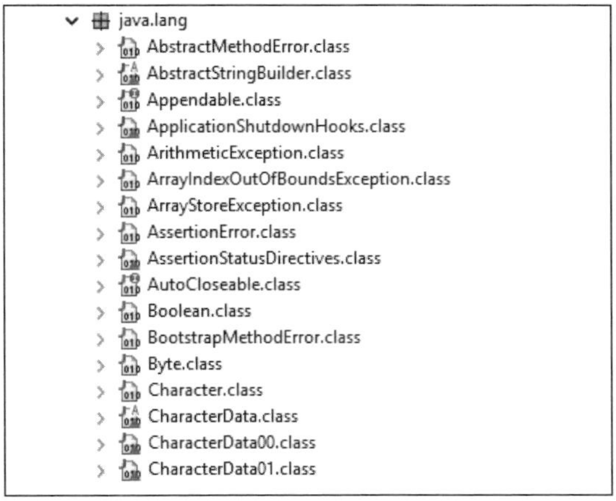

Abbildung 3.37: In rt.jar kann man java.lang expandieren, und dort sehen Sie dann die Klassen in java.lang.

3.8.7 Importieren von Klassen

Wenn Sie eine Klasse in einem bestimmten Paket benötigen, können Sie die Klasse vollqualifiziert notieren, wie wir gesehen haben. Gegebenenfalls erweitern Sie direkt die Notation um einen gewünschten Methoden- bzw. Variablennamen. Solch eine vollqualifizierte Notation ist jedoch der Lesbarkeit des Quelltextes nicht gerade zuträglich und vor allem ist der Tippaufwand für sich wiederholende Quelltextpassagen sehr hoch. Dies macht eine einfachere und schnellere Technik notwendig.

Die import-Anweisung

Um eine Klasse eines fremden Verzeichnisses respektive Pakets direkt nutzen zu können, kann man die Klasse oder das ganze Paket vorher importieren. Das geschieht durch eine `import`-Zeile, die gegebenenfalls vor der Definition irgendeiner Klasse, aber nach einer `package`-Anweisung, in der *.java*-Datei stehen muss.

Sie können eine Klasse importieren, indem Sie die gesamte Punktnotation (das Paket, zu dem sie gehört, und die Klasse selbst) am Anfang einer Datei mit dem Schlüsselwort `import` angeben. Danach können Sie die Klasse direkt mit ihrem Namen ansprechen. In unserem letzten Beispiel würde es wie folgt aussehen:

```
import meinpaket.unterpaket.MeineKlasse;
```

In diesem Fall können Sie später im Quelltext auf die Klasse `MeineKlasse` einfach über ihren Namen zugreifen, ohne den vollqualifizierten Pfad notieren zu müssen. Etwa so:

```
MeineKlasse.a;
```

So würde der vollständige, geänderte Code aussehen:

```
package meinpaket;
import meinpaket.unterpaket.MeineKlasse;
public class NutzeKlasse {
  public static void main(String[] args) {
    System.out.println(MeineKlasse.a);
  }
}
```

In der zweiten Zeile sehen Sie den Import und in der fünften Zeile den verkürzten Zugriff.

Import mehrerer Klassen

Es wird in der Regel in einer Quelltextdatei mehrfache `import`-Anweisungen geben. Sie müssen wie gesagt alle hinter der optionalen Anweisung `package` und vor der ersten Klassendefinition stehen.

Wenn Sie mehrere Klassen aus einem Paket benötigen, arbeiten Sie sinnvollerweise mit **Platzhaltern**. Mittels einer solchen Wildcard – dem Stern `*` – kann ein ganzes Paket auf einmal importiert werden. Das geschieht wieder durch die `import`-Zeile, wobei nur der Klassenname durch den Stern ersetzt wird. Danach können Sie alle Klassen aus dem Paket direkt über ihren Namen ansprechen.

Das Sternchen importiert jedoch **keine** (!) untergeordneten Pakete. Um also alle Klassen einer komplexen Pakethierarchie zu importieren, müssen Sie explizit für jede Hierarchieebene eine `import`-Anweisung erstellen.

Der `import`-Befehl kennt im Prinzip drei Varianten:

- `import <package>.<Klasse>;`
- `import <package>.*;`
- `import <package>;`

Die erste Form wird dann eingesetzt, wenn man gezielt auf eine Klasse zugreifen möchte und nur genau diese Klasse aus einem Paket benötigt.

Beim zweiten Fall ist der Vorteil, dass alle Klassen aus dem eingebundenen Paket über den verkürzten Namen verfügbar sind.

Die dritte Form dient dazu, mit möglichst wenigen Anweisungen ein Paket oder sogar mehrere Pakete zu importieren. Allerdings kommt jetzt wieder zum Tragen, dass keine untergeordneten Pakete importiert werden. Deshalb kann in diesem Fall eine Klasse innerhalb des Quelltextes nicht direkt über ihren Namen angesprochen werden. Stattdessen muss vor dem Klassennamen das letzte Element aus dem Paketnamen per Punktnotation gesetzt werden.

Dies ist sukzessive fortzusetzen, wenn es mehrere Paketebenen gibt, die nicht im `import`-Befehl angegeben wurden. In diesem Fall muss unter Umständen eine längere Pfadangabe die Klasse referenzieren. Diese dritte Variante ist deshalb ziemlich unüblich.

Automatisiertes Importieren

Viele bessere Java-Editoren bzw. IDEs unterstützen Anwender übrigens beim Import von Klassen und organisieren Importe teilweise sogar im Hintergrund. Gerade Eclipse und NetBeans bieten Ihnen da sehr viel Bequemlichkeit.

Statisches Importieren

Sie können in Java auch das Schlüsselwort `static` hinter dem `import` notieren. Das nennt sich dann **statisches Importieren**.

Das erlaubt bei so referenzierten statischen Elementen im Code dann den Verzicht auf das Voranstellen der Klasse.

Wenn Sie etwa in Ihrem Quellcode auf `Math.PI` zugreifen wollen und nur import `java.util.Math` notieren, müssen Sie im Quellcode `Math.PI` notieren.

Bei einem statischen Import würden Sie `import static java.util.Math.PI` notieren, und dann können Sie im Quellcode einfach `PI` schreiben. Sie sehen, dass der Nutzen aber eher gering ist.

import versus include

Eine `import`-Anweisung dient nur dazu, Java-Klassen im Quellcode über einen verkürzten Namen innerhalb der aktuellen Bezugsklasse zugänglich zu machen und damit den Code zu vereinfachen. Sie ist – trotz des irreleitenden Namens – **kein echter Import** im Sinn einer `include`-Anweisung in C und bindet Klassen tatsächlich **nicht** in den Code ein.

Da das Importieren von Elementen in Java also kein echter Import in dem Sinn ist, dass das resultierende Programm alle angegebenen Klassen irgendwie verwalten muss, sondern nur eine Pfadangabe, können Sie in eine Java-Klasse beliebig viele Pakete und Klassen importieren.

Der resultierende Bytecode wird weder größer noch sonst ineffektiver. Nicht explizit benötigte Klassen werden vom Compiler wegoptimiert. Das nennt man ***type import on demand***.

Das Paket java.lang

Es gibt ein Java-Paket in der Standard-API, das sich besonders auszeichnet. Sie müssen dieses in ein normales Java-Programm[9] nie explizit importieren, um die enthaltenen Klassen mit verkürzten Namen anzusprechen. Das ist das Paket `java.lang`. Dieses Paket wird vom Laufzeitsystem immer automatisch importiert und stellt die Basis des gesamten Java-Konzepts dar. Darin finden Sie so wichtige Klassen wie `Object` oder `String`. Aber auch Wrapper-Klassen zur Konvertierung und die Klasse `System` sind dort zu finden.

Mehrdeutigkeit von Klassen

Wenn Sie mehrere Klassen und/oder Pakete importieren, kann es bei dem verkürzten Namen zu Mehrdeutigkeiten kommen. Betrachten wir ein neues Projekt *Mehrdeutig* als Beispiel. Erzeugen Sie dort zwei Pakete `paket1` und `paket2` und darin jeweils eine Klasse mit Namen `A`. Zusätzlich eine Klasse `Mehrdeutig` mit einer `main()`-Methode in einem Paket `mehrdeutig`.

Die Klasse `paket1.A` soll folgenden Inhalt haben:

```
package paket1;
public class A {
  public static int var1=1;
}
```

Die Klasse `paket2.A` soll hingegen folgenden Inhalt besitzen:

```
package paket2;
public class A {
  public static int var1=100;
}
```

Es gibt nur einen kleinen Unterschied in den beiden Klassen, aber der genügt zu erkennen, welche Klasse der Compiler bei einer Mehrdeutigkeit eines Klassennamens verwenden würde. Die Klasse `Mehrdeutig` hat folgenden Inhalt:

```
package mehrdeutig;
import paket1.A;
import paket2.A;
public class Mehrdeutig {
    public static void main(String[] args) {
        System.out.println(A.var1);
    }

}
```

9 Bei beispielsweise einer JavaFX-Applikation aber schon.

Der Zugriff auf `A.var1` in der Ausgabe wäre bei gleichzeitigem Import der beiden Klassen `A` nicht mehr zuverlässig aufzulösen. Zwar könnte man Regeln festlegen, dass die zuerst oder die zuletzt importierte Klasse Priorität hat, aber das wäre sowohl gefährlich als auch unlogisch, weil es sich ja nicht um echte Importe handelt. Wenn Sie den Code in einer IDE eingeben, werden Sie sehen, dass der Code so auch abgelehnt wird. Sie müssen auf eine der beiden `import`-Anweisungen verzichten und die nicht importierte Klasse gegebenenfalls vollqualifiziert ansprechen. Oder zumindest sollten Sie maximal eines der Pakete allgemein mit dem Sternchen importieren. Etwa so:

```
package mehrdeutig;
import paket1.A;
import paket2.*;
public class Mehrdeutig {
    public static void main(String[] args) {
        System.out.println(A.var1);
        System.out.println(paket2.A.var1);
    }

}
```

3.8.8 Namensräume

Sowohl die Einsortierung von Klassen in verschiedene Pakete als auch in der Klasse selbst die Trennung der Bereiche innerhalb und außerhalb einer Methode gehören zu einem allgemeineren Konzept – den Namensräumen. Java stellt damit eine universell über verschiedene EDV-Techniken genutzte Möglichkeit zur Verfügung, mit der Namenskonflikte aufgelöst werden können, wenn es zwei identische Bezeichner gibt. Im Fall von Java im Quelltext, im Fall eines Dateisystems bei Dateien. Man versteht unter einem Namensraum im Grunde nur einen Bereich, in dem ein bestimmter Bezeichner benutzt werden kann und in dem er eindeutig sein muss.

Namensräume sind in Java einer Hierarchie zugeordnet. Es gilt dabei die Regel, dass ein Bezeichner immer einen identischen Bezeichner in einem übergeordneten (umgebenden) Namensraum überdeckt. Außerdem trennt Java wie gesagt die Namensräume von lokalem und nicht-lokalem Code. Die Hierarchie der Namensräume gliedert sich wie folgt:

- Ganz außen (aus Sicht der Mengenlehre zu sehen) steht der Namensraum des Pakets, zu dem die Klasse gehört.
- Danach folgt der Namensraum der Klasse. Dieser überdeckt den Namensraum des Pakets.
- Es folgen die Namensräume der einzelnen Methoden. Dabei überdecken die Bezeichner von Methodenparametern die Bezeichner von Elementen der Klasse.

- Innerhalb von Methoden gibt es unter Umständen noch weitere Namensräume in Form von geschachtelten Blöcken. Variablen, die innerhalb eines solchen geschachtelten Blocks deklariert werden, sind außerhalb des Blocks unsichtbar.

Um einen Bezeichner zuzuordnen, werden die Namensräume immer von innen nach außen aufgelöst. Wenn der Compiler einen Bezeichner vorfindet, wird er zuerst im lokalen Namensraum suchen. Sofern er dort nicht fündig wird, sucht er im übergeordneten Namensraum. Das Verfahren setzt sich analog bis zum ersten Treffer (gegebenenfalls bis zur obersten Ebene) fort. Es gelten immer nur die Vereinbarungen des Namensraums, in dem der Treffer erfolgt ist.

3.9 Zusammenfassung

Sie kennen nun wichtige elementare Ideen der OOP. OOP basiert auf der Abbildung eines Denkmodells, das Menschen in der realen Welt quasi natürlich verwenden. Objekte werden als abgeschlossene Einheiten verstanden, die eine Reihe von Eigenschaften und Funktionalitäten (Methoden) bereitstellen, wobei der Zustand eines Objekts von Bedeutung sein kann. Zur Klassifizierung mehrerer Objekte wie auch der Erzeugung von Objekten dienen Klassen, aus denen mithilfe von Konstruktoren Objekte als Instanzen erzeugt werden.

Die konkrete Verwendung von Objekten erfolgt in Java mithilfe der Punktnotation, bei der der Name eines Objekts oder ein Stellvertreterausdruck vorangestellt und – durch einen Punkt getrennt – die gewünschte Methode oder die gewünschte Eigenschaft nachgestellt wird. Klassen und Objekte können andere Klassen und Objekte verwenden, wobei entweder Funktionalität hinzugefügt oder vererbt wird. Bei der konkreten Softwareentwicklung kommen verschiedene Methodologien zum Einsatz, die verschiedene Phasen und Vorgehensweisen bei der Erstellung eines Systems begleiten oder gar erst ermöglichen.

In diesem Kapitel haben Sie bedeutende Details zu Java wie den Umgang mit Klassen und Objekten, das Speichermanagement samt Konstruktoren und (nicht explizit aufzurufenden) Destruktoren, Klassen- und Instanzelemente, Namensregeln und Namensräume, die Realisierung von Methoden und Variablen in Java-Pakete und den Zugriffsschutz gesehen. Wichtige Themen der OOP wie Vererbung, Polymorphie und abstrakte Techniken werden in einem aufbauenden Kapitel eingeführt, denn vorher soll die grundlegende Java-Syntax erörtert werden.

4 Die grundlegenden Sprachelemente von Java

4.1 Was lernen Sie in diesem Kapitel?

Wir kommen nun zu Javas zentralen **Syntaxstrukturen**. Zwar ist Syntax – insbesondere wenn man sich auf einzelne Parts konzentriert – ein etwas trockenes Thema, da rein optisch nicht viel passiert. Aber bei jeder Programmiersprache müssen Sie sich damit beschäftigen. Der erste objektorientierte Abschnitt zuvor ist die Basis, der Abschnitt hier setzt auf diesem Fundament auf und erlaubt Ihnen, Techniken kennenzulernen, mit denen man erst richtig sinnvolle Java-Programme schreiben kann. Ohne die objektorientierten Grundlagen verstanden zu haben, können Sie eigenständig überhaupt keine Java-Programme schreiben. Aber ohne das, was wir jetzt erörtern, werden Ihre Programme sehr einfach bleiben. Beide Parts – wobei wir die Ausführungen zur OOP ja noch erweitern wollen – zusammen bilden Ihre Werkzeugtasche, mit der Sie dann jedes denkbare Java-Programm erstellen und bearbeiten können. Sie gehören beide zur Pflicht.

4.2 Token und Parser

Token bedeutet übersetzt Zeichen oder Merkmal. Wenn ein Compiler eine *.java*-Datei in Maschinenanweisungen übersetzen will, muss er vorher zunächst herausfinden (oder mitgeteilt bekommen), welche Token oder Symbole im Code benutzt werden, und sie in sinnvolle Zusammenhänge setzen.

Einen Token kann man deshalb auch als Sinnzusammenhang verstehen. So ist etwa in der menschlichen Sprache ein Wort nicht nur die Summe seiner Buchstaben oder Zeichen bzw. akustisch ein Klang, sondern besitzt einen konkreten Sinnzusammenhang, den das interpretierende System (der menschliche Geist) mit einer bestimmten Bedeutung assoziiert. Allerdings muss das interpretierende System sowohl die Sprache als auch den konkreten Begriff verstehen, sonst bleibt ein Token einfach nur die Summe seiner Buchstaben oder Zeichen bzw. im akustischen Fall ein Lautgebilde ohne Bedeutung. Ich spiele in meinen Programmierkursen oft mit der Summe der folgenden verbundenen Zeichen:

B e m b e l

Die meisten Teilnehmer aus dem Rhein-Main-Gebiet erfassen den Sinn. Die meisten Teilnehmer aus anderen Regionen können damit nichts anfangen. Beide Gruppen sehen die Buchstaben, können die Summe der Zeichen als Wort aussprechen, aber nur das Rhein-Main-System erfasst den Sinn und assoziiert mit Bembel einen blau-grauen Steinkrug für Apfelwein und was sonst noch damit zusammenhängt. Für die fremden Systeme bleibt die Summe der Zeichen nur eine bedeutungslose Aneinanderreihung von Buchstaben. Allerdings wurde die Zeichenkette durch diese Erklärungen nun für alle Leser (und in den Schulungen für meine Teilnehmer) zu einem Token.

Der gesamte Teil der Assoziation mit gültigen Java-Token wird bei der Übersetzung eines Quelltextes zum Bytecode vom sogenannten **Parser** übernommen, der eine erste Kontrolleinheit des Sicherheits- und Stabilitätskonzepts in Java darstellt und dem eigentlichen Compiler vorangestellt ist. Allgemein versteht man in der Informatik unter einem Parser (engl. to parse – »analysieren«) ein Computerprogramm (oder einen Teil eines Programms), das für die Zerlegung und Umwandlung einer beliebigen Eingabe in ein für die Weiterverarbeitung brauchbares Format zuständig ist.

Doch zurück zu Java. Wenn der Quellcode vom Java-Compiler kompiliert werden soll, muss er ihn dabei vorher von seinem zugeordneten – im JDK-Compiler integrierten – Parser in einzelne kleine sinnvolle Bestandteile (eben Token) zerlegen. Nur dann kann der Quellcode übersetzt werden. Der Quelltext muss sich in logisch sinnvolle Einheiten zerlegen und in gültige Arten von Java-Token einordnen lassen. Die Sprachelemente werden dabei vom Compiler auf ihre Richtigkeit geprüft. Alle Operationen mit einem Token werden mit dem spezifischen Wert des Tokens durchgeführt. Also nicht mit den Buchstaben des Tokens selbst, sondern mit dem, was der Compiler mit dem Token assoziiert. Es gibt in Java wie in den meisten anderen Computersprachen fünf Arten von Token:

1. Bezeichner oder Identifier
2. Schlüsselwörter
3. Literale
4. Operatoren
5. Trennzeichen

Bei der Zerlegung von Quellcode in Token werden Leerzeichen und Kommentare aus dem Text entfernt. Leerzeichen und Kommentare sind also keine Token im eigentlichen Sinn. Sie passen dennoch in das Gesamtkonzept der Token, weil sie auf Quelltextebene wie Token notiert werden.

4.3 Bezeichner

Mit dem Token-Typ **Bezeichner** oder **Identifier** behandeln wir ein Thema, das bereits betrachtet wurde – wenngleich auf verschiedene Abschnitte des Buches verteilt. Es handelt sich hier um die Namen für Klassen, Objekte, Variablen, Konstanten etc. Zusammengesetzt werden sie aus alphanumerischen Unicode-Zeichen. Bezeichner müssen in Java gewissen Regeln genügen, die wir schon vorgestellt haben. Hier folgen noch einmal komprimiert die Regeln:

- Bezeichner dürfen nicht mit Java-Schlüsselwörtern und sollten nicht mit Namen von Java-Paketen identisch sein.
- Bezeichner dürfen im Prinzip von unbeschränkter Länge sein (bis auf technische Einschränkungen durch das Computersystem).

- Das erste Zeichen eines Bezeichners muss ein Buchstabe, der Unterstrich (_) oder das Dollarzeichen ($) sein. Alle folgenden Zeichen müssen entweder Buchstaben oder Zahlen eines beliebigen Alphabets sein, das von Unicode unterstützt wird.

Neben den zwingenden Namenskonventionen gibt es einige Regeln, die man bei der Vergabe von Namen einhalten sollte. Wir sind schon in verschiedenen Teilen des Buches intensiv darauf eingegangen.

4.4 Schlüsselwörter

Unter dem Begriff **Schlüsselwörter** fasst man alle Wörter zusammen, die ein essenzieller Teil der Sprachdefinition sind und die in Java eine besondere Bedeutung haben. Dabei sind über die verschiedenen Java-Versionen immer einige Token vorsorglich für spätere Versionen reserviert worden, ohne dass sie bereits in der jeweils aktuellen Implementation verwendet wurden. Die nachfolgende alphabetische Liste gibt alle Java-Schlüsselwörter an.

- `abstract`
- `boolean`
- `break`
- `byte`
- `case`
- `cast`
- `catch`
- `char`
- `class`
- `const`
- `continue`
- `default`
- `do`
- `double`
- `else`
- `extends`
- `false`
- `final`
- `finally`
- `float`
- `for`
- `future`
- `generic`
- `goto`
- `if`
- `implements`
- `import`
- `inner`
- `instanceof`
- `int`
- `interface`
- `long`
- `native`
- `new`
- `null`
- `operator`
- `outer`
- `package`
- `private`
- `protected`
- `public`
- `rest`
- `return`
- `short`
- `static`
- `super`
- `switch`
- `synchronized`
- `this`
- `throw`
- `throws`
- `transient`
- `true`
- `try`
- `var`
- `void`
- `volatile`
- `while`

Die Bedeutungen der einzelnen Schlüsselwörter werden jeweils bei den Kapiteln zu ihren jeweiligen Einsatzzwecken erläutert werden, aber einige Anmerkungen sind jetzt schon notwendig:

- Schlüsselwörter können wie erwähnt in Java nicht als Bezeichner benutzt werden. Bitte beachten Sie jedoch, dass für Schlüsselwörter (wie auch sonst) Groß- und Kleinschreibung zu unterscheiden ist. Ein Schlüsselwort `Var` gibt es beispielsweise nicht und Sie könnten es z. B. im Extremfall als Namen für eine Variable verwenden. Davon ist allerdings dringend abzuraten. Java wird damit keine Probleme haben, wohl aber Personen, die den Quelltext lesen und warten sollen. Sie können jedoch Schlüsselwörter als Teil eines längeren Tokens verwenden, um damit die Bedeutung deutlich zu machen.
- Die Token `true` und `false` sind rein technisch betrachtet nur Werte für boolesche Variablen und Konstanten.
- Namen von Elementen aus den Java-Standardpaketen sind keine Schlüsselwörter, aber man sollte sie wie erwähnt niemals als Bezeichner verwenden.
- Manche Schlüsselwörter sind in Java nur reserviert, aber (noch) nicht mit einem syntaktischen Konzept verknüpft, wie etwa `goto`.

4.5 Trennzeichen und Leerzeichen

Sowohl **Trennzeichen** als auch **Leerzeichen** sind wichtige Möglichkeiten, um Token zu trennen. Das ist an vielen Stellen notwendig, kann aber auch an anderen Stellen rein zur Übersicht des Quellcodes verwendet werden.

4.5.1 Trennzeichen

Unter Trennzeichen versteht man alle einzelnen Symbole, die explizit dazu benutzt werden, andere Token zu trennen und Zusammenfassungen von Code anzuzeigen. Dabei sind Trennzeichen gar nicht so trivial, und über die Geschichte einer Programmiersprache können sogar neue Trennzeichen hinzukommen. Java kennt mehrere Trennzeichen und seit Java 7 ein besonderes Formatierungszeichen, was auch als ein (optisches) Trennzeichen zu sehen ist:

Token	Beschreibung
_	Neu in Java 7 wurde der Unterstrich als Formatierungszeichen von numerischen Literalen eingeführt. Es ist damit kein Trennzeichen im eigentlichen Sinn, denn es trennt keine Token. Aber es »trennt« die Darstellung eines Tokens (eines numerischen Literals) und soll deshalb in diese Liste aufgenommen werden.
,	Das Komma ist multifunktional und wird in Java in vielen Zusammenhängen als Begrenzer verwendet.
;	Das Semikolon dient zum Beenden einer Ausdrucksanweisung. Darunter versteht man auch verschachtelte Anweisungen wie die Teile einer `for`-Anweisung.

Token	Beschreibung
.	Der Punkt wird zum einen als Dezimalpunkt, zum anderen bei der Punktnotation als Trennzeichen von Paketnamen, Klassennamen oder Methoden- und Variablennamen benutzt.
(	Die öffnende runde Klammer wird sowohl zum Öffnen einer Parameterliste für eine Methode als auch zur Festlegung eines Vorrangs für Operationen in einem Ausdruck benutzt.
)	Die schließende runde Klammer wird sowohl zum Schließen einer Parameterliste für eine Methode als auch zur Beendigung eines mit der öffnenden runden Klammer festgelegten Vorrangs für Operationen in einem Ausdruck benutzt.
[	Die öffnende eckige Klammer steht vor einem Ausdruck, der als Index für ein Datenfeld dient.
]	Die schließende eckige Klammer folgt einem Ausdruck, der als Index für ein Datenfeld dient und beschließt den Index.
{	Die öffnende geschweifte Klammer wird zu Beginn eines Blocks mit Anweisungen oder einer Initialisierungsliste gesetzt.
}	Die schließende geschweifte Klammer wird an das Ende eines mit dem Token GeschweifteKlammerAuf geöffneten Blocks mit Anweisungen oder einer Initialisierungsliste gesetzt und schließt den Block wieder.

4.5.2 Leerzeichen

Leerzeichen sind eng verwandt mit Trennzeichen, obwohl es sich nicht um echte Token handelt. Es gibt allerdings durchaus verschiedene Leerzeichen. Darunter versteht man alle Zeichen, die in beliebiger Anzahl und an jedem Ort zwischen allen Token mit Funktion platziert werden können und keinerlei andere Bedeutung haben, als den Quellcode übersichtlich zu gestalten.

Java kennt die folgenden Leerräume:

- *[Space]*
- *[Tab]*
- *[Zeilenende]*
- *[Formularvorschub]*

Besser Leerzeichen verwenden

Immer dann, wenn Sie ein Trennzeichen (oder einen Operator) im Code notieren, können Sie auf ein zusätzliches Leerzeichen verzichten. Allerdings wird der Code übersichtlicher, wenn Sie dort dennoch konsequent ein Leerzeichen verwenden.

4.6 Datentypen

Ein **Typ** bzw. **Datentyp** gibt in einer Computersprache an, wie ein einfaches Objekt – zum Beispiel eine Variable (siehe Seite 156) oder ein Literal (siehe Seite 157) – im Speicher des Computers dargestellt wird.

Ein Typ enthält normalerweise ebenfalls Hinweise darüber, welche Operationen mit und an ihm ausgeführt werden können. Viele Computersprachen lassen es beispielsweise nicht zu, dass mit einer alphanumerischen Zeichenfolge direkte arithmetische Operationen durchgeführt werden, wenn es keine explizite Anweisung gibt, diese Zeichenfolge zuerst in eine Zahl umzuwandeln.

4.6.1 Die primitiven Java-Datentypen

Java besitzt acht primitive Datentypen, die explizit plattformunabhängig sind. Alle Variablen eines primitiven Datentyps besitzen – mit Ausnahme der Situation bei lokalen Variablen – immer einen wohldefinierten **Anfangswert**.

Ebenso gibt es bei numerischen Datentypen einen **Wertebereich** oder **Range**. Das ist ein Bereich mit Zahlen von einer unteren bis zu einer oberen Grenze, zwischen denen sich für einen Datentyp gültige bzw. mögliche Zahlen befinden müssen.

Es gibt in Java

- vier Ganzzahltypen mit unterschiedlichen Wertebereichen,
- einen logischen Datentyp,
- zwei Gleitzahltypen mit unterschiedlichen Wertebereichen nach der internationalen Norm IEEE Standard for Binary Floating-Point Arithmetic, ANSI/IEEE Std. 754-1985 (IEEE, New York) zur Definition von Gleitpunktzahlen und Arithmetik und
- einen Zeichentyp.

Primitiv oder einfach ist nicht abwertend

Der Begriff **primitiv** ist so zu verstehen, dass diese Datentypen im System integriert und nicht als Objekte zu verstehen sind. Man nennt sie deshalb auch **einfache** Datentypen, und der Begriff ist in keiner Weise abwertend oder negativ besetzt.

Betrachten wir die primitiven Typen nun im Detail.

Keine primitiven Datentypen in der reinen OOP

Alleine die Existenz primitiver Datentypen ist ein Widerspruch zu der Tatsache, dass Java eine streng objektorientierte Sprache sein soll oder will. In einer vollständig objektorientierten Sprache gibt es keine primitiven Datentypen, denn hier darf es nur Objekte geben. Und primitive Datentypen sind ja per Definition explizit keine Objekte. Von daher ist Java nicht bis ins letzte Detail objektorientiert, wenn man die »reine Lehre« zum Maßstab nimmt. Andererseits ist dieser »Sündenfall« von Java wohl unabdingbar gewesen. Denn die mangelnde Akzeptanz nahezu aller »vollkommen reinen« OO-Konkurrenzsprachen zeigt, dass Programmierer einfach nicht akzeptieren, wenn sie primitive Berechnungen wie *1 + 1* nicht mehr ausführen dürfen, nur weil nicht mit Objekten und Methoden gearbeitet wird und das nicht in ein theoretisches Konzept passt. Sun hat mit dem Aufweichen der theoretischen Zwänge hin zu einer Praxisfähigkeit den Nagel auf den Kopf getroffen. Allerdings ist die Existenz von primitiven Datentypen in einen OO-Umfeld dennoch ein ziemliches Problem, wie verschiedene Konzepte wie Wrapper und Boxing/Unboxing zeigen, die im Laufe der Zeit in Java entstanden und primitive Datentypen und die objektorientierte Welt versöhnen sollen. Darauf kommen wir noch ausführlich zu sprechen.

Typ	Länge	Vorgabe	Kurzbeschreibung
`byte`	8 Bits	*0*	Der kleinste Wertebereich mit Vorzeichen zur Darstellung von Ganzzahlwerten (ganzzahliges Zweierkomplement). Er reicht von `-128` (-2 hoch 7) bis `127` (2 hoch 7 – 1).
`short`	16 Bits	*0*	Eine kurze Darstellung von Ganzzahlwerten mit Vorzeichen als ganzzahliges Zweierkomplement. Von `-32.768` (-2 hoch 15) bis `32.767` (2 hoch 15 – 1).
`int`	32 Bits	*0*	Der Standardwertebereich mit Vorzeichen zur Darstellung von Ganzzahlwerten (ganzzahliges Zweierkomplement). Der Bereich geht von `-2.147.483.648` (-2 hoch 31) bis `2.147.483.647` (2 hoch 31 – 1).
`long`	64 Bits	*0*	Der größte Wertebereich mit Vorzeichen zur Darstellung von Ganzzahlwerten (ganzzahliges Zweierkomplement). Der Wertebereich erstreckt sich von `-9.223.372.036.854.775.808` (-2 hoch 63) bis `9.223.372.036.854.775.807` (+2 hoch 63 – 1).
`float`	32 Bits	*0.0*	Der kürzeste Wertebereich mit Vorzeichen zur Darstellung von Gleitkommazahlwerten. Dies entspricht Fließkommazahlen mit einfacher Genauigkeit, die den IEEE-754-1985-Standard benutzen. Der Wertebereich liegt ungefähr zwischen +/- 3,4E+38. Es existiert ein Literal zur Darstellung von plus/minus Unendlich (`Infinity`) sowie der Wert `NaN` (Not a Number) zur Darstellung von nicht definierten numerischen Ergebnissen.

Typ	Länge	Vorgabe	Kurzbeschreibung
`double`	64 Bits	*0.0*	Der größte Wertebereich mit Vorzeichen zur Darstellung von Gleitkommazahlwerten und Vorgabetyp bei Gleitzahlliteralen. Der Wertebereich liegt ungefähr zwischen +/- 1,8E+308. Auch diese Fließkommazahlen benutzen den IEEE-754-1985-Standard. Wie im Fall von `float` gibt es die Literale `Infinity` und `NaN`.
`char`	16 Bits	*\u0000*	Der Datentyp zur Darstellung eines Zeichens des Unicode-Zeichensatzes. Zur Darstellung von alphanumerischen Zeichen wird dieselbe Codierung wie beim ASCII-Zeichensatz verwendet, aber das höchste Byte ist auf 0 gesetzt. Der Datentyp ist als einziger primitiver Java-Datentyp vorzeichenlos! Der Maximalwert, den eine Variable oder ein Literal vom Typ `char` annehmen kann, ist `\uFFFF`. Beachten Sie, dass der Datentyp explizit numerisch ist (die Codierung eines Zeichens) und damit problemlos für arithmetische Operationen verwendet werden kann.
`boolean`	1 Bit	*false*	Der Wahrheitstyp in Java kann die Werte `true` (wahr) oder `false` (falsch) annehmen. **Alle logischen Vergleiche** in Java liefern den Typ `boolean`!

Zweierkomplement mit Vorzeichen

Die Darstellung von Datentypen nach dem sogenannten Zweierkomplement mit Vorzeichen bedeutet die Aufteilung des Wertebereichs eines Datentyps in einen negativen und einen positiven Anteil. Die Angabe erfolgt, indem bei der Darstellung einer negativen Zahl von der analogen positiven Zahl (dem positiven Komplement) die Zahl 1 abgezogen und dann sämtliche Bits umgedreht werden müssen. Die Null zählt noch zum positiven Anteil. An ihr wird der Wertebereich quasi gespiegelt. In Java hat dies zwangsläufig zur Folge, dass das am weitesten links stehende Bit als Vorzeichenbit dient. Wenn das Vorzeichenbit den Wert 1 hat, dann ist der Wert negativ, sonst positiv.

4.6.2 Referenztypen

Als **Referenztypen** bezeichnet man in Java alle nicht-primitiven Datentypen. Das sind einfach alle Objekte, wobei hier noch ein paar Besonderheiten in Java zu berücksichtigen sind. Konkret betreffen diese Datenfelder (Arrays) und Strings. Das behandeln wir gesondert. Aber ansonsten waren etwa alle Objekte, die wir bisher erzeugt und einer Variablen zugewiesen haben, Referenztypen.

4.7 Grundsätzliches zu Variablen und deren Deklaration

Datentypen werden meist im Zusammenhang mit Variablen verwendet. An dieser Stelle muss erst einmal kurz geklärt werden, was eine Variable ist und wie man sie allgemein in Java deklariert. Zum Teil wurde das im Buch auch schon angesprochen, und dieser kompakte Abschnitt trägt die zentralen Details zusammen, die bisher verstreut behandelt wurden, und ergänzt diese.

4.7.1 Variablendefinition

Variablen sind Adressen im Hauptspeicher, in denen irgendwelche Werte gespeichert werden können. Dazu haben diese Adressen

- einen Bezeichner,
- einen der in Java erlaubten Datentypen (entweder primitiv oder der Typ einer Klasse) und
- einen Wert, der geändert werden kann.

4.7.2 Variablendeklaration

Java ist bezüglich des Umgangs mit Variablen streng. Insbesondere muss jede Variable vor einer Verwendung deklariert werden. Dazu wird der Typ der Variable vorangestellt.

Beispiele:

- `int a;`
- `float b;`
- `Frame c;`
- `Schwein piggy;`

Java kennt nur drei unterschiedliche Arten von Variablen:

- Instanzvariablen
- Klassenvariablen
- lokale Variablen

Die Details dazu folgen gleich (siehe Seite 169).

Initialisierung von Variablen

Die erste Wertzuweisung einer Variablen nennt man **Initialisierung**.

4.8 Literale

Ein **Literal** ist das, was in einem Quelltext selbst einen Wert repräsentiert. Im einfachen Fall eine Zahl oder ein Zeichen, aber auch ein Text oder ein boolescher Wert. Literale sind spezielle Token, die zu speichernde Werte in Form eines Datentyps darstellen. Darüber hinaus werden Literale dazu benutzt, Werte darzustellen, die in Zeichenketten gespeichert werden. Literale tauchen im Quelltext bei Wertzuweisungen zu Variablen oder Konstanten sowie Vergleichen und als Werte bei Operationen auf. Man unterscheidet verschiedene Literaltypen, die auch jeweils eine spezifische Form der Darstellung besitzen.

4.8.1 Ganzzahlliterale

Die Datentypen `int` und `long` stellen in Java ganze Zahlen dar und können dezimal, aber auch hexadezimal sowie oktal beschrieben werden. Man nennt Werte dieser beiden Datentypen **Integer-Literale** oder auch **Ganzzahlliteral**. Das ist keinesfalls abstrakt oder kompliziert. Es geht um Werte wie 42, 1, 0 etc.

Die Voreinstellung ist dezimal und gilt immer dann, wenn die Werte ohne weitere Angaben dargestellt werden.

- Eine hexadezimale Darstellung beginnt immer mit der Sequenz `0x` oder `0X`.
- Eine oktale Darstellung beginnt mit einer führenden Null.
- Negativen Ganzzahlen wird einfach ein Minuszeichen vorangestellt. Das dürfte niemanden überraschen.

Integer-Literale besitzen per Voreinstellung den Typ `int`.

Durch Anhängen von `l` oder `L` kann man explizit den Typ `long` wählen. Sofern man für einen `int`-Datentyp einen Wert wählt, der den zulässigen Wertebereich überschreitet, muss dies sogar erfolgen. Die nachfolgende Tabelle zeigt Beispiele mit Zahlen in verschiedenen Darstellungen.

Integer-Literal	**Dezimalwert**	**Hexadezimalwert**	**Oktalwert**	**Typ**
`123`	`123`	`7B`	`173`	`int`
`0x123L`	`291`	`123`	`443`	`long`

Verwechseln Sie die Literale nicht mit den Datentypen selbst! Datentypen sind Eigenschaften von Variablen bzw. Felder, die dann ein Literal als Wert zugewiesen bekommen. So bekommen Variablen vom Typ `byte`, `short` und `int` ein `int`-Literal als Wert zugewiesen, während das `long`-Literal direkt nur einer Variablen vom Datentyp `long` zugewiesen werden kann. Versuchen Sie beispielsweise so etwas wie die nachfolgende Zuweisung, erhalten Sie eine Fehlermeldung beim Kompilieren (links steht der kleinere int-Datentyp und das Literal rechts wird als größerer long-Typ vereinbart):

```
int e = 2l;
```

Der Compiler meldet etwas wie ...: *possible loss of precision* – einen möglichen Verlust der Genauigkeit, und das erlaubt Java nicht. Auf der linken Seite wird 4 Byte Platz für eine Variable bereitgestellt und mit der Zuweisung versuchen Sie eine Speicherbereich von 8 Byte dort »hineinzuquetschen«. Dabei ist es vollkommen irrelevant, ob der Wert auf der rechten Seite in einen Wertebereich eines Datentyps auf der linken Seite passen würde (der Wert 2 passt selbstverständlich in den Wertebereich von einer Variablen vom Typ int). Das ist ein reiner Vergleich des Platzes und wie dieser formal genutzt werden muss. Hier zeigt sich wieder, dass Java sicher, zuverlässig und stabil ist.

Die neuen Formatierungsmöglichkeiten von Literalen in Java 7

Literale dürfen nicht mit Leerzeichen getrennt werden. Deshalb kann es bei großen Zahlen etwas unübersichtlich werden. Den Punkt können Sie auch nicht zur besseren Darstellung von großen Zahlen verwenden, denn der hat in Java (und vielen anderen Sprachen) eine andere Bedeutung – er trennt die Vorkommastelle einer Zahl von deren Nachkommastelle. Neu in Java 7 wurde die Möglichkeit eingeführt, numerische Literale im Quelltext mit einem oder mehreren Unterstrich(en) (_) beliebig zu formatieren. Etwa so:

```
123_456_789
1_2_3_4__5_6_7_8L
```

Nicht vorkommen darf der Unterstrich am Ende und am Anfang eines Literals. Ebenso muss der Unterstrich unterbleiben, wenn die Interpretation nicht eindeutig wird. Etwa bei hexadezimaler Darstellung nach dem x:

```
0x_1234
```

Das geht nicht.

Beachten Sie weiter, dass diese Formatierungen eines numerischen Literals explizit nicht funktionieren, wenn Sie kein JDK 1.7 oder neuer verwenden. Genauer gesagt: Der Quelltext wird vom Compiler nicht übersetzt. Der Interpreter zum Ausführen des Bytecodes kann jedoch durchaus eine ältere Version sein, denn die Formatierungen werden im Bytecode verschwunden sein. Es bleiben nach der Kompilierung im Bytecode nur klassische Literale (in übersetzter Form) übrig und die funktionieren im Grunde seit Java 1.

Betrachten wir ein vollständiges Beispiel. Dazu erstellen wir ein neues Projekt *Literale*. Dort erstellen wir die Klasse GanzzahlLiterale, die auch die neuen Formatierungen aus Java 1.7 verwenden sollen (*GanzzahlLiterale.java*):

```
public class GanzzahlLiterale {
  public int a = 4_2;
  public long b = 3_4L;
  public byte c = 2;
  public short d = 5;
  public static void main(String[] args) {
    GanzzahlLiterale obj = new GanzzahlLiterale();
    System.out.println(obj.a);
    System.out.println(obj.b);
    System.out.println(obj.a * obj.b);
    System.out.println(obj.c + obj.d);
  }
}
```

Beachten Sie die zweite Zeile. Hier kommt ein Ganzzahlliteral zum Einsatz, das den Unterstrich zur Formatierung verwendet. Und in der dritten Zeile wird zusätzlich mit dem nachgestellten `L` ein Literal vom Typ `long` definiert.

In der `main()`-Methode erzeugen wir einfach ein Objekt des Typs der aktuellen Klasse `GanzzahlLiterale` (Zeile 7) und greifen darüber auf die Instanzfelder zu. Und auch wenn wir die Operatoren eigentlich noch nicht erörtert haben, wird wohl klar sein, dass wir in Zeile 10 addieren und in Zeile 11 multiplizieren.

Interessant ist die Ausgabe des Programms dennoch, denn die formatierenden Unterstriche sind wie angekündigt verschwunden, obwohl wir einfach die Werte der Felder `a` und `b` in den Zeilen 8 und 9 ausgeben und damit nicht irgendeine versteckte Operation diese Beseitigung bewirkt.

Abbildung 4.1: Die Ausgabe des Beispiels in der Konsole von Eclipse

4.8.2 Gleitpunktliterale

Gleitzahlliterale oder **Gleitpunktliterale** dienen in Java der Darstellung von Kommazahlen. Beachten Sie den schon angesprochenen Unterschied der deutschen Darstellung einer solchen Zahl, bei der die Vorkommastelle und die Nachkommastelle mit einem Komma getrennt werden, und der angloamerikanischen Trennung mit dem Punkt, die in der Programmierung zum Einsatz kommt.

Der **Dezimalpunkt** trennt also in Java bei einem Literal den Vor- und Nachkommateil der Gleitzahl. Es gibt dazu in Java die beiden Dateitypen `float` und `double`.

Standardeinstellung eines Gleitpunktliterals ist `double`.

Wenn ein Gleitzahlliteral als `float` interpretiert werden soll, muss ein `f` oder ein `F` angehängt werden.

Daher wird die Zuweisung

```
float gleitzahl = 1.23;
```

einen Compiler-Fehler erzeugen, während die drei folgenden Zuweisungen korrekt sind:

```
float gleitzahl1 = 1.23F;
float gleitzahl2 = 3.14f;
double gleitzahl3 = 0.123;
```

> **Casting statt Literalkennzeichnung**
>
> Statt des nachgestellten `f` oder `F` verwendet man in solchen Situationen in Java meist den Casting-Operator, zu dem wir gleich noch kommen (siehe Seite 192).

Negativen Gleitzahlen wird wieder ein Minuszeichen vorangestellt.

Die Exponentialdarstellung

Mit dem nachgestellten `e` oder `E`, gefolgt von einem Exponenten, können für Gleitzahlliterale in Java solche Exponenten für eine wissenschaftliche Darstellung verwendet werden. Allerdings nur dann, wenn beim Exponenten kein Punkt notiert wird (er muss also ganzzahlig sein). Ein negativer Exponent ist jedoch erlaubt. Und Sie können ab Java 7 wieder den Unterstrich zum Formatieren der Literale verwenden. Sowohl beim Vorkommateil als auch beim Nachkommateil. Selbst beim Exponenten ist das nicht verboten.

Beispiel (Datei *GleitzahlLiterale.java* im Projekt *Literale*):

```
public class GleitzahlLiterale {
  float a = 42f;
  double b = 3.14;
  double c = 2e2;
  double d = 5.1e4;
  double e = 5.1e-2;
  double f = 500_000.10_10;
  public static void main(String[] args) {
    GleitzahlLiterale obj = new GleitzahlLiterale();
```

```
    System.out.println(obj.a);
    System.out.println(obj.b);
    System.out.println(obj.c);
    System.out.println(obj.d);
    System.out.println(obj.e);
    System.out.println(obj.f);
  }
}
```

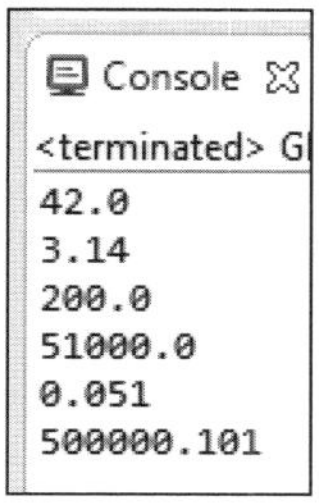

Abbildung 4.2: Die Ausgabe zeigt, dass die Formatierungen auch bei Fließkommazahlen nur im Quelltext relevant sind.

4.8.3 Zeichenliterale

Zeichenliterale sind vom Datentyp char und werden durch ein einzelnes, zwischen hochgestellten einfachen Anführungszeichen stehendes Zeichen ausgedrückt. Das gilt für alle Zeichenwerte, egal ob es sich dabei um ein lateinisches Zeichen oder irgendein anderes Unicode-Zeichen handelt. Als einzelne Zeichen gelten alle druckbaren Zeichen mit Ausnahme des Bindestrichs (-) und des Backslash (\).

Keine doppelten Hochkommata

Ich möchte noch einmal betonen, dass für Zeichen (Typ char) in Java ein **einfaches** und kein doppeltes Hochkomma verwendet wird. In vielen anderen Sprachen ist das nicht der Fall. Dort werden beide Varianten identisch verwendet (für einen String, der in Java immer nur mit doppelten Hochkommata gekennzeichnet werden muss).

Beispiel (*ZeichenLiterale.java*):

```
public class ZeichenLiterale {
  char a = 'r';
  char b = 'j';
  char c = 's';
  public static void main(String[] args) {
    ZeichenLiterale obj = new ZeichenLiterale();
    System.out.println(obj.a);
```

```
    System.out.println(obj.b);
    System.out.println(obj.c);
    System.out.println(obj.a + obj.b);
    System.out.println('e');
  }
}
```

Wir definieren in dem Beispiel drei Variablen, denen wir Zeichenliterale zuweisen. Beachten Sie bei dem Beispiel, dass die Addition von `char`-Werten eine Datenkonvertierung bewirkt. In Zeile 10 machen wir so etwas. Das führt dazu, dass der Unicode-Wert des Buchstabens **r** und der Unicode-Wert des Buchstabens **j** addiert werden. Das Ergebnis wird eine Zahl sein. In Zeile 11 sehen Sie, dass man die Zeichenliterale auch direkt verwenden kann.

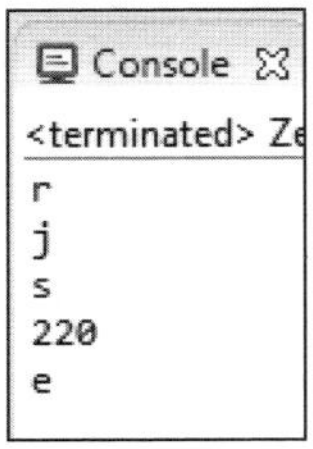

Abbildung 4.3: Die Verwendung von Zeichenliteralen

Die Escape-, Unicode- und Oktal-Darstellung

Zeichenliterale werden sehr oft innerhalb von Zeichenketten bzw. Strings (s. u.) verwendet. Normalerweise werden Zeichenliterale im Unicode-Format gespeichert, sie lassen sich aber auch im **Escape-Format** darstellen.

- Die Escape-Zeichenliterale beginnen immer mit dem Backslash-Zeichen.
- Diesem folgt eines der Zeichen (`b`, `t`, `n`, `f`, `r`, `"`, `'` oder `\`) oder eine Serie von Oktalziffern (3-stellig) oder ein `u` gefolgt von einer 4-stelligen Serie Hexadezimalziffern, die für ein nicht-Zeilen-beendendes Unicode-Zeichen stehen.

Die vier Stellen der hexadezimalen Unicode-Darstellung (`/u0000` bis `/uFFFF`) stehen damit für 65.535 mögliche Codierungen. Damit ist es insbesondere möglich, solche Zeichen innerhalb von Zeichenketten darzustellen, die ohne diese Maskierung eine besondere Funktion haben. Etwa, wenn Sie das doppelte Hochkomma innerhalb einer Zeichenkette ausgeben wollen (es dient normalerweise als Begrenzung von Zeichenketten).

In der nachfolgenden Tabelle sehen Sie einige Beispiele für besondere Zeichen in verschiedenen Darstellungen:

Escape-Literal	Unicode	Oktal	Bedeutung
\'	\u0027	\047	Einfaches Anführungszeichen
\"	\u0022	\042	Doppeltes Anführungszeichen
\\	\u005c	\134	Backslash
\b	\u0008	\010	Rückschritt (Backspace)
\f	\u000c	\014	Formularvorschub (Formfeed)
\n	\u000a	\012	Neue Zeile (New line)
\r	\u000d	\015	Wagenrücklauf (Return)
\t	\u0009	\011	Tabulator (Tab)

Eine Formatierung eines Zeichenliterals mit dem Unterstrich, wie er mit Java 7 eingeführt wurde, ist hier natürlich Unsinn – es handelt sich ausdrücklich um ein einzelnes Zeichen.

Abschließend seien noch folgende Bemerkungen angeführt:

- Die als oktale Escape-Literale bezeichneten Zeichenliterale können zur Darstellung aller Unicode-Werte von `\u0000` bis `\u00ff` (alte ASCII-Begrenzung) benutzt werden. Bei oktaler Darstellung mit Basis 8 ist diese Darstellung auf `\000` bis `\377` begrenzt. Beachten Sie, dass Oktalzahlen nur Werte von 0 bis einschließlich 7 annehmen dürfen.
- Die Unicode-Zeichenliterale werden schon zu einem sehr frühen Zeitpunkt vom Java-Compiler interpretiert. Wenn man daher die Escape-Unicode-Literale dazu verwendet, ein zeilenbeendendes Zeichen darzustellen, wie zum Beispiel Wagenrücklauf oder neue Zeile, wird das Zeilenendezeichen vor dem schließenden einfachen Anführungszeichen erscheinen. Das Resultat ist dann ein Kompilierfehler. Benutzen Sie also nicht das \u-Format, um ein Zeilenendezeichen darzustellen. Verwenden Sie stattdessen die Zeichen `\n` oder `\r`.

4.8.4 Zeichenkettenliterale/Strings

Zeichenkettenliterale sind aus mehreren Zeichenliteralen zusammengesetzte Ketten (**Strings**), also Texte.

- Bei Zeichenkettenliteralen werden null oder mehr Zeichen in doppelten (!) Anführungszeichen dargestellt.
- Beide Anführungszeichen eines Zeichenkettenliterals müssen in derselben Zeile des Quellcodes stehen! Mit anderen Worten – Strings dürfen nicht über mehrere Zeilen verteilt werden.

Java erzeugt Zeichenketten als Instanzen der Klasse `java.lang.String`. Es sind also Objekte! Oder genauer gesagt: **Referenztypen**. Damit stehen alle Methoden der Klasse `String` zur Manipulation einer Zeichenkette zur Verfügung. Diese Methoden können zum Vergleichen oder Durchsuchen von Zeichenketten verwendet werden oder dienen zum Extrahieren einzelner Zeichen.

Wichtige Methoden sind etwa folgende:

- Die Methode `equals()` überprüft Zeichenketten auf Gleichheit.
- Mit `length()` wird die Länge eines Strings zurückgegeben.

Verketten von Strings

Zeichenketten können in Java auch mit dem String-Verknüpfungsoperator (+) zusammengesetzt werden. Wenn ein Wert, der keine Zeichenkette ist, mit einer Zeichenkette über den Verknüpfungsoperator (auch String-Verkettungsoperator genannt) verbunden wird, so wird er vorher automatisch zu einer Zeichenkette konvertiert. Das bedeutet, dass beispielsweise auch ein numerischer Wert einer Zeichenkette hinzugefügt werden kann. Der numerische Wert wird zu einer entsprechenden Ziffernzeichenfolge konvertiert, die der ursprünglichen Zeichenkette dann hinzugefügt wird.

Strings versus Zeichen-Arrays

Viele Merkmale von Zeichenketten sind identisch mit den Merkmalen von Zeichen-Arrays. Dennoch sind Strings in Java im Unterschied zu beispielsweise dem verwandten C/C++ explizit keine einfachen Zeichen-Arrays.

Zeichenkettenliterale können wie schon erwähnt Steuerzeichen wie Tabulatoren, Zeilenvorschübe, nicht druckbare Unicode-Zeichen oder druckbare Unicode-Spezialzeichen in Form von allen Zeichenliteralcodierungen enthalten. Das nachfolgende kleine Beispiel zeigt die Verwendung von maskierten Sonderzeichen, die innerhalb von Zeichenketten verwendet werden, wie auch die Verwendung verschiedener String-Methoden und die Verknüpfung von Strings (*ZeichenkettenLiterale.java*):

```
public class ZeichenkettenLiterale {
  private String a = "Hau wech den Sch...";
  private String b = new String("Beinhart");
  private String c = "Boelk" + "stoff";
  private int d = 42;
  public static void main(String[] args) {
    ZeichenkettenLiterale obj = new ZeichenkettenLiterale();
    System.out.println(obj.a);
    System.out.println(obj.a.length());
    System.out.println(obj.b);
    System.out.println(obj.b.length());
```

```
    System.out.println("Das geht auch".length());
    System.out.print("Wo gibt es genug\t" + obj.c + "?\n");
    System.out.println("Hier haste\t" + obj.d + "\tFlaschen.");
  }
}
```

In der zweiten Zeile wird einfach ein Zeichenkettenliteral der Variablen a zugewiesen. In der dritten Zeile wird stattdessen der Konstruktor der Klasse `String` verwendet, was auch geht. In der vierten Zeile sehen Sie die Verknüpfung von zwei Zeichenkettenliteralen.

In der `main()`-Methode geben wir die Zeichenkettenliterale aus und wenden zudem die Methoden `length()` an, um die Anzahl der Zeichen zu ermitteln. Beachten Sie, dass es vollkommen egal ist, ob wir die Methode auf ein Zeichenkettenliteral oder eine Variable anwenden.

Am Ender der `main()`-Methode sehen Sie die Anwendung von Escape-Literalen. Beachten Sie, dass einmal nur die `print()`-Methode und nicht die `println()`-Methode zum Einsatz kommt. Den Zeilenumbruch erledigen wir mit `\n`.

In der folgenden Zeile ist von Bedeutung, dass der Wert von `obj.d` numerisch ist. Durch die Verbindung mit dem Zeichenkettenliteral wird er von diesem quasi »geschluckt«.

```
Hau wech den Sch...
19
Beinhart
8
13
Wo gibt es genug        Boelkstoff?
Hier haste      42      Flaschen.
```

Abbildung 4.4: Die Anwendung von Zeichenkettenliteralen.

4.8.5 Boolesche Literale

Es gibt in Java, wie schon mehrfach erwähnt, nur zwei **boolesche Literale**:

- `true`
- `false`

Es gibt keinen Nullwert und kein numerisches Äquivalent. Boolesche Literale spielen vor allem in Vergleichen eine wichtige Rolle (das werden wir noch sehen), können aber auch anders verwendet werden (etwa, indem man sie direkt ausgibt – ein Beispiel dazu können wir uns ob der einfachen Anwendung an dieser Stelle aber sparen).

4.8.6 Binäre Literale

Mit Java 7 wurden in Java sogenannte binäre Literale eingeführt, die auch mit einem Unterstrich formatiert werden können.

Etwa so:

```
0b0001_0010_0100_1000
```

Als Kennung verwendet man als Präfix des Literals `0b` oder `0B`.

Meist wird das binäre Literal einer numerischen Variablen zugewiesen oder als Ersatz eines numerischen Literals in einer Berechnung verwendet, wenn dort eine binäre Darstellung sinnvoller ist. Schauen wir uns ein Beispiel an (*BinaereLiterale.java*):

```
public class BinaereLiterale {
  private int a = 0b1000;
  private int b = 0B11111111;
  public static void main(String[] args) {
    BinaereLiterale obj = new BinaereLiterale();
    System.out.println(obj.a);
    System.out.println(obj.b);
  }
}
```

In den Zeilen 2 und 3 werden zwei binäre Literale definiert. An der Ausgabe erkennen Sie, dass wir damit die dezimalen Werte 8 und 255 beschreiben.

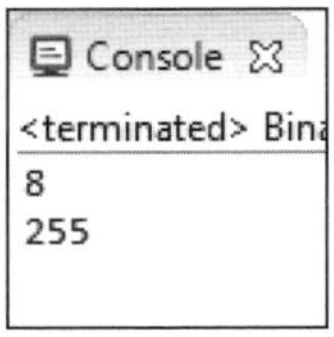

Abbildung 4.5: Binäre Literale bieten sich bei verschiedenen mathematischen Algorithmen an.

4.8.7 Grundsätzliches zum Datentyp bei Literalen

Ein Literal besitzt – sozusagen von Natur aus – einen Datentyp. Variablen erhalten den Datentyp bei der Deklaration, indem er einfach dem Bezeichner vorangestellt wird.

Nun könnten wir auf Beispiele sicher verzichten, denn im Grunde haben wir in den meisten bisherigen Beispielen mit primitiven Datentypen gearbeitet. Nur gibt es einige Besonderheiten, die wir besprechen müssen:

- Interessant wird es, wenn man den Wertebereich der primitiven Datentypen bei einer Wertzuweisung überschreitet. Sie erhalten beim Kompilieren eine Fehlermeldung wie *... possible loss of precision* oder *... floating point number too large.*
- Wenn einem booleschen Datentyp eine Zahl zugewiesen wird, erzeugt das einen Fehler durch den Compiler. Werte vom Typ `boolean` sind zu allen anderen primitiven Datentypen inkompatibel und lassen sich nicht in andere Typen überführen. Das ist ein sehr wichtiges Stabilitäts- und Sicherheitsfeature von Java.
- Einer `char`-Variable kann, da sie 2 Byte lang ist, direkt eine ganze Zahl zwischen 0 und 65.535 zugewiesen werden. Es wird bei einer eventuellen Ausgabe dann das zugeordnete Unicode-Zeichen dargestellt. Die Umkehrung – also die Zuweisung von `char`-Zeichen an andere Datentypen – funktioniert direkt nur für den Typ `int`. Für die anderen Datentypen ist keine direkte Zuweisung möglich. Allerdings kann man manuell konvertieren (Ausnahme Datentyp `boolean` – hier funktioniert, wie gerade erwähnt, keinerlei Konvertierung).

4.9 Vertiefende Details zu Variablen und Konstanten

Kommen wir noch einmal auf Variablen zurück und vertiefen die ersten knappen Ausführungen. Dazu führen wir auch Konstanten ein.

4.9.1 Instanz- und Klassenvariablen

Instanzvariablen und Klassenvariablen kennen wir. Beides bezeichnet Variablen, die unmittelbar im Sichtbarkeitsbereich der Klasse definiert werden. Entweder mit `static` als Modifier (Klassenvariablen) oder ohne diesen (Instanzvariablen).

4.9.2 Lokale Variablen

Neu sind **lokale Variablen**. Diese werden innerhalb von Methodendefinitionen deklariert und können auch nur dort benutzt werden. Diese Aussage umfasst auch solche Variablendeklarationen, die innerhalb der Parameterliste einer Methodendeklaration durchgeführt werden.

Temporäre Variablen dieser Art sind sinnvoll, wenn Werte nur innerhalb der Methodendefinitionen Verwendung finden. Sogar innerhalb einzelner, besonderer Blockstrukturen können Indexvariablen von Schleifen (sogenannte **blocklokale** oder **schleifenlokale** Variablen) definiert werden.

Lokale Variablen existieren nur so lange im Speicher, wie die Methode, die Schleife oder der Block existiert. Damit haben wir einen der Hauptgründe, warum man – sofern es möglich ist – lokale Variablen einsetzt: Das Programm wird genügsamer bezüglich des zur Laufzeit benötigten Speichers. Unbenutzter Speicher kann schneller freigegeben werden.

Betrachten wir ein Beispiel *LokaleVar1.java*, für das wir auch ein neues Projekt *Variablen* anlegen:

```
public class LokaleVar1 {
  void meth1() {
    int a = 42;
    System.out.println(a);
  }
  void meth2(int a) {
    int b = a;
    System.out.println(b);
  }
  public static void main(String[] args) {
    LokaleVar1 u = new LokaleVar1();
    u.meth1();
    u.meth2(5);
  }
}
```

Die in den beiden Methoden deklarierten Variablen a sowie a und b sind jeweils lokal und können nur innerhalb der zugehörigen Methode verwendet werden.

Um ein weiteres sinnvolles Beispiel zu demonstrieren, müssen wir auf eine Schleifenkonstruktion zurückgreifen, die im Folgenden noch genauer erklärt wird. Sie dürfte jedoch jedem bekannt sein, der schon einmal programmiert hat – die for-Schleife.

```
public class LokaleVar2 {
  void meth1() {
    for (int i = 0; i < 500; i++)
      System.out.print((char) i + " ");
    System.out.println("______");
    for (char i = 0; i < 500; i++)
      System.out.print(i + " ");
  }
  public static void main(String[] args) {
    new LokaleVar2().meth1();
  }
}
```

In dem Beispiel sehen Sie den Einsatz von schleifenlokalen Variablen.

Namensraum beachten

Obwohl eine schleifenlokale Variable außerhalb der Schleife nicht zur Verfügung steht, ist sie direkt im Namensraum der Methode deklariert. Das bedeutet, dass man in der Methode selbst keine gleich benannte Variable verwenden kann. Entweder ist eine Variable schleifenlokal oder (exklusiv) lokal. Wie Sie im Beispiel sehen, kann man allerdings in einer Methode den gleichen Bezeichner schleifenlokal in verschiedenen Schleifen innerhalb einer Methode verwenden – sogar mit verschiedenen Datentypen.

In der ersten Schleife wird das Zeichen des Unicodes ausgegeben, das von der lokalen numerischen Variable `i` pro Schleifendurchgang repräsentiert wird. Dazu wird der primitive `int`-Wert durch Casting in einen primitiven `char`-Wert umgewandelt.

In der zweiten Schleife iterieren wir über einen `char`-Wert. Dieser ist bekanntlich auch numerischer Natur und deshalb kann man ihn auch als Schleifenindex verwenden. Die Ausgabe kann deshalb ohne Casting erfolgen (siehe Seite 192). Wichtiger ist in dem Beispiel allerdings, dass wir in den beiden Schleifen den Bezeichner `i` unterschiedlich verwenden.

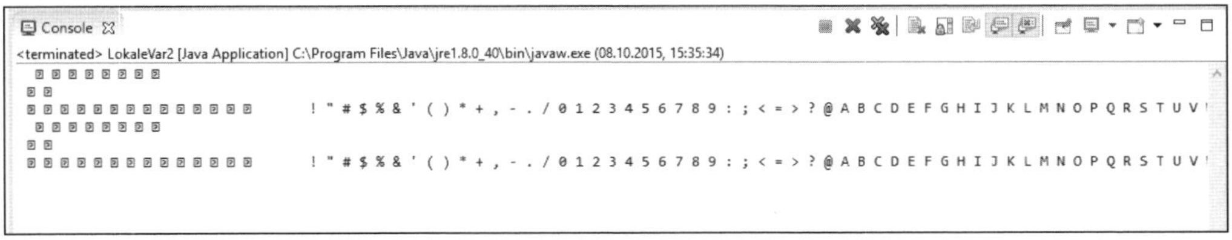

Abbildung 4.6: Die Ausgabe beider Schleifen ist identisch.

Kein Vorgabewert bei lokalen Variablen

Lokalen Variablen müssen Sie unbedingt einen Wert zuordnen, bevor sie benutzt werden können. Instanz- und Klassenvariablen haben einen typspezifischen Vorgabewert, aber lokale Variablen ausdrücklich nicht. Es gibt einen Compiler-Fehler der folgenden Art, wenn lokale Variablen nicht vor der ersten Verwendung initialisiert wurden: *...: variable ... might not have been initialized*

Auf lokale Variablen greift man in einer Methode oder in einem Block immer direkt und nicht über die Punktnotation zu.

4.9.3 Konstanten

Wir hatten bei den objektorientierten Konzepten schon besprochen, dass Java keine Konstanten im üblichen Sinn kennt, und diese über das vorangestellte Schlüsselwort `final` mit ansonsten weitgehend normalen Variablen realisiert. Zusätzlich müssen Sie dieser Variablen einen Anfangswert zuweisen (der sich dann auch nie mehr ändert – sonst hätten wir ja keine Konstante).

Konstanten der Java-API

Die Java-API stellt eine große Anzahl von Konstanten für die unterschiedlichsten Einsatzgebiete zur Verfügung.

Konstanten werden per Konvention in Java **immer** vollständig großgeschrieben. In der Regel wird man Klassenvariablen (mit `static` als Modifizierer) als Konstanten verwenden. Obwohl auch Instanzvariablen verwendet werden können. Aber das ist meist unsinnig. Ist Ihnen klar, warum? Der Wert wird in allen Instanzen gleich sein und daher kann man ihn auch in der Klasse festlegen.

Beispiel (*Konstanten.java*):

```
public class Konstanten {
  static final int ANTWORT = 42;
  final String FRAGE = "Was ist die Antwort auf alle Fragen?";
  public static void main(String[] args) {
    System.out.println(new Konstanten().FRAGE);
    System.out.println(ANTWORT);
  }
}
```

Variablen/Konstanten in Schnittstellen

Obwohl Schnittstellen noch nicht explizit behandelt wurden, soll bereits jetzt der Hinweis nicht untergehen, dass Variablendeklarationen in Schnittstellen **immer** die Deklaration von Konstanten bedeuten. Unabhängig davon, ob dabei `final` vorangestellt wird oder nicht.

4.10 Operatoren

Operatoren sind Zeichen oder Zeichenkombinationen (also eine besondere Art von Token), die eine auszuführende **Operation** mit einem oder mehreren **Operanden** durchführen. Sie sind der Schlüssel für jegliche Art von halbwegs aufwendigeren Programmstrukturen. In Java werden die Operatoren (wie auch in den meisten anderen Programmiersprachen) in mehrere Kategorien eingeteilt.

4.10.1 Arithmetische Operatoren

Arithmetische Operatoren werden für mathematische Berechnungen verwendet und erfordern einen oder zwei Operanden eines primitiven numerischen Datentyps.

Arithmetische Operatoren mit zwei Operanden

Im Fall von zwei Operanden sind dies entweder ganzzahlige Werte oder Fließkommazahlen. Als Ergebnis einer arithmetischen Operation erhalten Sie einen neuen Wert, dessen Datentyp sich aufgrund der Datentypen der beteiligten Operanden wie folgt ergibt:

- Zwei ganzzahlige Datentypen (`byte`, `short`, `int` oder `long`) als Operanden ergeben immer einen ganzzahligen Datentyp als Ergebnis. Dabei kann als Datentyp des Ergebnisses immer nur ein Datentyp `int` oder `long` entstehen. `byte` und `short` sind nicht möglich und der Datentyp `long` entsteht dann und nur dann, wenn einer der beiden Operanden bereits vom Datentyp `long` war oder das Ergebnis von der Größe her nur als `long` dargestellt werden kann.
- Zwei Fließkommatypen als Operanden ergeben immer einen Fließkommatyp als Ergebnis. Die Anzahl der Stellen des Ergebnisses ist immer das Maximum der Stellenanzahl der beiden Operanden.
- Wenn die Operanden ein ganzzahliger Typ und ein Fließkommatyp sind, ist das Ergebnis immer ein Fließkommatyp.

Java kennt die folgenden arithmetischen Operatoren mit zwei Operanden:

Operator	Bedeutung
+	Additionsoperator
-	Subtraktionsoperator
*	Multiplikationsoperator
/	Divisionsoperator
%	Modulo-Operator (gibt den Rest einer Division zurück)

Die Operatoren dürften sicher klar sein. Mit zwei Ausnahmen. Die erste Ausnahme ist die folgende Situation: Wie lautet die Ausgabe des folgenden Listings (*Division.java*)? Dabei soll das neue Projekt für diesen Abschnitt *Operatoren* heißen.

```
public class Division {
  public static void main(String[] args) {
    int a = 5;
    int b = 2;
    System.out.println(a / b);
  }
}
```

Ist es klar, dass das Ergebnis **nicht** 2,5 oder 2.5 ist?

Das Resultat ist **2**!

Den Grund haben wir unmittelbar vor dem Beispiel ausgeführt. Zwei ganzzahlige Datentypen als Operanden ergeben immer einen ganzzahligen Datentyp als Ergebnis! Der Datentyp hat in Java eine sehr hohe Priorität, denn Java ist streng typisiert. Daher kommt nur 2 als Ergebnis infrage. Der Zieltyp der Operation ist zwingend `int`. Und damit wird dann der Nachkommateil des Ergebnisses einfach abgeschnitten. Das ist also eine **Ganzzahldivision**.

Eine weitere Situation, die wir besprechen sollten, ist möglicherweise der **Modulo-Operator** (auch **Rest-Operator** genannt). Dieser dürfte nicht allen Lesern bekannt sein. Dieser Operator ist unter anderem bei Verschlüsselungs- und Komprimierungsverfahren sehr wichtig. Aber nicht nur da.

Er gibt den Rest einer Division zurück. Wenn der Ausdruck `x % y` ausgewertet wird, ist das Ergebnis der Operation der Rest der Division.

In Java ist der Modulo-Operator besonders bemerkenswert, denn er ist nicht nur für ganze Zahlen definiert, sondern auch für Fließkommazahlen! Es ist die natürliche Erweiterung der Operation auf die Menge der Fließkommazahlen. Der ausgegebene Wert ist immer noch der Rest nach der Division.

Betrachten wir das Beispiel (*ModuloOperator.java*):

```
public class ModuloOperator {
  public static void main(String[] args) {
    System.out.println(7 % 3);
    System.out.println(7 % 3.1);
    System.out.println(7.5 % 3.1);
    System.out.println(7.7 % 3);
  }
}
```

Wenn Sie `7 % 3` rechnen, kommt als Rest 1 heraus. Warum? Die 3 »geht« zweimal in die 7. Und 3 x 2 ergibt den Wert 6, und dann bleibt als Rest die Differenz zum Wert 7, also der Wert 1.

Wenn Sie `7 % 3.1` rechnen, bleibt als Rest 0.8. Denn `3.1 x 2` ergibt 6.2 und dann bleibt eben 0.8 übrig. Soweit ganz einfach, wenn man das Verfahren verinnerlicht hat. Nur beachten Sie, was das Programm wirklich liefert. Sie werden massive Rundungsprobleme erkennen.

Rundungsprobleme bei Fließkomma-Arithmetik

Allgemein ist Fließkomma-Arithmetik ein gefährliches Thema und man sollte diese Art der Berechnung vermeiden, wenn es möglich ist.

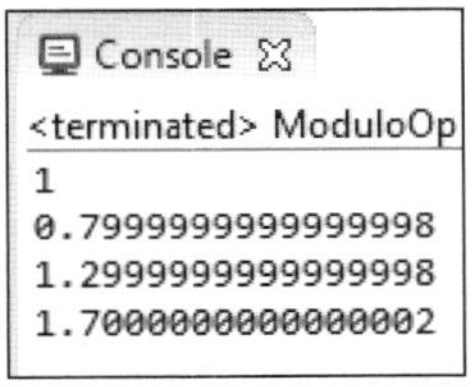

Abbildung 4.7: Die Ausgabe des Beispiels zeigt Rundungsprobleme.

Arithmetische Operatoren mit einem Operanden

Java kennt verschiedene einstellige arithmetische Operatoren. So gibt es zwei ganz primitive einstellige (d. h. mit nur einem Operanden) arithmetische Operatoren in Java, die eine recht offensichtliche Bedeutung haben und dem Operanden einfach vorangestellt werden:

- Die einstellige arithmetische Negierung: -
- Das Gegenteil der arithmetischen Negierung: +

Zu den einstelligen arithmetischen Operatoren werden auch die **Inkrement-/Dekrement-**Operatoren gezählt. Sie werden in Verbindung mit einem ganzzahligen oder einem Fließkomma-Operanden benutzt.

Inkrement- und Dekrement-Operatoren werden zum Auf- und Abwerten eines einzelnen Wertes verwendet. Der Inkrement-Operator ++ erhöht den Wert des Operanden um 1.

Die Reihenfolge von Operand und Operator ist jedoch wichtig!

- Wenn der Operator ***vor*** dem Operanden steht, erfolgt die Erhöhung des Wertes, ***bevor*** (!) der erhöhte Wert dem Operanden zugewiesen wird.
- Wenn der Operator ***hinter*** dem Operanden steht, erfolgt die Erhöhung, ***nachdem*** (!) der Wert bereits zugewiesen wurde. Im letzten Fall wird der erhöhte Wert erst in der nächsten Operation zum Tragen kommen.

Der Dekrement-Operator -- arbeitet analog. Er erniedrigt den Wert des Operanden um 1. Die Reihenfolge von Operand und Operator ist auch hier von Bedeutung. Wenn der Operator vor dem Operanden steht, erfolgt die Erniedrigung des Wertes, bevor der Wert dem Operanden zugewiesen wird. Wenn er hinter dem Operanden steht, erfolgt die Erniedrigung, nachdem der Wert bereits zugewiesen wurde.

Testen wir die Inkrement-/Dekrement-Operatoren in einem kleinen Beispiel (*InDe.java*):

```
public class InDe {
  public static void main(String[] args) {
    int a = 1;
    double b = 10.5;
    System.out.println(a++);
    System.out.println(a);
    System.out.println(++a);
    System.out.println(b--);
    System.out.println(b);
    System.out.println(--b);
    System.out.println(a);
    System.out.println(a++ + ++a);
    System.out.println(a);
  }
}
```

Bei der ersten Ausgabe sehen Sie den Ausdruck a++. Zu diesem Zeitpunkt hat a den Wert 1. Und auch die Ausgabe ist 1. Denn erst wird die Variable verwendet. Nach (!) der Verwendung über die Ausgabeanweisung wird der Wert von a erhöht, wie die nächste Ausgabe zeigt.

Nun sehen Sie aber in der folgenden Zeile den Ausdruck ++a als Parameter der Ausgabeanweisung. Damit wird der Wert von a erhöht, bevor (!) a verwendet (also ausgegeben) wird.

Die folgenden Zeilen zeigen die analoge Verwendung des Operators --, der gleich auch auf einen Gleitkommatypen angewendet wird.

Interessant ist die Zeile, in der der Operator mehrfach verwendet wird. Was ist da die Ausgabe? Und warum? Zum Zeitpunkt, an dem die Zeile erreicht wird, besitzt a den Wert 3. Mit a++ wird dieser Wert verwendet und dann erhöht. Dann wird der Wert mit ++a noch einmal erhöht (also beträgt der Wert jetzt 5) und dann verwendet.

Deshalb steht der Ausdruck a++ + ++a für 3 + 5.

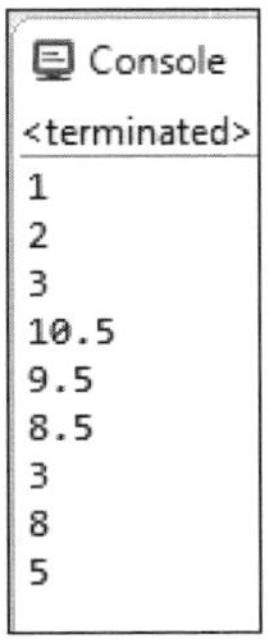

Abbildung 4.8: Anwendung von Dekrement- und Inkrement-Operator.

Keine Dekrement- oder Inkrement-Operatoren in zusammengesetzten Ausdrücken

Bereits das einfache Beispiel sollte deutlich gemacht haben, dass diese Operatoren in zusammengesetzten Ausdrücken nichts verloren haben. Insbesondere wird der resultierende Bytecode in keiner Weise performanter, denn wenn Sie einen solchen Ausdruck im Quellcode aufspalten, wird der Java-Compiler das Resultat optimieren.

4.10.2 Zuweisungsoperatoren

In Java gibt es neben dem direkten Zuweisungsoperator = die arithmetischen Zuweisungsoperatoren. Diese sind als Abkürzung für arithmetische Operationen zu verstehen. Wie auch die arithmetischen Operatoren können sie sowohl mit ganzen Zahlen als auch mit Fließkommazahlen verwendet werden. Das Ergebnis einer Zuweisung über einen arithmetischen Zuweisungsoperator steht immer auf der linken Seite.

Operator	Bedeutung	Beispiel	Entspricht
-=	Subtrahierender Zuweisungsoperator	*x -= 3*	*x = x – 3*
*=	Multiplizierender Zuweisungsoperator	*x *= 10*	*x = x * 10*
/=	Dividierender Zuweisungsoperator	*x /= 3*	*x = x / 3*
%=	Modulo-Zuweisungsoperator	*x %= 7*	*x = x % 7*
+=	Additiver Zuweisungsoperator	*x += 5*	*x = x + 5*
=	Direkter Zuweisungsoperator	*x = 3*	

Betrachten wir ein vollständiges Beispiel (*ZuweisungsOperatoren.java*):

```
public class ZuweisungsOperatoren {
  public static void main(String[] args) {
    int i = 10;
```

```
    int j = 20;
    i += 5;
    j -= 2;
    System.out.println("Wert i: " + i + "\nWert j: " + j);
    i *= 3;
    j /= 2;
    System.out.println("Wert i: " + i + "\nWert j: " + j);
    i %= 7;
    j %= 3;
    System.out.println("Wert i: " + i + "\nWert j: " + j);
  }
}
```

4.10.3 Vergleichsoperatoren und Referenzvergleiche

Vergleichsoperatoren werden meist in Schleifen oder Entscheidungsanweisungen verwendet, die einen booleschen Wert überprüfen. Sie verwenden zwei Operanden gleichen Typs und vergleichen diese. Als Rückgabewert der Operation entsteht immer (!) ein boolescher Wert (`true` oder `false`).

Typsicherheit bei Vergleichen in Java

Es wurde schon erwähnt, ist aber so wichtig, dass es noch einmal betont werden soll: Es ist in Java nicht möglich, bei einem Vergleich einen numerischen Rückgabewert zu erhalten oder sonst irgendwelche numerischen Werte als wahr oder falsch zu interpretieren. In vielen anderen (meist älteren) Sprachen ist das anders. So wird etwa in C/C++ oder PHP der Wert 0 als `false` gewertet und jede andere numerische Zahl als `true`. Damit kann man bei einem Vergleich den Testausdruck auch auf Gleichheit oder Ungleichheit mit 0 testen. Das ist in vielen Fällen sehr bequem, aber extrem fehleranfällig und sehr schlecht wartbar. Die Abschaffung dieser Möglichkeit in Java sorgt für eine erhebliche Verbesserung der Stabilität, Sicherheit und Softwarequalität.

Die Vergleiche lassen sich hinsichtlich der Vergleichslogik wie folgt einteilen:

- Relationale Operatoren bei primitiven Werten
- Referenzvergleiche
- Logische Vergleichsoperatoren

Relationale Operatoren bei primitiven Werten

Relationale Operatoren sind zum Ordnen von Größen bestimmt. Sie prüfen, ob etwa ein Wert größer oder kleiner als ein anderer Wert ist oder zwei Werte gleich sind. Von daher ist es offensichtlich, dass gerade numerische Operanden mit diesen Operatoren verglichen werden. Und da auch Zeichen in Java über ihre numerische Codierung dargestellt werden, kann man die Werte zweier Variablen vom Typ `char` ebenfalls vergleichen. Sie können auch boolesche Werte vergleichen, allerdings nur auf Gleichheit oder Ungleichheit.

Operator	**Beschreibung**
!=	Ungleichheit
<	Kleiner-als
<=	Kleiner-als-oder-gleich
==	Gleichheit
>	Größer-als
>=	Größer-als-oder-gleich

Wir wollen an der Stelle wieder ein weiteres kleines Java-Programm schreiben. Da uns bisher allerdings noch keine Schleifen zur Verfügung stehen, werden nur die Rückgabewerte von Vergleichen (`true` oder `false`) auf Systemebene ausgegeben (*VergleichsOperatoren1.java*).

```
public class VergleichsOperatoren1 {
  public static void main(String[] args) {
    int a = 1;
    int b = 2;
    char c = 'x';
    boolean d = true;
    System.out.println(
      "a: " + a + "\tb: " + b + "\tc: " + c + "\td: " + b);
    System.out.println("a == b? " + (a == b));
    System.out.println("a != b? " + (a != b));
    System.out.println("a >= b? " + (a >= b));
    System.out.println("a <= b? " + (a <= b));
    System.out.println("a > b? " + (a > b));
    System.out.println("c < 'w'? " + (c < 'w'));
    System.out.println("d == false? " + (d == false));
  }
}
```

Wenn Sie die entsprechenden Vergleiche betrachten, dürften die Ausgaben klar sein. Ich möchte nur zwei Stellen kurz erläutern.

- Da gibt es einmal den Vergleich der `char`-Variable `c` mit dem Zeichenliteral `'w'`. In der Unicode-Tabelle ist die Codierung für das Zeichen `'w'` numerisch kleiner als für das Zeichen `'x'`, das von der Variablen `c` repräsentiert wird. Und dementsprechend ist der Wert der Variablen `c` nicht kleiner als der numerische Wert des Zeichens `'w'`.

- Die zweite Erklärung betrifft die Zeile mit der booleschen Variable. Die `boolean`-Variable `d` hat den Wert `true` und damit muss der Vergleich auf `false` unwahr sein. In der Tat bereiten gerade bei Vergleichen mit booleschen Ausdrücken die Umdrehungen von Wahrheitswerten gern Probleme.

Achtung bei Gleichheitsoperator und Zuweisungsoperator

Der Gleichheitsoperator (zwei hintereinander folgende Gleichheitszeichen) darf nicht mit dem Zuweisungsoperator (ein einzelnes Gleichheitszeichen) verwechselt werden. Einige andere Programmiersprachen unterscheiden dahingehend nicht und verwenden das einfache Gleichzeichen für beide Fälle (Vergleich und Zuweisung). Eine gefährliche Eigenheit, die Java glücklicherweise nicht zulässt. So wird der Compiler eine falsche Verwendung in der Regel bemerken.

- Aber es gibt auch in Java wenige, spezielle Situationen, in denen eine logisch falsche Anwendung syntaktisch funktioniert. Wenn etwa in einer Bedingung ein Wahrheitswert mit `true` oder `false` verglichen werden soll und aus Versehen der Zuweisungsoperator notiert wird. Dann erfolgt die Zuweisung mit dem booleschen Literal und der Ausdruck hat nach der erfolgreichen Aktion den Wahrheitswert `true`. Syntaktisch ist damit alles korrekt und die überprüfte Bedingung liefert `true`. Das ist natürlich nicht das, was man überprüfen will, und das Programm tut nicht das, was geplant ist. Deshalb ist immer große Sorgfalt notwendig.
- Ebenso sollten Sie beachten, dass es in Java keinen Operator für die Identität gibt, wie er etwa bei der »kleinen Schwester« von Java – JavaScript – vorhanden ist. Dort gibt es die Token === (drei Gleichheitszeichen) und !==. Damit kann man nicht nur den Wert von Operanden vergleichen, sondern auch deren Typ. In JavaScript ist das notwendig, da JavaScript lose typisiert ist und man damit den Datentyp nicht so richtig unter Kontrolle hat. In Java wäre dieser Vergleich auf Identität nutzlos, da die Datentypen durch die strenge Typisierung auch in den Vergleichen immer unter Kontrolle bleiben.

Referenzvergleiche und String-Vergleich

Nun wurde erwähnt, dass Vergleichsoperatoren entweder auf numerische oder boolesche Operanden angewendet werden. Doch was ist, wenn die Operanden Objekte sind? Geht das überhaupt?

Die Antwort lautet ja.

Denn die Referenzen auf Objekte sind in Java 32-Bit-Adresszeiger und das sind numerische Werte. Aber in diesem Fall muss man deutlich zwischen den Objekten und den darin gespeicherten Werten unterscheiden! Und zwischen der Art der Objekte bzw. der gespeicherten Werte.

Zwar bedeutet eine Objektgleichheit immer die Gleichheit der Werte in den Objekten (das ist trivial, denn in dem Fall verweist die Referenz auf den gleichen Speicherplatz), jedoch gilt die Umkehrung nicht!

Zwei verschiedene Objekte bzw. deren Elemente können selbstverständlich gleiche Werte beinhalten. Der Vergleich der Objekte mittels der Vergleichsoperatoren liefert dann Ungleichheit, obwohl der Inhalt unter Umständen gleich ist (die Vergleichsoperatoren prüfen nur darauf, ob die Objekte gleich sind). Sie werden sehen, dass Java hier in einigen Situationen eine sehr praxisorientierte und kompakte Syntax zur Verfügung stellt, die aber einige Dinge im Hintergrund automatisch zurechtbiegt und damit von der Logik nicht klar nachzuvollziehen ist. Und das kann zu einigen gefährlichen Fehlern führen.

Um die **Gleichheit des Inhalts** (was meist der gewünschte Vergleich ist) zu überprüfen, gibt es die in allen Objekten verfügbare Methode `equals()` (vererbt von `java.lang.Object`), die entweder `true` oder `false` als Rückgabewert liefert.

Ziehen wir zur Verdeutlichung das folgende Beispiel heran, in dem Vergleiche zwischen zwei Objekten vom Typ `java.lang.Integer` durchgeführt werden. Solche Objekte nennt man Wrapper-Objekte, mit denen primitive Datentypen in die Welt der Objekte integriert werden können. Objekte vom Typ `Integer` repräsentieren einfach objektorientiert den Wert des primitiven Datentyps `int`.

Damit verfügt diese Art von Objekten auch im naiven Verständnis über einen »Inhalt«. Darüber hinaus stellen sie als echte Objekte natürlich gewisse Methoden und Eigenschaften bereit (*VergleichsOperatoren2.java*).

```
public class VergleichsOperatoren2 {
  public static void main(String[] args) {
    Integer a = new Integer(42);
    Integer b = a;
    Integer c = new Integer(42);
    System.out.println("Objektgleichheit a und b: "
      + (a == b));
    System.out.println("Haben a und b den gleichen Inhalt? "
      + a.equals(b));
    System.out.println("Objektgleichheit a und c: "
      + (a == c));
    System.out.println("Haben a und c den gleichen Inhalt? "
      + a.equals(c));
    System.out.println("Objektgleichheit b und c: "
      + (b == c));
    System.out.println("Haben b und c den gleichen Inhalt? "
      + b.equals(c));
  }
}
```

Das Programm arbeitet mit drei Variablen, die jeweils die Referenz auf ein `Integer`-Objekt aufnehmen. Die Objekte `a` und `b` sind dabei explizit identisch, denn `b` bekommt mit dem Zuweisungsoperator die Referenz auf das Objekt `a` zugewiesen. Das ist nichts anderes als ein Pointer auf den gleichen Speicherbereich. Das heißt, die Objekte müssen identisch sein. Das Objekt `c` wird neu erzeugt, aber der Inhalt ist identisch. Und damit ist das ein anderes Objekt. Es wird in einem anderen Speicherbereich erzeugt. Schauen Sie sich die Ausgabe des Programms zur Verdeutlichung an.

Objektgleichheit a und b: true

Haben a und b gleichen Inhalt? true

Objektgleichheit a und c: false

Haben a und c gleichen Inhalt? true

Objektgleichheit b und c: false

Haben b und c gleichen Inhalt? true

Nun wäre das Thema damit eigentlich erledigt. Aber da ist noch die Sache mit String-Vergleichen. String-Vergleiche sind nämlich in Java besondere Referenzvergleiche, da Strings als spezielle Referenztypen bereitgestellt werden. Strings gelten für viele OO-Puristen neben primitiven Datentypen als weiterer Sündenfall von Java gegenüber der reinen OO-Lehre. Der Grund ist, dass man Strings in Java so erzeugen kann:

```
String a = "Sündenfall";
```

Das darf eigentlich nicht gehen. Denn wie werden Objekte erzeugt? Mit einem explizit aufgerufenen Konstruktor. Und der ist hier nirgends zu finden.

Das ist eine **deklarative Erzeugung** eines Objekts!

Daneben kann man in Java Strings aber auch so erzeugen:

```
String a = new String("Sündenfall");
```

Aber Sun hat auch hier sehr gut daran getan, die direkte (deklarative) Wertzuweisung von Strings zu einer Variablen vom Typ `String` (mit impliziter Objekterzeugung) nicht zu unterbinden. Die Akzeptanz von Java wäre bei vielen Programmierern alter Schule sonst erheblich geringer ausgefallen. Nur geht die Besonderheit im Umgang mit Strings unter Java noch weiter. Das wird sich bei Vergleichen von Strings zeigen. Da Strings in Java Objekte bzw. Referenztypen sind, sollte entsprechend auch der Test auf Übereinstimmung der Werte von Strings nicht als Referenzvergleich durchgeführt werden. Und das bedeutet, dass Sie die Inhalte von zwei Strings stattdessen mit der `equals()`-Methode vergleichen. Aber schauen Sie sich das nachfolgende Listing an (*VergleichsOperatoren3.java*):

```
public class VergleichsOperatoren3 {
  public static void main(String[] args) {
    String a = "abc";
    String b = a;
    String c = "abc";
    System.out.println("Objektgleichheit a und b: "
      + (a == b));
    System.out.println("Haben a und b den gleichen Inhalt? "
      + a.equals(b));
    System.out.println("Objektgleichheit a und c: "
      + (a == c));
    System.out.println("Haben a und c den gleichen Inhalt? "
      + a.equals(c));
    System.out.println("Objektgleichheit b und c: "
      + (b == c));
    System.out.println("Haben b und c den gleichen Inhalt? "
      + b.equals(c));
  }
}
```

Das Beispiel ist dem vorherigen Beispiel sehr ähnlich. Nur werden jetzt drei Objekte vom Typ String angelegt. Wie wird die Ausgabe des Programms lauten?

Objektgleichheit a und b: true

Haben a und b den gleichen Inhalt? true

Objektgleichheit a und c: true

Haben a und c den gleichen Inhalt? true

Objektgleichheit b und c: true

Haben b und c den gleichen Inhalt? true

Natürlich haben `a` und `b` den gleichen Inhalt. Sie verweisen auf dasselbe Objekt. Ganz wie im Beispiel zuvor mit den Objekten vom Typ `Integer`. Und auch `c` hat den gleichen Inhalt wie `a` und `b`. Aber wie erklären Sie die Objektgleichheit von `a` und `c` sowie `b` und `c`? Wenn Sie Referenzvergleiche richtig verstanden haben, sollten Sie sich jetzt wundern.

Der Grund liegt nicht an einem logisch nachzuvollziehenden Grund, sondern an der »normativen Kraft des Faktischen« ;-). Oder anders ausgedrückt: Java opfert in gewisser Weise die Logik auf dem Altar der Praxisoptimierung.

Denn `a`, `b` und `c` verweisen in unserem Beispiel auf den gleichen Speicherbereich und dann ist die Ausgabe natürlich wieder logisch. Der Grund ist die Arbeit des Compilers. Es handelt sich um einen optimierenden Compiler. Im Fall von Strings im Quellcode erkennt er, wenn mehreren Variablen derselbe Textinhalt zugewiesen wurde. Statt diesen identischen Text mehrfach als verschiedene Zeichenkettenliterale im Hauptspeicher zu halten, bekommt nach der ersten Zuweisung des Zeichenkettenliterals jede weitere String-Variable, die diesen Inhalt haben soll, im Hintergrund statt eines eigenen Zeichenkettenliterals einfach eine Referenz auf den bereits referenzierten Text zugewiesen. Dies kann erheblich Ressourcen sparen. Erst wenn einer der beteiligten Variablen ein anderer Inhalt zugewiesen wird, werden die beiden Variablen auch auf getrennte Speicherbereiche verweisen (was vollkommen verborgen im Hintergrund abläuft).

Sie sollten aus diesem Verhalten jetzt aber nicht den Schluss ziehen, dass Sie String-Vergleiche doch mit dem Operator == durchführen könnten. In einigen Fällen geht das zwar (wie wir gerade gesehen haben), aber es gibt genug Situationen, in denen der Compiler nicht optimiert bzw. nicht optimieren kann. Etwa dann, wenn Anwendereingaben entgegenzunehmen sind. Diese können ja zum Kompilierzeitpunkt nicht bekannt sein und der Compiler muss daher zwingend für mehrere String-Objekte unterschiedliche Speicherbereiche vorsehen.

Ebenso wird der Compiler nicht optimieren, wenn Strings auf die klassische Weise mit Konstruktoren erzeugt werden. Dann erzeugen Sie auf jeden Fall zwei getrennte Objekte und der Referenzvergleich liefert auf jeden Fall `false`. Dabei genügt es bereits, wenn eines der verglichenen String-Objekte mit einem Konstruktor erzeugt wurde. Beispiel (*VergleichsOperatoren4.java*):

```
public class VergleichsOperatoren4 {
  public static void main(String[] args) {
    String a = "abc";
    String b = new String("abc");
    String c = "abc";
...
}
```

Das ist die Ausgabe, die die Ausführung beweist:

Objektgleichheit a und b: false

Haben a und b den gleichen Inhalt? true

Objektgleichheit a und c: true

Haben a und c den gleichen Inhalt? true

Objektgleichheit b und c: false

Die Anwendung der `equals()`-Methode ist also in jedem Fall sicherer, wenn Sie wirklich Textinhalte vergleichen wollen, und sollte **ausschließlich** beim Vergleich von Strings verwendet werden.

Logische Vergleichsoperatoren

Die **logischen Vergleichsoperatoren** sind nicht zum Ordnen nach numerischen Größen gedacht, sondern sie sagen nur aus, ob zwei Ausdrücke gleich sind oder nicht. Die verglichenen Ausdrücke müssen selbst boolesch sein. Also entweder ebenfalls Vergleiche, boolesche Literale oder boolesche Rückgabewerte. Diese Vergleiche erzeugen auf jeden Fall nur boolesche Ergebnisse – das ist jedoch identisch mit gewöhnlichen Vergleichsoperatoren. Dabei stellt Java – im Gegensatz zu vielen anderen Programmiersprachen – die UND- und ODER-Verknüpfung in zwei verschiedenen Varianten zur Verfügung.

- Es gibt zum einen die sogenannte **Short-Circuit-Evaluation**,
- zum anderen die Bewertung ohne diese Technik.

Bei der Short-Circuit-Evaluation eines logischen Ausdrucks wird von links nach rechts ausgewertet und die Bewertung abgebrochen, wenn bereits ein ausgewerteter Teilausdruck die Erfüllung des gesamten Ausdrucks unmöglich macht. Mit anderen Worten: Eine Bewertung wird abgebrochen, wenn die weitere Auswertung eines Ausdrucks keine Rolle mehr spielt. Damit kann beispielsweise bei umfangreicheren Konstrukten eine Steigerung der Performance erreicht werden.

Operator	Beschreibung	Bedeutung
&&	Logischer AND-Operator mit Short-Circuit-Evaluation.	Die Operation `x && y` liefert `true`, wenn sowohl x als auch y `true` sind. Ist x bereits als `false` erkannt worden, wird y nicht mehr bewertet.
||	Logischer OR-Operator mit Short-Circuit-Evaluation.	Die Operation `x || y` liefert `true`, wenn mindestens einer der beiden Operanden `true` ist. Ist bereits `x true`, wird y nicht mehr bewertet.
!	Logischer NOT-Operator – die Negation.	Vorangestellter Operator mit einem Operanden zur Umdrehung des Wahrheitswerts.
&	Logischer AND-Operator ohne Short-Circuit-Evaluation.	Die Operation `x & y` liefert `true`, wenn sowohl x als auch y `true` sind. Beide Operanden werden bewertet.
|	Logischer OR-Operator ohne Short-Circuit-Evaluation.	Die Operation `x | y` liefert `true`, wenn mindestens einer der beiden Operanden `true` ist. Beide Operanden werden bewertet.
^	EXKLUSIV-ODER	Die Operation `x ^ y` liefert dann und nur dann `true`, wenn beide Operanden verschiedene Wahrheitswerte haben.

Betrachten wir ein Beispiel (*LogischeVergleichsoperatoren1.java*):

```
public class LogischeVergleichsoperatoren1 {
  public static void main(String[] args) {
    boolean a = true;
    boolean b = false;
    System.out.println(
      "Wert von a: " + a + "\tWert von b: " + b);
```

```
    System.out.println("!a: " + !a);
    System.out.println("a && b: " + (a && b));
    System.out.println("a || b: " + (a || b));
    System.out.println("a & b: " + (a & b));
    System.out.println("a | b: " + (a | b));
    System.out.println("a ^ b: " + (a ^ b));
  }
}
```

Die Ausgabe zeigt die Wirkungen, wenn boolesche Ausdrücke auf die beschriebene Art verbunden werden. Dabei ist es keinerlei Einschränkung, dass wir nur mit booleschen Literalen arbeiten.

Wert von a: true Wert von b: false

!a: false

a && b: false

a || b: true

a & b: false

a | b: true

a ^ b: true

Nun haben wir oben behauptet, dass die logischen Vergleichsoperatoren nur mit booleschen Operanden arbeiten. Wenn ich nun behaupte, dass einige davon mit Operanden jedes primitiven ganzzahligen Typs verwendet werden können, ist das wohl ein Widerspruch. Oder nicht? Betrachten wir folgendes Beispiel (*LogischeVergleichsoperatoren2.java*):

```
public class LogischeVergleichsoperatoren2 {
  public static void main(String[] args) {
    int i = 1;
    int j = 2;
    System.out.println("Wert von i: " + i +
      "\tWert von j: " + j);
    System.out.println("i ^ j: " + (i ^ j));
    System.out.println("i & j: " + (i & j));
    System.out.println("i | j: " + (i | j));
  }
}
```

Erst einmal ist bemerkenswert, dass das überhaupt funktioniert. Denn offensichtlich sind die Variablen `i` und `j` **nicht** boolesch. Das wird die Ausgabe sein:

Wert von i: 1 Wert von j: 2

i ^ j: 3

i & j: 0

i | j: 3

Doch warum funktioniert das und woher kommen die Ergebnisse? Dieser Teil der logischen Vergleichsoperatoren zählt ebenso zu den bitweisen Operatoren. Im Prinzip beinhaltet die direkt nachfolgend besprochene bitweise Betrachtungsweise bereits die logische und ist in keiner Weise ein Widerspruch, wenn man beachtet, dass der boolesche Datentyp nur ein Bit groß ist.

Und genau diese Länge von einem Bit erklärt das Verhalten. Jedes Bit der numerischen Variablen wird für sich betrachtet und kann entweder als 0 (`false`) oder 1 (`true`) verstanden werden. Und dann wirken die Operatoren einfach wie beschrieben auf jedes Bit. Das sehen wir uns jetzt genauer an.

4.10.4 Bitweise Operatoren

Jedes Zeichen auf dem Computer wird bekanntlich intern in Form des Binärsystems aus Nullen und Einsen dargestellt, was dem Wert in einer numerischen Zeichencodierung wie ASCII oder (im Fall von Java) Unicode entspricht. Java kennt wie viele andere Programmiersprachen Operatoren, die eine Manipulation von Werten auf Bit-Ebene erlauben. **Bitweise Operatoren** ermöglichen Operationen auf Basis der Binärdarstellung von Zeichen.

Keine Angst vor bitweisen Operatoren

Sollten Sie sich noch nicht gut mit Programmierung auskennen, können Sie bitweise Operatoren am Anfang überspringen oder erst einmal nur zur Kenntnis nehmen. Das ist besser, als wenn diese Operatoren Sie entmutigen. Diese Operatoren sind nicht unwichtig, denn sie werden in der Regel bei der direkten Kommunikation mit Hardwarekomponenten (in Java normalerweise nicht), der Arbeit mit Komprimierungsprozessen bzw. Verschlüsselungsoperationen und der Verbesserung der Performance bei bestimmten Vorgängen verwendet. Aber diese Prozesse sind zum einen recht speziell bzw. fortgeschritten und zum anderen gibt es in Java oft Klassen und Objekte, die alternative Methoden bereitstellen, um eine direkte Arbeit mit diesen Operatoren zu vermeiden.

Es gibt in Java sowohl die bitweisen arithmetischen Operatoren und die bitweisen Verschiebungsoperatoren. Ebenso kann man Zuweisungsoperatoren mit bitweisen Operatoren koppeln.

Bitweise Arithmetik wird also im Wesentlichen zum Setzen und Testen einzelner Bits und Kombinationen einzelner Bits innerhalb einer primitiven Variablen benutzt und ist in Java nur für die vier Integer-Typen und für Zeichentypen definiert, nicht aber für boolesche Typen und Fließkommatypen.

Die bitweisen arithmetischen Operatoren

Betrachten wir nun die **arithmetischen Bitoperatoren**. Sie dienen zur Verknüpfung zweier Operanden auf Bit-Ebene. Das bedeutet, dass ein Bit des ersten Operanden mit dem Bit des zweiten Operanden an der gleichen Stelle verknüpft wird.

Operator	Beschreibung	Beispiele
&	Der bitweise AND-Operator & verknüpft über die Operation x & y alle korrespondierenden Bits von x und y per UND. Das resultierende Ergebnis hat nur für die Bits den Wert 1, wenn alle beide Operanden an der gleichen Stelle Bits mit dem Wert 1 hatten. Die Benutzung von AND hat immer das Resultat, dass maximal die gleichen oder weniger Bits auf 1 gesetzt werden. Wenn man diese Überlegung auf den dezimalen Fall überträgt, ist das Resultat also immer die gleiche oder eine kleinere Zahl als der Wert der beiden Operanden.	*00101010 & 00101010 = 00101010* 00101010 & 00001000 = 00001000 00101010 & 10000000 = 00000000 11110000 & 00001111 = 00000000 10101010 & 01010101 = 00000000 *11100011 & 11101100 = 11100000*
^	Der bitweise XOR-Operator – das ausschließende Oder (englisch: exclusive OR) – ^ verknüpft bei der Operation x ^ y alle korrespondierenden Bits von x und y per EXKLUSIV-ODER. Das bedeutet, wenn Sie den XOR-Operator mit zwei Operanden benutzen, dann hat das resultierende Ergebnis für ein Bit nur dann den Wert 1, wenn das dazugehörige Bit in genau einem der beiden Operanden-Bytes gesetzt wird. Wenn beide dort eine 1 oder eine 0 stehen haben, wird 0 gesetzt.	*00101010 ^ 00101010 = 00000000* 00101010 ^ 00001000 = 00100010 00101010 ^ 10000000 = 10101010 11110000 ^ 00001111 = 11111111 10101010 ^ 01010101 = 11111111 11100011 ^ 11101100 = 00001111

Operator	Beschreibung	Beispiele

|	Der bitweise OR-Operator | verknüpft bei der Operation x | y alle korrespondierenden Bits von x und y per ODER.
	
	Wenn Sie den Operator mit zwei Bytes benutzen und das Ergebnis in einem dritten Byte ablegen, dann hat das resultierende Byte nur für die Bits den Wert 1, wenn mindestens einer der Operanden ein Bit an dieser Position mit dem Wert 1 hatte. Die Benutzung des Operators resultiert immer darin, dass die gleichen oder mehr Bits auf 1 gesetzt werden. Wenn man diese Überlegung wieder auf den dezimalen Fall überträgt, ist das Resultat also immer die gleiche oder eine größere Zahl als der Wert der beiden Operanden.
		`00101010 | 00101010 = 00101010`
		`00101010 | 00001000 = 00101010`
		`00101010 | 10000000 = 10101010`
		`11110000 | 00001111 = 11111111`
		`10101010 | 01010101 = 11111111`
		`11100011 | 11101100 = 11101111`

~	Das Bitweises NICHT – auch bitweiser Komplement-Operator – ~ ist ein einstelliger Operator, der dem Operanden vorangestellt wird und alle Bits des Operanden invertiert.	`~ 00101010 = 11010101`
		`~ 00001000 = 11110111`
		`~ 10000000 = 01111111`
		`~ 00001111 = 11110000`
		`~ 01010101 = 10101010`
		`~ 11101100 = 00010011`

Taschenrechner-App nutzen

Eine gute Hilfe bei der Umrechnung von dezimalen Zahlen in die binäre Darstellung bietet der Taschenrechner im Zubehör des Betriebssystems, der eine Zahl in verschiedene Darstellungen umwandeln kann. Bei der Eingabe von ^ ist zu beachten, dass nach der Betätigung der ^-Taste erst eine weitere Taste (etwa die Leertaste) gedrückt werden muss, bevor das ^-Zeichen auf dem Bildschirm erscheint.

Um die Sache zu verstehen, schauen wir uns noch einmal für eine konkrete Situation im Detail an, was auf Binärebene passiert, wenn zwei Bits aufeinander treffen. Das bitweise UND funktioniert wie folgt:

$0 \& 0 = 0$

$0 \& 1 = 0$

$1 \& 0 = 0$

$1 \& 1 = 1$

Das Ergebnis zweier mit UND verknüpfter binärer Zahlen führt also dazu, dass nur bei den Bits, an denen in beiden Operanden übereinstimmend eine Eins steht, nach der Operation wieder eine Eins zu finden ist.

Das bitweise ODER folgt nachstehendem Schema:

$0 | 0 = 0$

$0 | 1 = 1$

$1 | 0 = 1$

$1 | 1 = 1$

Hier gibt es nur dann Null, wenn die verglichenen Bits in den zwei Operanden beide eine Null aufweisen.

Für XOR gilt das folgende Rechenschema:

$0 \wedge 0 = 0$

$0 \wedge 1 = 1$

$1 \wedge 0 = 1$

$1 \wedge 1 = 0$

Es wird eine Eins im Ergebnis gesetzt, wenn die Bits sich unterscheiden. Andernfalls ist das Resultat Null.

Das bitweise NICHT (~) ist die Negation eines jeden Bits. Es wird in der Bitdarstellung eines Operanden jede Null durch eine Eins und jede Eins durch eine Null ersetzt:

$\sim 0 = 1$

$\sim 1 = 0$

Die Wirkung dieses Vorgangs auf die Zahl besteht darin, dass ihr Vorzeichen umgedreht (aus einer positiven Zahl wird also eine negative) und der Wert 1 subtrahiert wird. Dieser bitweise Komplement-Operator unterscheidet sich deutlich von den anderen bitweisen Operatoren. Er legt eine einstellige bitweise Operation fest. Das bedeutet, er hat nur einen – nachgestellten – Operanden. Genau wie ein negatives Vorzeichen bei einer normalen Zahl.

Hier ist ein vollständiges Beispiel (*BitweiseOperatoren.java*):

```
public class BitweiseOperatoren {
  public static void main(String[] args) {
    int z1 = 10;
    int z2 = 12;
    int a = z1 & z2;
```

```
        int b = z1 | z2;
        int c = z1 ^ z2;
        int d = ~z1;
        System.out.println("Der Wert von 10 & 12: " + a);
        System.out.println("Der Wert von 10 | 12: " + b);
        System.out.println("Der Wert von 10 ^ 12: " + c);
        System.out.println("Der Wert von ~ 10: " + d);
    }
}
```

Das ist die resultierende Ausgabe:

Der Wert von 10 & 12: 8

Der Wert von 10 | 12: 14

Der Wert von 10 ^ 12: 6

Der Wert von ~ 10: -11

Bitweise Verschiebungsoperatoren

Bitweise Verschiebungsoperatoren verschieben die Bits in der Darstellung einer ganzen Zahl. Die Bits des ersten Operanden werden um die Anzahl an Positionen verschoben, die der zweite Operand angibt.

- Im Fall der Verschiebung nach links ist es immer eine Null, mit der die rechte Seite aufgefüllt wird. Dieser Vorgang entspricht der Multiplikation mit 2 hoch der Zahl, die durch den zweiten Operanden definiert wird.
- Der normale Verschiebungsoperator nach rechts vervielfacht das Vorzeichenbit. Dieser Vorgang entspricht der Division durch 2 hoch der Zahl, die durch den zweiten Operanden definiert wird. Die Verschiebung nach rechts mit Füllnullen vervielfacht eine Null von der linken Seite.

Operator	Beschreibung	Beispiele
<<	Der Operator für bitweise Verschiebung nach links.Die Operation x << y bedeutet, dass alle Bits von x um y Positionen nach links verschoben werden. Die rechte Seite der Darstellung von x wird mit Nullen aufgefüllt.	*01001111 << 1 = 10011110* 00111100 << 2 = 11110000
>>	Der Operator für bitweise Verschiebung nach rechts. Die Operation x >> y bedeutet, dass alle Bits von x um y Positionen nach rechts verschoben werden.	*01001111 >> 1 = 00100111* 11110000 >> 2 = 11111100
>>>	Der Operator für bitweise Verschiebung nach rechts explizit mit binären Füllnullen von links. Die Operation x >>> y bedeutet, dass alle Bits von x um y Positionen nach rechts verschoben werden. Die linke Seite der Darstellung von x wird mit Nullen aufgefüllt.	*01001111 >>> 1 = 00100111*

Beispiel (*BitweiseVerschiebungsoperatoren.java*):

```
public class BitweiseVerschiebungsoperatoren {
  public static void main(String[] args) {
    int z = 42;
    int a = z << 1;
    int b = z >> 1;
    int c = z << 2;
    int d = z << 3;
    int e = z >>> 3;
    int f = z >>> 2;
    System.out.println("Wert von 42 << 1: " + a);
    System.out.println("Wert von 42 >> 1: " + b);
    System.out.println("Wert von 42 << 2: " + c);
    System.out.println("Wert von 42 << 3: " + d);
    System.out.println("Wert von 42 >>> 3: " + e);
    System.out.println("Wert von 42 >>> 2: " + f);
  }
}
```

Die vorbereitenden Ausführungen sollten die Ausgabe verdeutlichen.

Wert von 42 << 1: 84

Wert von 42 >> 1: 21

Wert von 42 << 2: 168

Wert von 42 << 3: 336

Wert von 42 >>> 3: 5

Wert von 42 >>> 2: 10

Bitweise Zuweisungsoperatoren

Bitweise Zuweisungsoperatoren sind vollkommen analog den arithmetischen Zuweisungsoperatoren zu verstehen. Nur halt mit binären Operationen und damit etwas tückisch. Aber im Grunde müssen Sie sich nur die ausgeschriebene Version zur Verdeutlichung heranziehen.

Operator	Beschreibung
^=	Bitweiser XOR-Zuweisungsoperator.
&=	Bitweiser AND-Zuweisungsoperator.
<<=	Zuweisungsoperator für die bitweise Verschiebung nach links.

Operator	Beschreibung
>>=	Zuweisungsoperator für die bitweise Verschiebung nach rechts.
>>>=	Zuweisungsoperator für die bitweise Verschiebung nach rechts mit Füllnullen.
|=	Bitweiser OR-Zuweisungsoperator.

4.10.5 Weitere Operatoren

Es gibt in Java eine Reihe weiterer Operatoren, die man nicht direkt klassifizieren kann und die deshalb etwas ungenau als weitere Operatoren bezeichnet werden sollen. Sie sind aber deshalb keinesfalls unwichtig. Im Gegenteil: Es sind ganz wichtige Operatoren dabei.

Der Komma-Operator

Der Komma-Operator wird nur zur Trennung verwendet – etwa im Rahmen von `for`-Schleifen zur Trennung von mehreren Zählvariablen. Viele Quellen zu Java geben das Komma gar nicht als eigenen Operator an.

Der Member-Operator

Zugriffe auf Klassen und Objekt-Elemente erfolgen über die Punktnotation. Das haben wir schon ausgeprägt behandelt. Zu bemerken ist nur noch, dass der Punkt dabei in der Literatur gelegentlich explizit als Operator gesehen und Punkt-Operator oder Member-Operator genannt wird.

Der new-Operator

Wie wir schon intensiv besprochen haben, wird das Schlüsselwort `new` bei der Erstellung von Objekten im Zusammenhang mit Konstruktoren verwendet. Streng genommen handelt es sich dabei um einen Operator, der in der Literatur oft als `new`-Operator auftaucht.

Der triadische Operator

Es gibt in Java einen Operator mit drei Operanden – den Bedingungsoperator `?:` zur Abkürzung der `if-else`-Struktur. Er wird auch als `if-else`-Operator bzw. tenärer oder triadischer Operator bezeichnet. Dieser aus C kommende Operator ist eine Abkürzung für die ausgeschriebene `if-else`-Anweisung. Er besteht aus folgendem Konstrukt:

```
[ergebnis] = [bedingung] ? [erg1] : [erg2]
```

Der Variablen *[ergebnis]* wird der Wert *[erg1]* zugeordnet, wenn die Bedingung den Wert `true` hat, ansonsten bekommt *[ergebnis]* den Wert *[erg2]* zugeordnet.

Ziehen wir ein praktisches Beispiel zur Verdeutlichung heran (*TriadischerOperator.java*).

```
import java.util.Random;
public class TriadischerOperator {
  public static void main(String[] args) {
    Random zufall = new Random();
    System.out.println(zufall.nextDouble() > 0.5 ?
      "Zufallszahl > 0.5" : "Zufallszahl < 0.5");
    System.out.println(zufall.nextDouble() > 0.5 ?
      "Zufallszahl > 0.5" : "Zufallszahl < 0.5");
    System.out.println(zufall.nextDouble() > 0.5 ?
      "Zufallszahl > 0.5" : "Zufallszahl < 0.5");
  }
}
```

Das Beispiel arbeitet mit einem Zufallsobjekt und dessen Methode `nextDouble()`. Diese liefert einen zufälligen Wert zwischen 0 und 1. Und dieser Wert wird bei jedem Aufruf neu ermittelt. Ist der Wert größer 0.5, ist die überprüfte Bedingung wahr und der Text *"Zufallszahl > 0.5"* wird auf dem Bildschirm ausgegeben. Andernfalls der Alternativtext *"Zufallszahl < 0.5"*.

Bedingte Bewertung

Man nennt diesen Vorgang mit dem triadischen Operator eine bedingte Bewertung. Trotz der weiten Verbreitung in C-Welten sollte dieses Konstrukt wegen der Lesbarkeit des Quelltextes nur sparsam verwendet werden. Eine saubere `if-else`-Struktur ist fast genauso schnell getippt und bedeutend besser zu lesen.

Der Casting-Operator

Im Rahmen der sogenannten Typumwandlung von primitiven Datentypen und Objekten gibt es einen Casting- oder Type-Cast-Operator. Er sieht immer so aus, dass in runden Klammern der Zieltyp der Operation steht und er vor seinem Operanden notiert wird. Etwa so:

```
(char) a;
(int) b;
```

Da der Operator Teil eines umfangreicheren Konzepts – eben der Typumwandlung – ist, werden wir ihn dort genauer behandeln und entsprechende Beispiele erstellen.

Der String-Verkettungsoperator

Wenn der Operator + auf mindestens einen String-Operanden angewandt wird, verkettet er die beiden Operanden so, dass ein neuer String herauskommt, in dem beide Operanden als Verkettung der Zeichen auftauchen. Diesen Operator haben wir schon oft verwendet, werden aber bei der Typkonvertierung noch einmal auf ihn zurückkommen.

Der instanceof-Operator

Der `instanceof`-Operator ist ein binärer Operator mit zwei Operanden: einem Objekt auf der linken und einem Klassennamen (oder einem Schnittstellennamen) auf der rechten Seite. Wenn das Objekt auf der linken Seite des Operators tatsächlich eine Instanz der Klasse auf der rechten Seite des Operators ist (oder einer ihrer Subklassen), dann gibt dieser Operator den booleschen Wert `true` zurück. Ansonsten wird `false` zurückgegeben. Sie können mit diesem Operator also zur Laufzeit testen, anhand welcher Klasse ein Objekt erstellt wurde.

Beispiel:

```
nObjt instanceof MKlasse
```

Der Operator liefert natürlich bei einem Test auf `java.lang.Object` immer `true`, da alle Objekte auf `Object` zurückgehen. Wenn eine Testvariable den Wert `null` hat, liefert `instanceof` immer den Wert `false`. Wichtig ist der Operator bei Vererbung, denn dann kann man bei zu Superklassen gecasteten Objekten entscheiden, von welchem Typ sie wirklich sind. Was im Umkehrschluss bedeutet, dass der Compiler den Test mit `instanceof` ablehnt, wenn der Typ des getesteten Objekts und der Typ nicht in der Typhierarchie zusammenpassen. Das ist logisch, denn wenn die Vererbungsbeziehungen schon inkompatibel sind, kann ein Objekt gar nicht vom getesteten Typ sein und das braucht man nicht erst zur Laufzeit zu testen. Von daher ist die Bedeutung dieses Operators eher speziell. In der Anfangszeit von Java hatte man ihn im Rahmen der Ereignisbehandlung oft eingesetzt, um den genauen Typ eines Ereignisobjekts zu bestimmen. Aber das wird seit Java 1.1 auch schon anders gemacht. Sehr wichtig ist der Operator jedoch bei sogenannten Generics. Dabei wird eine Art von Schablone erstellt, die für mehrere Typen angewendet werden kann. Dann braucht man im Inneren der Schablone oft genauere Informationen, auf welchen konkreten Typ die Schablone gerade angewendet wird.

4.10.6 Die Operatoren-Priorität

Wie jede Programmiersprache muss auch Java Operatoren nach Prioritäten gewichten, damit sie in zusammengesetzten Ausdrücken der Reihe nach verarbeitet werden können. In der folgenden Tabelle sollen sämtliche Java-Operatoren aufgelistet werden, wobei der Operator mit höchstem Vorrang ganz oben steht. Operatoren in derselben Zeile haben gleiche Priorität. Sämtliche Java-Operatoren bewerten mit Ausnahme der einstelligen Operatoren von links nach rechts. Hier sind die Java-Operatoren nach Priorität geordnet:

Beschreibung	Operatoren
Hochvorrangig	`. [] ()`
Einstellig	`+ - ~ ! ++ -- ([Typ])`
Multiplikativ	`* / %`
Additiv	`+ -`
Binäre Verschiebung	`<< >> >>>`
Relational	`< <= >= > instanceof`
Gleichheit	`== !=`
Bitweises And	`&`
Bitweises Xor	`^`
Bitweises Or	`|`
Short-turn And	`&&`
Short-turn Or	`||`
Bedingung	`?:`
Zuweisung	= und alle Zuweisungsoperatoren mit verbundener Operation

4.11 Typumwandlungen und Operationen mit Datentypen

Wir haben bereits an verschiedenen Stellen gesehen, dass Literale, Rückgabewerte und Variablen von einem bestimmten Typ sein müssen. Und dieser wird in Java sehr stark kontrolliert. Allerdings kann es vorkommen, dass sich der Datentyp dennoch ändern lässt. Das nennt man **Typumwandlung** oder **Casting**.

Für diesen Abschnitt legen wir für die folgenden Beispiele ein neues Projekt *Typumwandlungen* an.

4.11.1 Operationen mit Datentypen

Nun werden diese Literale, Rückgabewerte und Variablen natürlich in bestimmten Operationen verwendet. Zum Beispiel werden sie miteinander verknüpft. Es finden Operationen mit den Datentypen statt. Und da kann es zu gewissen Situationen kommen, in denen der Datentyp des Ergebnisses nicht mehr derjenige der beiden Operanden sein kann. Insbesondere können auch Operanden verschiedenen Typs miteinander verknüpft werden und dann muss festgelegt werden, was mit dem Ergebnis zu geschehen hat. Die meisten Operationen, die sich mit den unterschiedlichen Datentypen ausführen lassen, sind für alle Datentypen recht ähnlich. Es gibt jedoch einige wichtige Abweichungen zwischen den Datentypen, die man kennen muss. Lassen Sie uns die Operationen nach Datentyp aufschlüsseln und die Stellen beleuchten, die man beachten sollte.

4.11.2 Operationen mit Gleitkommazahlen

Gleitkommazahlen oder Fließkommazahlen bestehen in Java immer (d. h. auf jeder Plattform) aus einer sogenannten Zweierkomplement-Repräsentation der ganzen Zahlen. Der eine Teil der Darstellung wird für den Nachkomma-Anteil und das Vorzeichen verwendet, der zweite Teil ist die Darstellung eines Exponenten zur Basis 2 mit einer Ausgleichszahl. Daneben existieren einige spezielle Bitkonfigurationen mit besonderer Bedeutung:

- negative Unendlichkeit (`-Infinity`)
- `null`
- positive Unendlichkeit (`Infinity`)
- keine Zahl (`NaN`)
- Es gibt spezielle Bitdarstellungen von +0.0 und -0.0.

Die Fließkomma-Operationen selbst sind in Java für alle Plattformen gültig, was in vielen anderen Programmiersprachen nicht zutrifft. Die meisten Fließkomma-Operationen und Ganzzahl-Operationen sind auch identisch. Wichtige Ausnahmen sind die Fließkomma-Operationen, die den Nachkommateil betreffen und bei Ganzzahl-Operationen natürlich keinen Sinn machen. Damit sind binäre Verschiebungen gemeint, die insofern unsinnig sind, dass damit eine kaum kontrollierbare Verschiebung vom Nachkommateil in den Exponenten-Anteil und umgekehrt erfolgen könnte.

Ebenso gilt es zu beachten, dass die Verknüpfung verschiedener Typen einer gewissen Sorgfalt und Aufmerksamkeit bedarf:

- Wenn eine Operation mit zwei Operanden des Typs `float` durchgeführt wird, ist das Ergebnis auch immer vom Datentyp `float`.
- Analog verhält es sich mit dem Datentyp `double`.
- Wenn jedoch eine Operation mindestens einen Operanden des Typs `double` enthält, ist das Ergebnis auch vom Datentyp `double`.
- Wenn eine Operation zwischen einem Ganzzahl-Datentyp und einem Gleitzahl-Datentyp durchgeführt wird, bestimmt der Gleitzahl-Datentyp den Datentyp des Ergebnisses.
- Gleitzahl-Datentypen können im Prinzip in jeden anderen Datentyp außer `boolean` konvertiert werden.
- Die Festlegung auf einen kleineren Typ kann wie immer zu Informationsverlust führen. Fließkommazahlen werden in Java nach dem IEEE-754-Rundungsmodus Runden auf den nächsten Wert gerundet.
- Wenn ein Gleitzahl-Datentyp in eine ganze Zahl konvertiert wird, werden Nachkommastellen abgeschnitten.

- Beachten Sie die schon angesprochenen Probleme mit Rundungen bei Gleitkomma-Datentypen, die sich sowohl bei Arithmetik, aber auch schon in einfachen Darstellungen von Werten äußern. So wird in Java etwa auch explizit `+0.0` und `-0.0` unterschieden.
- Ganz wichtig ist das Verhalten, wenn Wertebereiche von numerischen Typen überschritten werden. Hier unterscheiden sich Ganzzahltypen und Gleitkommatypen massiv. Java erzeugt keinerlei Ausnahmen (Exceptions) bei Benutzung der Fließkomma-Arithmetik. Ein **Overflow** oder **Überlauf** (d. h. ein größeres Ergebnis durch eine Operation, als durch den Wertebereich des jeweiligen Typs ausgedrückt werden kann) bzw. der analoge Fall mit einem **Underflow/Unterlauf** oder das Teilen einer Gleitkommazahl durch den Wert 0, resultieren in der Ausgabe von positiven bzw. negativen unendlichen Werten. Dies ist durchaus ein sinnvoller Wert, denn man kann ihn mit Vergleichsoperatoren auswerten. Auch der Wert `NaN` (keine Zahl) ist durchaus sinnvoll, denn man kann ihn mithilfe von Testmethoden wie `java.lang.Double.isNaN()` in Vergleichsoperatoren auswerten.

Beispiel (*GleitkommaOperationen.java*):

```
public class GleitkommaOperationen {
  public static void main(String[] args) {
    float a = 3;
    float b = 3.1f;
    double c = Math.pow(a, b);
    float d = 0;
    System.out.println(a * b);
    System.out.println(c);
    System.out.println(-c / d);
    System.out.println(a / d);
    System.out.println(Math.sqrt(-b) + " - " +
      Double.isNaN(Math.sqrt(-b)));
  }
}
```

In der dritten Zeile wird eine Variable des Typs `float` angelegt und mit einem Literal des Typs `int` initialisiert. Das geht wie gesagt, weil ein ganzzahliger Wert einem Gleitkommatyp zugewiesen werden kann.

In der vierten Zeile hingegen müssen Sie an das Gleitkommaliteral ein `f` anhängen, damit der Wert der `float`-Variablen `b` zugewiesen werden kann. Das Literal hat in Java von sich aus den Datentyp `double`. Ohne die Kennzeichnung mit `f` oder einem expliziten Cast kann man es nicht einer `float`-Variablen zuweisen.

In der fünften Zeile verwenden wir in der Klassenmethode `java.lang.Math.pow()` die beiden `float`-Variablen als Parameter. Eigentlich werden `double`-Parameter verlangt, aber man kann `float`-Datentypen immer dann verwenden, wenn man `double`-Datentypen benötigt. Die Methode liefert die Potenz der beiden Parameter als `double`-Datentyp zurück.

In den folgenden Zeilen führen wir Operationen aus, die Unendlich ergeben (Division durch den Wert 0). Beachten Sie, dass das bei Gleitkommawerten einen wohldefinierten Wert ergibt, mit dem man arbeiten kann (`Infinity`).

Nun führen wir hingegen eine Operation aus, die keinen mathematisch sinnvollen Wert ergibt. Dazu verwenden wir die Klassenmethode `java.lang.Math.sqrt()`, um die Quadratwurzel aus einer negativen Gleitkommazahl zu ziehen. Das Ergebnis wird `NaN` sein. Um dieses Ergebnis zu verwerten, stellt die Klasse `java.lang.Double` die Klassenmethode `isNaN()` zur Verfügung. Ein direkter Vergleich auf `NaN` geht wie erwähnt nicht! Das ist die Ausgabe des Programms:

9.299999

30.135322541582294

-Infinity

Infinity

NaN - true

4.11.3 Operationen mit ganzzahligen Typen

- Ganzzahlige Variablen werden in Java allesamt als Zweierkomplement-Zahlen mit Vorzeichen verwendet.
- Wenn eine Operation mit zwei Ganzzahl-Operanden durchgeführt wird, ist das Ergebnis immer vom Datentyp `int` oder `long`.
- Das Ergebnis wird nur dann als `long` dargestellt, wenn einer der Operanden vom Datentyp `long` war oder das Ergebnis nicht ohne Überlauf in einer Variablen vom Datentyp `int` darzustellen ist.
- Die Datentypen `byte` oder `short` können als Ergebnis nur vorkommen, wenn es explizit festgelegt wird.
- Wenn eine Operation zwischen einem Ganzzahl-Datentyp und einem Gleitzahl-Datentyp durchgeführt wird, bestimmt der Gleitzahl-Datentyp den Datentyp des Ergebnisses.
- Die vier ganzzahligen Typen können im Prinzip in jeden anderen Datentyp außer `boolean` konvertiert werden.
- Die Festlegung auf einen kleineren Typ kann wie immer zu Informationsverlusten führen.
- Die Konvertierung in eine Fließkommazahl (`float` oder `double`) führt normalerweise zu Ungenauigkeiten, es sei denn, die ganze Zahl ist eine Zweierpotenz.
- Eine deutliche Abweichung gibt es zwischen Gleitkomma- und Ganzzahltypen, wenn irgendeine Operation eine Zahl erzeugt, die den erlaubten Wertebereich eines Datentyps

überschreitet, keinen Überlauf explizit anzeigt oder eine Ausnahme auslöst. Als Ergebnis werden einfach die unteren Bits, die noch in den Datentyp hineinpassen, zurückgegeben. Nur wenn der rechte Operand beim Teilen einer ganzen Zahl oder bei einer Modulus-Operation `0` ist, wird eine arithmetische Ausnahme des Typs `java.lang.ArithmeticException` erzeugt.

Exceptions

Das Ausnahmekonzept behandeln wir noch (in Kapitel 5). Es ist ein wesentlicher Bestandteil des erweiterten objektorientierten Konzepts von Java.

Beispiel (*GanzzahlOperationen.java*):

```
public class GanzzahlOperationen {
  public static void main(String[] args) {
    int a = 3;
    int b = 4;
    byte c = 127;
    int d = 0;
    System.out.println(a * b);
    c += a;
    System.out.println(c);
    System.out.println(Math.sqrt(-b) + " - " +
      Double.isNaN(Math.sqrt(-b)));
    System.out.println(a / d);
  }
}
```

Das ist die Ausgabe des Beispiels:

12

-126

NaN - true

Exception in thread "main" java.lang.ArithmeticException: / by zero

at GanzzahlOperationen.main(GanzzahlOperationen.java:12)

Sie sehen in dem Beispiel ähnliche Operationen wie bei den Gleitkommatypen. Auch der Versuch, eine Wurzel aus einer ganzen Zahl zu ziehen, resultiert in `NaN`. Allerdings wird die Ganzzahldivision durch den Wert 0 nicht in dem wohldefinierten Literal `Infinity`, sondern in einer Ausnahme münden.

Interessant ist auch das Verhalten des Wertes der Variablen `c`. Diese ist vom Typ `byte` und kann keine Zahl größer als 127 speichern. Durch die Zuweisung `c += a;` wird der Wert aber auf 130 erhöht. Durch den Überlauf resultiert das im Ergebnis -126. Der Wert 128 wird durch den Überlauf zu -128 und von da an geht es wieder vorwärts im Wertebereich.

4.11.4 Operationen mit Zeichenvariablen

- In Java werden Unicode-Zeichenvariablen konsequent als Operanden in jeder ganzzahligen Operation betrachtet, indem sie wie ganze 16-Bit-Zahlen ohne Vorzeichen behandelt werden. Beachten Sie aber, dass das Resultat einer solchen Operation immer entweder vom Datentyp `int` oder `long` ist. Nur, wenn beide Operanden des Typs `char` sind, ist auch der resultierende Datentyp immer ein Zeichen.
- Falls man ein numerisches Ergebnis als Zeichen ausdrücken will, muss eine explizite Umwandlung in den Datentyp `char` erfolgen, was wir gleich sehen werden.
- Wenn Sie Zeichen in einen kleineren Typ umwandeln, werden Sie unter Umständen Informationen verlieren.
- Operationen mit nur einer Zeichenvariablen als Operand (beispielsweise Zuweisungsoperationen, logische Verneinungen oder Inkrement- und Dekrementoperationen) bedürfen keiner besonderen Konvertierung.
- Die einstelligen Vorzeichenoperatoren (`+` und `-`) haben keinerlei Bedeutung für Operanden vom Typ `char`, da diese keine Vorzeichen haben.
- Ansonsten gibt es bei den üblichen Operationen zu beachten, dass bei einer Überprüfung auf Gleichheit nur dann der boolesche Wert `true` zurückgegeben wird, wenn beide Operanden denselben Wert (im Sinne desselben Unicode-Werts) besitzen. Ansonsten wird `false` zurückgegeben. Dies bedeutet etwa, dass Groß- und Kleinschreibung unterschieden wird!
- Auch andere Operationen sind immer am Unicode-Wert eines Zeichens orientiert. Wenn etwa eine Sortierung in Hinsicht auf kleiner, kleiner-gleich, größer oder größer-gleich vorgenommen wird, werden die Werte im Sinne der Unicodes verglichen. Und binäre Verschiebungen wirken sich damit auch auf die Unicode-Darstellung aus.

Beispiel (*CharOperationen.java*):

```
public class CharOperationen {
  public static void main(String[] args) {
    char z1 = 'a';
    char z2 = 'b';
    int b = 5;
    System.out.println("Vergleich z1 und z2: " + (z1 == z2));
    System.out.println("Wert 'a' + 5 (z1 + b): " + (z1 + b));
    System.out.println("Wert z1 + z2: " + (z1 + z2));
```

```
    System.out.println("Zeichen z1 + b: " + (char) (z1 + b));
    System.out.println("Wert z2 <<1: " + (z2 << 1));
    System.out.println("Zeichen z2 <<1: " +
      (char) (z2 << 1));
  }
}
```

Der Vergleich zwischen den beiden char-Variablen `z1` und `z2` liefert `false`. Dann addieren wir den `int`-Wert 5 zum Zeichen `'a'` und erhalten den Unicode-Wert 102. Danach addieren wir die Unicode-Werte der beiden `char`-Variablen `z1` und `z2`. Diese werden damit einfach als Ganzzahl behandelt und das Ergebnis ist der numerische Wert 195. In der Folge sehen Sie den Casting-Operator, den wir im folgenden Abschnitt noch genauer beleuchten. Er hat den Effekt, dass das Zeichen des Wertes 195 zurückgeben wird. In der vorletzten Ausgabe sehen Sie eine Binärverschiebung bei einem `char`-Typ. Es wird einfach in der Unicode-Darstellung des Zeichens die entsprechende Verschiebung vorgenommen. Die letzte Aktion verändert wieder mittels des Casting-Operators den vorher verschobenen Wert, den wir damit als anderes Zeichen erhalten.

So sieht die Ausgabe des Programms aus:

Vergleich z1 und z2: false

Wert 'a' + 5 (z1 + b): 102

Wert z1 + z2: 195

Zeichen z1 + b: f

Wert z2 <<1: 196

Zeichen z2 <<1: Ä

4.11.5 Operationen mit booleschen Variablen

Operationen mit booleschen Variablen sind in Java etwas Besonderes, denn der Datentyp ist als einziger primitiver Datentyp in Java nicht numerisch. Dennoch – die meisten Operatoren werden genauso wie bei anderen primitiven Ausdrücken verwendet. In den meisten Fällen handelt es sich bei diesen Bedeutungen um eine natürliche Erweiterung der Operationen, die mit ganzzahligen Typen durchgeführt werden, seien es die Zuweisung, Vergleiche oder binäre Operationen. Natürlich funktionieren keine arithmetischen Operationen mit diesem Datentyp. Oder um es anders zu formulieren: Sie können keinen booleschen Wert zu einer Zahl addieren oder zwei boolesche Werte voneinander abziehen.

4.12 Details zur Typkonvertierung

Unter **Casting** bzw. **Typkonvertierung** versteht man die Umwandlung eines Datentyps in einen anderen – wir kamen an diversen Stellen schon darauf zu sprechen. Java ist eine streng typisierte Sprache, weil an verschiedenen Stellen des gesamten Prozesses sehr intensive Typüberprüfungen stattfinden, und zwar sowohl bereits bei der Kompilierung als auch zur Laufzeit. Außerdem gelten strikte Beschränkungen für die Umwandlung (Konvertierung) von Werten eines Datentyps in einen anderen. Java unterstützt zwei unterschiedliche Arten der Konvertierung:

1. Ad-hoc-Konvertierungen ohne Zutun des Programmierers.
2. Explizite Konvertierungen, um absichtlich den Datentyp eines Wertes zu verändern.

4.12.1 Ad-hoc-Typkonvertierung

Java führt bei der Bewertung von Ausdrücken einige Typkonvertierungen ad hoc durch, sogar ohne dass ein Programmierer das überhaupt mitbekommt. Insbesondere wird er nicht ausdrücklich aktiv. Die Umwandlung erfolgt dann, wenn die Situation es erfordert. Eine solche Situation tritt ein, wenn:

- bei einer Zuweisung der Typ der Variablen und der Typ des zugewiesenen Ausdrucks nicht identisch sind.
- der Wertebereich der Zuweisung eines Ausdrucks nicht ausreicht.
- verschiedene Datentypen in einem Ausdruck verknüpft werden.
- die Datentypen der an einen Methodenaufruf übergebenen Parameter nicht mit den geforderten Datentypen übereinstimmen.

Die Regeln für eine dann durchgeführte automatische Konvertierung sind für numerische Datentypen untereinander allerdings sehr einfach. Wir haben sie ja gerade behandelt. Wenn nur Ganzzahltypen miteinander kombiniert werden, legt der größte Datentyp den Ergebnisdatentyp fest. Bei Operationen mit Fließkommazahlen gelten weitgehend die analogen Regeln. Wenn mindestens einer der Operanden den Datentyp `double` besitzt, wird der andere ebenso zu `double` konvertiert, und das Ergebnis ist dann ebenfalls vom Typ `double`. Aus zwei `float`-Datentypen wird allerdings nicht (!) der Typ `double`, wenn der Wertebereich nicht ausreicht (also keine Ad-hoc-Konvertierung). Es ist also offensichtlich so, dass die Konvertierung ohne Probleme ad hoc funktioniert, wenn der entstehende Datentyp größer als der zu konvertierende Datentyp ist, da keine Informationen verloren gehen können.

Wenn in Ausdrücken Verbindungen zwischen verschiedenen Familien von Datentypen (etwa `char` mit `int` oder `byte` mit `double`) durchgeführt werden, wird der Datentyp `char` in `int` umgewandelt und Ganzzahlen werden bei Verknüpfung mit Fließkommazahlen in `float` oder `double` konvertiert (je nach Größe des beteiligten Fließkomma-Operanden).

Also gilt es festzuhalten, dass Java nur dann ad hoc konvertiert, wenn keine Information verloren gehen kann. Das ist ein großer Vorteil von Java gegenüber vielen anderen Techniken, in denen das unter Umständen doch passieren kann.

String-Umwandlung

Wie mehrfach erwähnt, kann man mit dem +-Operator primitive Werte mit einem String verbinden. In diesem Fall wird immer ein String erzeugt.

4.12.2 Explizite Typkonvertierung

Eine explizite Konvertierung ist immer dann notwendig, wenn Sie eine Umwandlung in einen anderen Datentyp wünschen und diese nicht ad hoc aufgrund der oben beschriebenen Situationen eintritt. Oft ist es auch notwendig, eine ad hoc durchgeführte Typkonvertierung wieder rückgängig zu machen, wenn diese nicht gewünscht wird. Bei Java ist das jedoch so gut wie nie ein Problem, denn bei Ad-hoc-Aktionen bleiben ja alle relevanten Daten erhalten.

Um beispielsweise einen in einem großen Datentyp gespeicherten Wert in einen kleineren Datentyp umzuwandeln, muss explizites Casting angewendet werden. Dazu müssen Sie in der Regel den Casting-Operator verwenden. Alternativ gibt es in manchen Situationen Methoden, die eine gewünschte Typkonvertierung durchführen. Und Sie kennen auch schon die Kennzeichnung von Gleitkommaliteralen mit `f` bzw. `l`.

4.12.3 Konvertieren primitiver Datentypen mit dem Casting-Operator

Der Casting-Operator besteht nur aus einem Zieldatentyp in runden Klammern. Er ist ein einstelliger Operator mit hoher Priorität und steht vor seinem Operanden. Damit wird der Zieltyp der Typumwandlung angegeben. Er ist also immer von der folgenden Form:

```
(Datentyp) Wert
```

Beispiele:

```
(byte) (x/y)
(float) x
```

Es gibt für alle primitiven Datentypen außer `boolean` einen Casting-Operator.

Prioritäten beachten

Da Casting eine höhere Priorität als Arithmetik hat, müssen arithmetische Operationen in Verbindung mit Casting in Klammern gesetzt werden.

4.12.4 Konvertieren von Objekten mit dem Casting-Operator

Mit Einschränkungen lassen sich sogar Klasseninstanzen in Instanzen anderer Klassen bzw. Schnittstellen konvertieren (sowohl ad hoc als auch explizit). Beispiel:

```
Graphics a = (Graphics) g2d;
```

Die Technik zum expliziten Konvertieren mit dem Casting-Operator ist also formal vollkommen identisch mit dem Fall des Castings bei primitiven Datentypen. Er ist also immer von der folgenden Form:

```
(Klassenname) Objekt
```

Der Klassenname ist der Typ, in den das Objekt konvertiert werden soll. Das Objekt ist eine Referenz auf das konvertierte Objekt. Casting erstellt eine neue Instanz der neuen Klasse. Das alte Objekt existiert unverändert weiter.

Die wesentliche Einschränkung ist, dass die Klassen durch Vererbung miteinander verbunden sein müssen! Die Ausführungen greifen also jetzt ein bisschen vor, sollten aber nachvollziehbar sein (im nächsten Kapitel wird das behandelt).

Allgemein gilt, dass ein Objekt einer Klasse in seine Superklasse umgewandelt werden kann. So kann beispielsweise ein `Graphics2D`-Objekt zu einem `Graphics`-Objekt konvertiert werden (`Graphics` ist die Superklasse von `Graphics2D`).

Weil eine Festlegung immer eine unbedingte Typkonvertierung beinhaltet (sofern überhaupt eine möglich ist), ist sie als **Typenzwang** bekannt.

Beim Konvertieren von einer Instanz zu einer Instanz ihrer Superklasse gehen die spezifischen Informationen, die nur in der zu konvertierenden Subklasse vorhanden sind, natürlich verloren. Aber das ist bei einer expliziten Konvertierung ja bewusst so.

Was ist nun, wenn man den umgekehrten Weg mit Casting der Superklasse zu einer Subklasse gehen will? Die wird in der Regel mehr Informationen enthalten als die Superklasse und diese können nicht einfach durch Casting generiert werden.

Dennoch gibt es einige Situationen, in denen die Konvertierung eines Objekts in die Subklasse sinnvoll ist. Hauptsächlich dann, wenn man es vorher in eine Superklasse umgewandelt hatte und nun zurückwandeln möchte.

Der Compiler wird also eine Typkonvertierung in die Superklasse unterstützen, da das in jedem Fall unkritisch ist (es werden einfach beim Zielobjekt nur die Member verfügbar sein, die schon die Superklasse hat). Allerdings wird er auch die Typkonvertierung in eine Subklasse unterstützen. Das kann jedoch dazu führen, dass zur Laufzeit Probleme auftreten und eine Ausnahme ausgelöst wird, wenn auf spezifische Member der Subklasse zugegriffen wird und diese nicht sinnvoll bereitgestellt werden können.

4.12.5 Konvertierung primitiver Datentypen in Objekte und umgekehrt

Ein erhebliches Problem ist die Konvertierung von primitiven Datentypen in Objekte und umgekehrt. Wobei man das über die verschiedenen Java-Versionen getrennt betrachten muss. Denn bis zur Java-Version 1.5 funktionierte das nämlich nicht. Weder ad hoc noch durch explizites Casting.

Diese strikte Trennung hatte sehr weitreichende Konsequenzen, denn ein String ist ja beispielsweise in Java kein primitiver Datentyp. Aber dass Casting für solche Fälle nicht funktionieren kann, war aufgrund der strengen Logik von Java auch zwingend. Was hieße es denn, wenn man die Konvertierung von primitiven Datentypen in Objekte zuließe? Spielen wir ein paar Situationen durch:

- Sie würden ein Objekt des Typs `Schwein` erstellen und dann durch den primitiven Typ 5 teilen. Was sollten Sie erhalten? Steaks?
- Was gibt `"Müller" * 5`?
- Wie soll mit einem URL-Objekt verfahren werden, wenn davon der primitive Wert 3 abgezogen wird?

Stellen wir uns die Fragen etwas anders. Welche Werte kann man aus einem der folgenden Objekte extrahieren:

- Wie groß ist der numerische Wert, der in dem `Schwein`-Objekt gespeichert ist?
- Was ist eigentlich die Zahl, die `"Müller"` darstellt?
- Welchen numerischen Wert repräsentiert eine Netzwerkverbindung?

Das sind alles unsinnige Konstellationen, die aber zur Lösung eine Typkonvertierung erzwingen würden. Es handelt sich jeweils um die Verbindung eines Objekts und eines primitiven Datentyps. Es gibt aber auch diverse Situationen, in denen eine Verbindung Sinn ergibt. Einen Fall kennen wir schon, wobei das in gewisser Weise eine Sonderlösung ist. Dabei handelt es sich um das Hinzufügen eines primitiven Wertes zu einem String mit dem Verknüpfungsoperator +. Es gibt aber noch andere Situationen, in denen die Geschichte nicht so unsinnig ist. Beispielsweise wenn ein String einen numerischen Wert enthält. Dann ist es sinnvoll, ihn daraus zu extrahieren und ihn weiter zu verwenden.

Um nun Casting zwischen primitiven Datentypen und Objekten zuzulassen, muss man ein riesiges Geflecht an Situationen festlegen, wann so etwas sinnvoll ist und wann nicht. Das kann man nicht mit einem einfachen Konzept realisieren.

In den ersten Java-Versionen hat man argumentiert, dass so ein Konstrukt mit zig Ausnahmen und Sondersituationen nicht zu dem rein logischen und einfachen Java-Konzept passt. Und das war meines Erachtens gut so. Denn statt einer automatischen Konvertierung musste man in Java als Programmierer eine bewusste Entscheidung treffen. Und das erzwang eine sorgfältige Konzeption und vernünftiges Design. Die Umwandlung zwischen Objekten und primitiven Datentypen erfolgte mittels Wrapper-Klassen und der bewussten Anwendung deren Methoden.

Wrapper-Klassen zur Typumwandlung

Im Java-Standardpaket `java.lang` gibt es von Anfang an Sonderklassen, die primitiven Datentypen entsprechen und perfekt in Javas Objektkonzept passen. Man nennt sie **Wrapper-Klassen** oder kurz Wrapper. Mit den Klassen können Sie jeweils ein Objekt-Gegenstück zu jedem primitiven Datentyp erstellen und auch aus Objekten gegebenenfalls primitive Datentypen extrahieren, wenn entsprechende Werte in solchen Objekten gespeichert sind. Beispiel:

```
Integer objekt = new Integer(1);
```

Das Objekt wird als eine Instanz der Klasse `Integer` erstellt und bekommt direkt den primitiven `int`-Wert 1 übergeben.

Es gibt für jeden primitiven Datentyp ein Wrapper-Äquivalent. Also etwa `Boolean`, `Byte`, `Character` oder `Double`. In den gleichen Zusammenhang sind die Klassen `Number` (die abstrakte Superklasse von `Byte`, `Double`, `Float`, `Integer`, `Long` und `Short`) und `Void` (eine nicht instanziierbare Platzhalterklasse zum Bereitstellen einer Referenz auf das Klassenobjekt, das den primitiven Java-Typ `void` repräsentiert) zu setzen.

Die Extrahierung aus einem Objekt mit einem numerischen Inhalt funktioniert mit den über die Wrapper-Klasse bereitgestellten Methoden. So stellt die Klasse `Integer` beispielsweise folgende Methoden bereit (Auswahl):

Methode	Beschreibung
`byte byteValue()`	Rückgabe des Wertes als `byte`.
`int intValue()`	Rückgabe des Wertes als `int`.
`long longValue()`	Rückgabe des Wertes als `long`.
`static int parseInt()`	Parst das `String`-Argument und gibt den `int`-Wert zurück.
`short shortValue()`	Rückgabe des Wertes als `short`.

Die anderen Wrapper-Klassen stellen die gleichen oder verwandte Methoden bereit.

Insbesondere die Klasse `String`, auf der sämtliche String-Repräsentationen in Java basieren, ist für den Fall der Extrahierung eines primitiven Wertes aus einem Objekt zu erwähnen. Jedes Objekt kann den enthaltenen Wert als String über `toString()` extrahieren.

Die Konstruktoren der Wrapper-Klassen erlauben es zudem immer, einen String als Übergabewert anzugeben. Auf diese Weise führt man dann am sinnvollsten die Extrahierung einer Zahl aus einem String durch.

Das nachfolgende Beispiel *Wrap1.java* im Projekt *Typumwandlungen* extrahiert den Wert des Objekts als primitiven Datentyp `int` aus dem `Integer`-Objekt. Die verwendete Methode ist `intValue()`.

```
public class Wrap1 {
  public static void main(String args[]) {
    Integer a = new Integer(args[0]);
    Integer b = new Integer(args[1]);
    System.out.println(a.intValue() * b.intValue());
  }
}
```

Wenn Sie das Programm mit zwei Integerwerten als Übergabewerte aufrufen, werden diese miteinander multipliziert und ausgegeben. Da in Java Übergabewerte an ein Programm immer als Strings übergeben werden (ein dynamisches String-Array), muss man eventuell dort zu übergebende primitive Werte mit geeigneten Wrappern behandeln und dann mit passenden Methoden die primitiven Werte extrahieren.

Übergabewert in einer IDE

Übergabewerte an ein Programm können Sie natürlich auf der Konsolenebene eingeben (also z. B.: java Wrap1 3 4) oder aber in der IDE selbst. In Eclipse etwa über *Run/Run Configurations...* Dort wählen Sie das Register *Arguments*. Unter *Program arguments* können Sie die Aufrufparameter eingeben.

Beachten Sie, dass das Programm nicht gegen Falscheingaben (falsches Format der Übergabewerte oder gar fehlende Parameter) gesichert ist.

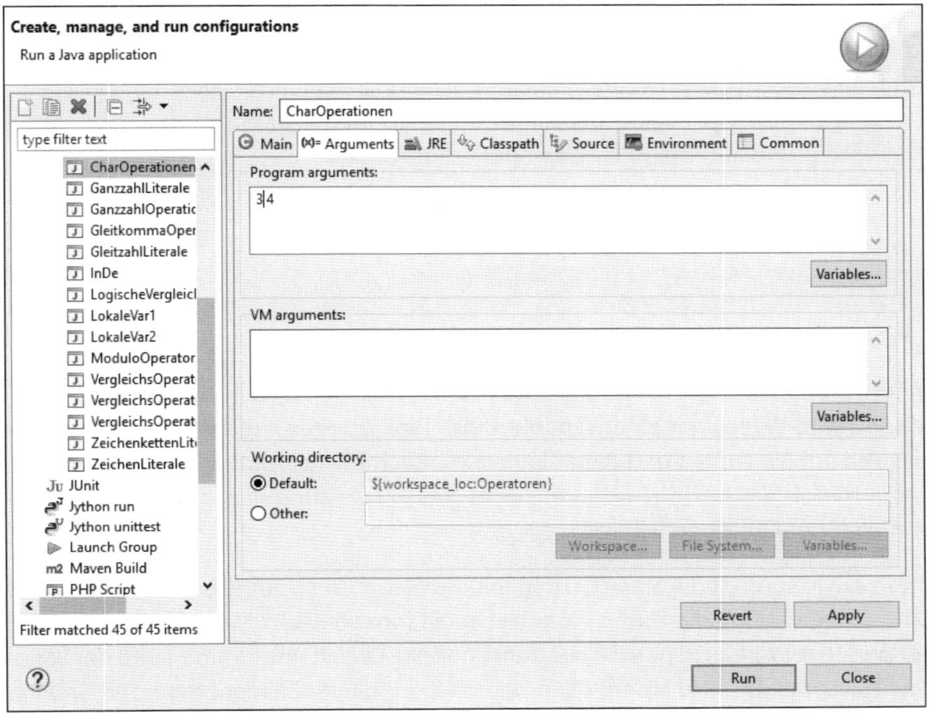

Abbildung 4.3: Eingabe von Argumenten in Eclipse.

Boxing und Unboxing – Autoboxing

Nun erlauben manche OO-Sprachen schon geraume Zeit die automatische Überführung von primitiven Werten in Objekte und umgekehrt. Aber das ist nichts als Bequemlichkeit, für die man meines Erachtens ein logisches und sicheres Konzept aufgibt.

Zwar kann man sich den Argumenten nicht verschließen, dass Code durch diese automatische Umwandlung kürzer geschrieben werden kann und damit – wie immer bei weniger Code – eine gewisse Reduzierung der Fehlerwahrscheinlichkeit und eine bessere Wartbarkeit gewonnen wird. Ebenso wird der Umgang mit sogenannten Generics und dynamischen Datenstrukturen einfacher.

Aber der Verzicht auf den Zwang für eine bewusste Aktion durch den Programmierer – wie beim expliziten Anwenden eines Wrappers – hat wieder andere Nachteile und es gibt eine Reihe von Unregelmäßigkeiten, die man beim Programmieren beachten muss.

Sei es, wie es sei – seit Java 1.5 wurde das sogenannte Konzept des Boxings bzw. Unboxings samt der automatischen Anwendung (Autoboxing) eingeführt. Damit können Sie direkt primitive Datentypen wie Objekte verwenden und umgekehrt auch Objekte wie primitive Datentypen – im Rahmen gewisser Regeln. Bei Bedarf werden primitive Datentypen und Wrapper-Objekte im Hintergrund automatisch ineinander umgewandelt.

Beispiel:

```
int a = 42;
Integer b = a;
int c = b;
```

Die erste Anweisung erzeugt eine Variable mit einem primitiven Datentyp und in der zweiten Anweisung wird deren Wert einer Variable `b` des Typs `Integer` zugewiesen. Die Variable `b` verweist also auf ein Objekt und damit kann eigentlich kein primitiver Wert zugewiesen werden. Aber mittels des Boxing-Verfahrens wird diese Zuweisung dazu führen, dass automatisch ein Wrapper-Objekt erstellt wird.

In der dritten Anweisung ist die Situation genau umgekehrt. Der primitiven Variablen `c` wird ein Objekt zugewiesen und das dürfte eigentlich nicht funktionieren. Mittels Unboxing wird jedoch der primitive Wert automatisch aus dem Wrapper-Objekt entnommen und der Variablen zugewiesen. Indirekt wird immer dann, wenn ein primitives Element gefordert und ein Wrapper-Objekt vorhanden ist, der Wert mit einer passenden xxxValue()-Methode extrahiert.

Hier ein vollständiges Beispiel (*Boxen.java*):

```
public class Boxen {
  public static void main(String args[]) {
    int a = 42;
    Integer b = a;
    int c = b;
    System.out.println(a);
    System.out.println(b.toString());
    System.out.println(a * c);
  }
}
```

Sie sehen, dass `b` ein Objekt ist, denn es stellt Methoden zur Verfügung. Dennoch kann man es mit primitiven Typen arithmetisch verknüpfen.

Autoboxing – eine Schlangengrube

Wie ich angedeutet habe, setzt so eine automatische Typumwandlung (genauer: Typanpassung) per Autoboxing voraus, dass bestimmte Bedingungen erfüllt sind, und das lässt sich nur über recht schwammige bzw. umfangreiche Sonderregeln beschreiben. Es muss halt alles »passen«. So kann und wird der Compiler etwa Autoboxing anwenden, wenn ein primitiver numerischer Wert in einem `Integer`-Objekt enthalten ist. Ist der gleiche primitive numerische Wert allerdings in einem anderen Objekttyp (etwa in der Superklasse `Object`) gespeichert, wird er bei einer Syntaxkonstruktion, die Autoboxing erzwingt, einen Fehler melden, obwohl die gleiche Information zur Verfügung steht. Und ebenso wird Unboxing nur dann ausgeführt, wenn sich aus einem Ausdruck heraus die eindeutige und zwingende Notwendigkeit ergibt, dass dort ein primitives Element zu stehen hat. Bei Referenzvergleichen kann das zu schwierigen Konstellationen führen. Natürlich wird `5 == 5` den Wert `true` ergeben. Der Vergleich zweier Objekte gleichen Inhalts wird jedoch (meist) nicht `true` liefern. Bei solchen Vergleichen (Objekt mit Objekt und Objekt mit primitivem Datentyp) muss man sehr vorsichtig und sich immer im Klaren sein, was man exakt miteinander vergleicht. Ebenso muss man beachten, dass es bei Verwendung eines Nullwerts in einigen Situationen zu Problemen kommen kann. Manchmal wird bei Autoboxing mit dem primitiven Wert `0` und manchmal mit `null` gearbeitet. Aber `null` kann selbst zur Laufzeit nicht zu `0` konvertiert werden. Eine Anweisung wie `int n = (Integer) null;` würde der Compiler akzeptieren. Zur Laufzeit gäbe es aber eine `NullPointerException`.

4.13 Ausdrücke

Ausdrücke sind das, was einen Wert in der Programmierung repräsentiert. Sie drücken einen Wert entweder direkt (durch ein Literal) oder durch eine Berechnung (eine Operation) aus. Es kann sich aber auch um Kontrollfluss-Ausdrücke handeln, die den Ablauf der Programmausführung festlegen. Ausdrücke können Konstanten, Variablen, Schlüsselwörter, Operatoren und andere Ausdrücke beinhalten. Wir haben in unseren bisherigen Beispielen natürlich schon diverse Java-Ausdrücke verwendet. Man kann Ausdrücke am einfachsten folgendermaßen definieren:

Ausdrücke sind das Ergebnis der Verbindung von Operanden und Operatoren über die syntaktischen Regeln der Sprache.

Ausdrücke werden also für die Durchführung von Operationen (Manipulationen) an Variablen oder Werten verwendet. Dabei sind Spezialfälle wie arithmetische Konstanten bzw. Literale kein Widerspruch, sondern nur die leere Operation.

4.13.1 Bewertung von Ausdrücken

Ausdrücke kommen selbstverständlich auch durch komplizierte Kombinationen von Operatoren und Operanden vor. Deshalb muss Java diese Kombinationen bewerten, also eine Reihenfolge festlegen, wie diese komplexeren Ausdrücke auszuwerten sind. Das ist in der menschlichen Logik oder der Mathematik nicht anders. Etwa die Punkt-vor-Strich-Rechnung in der Mathematik. Überhaupt ist die Bewertung von arithmetischen Ausdrücken in Java meistens durch die Bewertung von Ausdrücken in der Mathematik intuitiv herleitbar. Eine Bewertung basiert auf drei Grundbegriffen:

- Operatorassoziativität
- Operatorvorrang
- Bewertungsreihenfolge

Operatorassoziativität

Die sogenannte **Operatorassoziativität** ist die einfachste der Bewertungsregeln. Es geht darum, dass alle arithmetischen Operatoren Ausdrücke in der Vorgabe von links nach rechts bewerten (assoziieren). Das heißt, wenn derselbe Operator oder Operatoren gleicher Priorität in einem Ausdruck mehr als einmal auftaucht – wie beispielsweise der +-Operator in dem Ausdruck `1 + 2 + 3 + 4 + 5` – dann wird der am weitesten links stehende zuerst bewertet, gefolgt von demjenigen rechts daneben und so weiter. Unterziehen wir folgende arithmetische Zuweisung einer näheren Betrachtung:

```
x= 1 + 2 + 3 + 4 + 5;
```

In diesem Beispiel wird der Wert des Ausdrucks auf der rechten Seite des Gleichheitszeichens zusammengerechnet und der Variablen x auf der linken Seite zugeordnet. Für das Zusammenrechnen des Wertes auf der rechten Seite bedeutet die Tatsache, dass der Operator + von links nach rechts assoziiert, dass der Wert von `1 + 2` zuerst berechnet wird. Erst im nächsten Schritt wird zu diesem Ergebnis dann der Wert 3 addiert und so fort, bis zuletzt die 5 addiert wird. Anschließend wird das Resultat dann der Variablen x zugewiesen. Immer, wenn derselbe Operator mehrfach benutzt wird, können Sie die Assoziativitätsregel anwenden. Diese Regel ist nicht ganz so trivial, wie sie im ersten Moment erscheint. Darüber lässt sich bewusst das Prinzip des Castings beeinflussen. Beachten Sie das nachfolgende kleine Beispiel.

```
class Operatorassoziativität {
  public static void main (String args[]) {
    System.out.println("" + 1 + 2 + 3);
    System.out.println(1 + 2 + 3 + "");
  }
}..
```

Die erste Ausgabe wird 123 sein, die zweite jedoch 6. Warum? In der ersten Ausgabe wird zuerst `"" + 1` bewertet. Das erzwingt ein Resultat vom Typ `String`. Danach wird `"1" + 2` bewertet (`"1"` ist ein String!) und das ergibt den String `"12"`. Dann erfolgt der Vorgang erneut.

In der zweiten Version wird zuerst `1 + 2` bewertet und es entsteht die Zahl 3. Erst im letzten Schritt wird mit `6 + ""` eine Konvertierung in einen String erzwungen.

Die Operatorassoziativität ist auch der Grund, warum `++i` und `i++` in einem zusammengesetzten Ausdruck so unterschiedliche Effekte haben. Im Fall `++i` wird `i` zuerst erhöht und dann dem Wert zugewiesen. Im Fall `i++` wird zuerst der Wert zugewiesen und dann erhöht. Das führt dann in Verbindung mit weiteren Operatoren oft zu schwer nachvollziehbaren Ergebnissen.

Operatorvorrang

Operatorvorrang bedeutet die Beachtung der Priorität von Java-Operatoren. Wenn Sie einen Ausdruck mit unterschiedlichen Operatoren formulieren, muss Java entscheiden, wie die Ausdrücke bewertet werden. Dazu wird zuerst der gesamte Ausdruck analysiert. Hier ist das Beispiel der Punkt-vor-Strich-Rechnung aus der Mathematik wieder sinnvoll. Java hält sich strikt an die Regeln der Operatorvorrangigkeit. Je höher ein Operator priorisiert ist, desto eher wird er bewertet. Die multiplikativen Operatoren haben Vorrang vor den additiven Operatoren. Mit anderen Worten: In einem zusammengesetzten Ausdruck, der sowohl multiplikative als auch additive Operatoren enthält, werden die multiplikativen Operatoren zuerst bewertet. Dies ist übrigens einfach die Punkt-vor-Strich-Rechnung. Beispiel:

```
a = b - c * d / e;
```

Weil in dem Ausdruck die Operatoren `*` und `/` Vorrang haben, werden die beiden Unterausdrücke zuerst berechnet. Erst danach wird die Subtraktion ausgeführt. Falls Sie die Bewertungsreihenfolge von Operatoren in einem Ausdruck ändern wollen, müssen Sie Klammern benutzen. Klammern haben eine höhere Priorität als arithmetische Operatoren. Jeder Ausdruck in Klammern wird zuerst bewertet. Beispiel:

```
a = (b - c) * d / e;
```

Hier findet zuerst die Subtraktion von `b` und `c` statt, bevor die multiplikativen Operationen durchgeführt werden.

Bewertungsreihenfolge

Die dritte Regel bei der Bewertung von Ausdrücken ist die **Bewertungsreihenfolge**. Der Unterschied von Bewertungsreihenfolge und Operatorvorrang besteht darin, dass bei der Bewertungsreihenfolge die ***Operanden*** bewertet werden. Die Bewertungsreihenfolge legt fest, welche Operatoren in einem Ausdruck zuerst benutzt werden und welche Operanden zu welchen Operatoren gehören. Außerdem legen die Regeln für die Bewertungsreihenfolge fest, wann Operanden bewertet werden. Es gibt drei plattformunabhängige Grundregeln in Java, wie ein Ausdruck bewertet wird:

- Bei allen binären Operatoren wird der linke Operand vor dem rechten bewertet.
- Zuerst werden immer die Operanden, danach erst die Operatoren bewertet.
- Wenn mehrere Parameter, die durch Kommata voneinander getrennt sind, durch einen Methodenaufruf zur Verfügung gestellt werden, werden diese Parameter immer von links nach rechts bewertet.

4.14 Anweisungen

Anweisungen sind Syntaxstrukturen, die bestimmte Aufgaben erledigen und werden einfach der Reihe nach ausgeführt. Ausnahmen sind Kontrollfluss-Anweisungen oder Ausnahmeanweisungen. Sie werden aufgrund ihres Effektes ausgeführt und besitzen selbst keine Werte. Man unterteilt Anweisungen nach ihrer Art.

4.14.1 Blockanweisung

Blockanweisungen erlauben eine Zusammenfassung von größeren Codefragmenten zu Blockstrukturen. In Java erledigen das die geschweiften Klammern:

```
{
  ...// irgendwelche Anweisungen
}
```

Das haben wir schon mehrfach erwähnt und natürlich umfangreich verwendet. In einem Anweisungsblock steht eine Reihe weiterer Anweisungen. Wenn die Form einer Anweisung eine Anweisung oder eine Unteranweisung verlangt, kann jeder sinnvolle Block anstelle der Unteranweisung eingefügt werden. Ein Anweisungsblock besitzt einen eigenen Geltungsbereich für die in ihm enthaltenen Anweisungen. Das bedeutet, dass lokale Variablen in diesem Block deklariert werden können, die außerhalb dieses Blocks nicht verfügbar sind und deren Existenz erlischt, nachdem der Block ausgeführt wurde.

Blöcke können beliebig ineinander geschachtelt werden. Sie müssen allerdings die Schachtelung wieder sauber schließen. Viele Fehler beruhen auf geöffneten und nicht korrekt geschlossenen Blöcken. Der Java-Compiler überprüft natürlich solche Blockstrukturen. Die im Fehlerfall zurückgegebene Meldung kann jedoch oft in die Irre führen, da der eigentliche Fehler sich erst an einer anderen Stelle auswirkt.

4.14.2 Deklarationsanweisung

Deklarationen zur Einführung eines primitiven Datentyps, einer Variablen, eines Datenfelds, einer Klasse, einer Schnittstelle oder eines Objekts sind natürlich auch Anweisungen. Zum Teil wurden sie schon vollständig behandelt und werden hier nicht weiter betrachtet. Auf noch fehlende Deklarationen wie Datenfelder und Schnittstellen kommen wir im nächsten Kapitel zurück.

4.14.3 Ausdrucksanweisung

Ein weiterer Fall uns schon bekannter Anweisungen sind **Ausdrucksanweisungen** (obwohl sie nicht so bezeichnet wurden). Ausdrucksanweisungen werden in Programmiersprachen in der Regel am häufigsten verwendet. Java kennt sieben verschiedene Ausdrucksanweisungsarten:

- Zuordnung
- Pre-Inkrement
- Pre-Dekrement
- Post-Inkrement
- Post-Dekrement
- Methodenaufruf
- Zuweisungsausdruck

Diese Anweisungsarten kennen wir bereits vollständig. Hier ist eine Zusammenfassung der allgemeinen Regeln für Ausdrucksanweisungen in Java:

- Alle Ausdrucksanweisungen müssen mit einem Semikolon beendet werden.
- Eine Ausdrucksanweisung wird immer vollständig durchgeführt, bevor die nächste Anweisung ausgeführt wird.
- In einer Zuweisungsanweisung kann rechts vom Gleichheitszeichen (dem Zuweisungsoperator) jede der sieben Ausdrucksanweisungen stehen. Es darf in Java immer nur die rechte Seite einer solchen Zuweisung festgelegt werden.
- Unter Umständen kann der Rückgabewert einer Methode, die nicht leer ist, ohne Zuweisung aufgerufen werden. Dazu muss der Rückgabewert explizit als void festgelegt werden.
- Eine Ausdrucksanweisung kann natürlich aus komplexen Verschachtlungen bestehen. Klammern können zur Festlegung der Reihenfolge dienen, in der die einzelnen Unteranweisungen bewertet werden.

4.14.4 Leere Anweisung

Es gibt in Java auch eine **leere Anweisung** – einfach ein Semikolon. Diese tut nichts und dient als Platzhalter. Sie ist gar nicht so unsinnig, wie es vielleicht im ersten Moment erscheint. Es gibt beispielsweise folgende sinnvolle Anwendungen:

- Man kann Kennzeichen setzen.
- Man kann eine leere Anweisung bei Bedarf mit Debugging-Befehlen füllen. Wenn die Debugging-Befehle nicht gebraucht werden, kommentiert man sie aus und lässt die leere Anweisung stehen.
- Man kann eine leere Anweisung schon einmal prophylaktisch in einen Source einfügen und erst dann mit Befehlen füllen, wenn man sich tatsächlich mit diesem Teil des Programms befasst. Das hilft erheblich gegen Vergesslichkeit.
- Unter Umständen wird bei einer Struktur eine Anweisung benötigt, aber man will gar nichts konkret ausführen. Das ist etwa dann der Fall, wenn man mit `for` eine Endlosschleife erzeugen will: `for(;;) {...}`.

Für den Compiler sieht eine leere Anweisung nur wie ein zusätzliches Semikolon aus.

4.14.5 Bezeichnete Anweisung – Sprungmarken

Jede Anweisung kann mit einer Bezeichnung beginnen. Diese Bezeichnungen dürfen keine Schlüsselwörter, keine bereits festgelegten lokalen Variablen oder in diesem Modul schon verwendeten Bezeichnungen sein. Die eigentliche Benennung besitzt die gleichen Eigenschaften wie jeder andere Bezeichner; sie darf nicht den gleichen Namen wie ein Schlüsselwort oder ein anderer bereits deklarierter lokaler Bezeichner tragen.

Wenn sie aber den gleichen Namen wie eine Variable, eine Methode oder ein Typ hat, die für diesen Block verfügbar sind, dann erhält die neue Benennung innerhalb dieses Blocks Vorrang, und die außenstehende Variable, die Methode oder der Typ wird versteckt. Die Reichweite der Benennung erstreckt sich über den ganzen Block. Der Benennung folgt immer ein Doppelpunkt. Diese Technik ist uralt. Man kennt sie sogar schon von der Batch-Programmierung unter DOS.

Die Benennungen werden nur von den Sprunganweisungen `break` und `continue` benutzt. Wir kommen bei der Behandlung dieser beiden Anweisungen darauf zurück, obwohl solche Sprungmarken in Java unüblich sind.

4.14.6 Auswahlanweisung

Mit den Auswahlanweisungen gelangen wir nun zu der Syntaxstruktur, über die in Java einer von mehreren möglichen Kontrollflüssen eines Programms gesteuert werden kann. Sie gehören zu den wichtigsten Anweisungen in einer jeden Programmiersprache. Java unterstützt drei verschiedene Arten von Auswahlanweisungen:

- `if`
- `if-else`
- `switch-case-default`

Die if- und die if-else-Anweisung

Eine `if`-Anweisung bezeichnet eine einseitige Auswahl. Sie testet eine boolesche Variable oder einen Ausdruck. Wenn die boolesche Variable oder der Ausdruck den Wert `true` besitzt, wird die nachstehende Anweisung oder der nachstehende Anweisungsblock ausgeführt. Besitzt die boolesche Variable oder der Ausdruck den Wert `false`, wird die nachstehende Anweisung oder der nachstehende Anweisungsblock ignoriert und mit dem folgenden Block bzw. der folgenden Anweisung fortgefahren.

Eng verwandt ist die `if-else`-Anweisung, die genau genommen nur eine Erweiterung der `if`-Anweisung ist. Sie ist eine zweiseitige Auswahlanweisung und besitzt einen zusätzlichen `else`-Teil. Dieser `else`-Teil mit einer Anweisung oder einem Block wird dann ausgeführt, wenn der boolesche Test im `if`-Teil der Anweisung den Wert `false` ergibt. Ein kleines Beispiel *IfTest* zeigt die Verwendung. Das Projekt für diesen Abschnitt finden Sie unter *Auswahlanweisungen*.

```
import java.util.*;
public class IfTest {
  Random a = new Random();
  String spiel() {
    if (a.nextFloat() < 0.5) {
      return ("Gewonnen hat die Heimmannschaft.");
    }
    else {
     return ("Gewonnen hat die Gastmannschaft.");
    }
  }
  public static void main(String[] args) {
    IfTest u = new IfTest();
    System.out.println("Das Ergebnis des aktuellen Spiels: "
      + u.spiel());
  }
}
```

In dem Beispiel wird mit einem Zufallsobjekt des Typs `java.util.Random` gearbeitet. Die Methode `nextFloat()` extrahiert daraus den Zufallswert, der zwischen 0.0 und 1.0 liegt. Die in der Methode `spiel()` verwendete `if-else`-Anweisung wird je nach Wert den ersten oder den zweiten Zweig auswählen. Ist der Zufallswert kleiner als 0.5, wird der `if`-Block ausgeführt, andernfalls der `else`-Block.

Wenn Sie innerhalb des `else`-Zweigs direkt eine neue `if`-Anweisung notieren, liegt mit der resultierenden `if-else-if`-Anweisung ein Spezialfall der `if-else`-Anweisung vor.

Schreiben wir unser Beispiel entsprechend um (*IfElseIfTest.java*).

```
import java.util.*;
public class IfElseIfTest {
  Random a = new Random();
  String spiel() {
    if (a.nextFloat() < 0.3)
      return ("Gewonnen hat die Heimmannschaft.");
    else if (a.nextFloat() < 0.7) return ("Unentschieden.");
    else return ("Gewonnen hat die Gastmannschaft.");
  }
  public static void main(String args[]) {
    IfElseIfTest u = new IfElseIfTest();
    System.out.println("Das Ergebnis des aktuellen Spiels: "
      + u.spiel());
  }
}
```

Ein solches Konstrukt kann für eine etwas größere Auswahl von Möglichkeiten durchaus Sinn ergeben. Es gibt jedoch eine dann meist noch etwas besser geeignete Auswahlanweisung – die `switch`-Anweisung.

Die switch-Anweisung

Eine `switch`-Anweisung ermöglicht das Weitergeben des Kontrollflusses an eine von mehreren Anweisungen in ihrem Block mit Unteranweisungen. Sie ist damit eine mehrseitige Entscheidungsstruktur und tritt nur in Verbindung mit einem zweiten Schlüsselwort `case` auf, weshalb sie auch oft `switch-case`-Anweisung genannt wird.

An welche `case`-Anweisung innerhalb der `switch`-Anweisung der Kontrollfluss weitergereicht wird, hängt vom Wert des Ausdrucks in der Anweisung ab. Es wird die erste Anweisung nach einer `case`-Bezeichnung ausgeführt, die denselben Wert wie der Ausdruck besitzt. Ein `case`-Block kann in geschweifte Klammern gesetzt werden, muss es aber nicht.

Wenn es keine entsprechenden Werte gibt, wird die erste Anweisung hinter dem mit dem Schlüsselwort `default` bezeichneten Label ausgeführt, sofern ein solches vorhanden ist. Wenn auch dies nicht vorhanden ist, wird die erste Anweisung nach dem `switch`-Block ausgeführt.

Nun hat Java 7 in Bezug auf diese Auswahlanweisung eine wichtige Veränderung bzw. Erweiterung gebracht. Bis zu dieser Version mussten die zu testenden `switch`-Ausdrücke und `case`-Bezeichnungskonstanten alle vom Typ `byte`, `short`, `char` oder `int` etc. sein. Also solche Typen, die in `int` –Werte umgewandelt werden. Die Neuerung in Java 7 ist, dass Sie als Testvariablen auch Strings verwenden können. Das ist ziemlich offensichtlich von Konkurrenztechnologien wie C# motiviert, die schon länger derartige Funktionalität bieten.

Schreiben wir unser Beispiel für die `if-else-if`-Anweisung um (beachten Sie, dass wir wegen der Datentypen mit dem Faktor 5 multiplizieren und casten).

```
import java.util.*;
public class SwitchTest1 {
  Random a = new Random();
  String spiel() {
    switch ((byte) (a.nextFloat() * 5)) {
      case 1: return ("Gewonnen hat die Heimmannschaft.");
      case 2: return ("Abbruch wegen Regen.");
      case 3: return ("Unentschieden.");
      case 4: return ("Abbruch wegen Krawall.");
      default: return ("Gewonnen hat die Gastmannschaft.");
    }
  }
  public static void main(String args[]) {
    SwitchTest1 u = new SwitchTest1();
    System.out.println(
      "Das Ergebnis des aktuellen Spiels: " + u.spiel());
  }
}
```

Mit der `switch-case`-Auswahlanweisung haben Sie bei mehreren Auswahlmöglichkeiten eine handlichere Struktur, die oft die gleichen Möglichkeiten wie die Erweiterung der `if-else`-Anweisung bietet. Einschränkung gegenüber dieser ist jedoch, dass nur diskrete Werte getestet werden können (also Gleichheit) und **keine Kleiner-als- oder Größer-als-Vergleiche** möglich sind!

Auch dürfen keine zwei `case`-Bezeichnungen im gleichen Block denselben Wert besitzen. So etwas ist in der `if-else-if`-Anweisung im Prinzip denkbar (mehrfacher Vergleich in verschiedenen Zweigen mit demselben Wert), wenn auch nicht sonderlich sinnvoll, denn nach dem ersten Treffer werden folgende Übereinstimmungen nicht mehr entdeckt, weil der Kontrollfluss aus der `if-else-if`-Anweisung herausspringt. Bezeichnungen beeinflussen den

Kontrollfluss nicht. Die Kontrolle behandelt diese Bezeichnungen so, als wenn sie nicht vorhanden wären. Daher können beliebig viele Bezeichnungen vor derselben Codezeile stehen.

Diese Kontrollflussanweisung beinhaltet nun aber auch eine Eigenheit, die bei der Art des letzten Beispiels nicht deutlich wurde (was aber natürlich das Beispiel nicht entwertet – es umgeht diese nur auf eine sehr sinnvolle Weise, die Sie schon einmal im Hinterkopf behalten können). Deshalb hier noch ein weiteres Beispiel (*SwitchTest2.java*).

```
import java.util.Random;
public class SwitchTest2 {
  Random a = new Random();
  void spiel() {
    switch ((byte) (a.nextFloat() * 5)) {
    case 1:
      System.out.println("Gewonnen hat die Heimmannschaft.");
    case 2: System.out.println("Abbruch wegen Regen.");
    case 3: System.out.println("Unentschieden.");
    case 4: System.out.println("Abbruch wegen Krawall.");
    default:
      System.out.println("Gewonnen hat die Gastmannschaft.");
    }
  }
  public static void main(String args[]) {
    SwitchTest2 u = new SwitchTest2();
    System.out.print("Das Ergebnis des aktuellen Spiels: ");
    u.spiel();
  }
}
```

Was wird die Ausgabe sein? Vielleicht werden Sie überrascht.

Im Gegensatz zu der `if-else-if`-Anweisung springt der Kontrollfluss nach einem Treffer nicht automatisch aus der Struktur, stattdessen wird die Struktur vom ersten Treffer an bis zum Ende ausgeführt! Das heißt, alle nachfolgend notierten Anweisungen werden explizit ausgeführt.

Dies ist in einigen anderen Sprachen nicht so und damit lauert hier eine Fehlerquelle. Natürlich ist das Verfahren nicht sinnlos und Sie können es auch gezielt einsetzen, um den Durchlauf mehrerer Blöcke zu erreichen. Etwa bei einer angeordneten Auswahl, in der ab einer gewissen Größe alle Folgeanweisungen Sinn ergeben.

Wenn dieses Verhalten jedoch unterbunden werden soll, hat man (mindestens) zwei Möglichkeiten. Die eine Variante ist das, was im ersten Beispiel geschah. Ein Aufruf der Konstruktion über eine Methode, in der in jedem `case`-Zweig der Sprungbefehl `return` steht. Das ist aber nicht immer sinnvoll oder gewünscht. Die zweite Variante ist aber sehr ähnlich. Man setzt in jedem Block hinter einem Label eine `break`-Anweisung. Dies ist eine weitere Sprunganweisung, die im Gegensatz zu `return` nicht auf das Verlassen einer Methode, sondern einer Blockstruktur ausgerichtet ist. Damit vermeiden Sie die Ausführung mehr als eines Blocks. Die gesamte `switch-case`-Struktur wird nach einem Treffer über `break` beendet. Unser Beispiel *SwitchTest3.java* sieht dann so aus (beachten Sie, dass beim `default`-Block kein `break` erfolgen muss):

```
import java.util.Random;
public class SwitchTest3 {
  Random a = new Random();
  void spiel() {
    switch ((byte) (a.nextFloat() * 5)) {
    case 1:
      System.out.println("Gewonnen hat die Heimmannschaft.");
      break;
    case 2:
      System.out.println("Abbruch wegen Regen.");break;
    case 3: System.out.println("Unentschieden.");break;
    case 4:
      System.out.println("Abbruch wegen Krawall.");break;
    default:
      System.out.println("Gewonnen hat die Gastmannschaft.");
    }
  }
  public static void main(String args[]) {
    SwitchTest3 u = new SwitchTest3();
    System.out.print("Das Ergebnis des aktuellen Spiels: ");
    u.spiel();
  }
}
```

Lassen Sie uns zum Abschluss noch einen kurzen Test mit Strings durchführen, wie sie, wie gesagt, ab Java 7 möglich sind (*SwitchTest4.java*). Beachten Sie, dass auch zur Ausführung des Programms eine JVM bzw. ein Java-Interpreter ab der Versionsnummer 1.7 benötigt wird:

```
import java.util.*;
public class SwitchTest4 {
  Random a = new Random();
  String[] farbe = { "Rot", "Gelb", "Gelbrot" };
  void spiel() {
    switch (farbe[a.nextInt(3)]) {
    case "Rot": System.out.println(
      "Der Spieler wird vom Platz gestellt."); break;
    case "Gelb": System.out.println(
      "Der Spieler wird verwarnt."); break;
    case "Gelbrot": System.out.println(
```

```
        "Der Spieler wird verwarnt und fast vom Platz gestellt.");
    }
  }
  public static void main(String args[]) {
    SwitchTest4 u = new SwitchTest4();
    System.out.print(
      "Der Schiedsrichter zieht eine Karte: ");
    u.spiel();
  }
}
```

Wir greifen hier in der vierten Zeile etwas vor und verwenden ein Array mit Strings. Das ist eine Sammlung von Strings, die alle über denselben Bezeichner (`farbe`) und einen numerischen Index zugänglich sind. In dem Array befinden sich drei Strings, und mit dem Zufallsgenerator in Zeile 6 erzeugen wir eine Zahl zwischen 0 und 2. Da die Indizierung von Arrays in Java mit 0 beginnt, wählt dieser Zugriff einen der drei Strings aus. Beachten Sie die Werte der Testfälle. Das sind explizit Strings.

4.14.7 Iterationsanweisung

Iterationsanweisungen werden auch **Schleifen** oder **Wiederholungsanweisungen** genannt und dieser Name macht deutlich, um was es geht: die kontrollierte Wiederholung von Anweisungsfolgen zur Laufzeit. Sie sind neben den Auswahlanweisungen wahrscheinlich die wichtigsten Anweisungsarten überhaupt. Es gibt in Java drei Arten von Iterationsanweisungen:

- `while`
- `do`
- `for`

Die while-Anweisung

Die `while`-Anweisung ist kopfgesteuert (abweisend) und testet eine boolesche Variable oder einen Ausdruck. Solange der Test den Wert `true` ergibt, wird die Unteranweisung oder der Block ausgeführt. Erst wenn die boolesche Variable oder der Ausdruck den Wert `false` ausweist, wird die Wiederholung eingestellt und die Kontrolle an die nächste Anweisung nach dem `while`-Konstrukt weitergegeben.

Die Syntax sieht schematisch so aus:

```
while(Bedingung) Unteranweisung/Block
Erstellen wir wieder ein kleines Testprogramm:
import java.util.*;
public class WhileTest {
  Random a = new Random();
```

```
  void spiel() {
    int i = 0;
    while (i < 6) {
      System.out.println(1 + a.nextInt(49));
      i++;
    }
  }
  public static void main(String args[]) {
    WhileTest u = new WhileTest();
    u.spiel();
  }
}
```

Die Ausgabe wird in jedem Schleifendurchgang eine zufällige Zahl zwischen 1 und 49 ausgeben. Das simuliert in gewisser Weise eine Lottoziehung – nur mit Zurücklegen der Kugeln. Die Zählvariable `i` der Schleife wird innerhalb der Schleife bei jedem Durchlauf um 1 erhöht und dient als Abbruchkriterium, um die `while`-Schleife zu verlassen (Test auf `i < 6`).

Wenn der in der Struktur überprüfte Ausdruck nicht von Anfang an `true` ist, wird der Block in der Unteranweisung niemals ausgeführt. Wenn er hingegen `true` ist, dann wird dieser Code-Block so lange wiederholt, bis er nicht mehr `true` ist oder eine Sprung-Anweisung ausgeführt wird, und er die Kontrolle an eine Anweisung außerhalb der Schleife weitergibt.

Vorsicht vor Endlosschleifen

Eine `while`-Schleife ist ein guter Kandidat für sogenannte Endlosschleifen. Lassen Sie in unserem Beispiel einfach mal die Zeile mit *i++;* weg. Die Bedingung zum Durchlaufen der Schleife wird immer erfüllt sein und Sie hängen in einer Endlosschleife. Mit ein bisschen Glück lässt sich das Programm noch vom Betriebssystem beenden, schlimmstenfalls müssen Sie den Rechner ausschalten.

Die do-Anweisung

Die do-Anweisung (oder auch `do-while`-Anweisung) ist eine fußgesteuerte (annehmende) Struktur. Sie testet natürlich auch eine boolesche Variable oder einen Ausdruck, aber erst nach dem ersten Durchlauf. Der Code-Block innerhalb der do-Anweisung wird also auf jeden Fall mindestens einmal ausgeführt. Dies geschieht immer, ob die Bedingung erfüllt ist oder nicht. Rein von der Syntax her kann man es sich dadurch verdeutlichen, dass die Überprüfung am Ende der Struktur steht. Sie sieht schematisch immer so aus:

```
do Unteranweisung/Block while(Bedingung)
```

Betrachten wir ein Beispiel, bei dem die Bedingung beim Erreichen der Schleife nicht erfüllt ist (*DoTest.java*):

```
public class DoTest {
  public static void main(String args[]) {
    int i = 100;
    do {
      System.out.println(
        "Testvariable ist zu groß, wird aber dennoch ausgeführt");
      i++;
    } while (i < 10);
  }
}
```

Obwohl der Wert der getesteten Variablen offensichtlich zu groß ist, wird einmal die Ausgabe zu sehen sein.

Die for-Anweisung

Die `for`-Anweisung ist kopfgesteuert und fasst in ihrem Schleifenkopf alle relevanten Faktoren für den Schleifendurchlauf zusammen. Eine »normale« `for`-Anweisung sieht schematisch wie folgt aus:

```
for (Initialisierungsteil; Bedingung; Anweisungen nach Abarbeitung des
Schleifendurchlaufs) Unteranweisung/Block
```

Viele Programmierer schätzen diese Schleife, weil an zentraler Stelle im Schleifenkopf alles notiert werden kann, was die Schleife beeinflusst. Aber das muss man nicht machen und einige Erklärungen zu der Syntax sind notwendig:

- Wenn Sie im Initialisierungsteil eine Variable deklarieren, wird sie als **schleifenlokal** verstanden. Diese Deklaration hat nur Gültigkeit für den Bereich der `for`-Anweisung und ihrer Unteranweisungen.
- Der Initialisierungsteil kann eine durch Kommata getrennte Reihe von Deklarations- und Zuweisungsanweisungen enthalten. Erst durch ein Semikolon wird der Initialisierungsteil beendet. Es kann nur entweder ausschließlich mit schleifenlokalen oder ohne schleifenlokale Variablen gearbeitet werden, wenn im Initialisierungsteil mehrere Variablen verwendet werden.
- Der Testteil enthält eine boolesche Variable oder einen Ausdruck, der einmal pro Schleifendurchlauf neu bewertet wird. Wenn der Vergleich den Wert `false` ergibt, wird die `for`-Schleife verlassen. Auch dieser Teil wird wieder durch ein Semikolon beendet.

- Der dritte Teil des Schleifenkopfs enthält Anweisungen, die nach Abarbeitung eines jeden Schleifendurchlaufs ausgeführt werden. So gut wie immer wird dort eine Erhöhung der Zählvariablen stehen. Aber man kann dort auch beliebige Anweisungen ausführen, die einmal pro Durchlauf der Schleife bewertet (und gegebenenfalls ausgeführt) werden, etwa die Erniedrigung der Zählvariable (was im Prinzip sinnvoll sein kann) oder auch ganz andere Anweisungen, was jedoch selten wirklich sinnvoll ist, denn man kann stattdessen diese Anweisungen einfach ans Ende des Blocks schreiben – als eine durch Kommata getrennte Reihe von Ausdrücken. Aber rein formal ist das möglich. Da man in der Praxis aber wie erwähnt den Teil zum Inkrementieren (Hochzählen) oder zum Dekrementieren (Herabzählen) der Zählvariable notiert, wird der Part auch In- oder Dekrementteil genannt.
- Eine Zählvariable muss bei einem Schleifendurchlauf nicht zwingend um den Wert 1 erhöht werden. Sie kann wie gesagt auch erniedrigt oder auch in anderen Schrittgrößen verändert werden. Allerdings ist so eine Abweichung von der Veränderung um den Wert 1 so gut wie ***niemals*** notwendig! Sie können grundsätzlich die Anweisungen im Inneren der Schleife so gestalten, dass Sie mit einer Wertänderung um 1 auskommen. Wegen der Lesbarkeit und Wartbarkeit sollte man immer eine Erhöhung um den Wert 1 wählen (einzige sinnvolle Ausnahme sind Endlosschleifen).
- Alle Bestandteile im Schleifenkopf können leer bleiben (etwa im Fall einer Endlosschleife) oder auch gar nichts mit der Anzahl der Schleifendurchläufe zu tun haben. Es gibt keinen syntaktisch zwingenden Grund, dass diese Bestandteile des Schleifenkopfs explizit mit dem jeweiligen Schleifendurchgang etwas zu tun haben. Nur ist das – außer im Fall einer Endlosschleife – selten sinnvoll.

Nutzen wir zur praktischen Veranschaulichung der `for`-Schleife eine Reihe von Beispielen. Das erste Beispiel gibt die ersten 256 Zeichen des Unicode-Zeichensatzes auf dem Bildschirm aus. Dazu wird explizites Casting verwendet (*ForTest1.java*).

```
class ForTest1 {
  public static void main(String argv[]) {
    for (int i = 1; i <= 256; i++)
      System.out.println("Zeichencode " + i
        + " entspricht dem Zeichen " + (char) i);
    for (char i = 1; i <= 256; i++) {
      System.out.println("Zeichencode " + i
        + " entspricht dem Zeichen " + i);
    }
  }
}
```

Das Beispiel arbeitet in den beiden Schleifen mit schleifenlokalen Variablen. Das bedeutet in unserem Fall, dass die Zählvariablen in `for`-Schleifen nicht unbedingt außerhalb der Schleife deklariert werden müssen, sondern ebenso im Initialisierungsteil der `for`-Schleife direkt vereinbart werden können. Sie sind dann auch nur dort bekannt. Diese im Initialisierungsteil der `for`-Schleife direkt vereinbarten Zählvariablen sind ein Sonderfall von normalen lokalen Variablen und überdecken gegebenenfalls gleichnamige Variablen im übergeordneten Programmblock, die hierdurch unverändert bleiben. Dabei ist »übergeordnet« als »außerhalb der Methode« zu verstehen.

Sollten Sie in der Methode bereits eine lokale Variable deklariert haben, dürfen Sie diesen Bezeichner nicht mehr als schleifenlokalen neuen Bezeichner einführen. Allerdings können Sie einen Bezeichner in mehreren Schleifen unterschiedlich verwenden, wenn Sie diese Variablen jeweils schleifenlokal einführen. Und das machen wir hier mit den zwei Schleifen. In der ersten ist `i` schleifenlokal und vom Typ `int` (deshalb müssen wir in Zeile 5 casten) und in der zweiten Schleife ist `i` vom Typ `char`. Deshalb brauchen wir nicht zu casten. Die Schleife kann natürlich auch über `char`-Typen iterieren, denn diese sind ja numerisch.

Ihnen sollte auch auffallen, dass wir bei der ersten Schleife nur eine einzelne Anweisung notieren, während bei der zweiten Schleife ein Block angegeben wird. Dieser enthält zwar nur eine Anweisung, aber bekanntlich kann ein Block immer da stehen, wo eine Anweisung stehen kann.

Immer einen Block statt einer Anweisung notieren

Auch wenn es möglich ist, bei nur einer Anweisung in einer Schleife auf die explizite Notation eines Blocks zu verzichten – das wurde in dem Beispiel nur aus didaktischen Gründen gemacht. Man sollte **immer** (!) einen Block notieren. Nur so kann man sicherstellen, dass spätere Erweiterungen der auszuführenden Anweisungen auch zur Schleife gehören und nicht irrtümlich als isolierte Anweisungen auftauchen. Ebenso verbessert ein einheitliches Vorgehen die Lesbarkeit und Wartbarkeit erheblich.

Das nächste Beispiel zählt drei Variablen gleichzeitig durch. Dabei werden zwei Variablen hoch- und eine heruntergezählt. Beachten Sie aber, dass es nur eine einzige Abbruchbedingung gibt bzw. geben darf. Sollen mehr als eine der Variablen in die Abbruchbedingung eingehen, muss man diese über eine Formel entsprechend aufbauen oder im Inneren der Schleife eine Sprunganweisung verwenden. Ansonsten arbeitet das Beispiel wieder mit schleifenlokalen deklarierten Variablen. Beachten Sie, dass der Datentyp nur einmal im Initialisierungsteil notiert wird. Er gilt dann einheitlich für alle drei schleifenlokalen Variablen.

```
class ForTest2 {
  public static void main(String argv[]) {
    for (int i = 1, j = 255, z = 9; i <= 20; i++, z++, j--)
      System.out.println("" + i + j + z);
  }
}
```

Einhalten des KISS-Prinzips

Das letzte Beispiel sollte nur die Möglichkeiten der Schleife zeigen und ist rein didaktisch zu sehen. Wie schon mehrfach angedeutet – man sollte unbedingt einfach programmieren. Das bedeutet bei der Schleife eine Zählvariable und diese wird immer um den Wert 1 erhöht.

Die Regel ist aber allgemeiner zu sehen. Konventionen und klare, übersichtliche Formatierungen sollten damit einhergehen, dass Codestrukturen selbst immer möglichst einfach und kurz bleiben. Es gibt eine Regel, die als **KISS-Prinzip** bekannt ist. Das steht für »Keep it simple and stupid« – »Halte es einfach und dumm (primitiv)«. Das ist kein Widerspruch zu einer intelligenten Programmierung – im Gegenteil. Denn intelligent bedeutet in der Programmierung einfach und langweilig. Damit ist die Erstellung des Codes erst einmal wenig fehlerträchtig und der Code ist zudem leichter zu warten. Ich persönlich bin absoluter Fan dieser Art der Programmierung, wobei ich mich sicher nicht immer daran halte – mea culpa. Zum Teil werden wir auch in den Beispielen darauf verzichten, statt einer einzelnen Anweisung einen Block zu notieren – das soll aber nur Platz sparen. ***Einfach*** im Zusammenhang mit dem KISS-Prinzip bedeutet, dass Sie nicht unnötig komplexe oder lange Strukturen schreiben sollten. Schreiben Sie lieber zwei kurze Methoden als eine lange. Ebenfalls sollte man sich im Quellcode nicht wiederholen. Was Sie also schon einmal geschrieben haben, sollten Sie nicht noch ein weiteres Mal neu codieren, sondern benutzen. Und wie gesagt ist langweilige Programmierung fast immer gut. Doch was soll das bedeuten? Als recht leicht zu erinnernde Regel können Sie sich merken, dass Sie immer so programmieren sollten, dass sich jemand Fremdes über Ihren Code nicht wundern würde. Wenn Sie etwa an einer Stelle eine `while`-Schleife verwenden und in einer vergleichbaren folgenden Situation eine `for`-Schleife, dann ist das unerwartet und schlecht, wenn es keinen unvermeidbaren Grund gibt. Ein erfahrener Programmierer, der den Code sieht, würde sich fragen, warum einmal der eine Schleifentyp und das andere Mal der andere Schleifentyp verwendet wird. Und dies vollkommen überflüssigerweise, wenn es eben keinen zwingenden Grund gibt. Oder wenn Sie einmal eine Konstante vollständig großschreiben und das andere Mal nur den ersten Buchstaben, ist das unerwartet und damit schlecht (was wieder auf die Konventionen in Java zurückführt). Oder Sie schreiben eine einzelne Anweisung in einer Schleife einmal mit und einmal ohne Block. Erwartbare Strukturen sind gut, unerwartete Strukturen sind schlecht.

Die for-each-Anweisung

Es gibt eine Abwandlung der `for`-Anweisung, die vor allen Dingen bei Arrays und ähnlichen Datenstrukturen sehr nützlich ist. Mit der sogenannten `for-each`-Anweisung iterieren Sie einfach über alle Elemente in solchen Datenstrukturen.

Dabei ist »for-each« als Bezeichner für diese Anweisung zwar üblich, aber gefährlich. Denn in einigen Programmiersprachen schreibt man dazu in der Tat die Token `for` und `each` hin, in Java aber nicht. Zwar gibt es das Token `for`, es gibt jedoch **kein** `each`. Stattdessen gilt folgendes Schema:

```
for (wert : datenstruktur) {
}
```

Der Wert vor dem Doppelpunkt repräsentiert pro Durchlauf das jeweilige Element in der Datenstruktur, die dem Doppelpunkt nachgestellt wird. Wir kommen auf diese Schleifenform bei Arrays und verwandten Datenstrukturen zurück.

Unterschiedliche Varianten bei for-each

In einige Sprachen wie JavaScript ist in analogen Schleifenkonstruktionen der Wert nicht das Element in der Datenstruktur, sondern dessen Index! Umsteiger von diesen Sprachen müssen also aufpassen.

4.14.8 Sprunganweisung

Sprunganweisungen geben die Steuerung bei ihrem Aufruf unmittelbar entweder an den Anfang oder das Ende des derzeitigen Blocks oder aber an eine bezeichnete Anweisung weiter.

Sprungadressen und Spaghetticode

Benannte Sprungadressen sind in Java unüblich, aber im Prinzip möglich, obwohl damit die Wartbarkeit des Programmablaufs schwieriger wird. Das optionale Bezeichnungsargument (die Sprungadresse) muss in Java aber im selben Block stehen, was die Wartbarkeit halbwegs bewahrt. Beachten Sie, dass es in Java ausdrücklich keine `goto`-Anweisung gibt, mit der in der Vergangenheit in diversen Programmiersprachen sogenannter Spaghetticode erzeugt werden konnte, der meist nicht mehr wartbar war. Das Schlüsselwort ist jedoch reserviert – vermutlich damit es nie mehr verwendet wird.

Bei den vier Arten von Sprunganweisungen in Java handelt es sich um folgende Token:

- `break`
- `continue`
- `return`
- `throw`

Die break-Anweisung

Unteranweisungsblöcke von Schleifen und `switch`-Anweisungen können durch die Verwendung der `break`-Anweisung verlassen werden (wir haben das im Beispiel der `switch`-Anweisungen ja schon gesehen). Eine unbezeichnete `break`-Anweisung springt zu der nächsten Zeile nach der derzeitigen (innersten) Wiederholungs- oder `switch`-Anweisung. Als Beispiel soll hier auf das Beispiel bei der Behandlung von `switch-case` verwiesen werden.

Mit einer bezeichneten `break`-Anweisung am Anfang einer Schleife kann an eine Anweisung mit dieser Bezeichnung in der derzeitigen Methode gesprungen werden. Dazu müssen Sie vor dem Anfangsteil der Schleife ein Label (eine Beschriftung) mit einem Doppelpunkt eingeben. Sofern Sie ein falsch gesetztes oder nicht vorhandenes Label in einer Sprunganweisung angeben, wird der Compiler eine Fehlermeldung der folgenden Art ausgeben: *...: undefined label: meinLabel*

> **Eine Sprunganweisung in Verbindung mit Ausnahmebehandlung**
>
> Wenn es beim Auslösen der `break`-Anweisung oder einer anderen Sprunganweisung eine umgebende Ausnahmebehandlungsroutine mit `finally`-Teil gibt, wird immer dieser Teil zuerst ausgeführt, bevor die Kontrolle weitergegeben wird. Das wird noch einmal bei der Ausnahmebehandlung thematisiert.

Richtig interessant werden die benannten Sprünge eigentlich erst in Verbindung mit verschachtelten Schleifen. Es wird vielleicht auffallen, dass diese bezeichneten Anweisungen ziemlich an das goto-return-Konstrukt aus alten Programmiererzeiten erinnern. Diese Assoziation ist leider nicht ganz von der Hand zu weisen, denn für ein solches Verfahren lässt sie sich missbrauchen. Glücklicherweise sind mit diesen Konstrukten keine beliebigen Sprünge innerhalb des Programms erlaubt, denn in Java lassen sich immer nur Sprünge über mehrere Blöcke innerhalb einer Schleife durchführen. Insgesamt sind die Anwendungen von benannten Sprüngen nur sehr begrenzt, was – wie schon erwähnt – die Wartbarkeit halbwegs erhält. Das nachfolgende Beispiel demonstriert in einer in drei Ebenen verschachtelten `for`-Struktur, wie unter gewissen Bedingungen gezielt zu einem benannten Label gesprungen werden kann. Beispiel (*BreakBenannt.java*):

```
public class BreakBenannt {
  public static void main(String argv[]) {
    mL1: for (int i = 1; i < 5; i++) {
      System.out.println("Ausgabe Schleife 1");
      System.out.println("Wert i: " + i);
      System.out.println("** Jetzt folgt 2. Schleife ** ");
      mL2: for (int j = 1; j < 3; j++) {
        System.out.println("Ausgabe Schleife 2");
        System.out.println("Wert i: " + i +
```

```
          " - Wert j: " + j);
        System.out.println("** Jetzt folgt 3. Schleife ** ");
        for (int k = 0; k < 3; k++) {
          System.out.println("Ausgabe Schleife ganz innen");
          if ((i + j) == 3) break mL2;
          if ((i + j) == 4) break mL1;
          System.out.print("Hinter break-Anweisungen "
            + "in innerer Schleife: ");
          System.out.println("Wert i: " + i
            + " - Wert j: " + j);
        }
      }
    }
  }
}
```

Sie sehen hier drei ineinander verschachtelte Schleifen. Das eine Sprunglabel steht in der dritten und das zweite in der achten Zeile. Die benannten Sprünge werden in Abhängigkeit der Zählvariablen `i` und `j` ausgelöst, was den »normalen« Ablauf der Schleifen gezielt unterbricht. Schauen Sie sich zur Verdeutlichung des Ablaufs die Ausgabe an.

Die continue-Anweisung

Die Anweisung `continue` kann im Zusammenhang mit allen Iterationsanweisungen angewandt werden und darf auch nur dort stehen. Durch die Anweisung `continue` wird im Gegensatz zum Einsatz von `break` nicht die gesamte Schleife abgebrochen, sondern nur der aktuelle Schleifendurchlauf wird unterbrochen. Es wird zum Anfang der Schleife zurückgekehrt, falls hinter `continue` kein Bezeichner steht. Ansonsten wird zu einer äußeren Schleife zurückgekehrt, die eine Markierung gleichen Namens enthält.

Bei einer unbezeichneten `continue`-Anweisung werden die restlichen Anweisungen im innersten Block der Wiederholungsanweisung übersprungen und die Schleife wieder von vorne durchlaufen, beispielsweise um Fehler abzufangen. Ein Beispiel ist die Verhinderung einer Division durch Null (obwohl das besser mit einer Ausnahmebehandlung abgefangen werden kann).

Bezeichner bei continue

Auch bei der `continue`-Anweisung gibt es die Möglichkeit, die Schleife mit einem Bezeichnungsparameter zu versehen. Dies ermöglicht die Kontrolle darüber, mit welcher Ebene der verschachtelten Iterationsanweisungen fortgefahren werden soll.

Ein vollständiges Beispiel sieht so aus (*ContinueTest.java*):

```
class ContinueTest {
  public static void main(String args[]) {
    int x = 0;
    while (x < 50) {
      x++;
      if (x % 2 == 0) continue;
      System.out.println(x);
    }
  }
}
```

Die Ausgabe besteht aus allen ungeraden Zahlen kleiner 50. Jedes Mal, wenn ein Wert gerade ist (Überprüfung mit dem Modulo-Operator), wird wieder zum Schleifenursprung zurückgekehrt.

Das Programm ist nicht ganz ungefährlich. Wenn Sie die Erhöhung der Zählvariablen nach der `continue`-Anweisung durchführen würden, entstünde eine Endlosschleife.

Die return-Anweisung

Eine `return`-Anweisung gibt die Kontrolle an den Aufrufer einer Methode zurück. Wenn sich die `return`-Anweisung in einer Methode befindet, die nicht als `void` deklariert wurde und kein Konstruktor ist, kann und muss sie einen Parameter (den sogenannten Rückgabewert) des in der Deklaration der Methode angegebenen Typs zurückgeben. Diese Rückgabewerte können dann vom aufrufenden Programm weiter verarbeitet werden.

Die `return`-Anweisung kann ohne Klammern verwendet werden, wenn kein Wert zurückgegeben wird.

Auf Beispiele zur `return`-Anweisung soll an dieser Stelle verzichtet werden, denn wir haben die Anweisung schon häufig eingesetzt.

Die throw-Anweisung

In Java ist es möglich, durch die `throw`-Anweisung eine Laufzeitausnahme des Programms zu erzeugen. Dies bedeutet, dass der normale Programmablauf durch eine Ausnahme unterbrochen wird, die zuerst vom Programm behandelt werden muss, bevor der normale Programmablauf weitergeht. Die Laufzeitausnahme verwendet ein Objekt als Argument. Mehr zur `throw`-Anweisung folgt bei der Behandlung von Ausnahmen.

4.14.9 Synchronisationsanweisungen

Synchronisationsanweisungen werden für den sicheren Umgang mit **Multithreading** benutzt. Die Schlüsselwörter `synchronized` und `threadsafe` werden zum Markieren von Methoden und Blöcken benutzt, die eventuell vor gleichzeitiger Verwendung geschützt werden sollen. Auf den umfangreichen Themenkomplex Multithreading wird in diesem Buch im letzten Kapitel eingegangen, aber ohne Berücksichtigung der Synchronisation.

4.14.10 Schutzanweisung

Schutzanweisungen werden zur sicheren Handhabung von Code gebraucht, der Ausnahmen auslösen könnte (beispielsweise das Teilen durch 0). Diese Anweisungen benutzen die Schlüsselwörter `try`, `catch` und `finally`. Java verfolgt zum Abfangen von Laufzeitfehlern ein Konzept, das mit sogenannten Ausnahmen arbeitet. Wir werden uns diesem Ausnahmekonzept in größerem Umfang widmen.

4.14.11 Unerreichbare Anweisung

Es ist leider leicht möglich, eine Methode zu schreiben, die Codezeilen enthält, die nie erreicht werden können: eine sogenannte unerreichbare Anweisung. Sie ist zwar eigentlich nicht schädlich in dem Sinn, dass sie etwas Falsches tut, aber wenn man sich darauf verlässt, dass bestimmte Codezeilen ausgeführt werden, und sie werden einfach nicht erreicht, kann der Schaden mindestens genauso groß sein.

Der Java-Compiler bemerkt dies glücklicherweise (meist) rechtzeitig und erzeugt einen Fehler zur Kompilierzeit, der ungefähr so aussieht: *...: unreachable statement*.

4.15 Zusammenfassung

In diesem umfangreichen Kapitel haben Sie Javas zentrale Syntaxstrukturen kennengelernt. Von Anweisungen und Blöcken über Variablen, Datentypen und Operatoren bis hin zu Entscheidungsstrukturen und Schleifen haben Sie nun auch diesen Teil Ihres Java-Werkzeugkastens gefüllt. Damit können Sie nun auch Strukturen, die wir rein aufgrund der OOP erstellt haben, mit Substanz versehen. Bringen Sie die beiden Säulen zusammen, können Sie sinnvolle Java-Programme schreiben. Nun fehlen noch die erweiterten OO-Konzepte, und die lernen Sie im folgenden Kapitel kennen.

5 Erweiterte objektorientierte Programmierung mit Java

5.1 Was lernen Sie in diesem Kapitel?

Sie haben bereits die grundlegenden Ideen und Konzept der objektorientierten Programmierung (OOP) kennengelernt und angewendet, denn ohne diese kommen Sie in Java überhaupt nicht zurecht. Darüber hinaus kennen Sie die Java-Syntax. Auf den folgenden Seiten behandeln wir nun die etwas komplexeren Konzepte der objektorientierten Programmierung. Das betrifft die Vererbung, Polymorphie, abstrakte Techniken und die Ausnahmebehandlung.

5.2 Vererbung

In der OOP werden ähnliche Objekte bekanntlich zu Gruppierungen (Klassen) zusammengefasst, die eine leichtere Klassifizierung der Objekte ermöglicht. Die Eigenschaften und Methoden der Objekte werden also in den Gruppierungen gesammelt und für eine spätere Erzeugung von realen Objekten verwendet. Zentrale Bedeutung hat dabei eine hierarchische Struktur der Gruppierungen, die wir bisher noch gar nicht beachtet haben, die von allgemein bis fein reicht. Diese Strukturierung soll vor allen Dingen einen Effekt haben – die **Wiederverwendung** bereits vorhandener Dinge.

Nähern wir uns diesem System über ein Beispiel aus der realen Welt. Ein Schaf (in der OO-Notation ein Objekt des Typs `Schaf`) ist gleichzeitig ein Säugetier. Damit ist es in der OO-Notation auch ein Objekt des Typs `Saeugetier`.

Nun ist jedes Säugetier aber selbst wieder ein Tier. Damit ist ein Objekt des Typs `Saeugetier` ebenso ein Objekt des Typs `Tier`. Und ein Tier ist wiederum ein Lebewesen. Das Modell unserer Typbeziehungen können Sie beliebig fortsetzen. Aus Sicht des allgemeinen Lebewesens in Richtung einer weiteren Verallgemeinerung, aber auch vom Schaf aus in Richtung einer weiteren Spezialisierung (etwa Rhön-Schaf).

Diese Logik und das Design werden wir als Basis zum Aufbau einer vollständigen API verwenden. Ganz so, wie auch Java selbst die Standard-API organisiert. Nur werden die Logik und das Design des folgenden API-Beispiels etwas »künstlich« sein. Wir wollen bestimmte Techniken und Stilmittel der objektorientierten Programmierung demonstrieren und brauchen dazu einfach gewisse Situationen und Voraussetzungen. Und die schaffen wir uns einfach – unabhängig davon, ob man das besser lösen kann oder ob das wirklich einen praktischen Nutzen hat.

Ebenso möchte ich darauf Rücksicht nehmen, dass wir die Java-Syntax an dieser Stelle nicht in den Fokus stellen und dementsprechend wird die umgesetzte Funktionalität sehr einfach sein. Aber wir werden insbesondere an diesem Beispiel viel über die OOP lernen und es auch über das Buch hinaus weiterentwickeln.

Vererbung hat nichts mit Paketen zu tun

Um es gleich am Anfang deutlich zu machen – eine Vererbungsbeziehung und eine Paketstruktur sind zwei vollkommen getrennte Ordnungsstrukturen, die man für verschiedene Zwecke einsetzen kann. Sie erlauben neben verschiedenen logischen Aufteilungen auch eine unterschiedliche Sicht auf eine Problemstellung. Sie können ohne Probleme über Paketgrenzen hinweg erben, wenn das nicht bewusst eingeschränkt wird. Das soll bedeuten, dass Vererbungsbeziehungen und Paketstrukturen synchron oder asynchron (das ist der Regelfall – die beiden Beziehungen haben direkt nichts miteinander zu tun) wählen können. Es ist eine Frage der logischen Strukturierung Ihres Projekts (in der OOD-Phase ist das festzulegen).

5.2.1 Warum Vererbung? Der konkrete Nutzen

Stellen wir zur Vererbung einmal eine wichtige Frage – wo liegt der Nutzen? Nun – wenn Sie bestimmte Eigenschaften und Methoden (Fähigkeiten) für ein allgemeines Lebewesen beschreiben (definieren), werden diese Eigenschaften und Methoden auch für spezialisierte Objekte gelten. Sie müssen sie dann dort nicht erneut beschreiben (definieren). Es ist offensichtlich, dass Sie sich sehr viel Arbeit ersparen und die Wartbarkeit eines Systems (eines Beschreibungskonzepts) erhöhen können, wenn Sie intelligent Typisierungen vornehmen und verschachteln. In der OOP ist die schon angedeutete **Wiederverwendbarkeit** das (!) zentrale Argument.

5.2.2 Superklasse und Subklasse

Wie genau Sie dieses Verfahren zur Beschreibung von Typbeziehungen ausarbeiten, ist Ihnen überlassen. Denken Sie daran, dass Objekte in unserer Wahrnehmung, aber auch in der OOP selbst, ***Abstraktionen*** der Wirklichkeit darstellen und diese Verallgemeinerungen bzw. Spezialisierungen erst recht. Bezüglich des Modells gibt es aber in der objektorientierten Philosophie gewisse Regeln bzw. Empfehlungen, die das Verfahren erst effektiv machen.

Gemeinsame Erscheinungsbilder sollten in einer möglichst »hohen«, allgemein formulierten Klasse zusammengefasst werden. Erst wenn Unterscheidungen möglich bzw. notwendig sind, die nicht für alle Mitglieder einer Beschreibung gelten können, werden Untergruppierungen – untergeordnete Klassen – gebildet.

Vererbung (engl. Inheritance) bezeichnet nun eine Verbindung zwischen einer Klasse und einer oder mehreren anderen Klassen, in der die abgeleitete Klasse das Verhalten und den Aufbau der Oberklassen übernimmt, gegebenenfalls neues Verhalten und einen erweiterten Aufbau besitzt und eventuell übernommenes Verhalten modifiziert. Die vererbende Klasse nennt man **Basisklasse**, **Oberklasse**, **Elternklasse** oder **Superklasse**.

Die erbende Klasse nennt man **abgeleitete Klasse**, **Unterklasse**, **Kindklasse** oder **Subklasse**. Am üblichsten sind die Bezeichner Superklasse bzw. deren englische Form Superclass und Subklasse bzw. Subclass. Wir werden im Folgenden so gut wie ausschließlich die Begriffe Superklasse und Subklasse verwenden.

Der Klassenbaum

Die über Vererbung verknüpften Klassen bilden einen sogenannten **Klassenbaum**. Dieser kann im Prinzip beliebig tief werden. Eben so tief, wie es notwendig ist, um eine Problemstellung detailliert zu beschreiben. Vererbung ist über eine beliebige Anzahl von Ebenen im Klassenbaum hinweg möglich. Die oberste Klasse des Baums heißt **Wurzelklasse** (root class). Die Klassen am Ende eines Vererbungsbaums heißen **Blattklassen** (leaf classes). Klassen, von denen aus keine Unterklassen mehr gebildet werden dürfen, heißen **finale Klassen** (final classes). Finale Klassen können nicht mehr weiter spezialisiert werden und sind in Java mit dem Modifizierer `final` gekennzeichnet.

> **Logische und konsequente Anwendung von final für Blattklassen**
>
> Die Verwendung des Modifizierers `final` ist in Java außergewöhnlich konsistent und logisch umgesetzt. `final` bedeutet einfach nur, dass ein Element fertig ist und sich nicht mehr ändert. Schlicht und einfach! Bei Konstanten haben wir das schon gesehen, aber wir werden diesem Modifizierer auch bei Methoden wieder begegnen.

5.2.3 Generalisierung und Spezialisierung

Betrachten wir zur weiteren Verdeutlichung das Konzept noch von einer anderen Seite. Vererbung bezeichnet konkret den Mechanismus, Attribute und Methoden mithilfe einer Klassenbeziehung wiederzuverwenden. Bei der Beschreibung der Beziehungen in einem Klassenbaum redet man von **Generalisierung** bzw. **Verallgemeinerung** und **Spezialisierung**. Diese stellen gegensätzliche Sichtweisen auf die gleiche Beziehung dar – nur halt aus der Sicht der Superklasse oder aus der Sicht der Subklassen.

Generalisierung leitet sich als Begriff aus der Tatsache ab, dass die Superklasse ihre Unterklassen verallgemeinert und nur alle Gemeinsamkeiten ihrer Subklassen darstellt.

Eine Subklasse ist immer ein Spezialfall ihrer Superklasse und sollte in jeder Hinsicht mit ihr kompatibel sein. Ein Schaf ist immer auch ein Tier, also ein Spezialfall eines Tiers. Eine Vererbungsbeziehung wird in der OOP auch als Ist-ein-Relation oder Art-von- bzw. Kind-of-Relation bezeichnet. Der Begriff Spezialisierung leitet sich daher ab, dass die Subklassen die Superklasse verfeinern (sie spezialisieren), indem sie neue Klassenelemente hinzufügen bzw. Methoden anders implementieren. Durch die Spezialisierung ist eine Instanz einer Klasse zugleich Instanz aller ihrer Superklassen und jedes öffentlichen Elements, das für eine der Superklassen definiert wurde. Eine Instanz einer Subklasse kann immer dann verwendet werden, wenn eine Instanz einer der Superklassen gefordert wird. Wenn Sie etwa ein Tier brauchen, können Sie auf ein Schaf zurückgreifen.

Bottom-up und Top-down

Wenn Sie bei einer Aufgabe versuchen, Klassen zu entwickeln, die in einer Vererbungsbeziehung stehen, können Sie die Analyse und Beschreibung nach verschiedenen standardisierten Methoden vornehmen. Da gibt es die **Top-down-Methode**. Ausgangspunkt ist dabei die Gesamtaufgabe, die in Teilaufgaben zerlegt wird. Bei komplexen Aufgabenstellungen können die Teilaufgaben in weitere Unteraufgaben aufgeteilt werden. Bei der Entwicklung eines einzelnen Programms ist diese Methode oft sinnvoll.

Die Alternative ist die **Bottom-up-Methode**. Diese Methode ist für Vorgehensweisen interessant, bei denen eine Aufgabenstellung nicht exakt beschrieben ist bzw. noch Änderungen erwartet werden. Einzeln Module werden später zu einem großen Modul zusammengesetzt. Die Bottom-up-Methode gilt meist beim Entwurf großer Programmsysteme als sinnvoll. Eine Art Mischvariante nennt sich **Up-down-Methode** oder auch Middle-out bzw. Gegenstromverfahren. Bei dieser Strukturierungsmethode wird die Gesamtaufgabe durch Top-down-Methoden verfeinert und es werden Teilaufgaben bottom-up abstrahiert.

5.2.4 Die technische Umsetzung einer Vererbung

Bei einer Vererbung in der OOP übernimmt die Subklasse alle Attribute und Methoden der Superklasse, soweit diese offengelegt werden. Die Beziehung der ursprünglichen Klasse, der Superklasse zur abgeleiteten, der Subklasse, ist immer streng hierarchisch. Jede Subklasse erbt alle offengelegten Eigenschaften und Methoden ihrer Superklasse. Sie beinhaltet also immer mindestens die gleichen Eigenschaften und Methoden wie die Superklasse, wobei durch geeignete Zugriffsregeln in der Superklasse Strukturen gegenüber den Subklassen verborgen werden können.

Zusätzlich kann (und sollte in der Regel) die Subklasse neue Attribute festlegen oder zumindest die Werte von Attributen verändern und/oder neue Methoden hinzufügen bzw. bestehende Methoden modifizieren. Die abgeleitete Klasse verwendet bei Bedarf die Methoden oder Eigenschaften der Superklasse. Den Mechanismus kann man sich analog zur Verwendung von Bibliotheken und dort implementierten Funktionalitäten vorstellen.

Erben ist nicht kopieren

Abgeleitete Klassen übernehmen beim Erben die offengelegten Eigenschaften und Methoden aller übergeordneten Klassen, wobei Übernehmen nicht heißt, dass eine Subklasse die Befehle und Eigenschaften der Superklasse in ihre eigene Deklaration kopiert. Stattdessen gibt es nur eine formale Verknüpfung zwischen den Klassen. Dies wird in Java mit einer Art Zeiger (einer sogenannten Referenz) realisiert, obwohl Java aus Sicht des Programmierers nicht explizit mit Zeigern arbeitet.

5.2.5 Die Auswahl von passenden Elementen im Klassenbaum

Die Methoden- bzw. Eigenschaftenauswahl in einem Klassenbaum muss natürlich geregelt sein. Sie erfolgt nach einer einfachen Regel. Ist der Nachrichtenselektor (der Methoden- oder Attributname einer Botschaft) in der Objektklasse des Empfängers nicht vorhanden, so wird die gewünschte Methode oder Eigenschaft in der nächsthöheren Superklasse des Nachrichtenselektors gesucht. Ist sie dort auch nicht vorhanden, erfolgt die Suche in der nächsthöheren Klasse, bis die Wurzelklasse des Klassenbaums erreicht ist.

Die Ausführung der Methode bzw. der Zugriff auf die Eigenschaft erfolgt also in der ersten Klasse, in der sie gefunden wird (von der aktuellen Klasse im Klassenbaum aufwärts gesehen). Gibt es im Klassenbaum keine Methode bzw. Eigenschaft des spezifizierten Namens, so kommt es zu einer Fehlermeldung. Klassen, die sich auf derselben Ebene wie die aktuelle Klasse oder in anderen Zweigen des Klassenbaums befinden, werden nicht durchsucht.

5.2.6 Mehrfachvererbung versus Einfachvererbung

In der Theorie der Objektorientierung gibt es **Einfachvererbung** sowie **Mehrfachvererbung**. In der Einfachvererbung (engl. Single Inheritance) gilt für die Klassenhierarchie in einer baumartigen Struktur die Voraussetzung, dass eine Subklasse immer nur genau eine direkte Superklasse besitzt. Eine Superklasse kann jedoch eine beliebige Anzahl an direkten Subklassen haben. Wenn jedoch die Möglichkeit besteht, eine einzige Klasse direkt mit beliebig vielen Superklassen durch die Vererbung direkt zu verknüpfen, nennt man dies Mehrfachvererbung (engl. Multiple Inheritance). Objekte der Subklasse erben in dem Fall direkt Eigenschaften aus verschiedenen Superklassen.

Pro und Contra Mehrfachvererbung

Es gibt unbestritten einige gute Gründe für die Mehrfachvererbung. Der entscheidende Vorteil der mehrfachen Vererbung liegt in der Möglichkeit, die Probleme der realen Welt einfacher beschreiben zu können, denn auch dort hat ein Objekt Eigenschaften und Fähigkeiten aus verschiedenen übergeordneten logischen Bereichen.

Ein Auto kann in der Denkweise der Mehrfachvererbung beispielsweise direkt von verschiedenen Superklassen erben. Die fiktive Klasse `Auto` erbt zum Beispiel direkt von den Klassen `Motor`, `Karosserie`, `Fahrgestell`, `Bremsen` und `Innenraum`.

Mit Mehrfachvererbung lässt sich das Beziehungsgeflecht des realen Objekts durch die Sammlung der Superklassen (relativ) vollständig und einfach beschreiben. Ein weiterer Vorteil ist ebenso, dass man leicht Dinge ergänzen kann, die man bei der ersten Realisierung einer Klasse vergessen hat. Wenn bestimmte Eigenschaften und Methoden in einer Subklasse vergessen wurden, nimmt man einfach eine weitere Superklasse hinzu, die die fehlenden Elemente vererben kann.

Dieser Vorteil einer relativ vollständigen und einfachen Abbildung der Natur steht dagegen in keinem Verhältnis zu den damit einhergehenden Nachteilen. Die schlimmsten Nachteile sind sicher die kaum nachvollziehbaren Beziehungsgeflechte in komplexeren Programmen bis hin zu Ringbeziehungen, in der Klassen über mehrere Ebenen hinweg Superklassen von sich selbst sein können. C/C++-Programmierer (vor allem diejenigen, die ein Programm übernehmen mussten) wissen davon ein Lied zu singen, denn dort gibt es Mehrfachvererbung. Wartbarkeit wird bei exzessivem Einsatz der Mehrfachvererbung zum Fremdwort.

Java schafft Mehrfachvererbung ab

Java stammt zwar von C++ ab, arbeitet aber ohne Mehrfachvererbung. Das gilt als einer der entscheidenden Fortschritte von Java gegenüber seinem C++-Vorfahren. Dafür bietet Java über sogenannte abstrakte Klassen und Schnittstellen ein Verfahren, das vieles kompensiert, was wegen des Verzichts auf Mehrfachvererbung wegfällt. Diese Techniken werden im späteren Verlauf dieses Kapitels erläutert.

5.2.7 Die konkrete Umsetzung der Vererbung in Java

Was Vererbung im Allgemeinen in der OOP darstellt und wie sie in der Theorie umgesetzt wird, haben wir jetzt gesehen. Schauen wir uns an, wie Java dieses Konzept jetzt genau realisiert. Zuerst muss eine wichtige Tatsache festgehalten werden.

Alles geht auf Object zurück

In Java geht jede Klasse auf die Wurzelklasse `java.lang.Object` zurück. Diese Klasse `java.lang.Object` ist immer die oberste Klasse im Java-Klassenbaum. Eine Vererbung davon muss in Java aber niemals explizit notiert werden.

Erweiterung einer Klasse mit extends

Wenn man in Java eine Klasse explizit als Subklasse einer Klasse angeben will, wird das mit dem Schlüsselwort `extends` erfolgen, das hinter dem Bezeichner der Klasse notiert wird und dem die Klasse folgt, die als Superklasse dienen soll. Das sieht formal so aus:

```
class [NameDerSubKlasse] extends [NameDerSuperKlasse]
```

Damit spezifizieren Sie die Klasse, auf die ihre neue Klasse aufbaut (die Superklasse). Durch die Erweiterung einer Superklasse machen Sie aus Ihrer Klasse zuerst eine Art virtuelle Kopie dieser Klasse und ermöglichen gleichzeitig Veränderungen an dieser neuen Kopie.

Wie schon erwähnt, bezeichnet man als eine finale Klasse eine Klasse, die nicht durch Spezialisierung weiterentwickelt werden kann: eine Blattklasse. Das Voranstellen des Modifizierers `final` vor das Schlüsselwort `class` beendet einen Zweig in der Vererbungshierarchie.

Ziehen wir zur Verdeutlichung der ganzen Ausführungen rund um die Vererbung ein konkretes Java-Beispiel heran. Wir starten mit einer obersten Klasse, die unmittelbar von `java.lang.Object` abgeleitet ist. Das muss wie gesagt nicht explizit notiert werden.

5.2.8 Beginn eines Praxisprojekts zur Vererbung

In dem nun realisierten Projekt *VererbungsAPI1* werden wir mittels der Top-down-Methode eine API aus Klassen entwickeln, die in einer Vererbungsbeziehung zueinander stehen. Auf diese API werden wir im Buch immer wieder zurückkommen und sie weiterentwickeln, sodass sie sukzessive zu einer API für die Abbildung eines landwirtschaftlichen Produktionsbetriebs mit verschiedenen Tieren wird, von denen bestimmte Eigenschaften und Funktionalitäten für den Kunden abgebildet werden sollen.

Der fiktive Kunde, für den wir die API am Anfang entwickeln, soll einen Bauernhof mit einigen Hühnern, einem Schaf und einem Schwein besitzen.

Die permanente Weiterentwicklung der API soll neben der Erklärung der reinen Java-Programmierung quasi nebenbei Techniken der OO-Methodik (OOA und OOD) wie auch des sogenannten Spiralenmodells zur kontinuierlichen Weiterentwicklung eines Projekts demonstrieren, und zwar inklusive der Umstrukturierung und Erweiterung bestehender Strukturen samt potenzieller Nebenwirkungen. Aber das sind wirklich nur »Nebenher-Ausführungen«, die wir aufgrund der Beschränkungen und der Zielrichtung des Buches stark komprimieren sowie sehr vereinfacht durchführen.

Für den Einstieg wird die API ad hoc vorgegeben und einfach festgelegt, dass unsere anfängliche Realisierung der bis dahin ermittelten Lösung eines vorgegebenen Problems entspricht.

Zuerst legen wir eine eigene Paketstruktur für die API an. Ich verwende `rjs.de.javabuch.vererbungsapi.api`.

Da es bei unserem Problem um die Abbildung von Tieren geht, ergibt eine Sammlung aller Eigenschaften und Methoden in einer Klasse Sinn, die allen Tieren gemeinsam und für unsere Aufgabenstellung relevant sind. Wir wollen allerdings auch unseren Auftraggeber – den Bauern – ins Spiel bringen. Und der ist kein Tier. Von daher werden wir als explizite Wurzelklasse die Beschreibung eines allgemeinen Lebewesens verwenden. Diese ist dann die direkte Subklasse von `java.lang.Object`. Zuerst sehen Sie diese Superklasse namens Lebewesen in der Datei *Lebewesen.java*:

```
package rjs.de.javabuch.vererbungsapi.api;
public class Lebewesen {
  public int alter;
}
```

Die Klasse `Lebewesen` ist unmittelbar von `java.lang.Object` abgeleitet und besitzt deshalb **keine** `extends`-Anweisung. Funktional stellt die Klasse nicht mehr als eine Eigenschaft namens `alter` zur Verfügung, die aber in allen Subklassen zur Verfügung stehen wird. Eine direkte Subklasse von Lebewesen ist `Tier`.

Das ist deren Listing:

```
package rjs.de.javabuch.vererbungsapi.api;
public class Tier extends Lebewesen {
  public int inventarnummer;
}
```

Jedes Tier auf dem Bauernhof bekommt eine Inventarnummer, mit der es verwaltet wird. Beachten Sie die zweite Zeile mit der `extends`-Anweisung. Das legt `Tier` als Subklasse von `Lebewesen` fest und damit hat jedes spätere Objekt des Typs `Tier` sowohl die Eigenschaft `alter` als auch `inventarnummer`. Die Eigenschaft `alter` wurde vererbt, die Eigenschaft `inventarnummer` als Erweiterung in der Subklasse neu deklariert. Für den Anwender von `Tier` ist das vollkommen irrelevant. Er kann beide Eigenschaften so verwenden, als ob beide an derselben Stelle deklariert wären.

Den Kunden interessieren für alle seine Tiere nun gewisse Dinge. Und die unterscheiden sich bei einem Schaf, Huhn und Schwein. Allerdings kann es für die unterschiedlichen Typen durchaus Übereinstimmungen geben, die für mehrere Typen von Interesse sind. So interessiert den Kunden beispielsweise das Gewicht sowohl des Schafs als auch des Schweins, denn beide Tiere sind irgendwann als Schlachttiere vorgesehen. Für die Hühner ist das in unserem Modell nicht interessant. Hier liegt der Fokus auf der Produktion von Eiern. Von daher ergibt es Sinn, die Eigenschaft `gewicht` in einer eigenen Klasse – nennen wir sie `Saeugetier`, was aber vollkommen irrelevant ist – zu deklarieren. Diese wird eine Subklasse von `Tier` und dient dann später als Superklasse für `Schwein` und `Schaf`.

```
package rjs.de.javabuch.vererbungsapi.api;
public class Saeugetier extends Tier {
  public int gewicht;
}
```

Die Klasse Gefluegel soll relevante Eigenschaften und Methoden eines Huhns beschreiben:

```
package rjs.de.javabuch.vererbungsapi.api;
public class Gefluegel extends Tier {
  public boolean geschlecht;
  public int getEi() {
     return 0;
  }
}
```

Warum haben wir die Klasse nun nicht Huhn genannt? Das hätten wir machen können, aber der Klassenname würde eine Bedeutung signalisieren, die nicht unbedingt korrekt ist. Betrachten Sie die Eigenschaft und Methode, die in der Klasse als Erweiterungen deklariert werden. Ein Huhn legt schon Eier, ein Hahn aber eher selten. Offensichtlich gibt es eine relevante Eigenschaft eines Objekts dieser Klasse, die eine gewisse Logik in verfügbaren Methoden bzw. deren Ergebnis steuert.

Eine gute Namenswahl für die Verständlichkeit

Kommen wir noch einmal zurück zum Namen – mit Huhn als Namen würden wir technisch keinen Fehler begehen, aber die Aussagelogik wäre ungenau, wenn nicht sogar fehlzudeuten. Von daher ist selbst die Namenswahl von Klassen, Methoden und Eigenschaft durchaus für die Verständlichkeit und Wartbarkeit von Programmen relevant.

Die Klasse Gefluegel wird eine Blattklasse in unserem Klassenbaum. Sie wird also nicht weiter abgeleitet. Bei einem Schwein interessiert unseren Kunden jetzt noch der Typ – die Rasse. Die beschreibende Klasse wird von Saeugetier abgeleitet:

```
package rjs.de.javabuch.vererbungsapi.api;
public class Schwein extends Saeugetier {
  public String typ;
}
```

Bei einem Schaf, das auch als Subklasse von Saeugetier deklariert wird, haben wir eine ähnliche Situation wie beim Huhn. Es interessiert den Bauern neben dem Gewicht – für eine spätere Schlachtung – die Menge an Milch, die das Tier gibt. Und auf die hat wieder das Geschlecht Einfluss. Bei der Benennung der Klasse können wir dieses Mal ohne Probleme Schaf wählen, weil auch ein männlicher Schafbock landläufig als Schaf bezeichnet wird. Aber wir haben auch hier wieder eine Logik zu implementieren, die von dem Geschlecht abhängt. Sie könnten jetzt auf die Idee kommen, dass wir die Eigenschaft `geschlecht` aus `Gefluegel` und `Schaf` extrahieren und für beide eine gemeinsame Superklasse erstellen. Das ist durchaus möglich und sinnvoll. Nur soll `Schaf` bereits als Superklasse `Saeugetier` besitzen und diese soll explizit keine Superklasse von `Gefluegel` werden.

Es ist nicht sinnvoll, dass überflüssige bzw. nicht gewünschte Elemente aus der Superklasse einer Klasse geerbt werden. Genau deshalb betreibt man ja eine Spezialisierung, um so einen Effekt zu vermeiden! Wir haben in unserer API also eine Situation, in der wir in jedem Fall mit einer Redundanz leben müssen. Entweder müssen wir das Geschlecht mehrfach deklarieren oder aber das Gewicht.

Das ist leider der Preis der Einfachvererbung, mit dem man in der Praxis leben muss. Eine geschickte Planung bzw. ein optimales Design zu finden und die jeweiligen Vor- und Nachteile genau abzuwägen, ist immens wichtig. Unsere Klasse soll also so aussehen:

```
package rjs.de.javabuch.vererbungsapi.api;
public class Schaf extends Saeugetier {
  public int geschlecht;
  public int getMilch() {
     return 0;
  }
  public int getWolle() {
     return 0;
  }
}
```

Beachten Sie, dass wir für die Eigenschaft `geschlecht` einen anderen Datentyp als beim Geflügel gewählt haben. Wir schaffen uns damit (etwas künstlich) einen Grund, warum wir diese Eigenschaft nicht in eine neue Superklasse von `Schaf` und `Gefluegel` auslagern können. Und so ganz abwegig ist diese Wahl nicht, denn man kann in einem Modell bei einem Schaf durchaus zwischen Bock (nicht kastriert) und Hammel (kastriert) unterscheiden wollen und das mit einem Wert dieser Eigenschaft abbilden. Aber wie ich schon erwähnt habe – das Modell soll Vererbung deutlich machen und wird deshalb künstlich so hingebogen, dass alle relevanten Details vorkommen.

Nun wollen wir auch den Kunden in der API abbilden – einen Menschen. Manche Leute sehen Menschen ja auch als Tier und dann als Säugetiere, aber in unserem Konzept mit den abstrahierten Eigenschaften wäre eine Ableitung von `Tier` (der Bauer hat sicher keine Inventarnummer) oder `Saeugetier` (das Gewicht ist zwar vorhanden, sollte aber die Privatsache des Bauern bleiben) unglücklich bzw. falsch – trotz des Namens der Klassen, die eine solche Vererbung nahelegen können.

Wir leiten die Klasse `Mensch` direkt von `Lebewesen` ab und übernehmen damit das Alter als eine relevante Eigenschaft:

```
package rjs.de.javabuch.vererbungsapi.api;
public class Mensch extends Lebewesen {
  public String name;
  public String beruf;
  public void telefonieren() {
  }
}
```

Für den Menschen interessieren in unserem (künstlichen) Modell der Name und der Beruf. Dazu haben wir eine Methode `telefonieren()` vorgesehen, die sicher kein Tier beherrscht. Das Beziehungsgeflecht der Klassen samt der Eigenschaften und Methoden kann man auch mit UML abbilden.

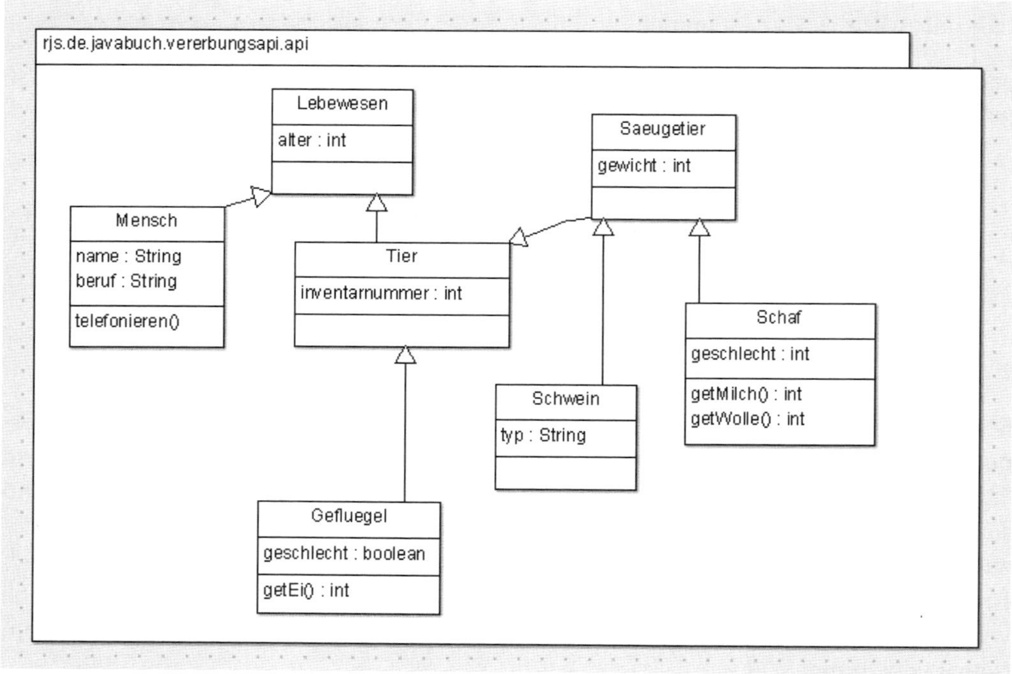

Abbildung 5.1: Die Beziehungen unserer API samt Eigenschaften und Methoden in einem Diagramm, das an UML orientiert ist.

Die Verwendung der API

Die API kann nun in einem Programm verwendet werden. In der nachfolgenden Klasse `Bauernhof` – in einem eigenen Paket `rjs.de.javabuch.vererbungsapi` – machen wir dies. Zuerst erzeugen wir in der `main()`-Methode der Klassen `Gefluegel`, `Schaf` und `Schwein` jeweils ein Objekt.

Dann wird für jedes Objekt eine der als Eigenschaften bereitgestellten Instanzvariablen mit einem Wert versehen, der anschließend in Verbindung mit einigen erläuternden Texten ausgegeben wird.

```
package rjs.de.javabuch.vererbungsapi;
import rjs.de.javabuch.vererbungsapi.api.Gefluegel;
import rjs.de.javabuch.vererbungsapi.api.Schaf;
import rjs.de.javabuch.vererbungsapi.api.Schwein;

public class Bauernhof {
  public static void main(String[] args) {
    Gefluegel huhn1 = new Gefluegel();
    Gefluegel huhn2 = new Gefluegel();
    Gefluegel huhn3 = new Gefluegel();
    Schwein piggy = new Schwein();
    Schaf mani = new Schaf();
    huhn1.alter = 3;
    huhn2.geschlecht = true;
    huhn3.inventarnummer = 42;
    piggy.inventarnummer = 7;
    piggy.typ = "Hausschwein";
    mani.inventarnummer = 123;
    mani.geschlecht = 2;
    System.out.println(huhn3.inventarnummer);
    System.out.println(piggy.typ);
  }
}
```

Beachten Sie die Paketzuordnung in der ersten Zeile und die Importe. Damit können Sie die Klassen der API über verkürzte Namen verwenden. In der `main()`-Methode werden entsprechend unserer Einleitung Objekte erzeugt. Beachten Sie, dass Eclipse für die Objekte nach der Notation des Punkts alle verfügbaren Eigenschaften und Methoden anzeigt.

Sowohl die Eigenschaften und Methoden, die die Objekte von `java.lang.Object` vererbt bekommen, als auch diejenigen, die wir selbst hinzugefügt haben, werden angezeigt. In der Auswahlliste von Eclipse können Sie jeweils hinter einem Element erkennen, in welcher Klasse es deklariert wurde.

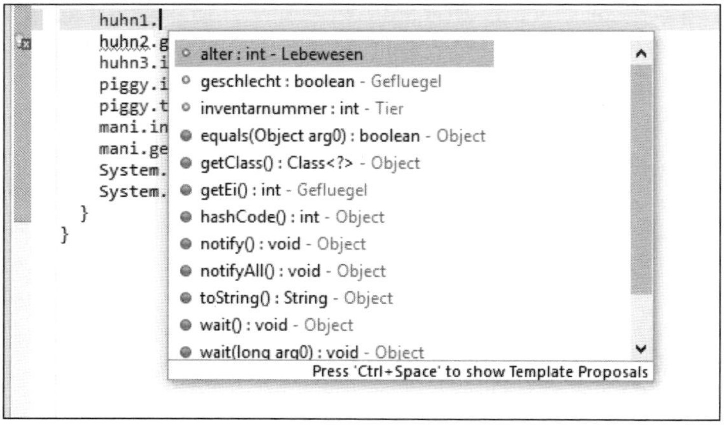

Abbildung 5.2: Es ist gut erkennbar, woher die Elemente kommen.

Wenn Sie das Programm laufen lassen, werden einfach die Eigenschaftswerte zweier Objekte ausgegeben, die wir in dem Programm zuweisen.

Beachten Sie, dass die API bisher nur die Vererbung und die Anwendung (das sogenannte Kaufen) von Klassen aus einer Klassenhierarchie zeigen soll. Sowohl die vernünftige Anwendung von Modifizierern mit einer praxisorientierten Datenkapselung als auch eine Strukturierung der API sind (noch) nicht realisiert. Aber das machen wir gleich.

5.3 Überschreiben von Methoden

Es kann nun bei einer Superklasse-Subklassen-Beziehung vorkommen, dass Sie in der Superklasse und in der Subklasse eine Methode definieren, die sich in der Signatur nicht signifikant unterscheidet. Das bedeutet, dass beide Methoden mit demselben Namen und identischer Parameterliste deklariert werden. Nun stehen die Klassen jedoch über Vererbung in Verbindung. Und das bedeutet, dass die Methode aus der Superklasse in die Subklasse vererbt wird.

Eine identische Redefinition verdeckt jedoch die vererbte Methode. Man nennt diesen Vorgang **Überschreiben** oder **Overriding**. Dabei sollte auffallen, dass Overriding ***nicht*** die wörtliche Übersetzung von Überschreiben darstellt. Es ist gar nicht unwahrscheinlich, dass die deutsche Übersetzung nur durch einen Hörfehler entstanden ist (***overwrite***).

Overriding als Teil der Polymorphie

Der Vorgang ist Teil eines OO-Konzepts, das man Polymorphie nennt – Vielgestaltigkeit.

5.3.1 Warum überschreiben?

Das Überschreiben einer Methode ist in der OOP aus verschiedenen Gründen sehr sinnvoll bzw. sogar oft unabdingbar für eine vernünftige Implementierung einer Vererbungshierarchie:

1. Eine Superklasse stellt noch keine konkrete Implementierung einer Methode bereit. Dies erfolgt zum Beispiel bei der Definition einer sogenannten abstrakten Methode oder der leeren Implementierung. Erst in einer Subklasse erfolgt die konkrete Spezifikation der Methode. Das bedeutet, dass eine der Subklassen die Methodendeklaration der Superklasse überschreiben muss, damit überhaupt entsprechende Funktionalität zur Verfügung steht.

2. Die Superklasse implementiert bereits eine gewisse Funktionalität der Methode, aber in der abgeleiteten Klasse soll die Funktionalität erweitert werden. Das bedeutet, es wird die bisherige Implementierung intern aufgerufen und dann die zusätzliche, in der überschriebenen Version hinzugefügte Funktionalität ausgeführt. So etwas erfolgt zum Beispiel beim Überschreiben von Konstruktoren.

3. Zur Optimierung einer Methode muss Funktionalität geändert werden, die bereits in einer Superklasse implementiert wurde. Mit dem Überschreiben kann eine Spezialisierung realisiert werden und eine Methode in der Subklasse anders als in der Superklasse arbeiten.

5.3.2 Beispiele für das Überschreiben

Das nachfolgende Beispiel (Projekt *Ueberschreiben*) definiert in einer Superklasse namens `A` eine Methode `void test()`, die in der Subklasse `B` neu implementiert wird. Hier ist der Quellcode der Superklasse:

```
public class A {
  void test() {
    System.out.println("Superklasse.");
  }
}
```

Und das ist das Listing der Subklasse `B`:

```
public class B extends A {
  void test() {
    System.out.println(
      "Nicht die Superklasse - die Subklasse.");
  }
}
```

Nun nutzen wir ein Objekt des Typs der Subklasse `B` in dem Programm `NutzeSub` und rufen dort darüber die Methode `test()` auf:

```
public class NutzeSub {
  public static void main(String[] args) {
    new B().test();
  }
}
```

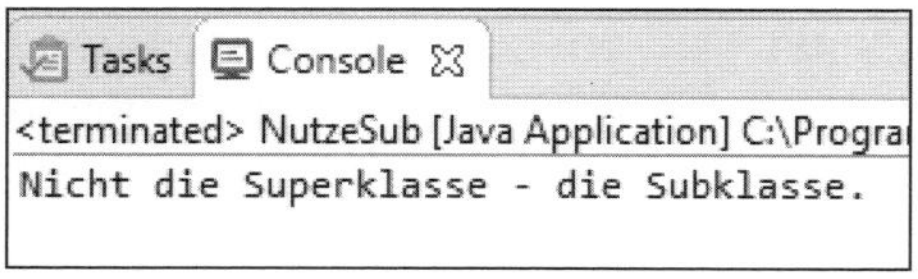

Abbildung 5.3: In der Abbildung sehen Sie die Ausgabe des Beispielprogramms. Offensichtlich wird die Methode der Superklasse verdeckt und die Methode der Subklasse aufgerufen.

5.3.3 Beschränkungen beim Überschreiben

Das Überschreiben von Methoden unterliegt in Java gewissen Beschränkungen. Methoden können sich vor allem nicht überschreiben, wenn es relevante Unterschiede in der Methodensignatur gibt. In Bezug auf Parameter haben wir ja bereits deutlich festgehalten, dass deren Anzahl und Typ (nicht der Name – dieser ist zum Aufrufzeitpunkt irrelevant) übereinstimmen muss. Aber die Übereinstimmung betrifft auch Rückgabewerte und sogar die Modifizierer:

- Eine Instanzmethode kann etwa keine Klassenmethode überschreiben und umgekehrt. Also muss beim Überschreiben zweier Methoden die Methodenunterschrift bezüglich der Verwendung von `static` konsistent sein.
- Wenn eine Methode als `final` deklariert wird, kann sie grundsätzlich in einer Subklasse nicht überschrieben werden. Das ist genau die Bedeutung des Modifizierers `final` bei Methoden. Finale Methoden sind per Definition in Java solche Methoden, die nicht mehr überschrieben (verändert) werden können.
- Ein anderer Modifizierer, der Überschreiben im eigentlichen Sinn verhindert, ist `private`. Wenn eine Methode in einer Klasse als `private` deklariert wird, ist sie in der Subklasse nicht mehr sichtbar. Eine Redefinition einer Methode mit gleicher Signatur ist zwar möglich, aber da die Methode der Superklasse unsichtbar ist, ist das kein Überschreiben im eigentlichen Sinn.
- Allgemein müssen Sie beim Überschreiben zweier Methoden bei der Sichtbarkeit beachten, dass die überschreibende Methode mindestens die gleiche Sichtbarkeit haben muss wie die überschriebene Methode. Als Eselsbrücke kann man die Mengenlehre heranziehen. Die verdeckende Menge darf nicht kleiner als die Menge sein, die verdeckt werden soll. Aber das ist eine etwas gewagte Vorstellung, die als reine Eselsbrücke dienen soll.

- Auch wenn sich die Rückgabewerte der überschriebenen und der überschreibenden Methoden unterscheiden, erhalten Sie beim Übersetzen eine Fehlermeldung. Das Verhalten ist auf den ersten Blick nicht ganz offensichtlich. Aber bei einer solchen Konstellation sind Sie in einer unzulässigen Zwittersituation, die das auf Stabilität und Zuverlässigkeit ausgerichtete Java-Konzept verhindert. Würde Java beim Überschreiben unterschiedliche Rückgabewerte gestatten, wäre eine Methode nicht exakt so überschrieben, dass alle Bedingungen der alten Methode von der neuen Methode erfüllt würden. Funktionalität der Superklasse muss explizit auch da funktionieren, wo Funktionalität der Subklasse funktioniert, und das könnte nicht gewährleistet werden. Das Verhalten erscheint vielleicht erst einmal lästig, ist aber wieder einer der vielen Java-Aspekte, die Stabilität und Sicherheit von Java-Programmen sicherstellen.
- In verwandten Sprachen wie C++ oder C# gibt es Kennzeichnungen von zu überschreibenden Methoden als virtuell (virtual). So eine Kennzeichnung ist in Java nicht notwendig und es gibt diese auch gar nicht.

5.3.4 Zugriff auf Member der Superklasse mit super

Es gibt diverse Gründe, warum man eine Methode, die bereits in einer Superklasse implementiert war, sowohl in der überschriebenen Variante als auch gleichzeitig in der Originalversion nutzen möchte. Natürlich können Sie in vielen Fällen direkt die Superklasse verwenden, indem Sie eine Instanz davon erzeugen oder – bei Klassenelementen – über den Bezeichner der Superklasse direkt auf ein Element darin zugreifen. Oft ist dieser Weg aber entweder nicht möglich oder nicht sinnvoll.

Ein indirekter Zugriff über die Subklasse ist dann der Weg zum Ziel. Und dazu steht das Schlüsselwort `super` bereit, das ausschließlich in Instanzmethoden und Konstruktoren verwendet werden kann. Ein Methodenaufruf wird bei deren Verwendung in der Hierarchie nach oben zur Superklasse weitergereicht. Schauen wir zur Verdeutlichung ein Beispiel mit dem Schlüsselwort `super` an. Die Klasse `A` soll diejenige sein, die wir im letzten Beispiel verwendet haben. Neu ist die Klasse `C`:

```
public class C extends A {
  void test() {
    super.test();
    System.out.println(
       "Nicht die Superklasse - die Subklasse.");
  }
}
```

Die Methode `test()` überschreibt wie im vorletzten Beispiel die Methode `test()` aus der Superklasse `A`. Intern ruft die reimplementierte Methode `test()` aber über `super.test();` die Methode in der Superklasse auf.

Vorsicht vor irrtümlicher Rekursion

Sie könnten in der dritten Zeile auch einfach `test();` notieren. Das wäre dann ein sogenannter rekursiver Aufruf (Selbstaufruf) der Methode, die in Klasse `C` redefiniert wurde. Zum Zeitpunkt der Übersetzung gäbe es keine Probleme, aber da wir kein Abbruchkriterium vorgesehen haben, würde es zu einem Laufzeitfehler kommen.

Der Aufruf von `super` kann nicht kaskadiert erfolgen. Das bedeutet, dass so etwas wie `super.super` **nicht** möglich ist!

5.4 Konvertierungen zwischen Super- und Subklasse

Wenn Klassen über Vererbung in Beziehung zueinander stehen, kann man ein sogenanntes Casting zwischen ihnen vornehmen. Das ist eine Typkonvertierung, die Sie bereits kennen. Ganz allgemein versteht man darunter die Umwandlung von einem Datentyp in einen anderen Datentyp. Bei dieser Konvertierung kommt dann meist der sogenannte Casting-Operator zum Einsatz. Er besteht nur aus einem Datentyp in runden Klammern und ist ein einstelliger Operator mit hoher Priorität. Er steht vor seinem Operanden und gibt den Zieltyp der Typumwandlung an. Dies ist eine Superklasse des konkreten Objekts und nicht der tatsächliche Typ. Er ist also immer von der folgenden Form:

```
(DatentypDerSuperklasse) ObjektDerSubklasse
```

Beim Konvertieren einer Instanz in eine Instanz ihrer Superklasse gehen die spezifischen Informationen, die nur in der zu konvertierenden Subklasse vorhanden sind, natürlich verloren. Beim umgekehrten Weg mit Casting der Superklasse in eine Subklasse (die ja in der Regel mehr Informationen enthält) gibt es im Allgemeinen ebenfalls Probleme, denn die Subklasse beinhaltet mehr Informationen als die Superklasse und diese können nicht einfach durch Casting generiert werden. Denken Sie einmal an unsere Bauernhof-API. Jedes Schwein ist natürlich ein Tier, aber nicht jedes Tier ein Schwein. Ein Schwein hat viel mehr spezifische Details zu bieten als ein allgemeines Tier. Nur wenn Sie die Anforderung zu erfüllen haben, dass für eine Aufgabe irgendein Tier notwendig ist, können Sie dafür natürlich ein Schwein nehmen. Was ein Schwein eigentlich auszeichnet, wird einfach ignoriert bzw. über das `Schwein`-Objekt, das zu diesem Zeitpunkt als `Tier`-Objekt agiert, nicht bereitgestellt.

Betrachten wir folgendes Beispiel mit analoger Logik (Projekt *Typkonvertierungen*). Hier ist erst einmal eine Klasse, die als Superklasse dient:

```
public class Tier {
  public int alter;
  public int gewicht;
}
```

Das ist die Subklasse von `Tier`:

```
public class Hund extends Tier {
  String name;
  String art;
}
```

Sie können jetzt als Typ einer Referenzvariablen ein Objekt des Typs der Superklasse erstellen und dieser die Referenz auf ein Objekt der Subklasse zuweisen. Etwa so:

```
Tier obj2 = new Hund();
```

Dabei wird ein Objekt der Subklasse `Hund` erzeugt und die Referenz darauf einer Variablen der Superklasse (`Tier`) zugewiesen.

Dann stehen über diese Referenzvariable aber auch nur diejenigen Eigenschaften zur Verfügung, die in der Superklasse deklariert wurden.

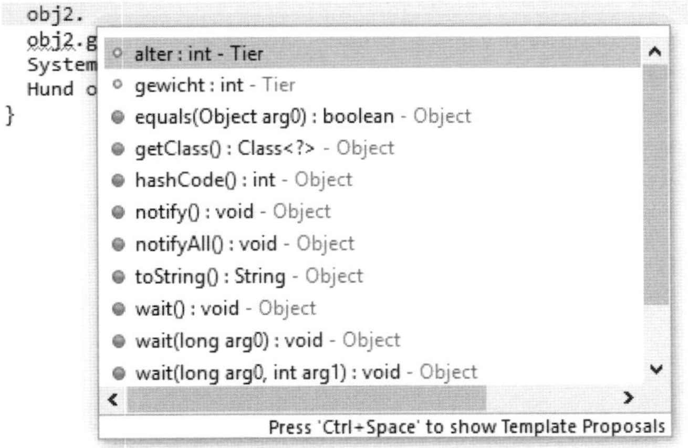

Abbildung 5.4: Die Referenzvariable des Typs der Superklasse gewährt nur Zugang zu den Eigenschaften, die auch da oder in übergeordneten Superklassen schon verfügbar sind.

Rein syntaktisch kann man in Java auch ein Objekt der Superklasse durch Casting in einen Typ der Subklasse umwandeln, also den umgekehrten Weg gehen. Der Compiler wird das akzeptieren. Nur werden Sie zur Laufzeit einen Fehler (ClassCastException) erhalten. Denn der Typ der Subklasse kann (und wird in der Regel) mehr Methoden bzw. Eigenschaften verfügbar machen, als die Superklasse bereitstellt. Und damit verweisen deren zusätzliche Signaturen bzw. Namen unter Umständen ins Leere. Das kann nicht gut gehen. Testen Sie einmal das folgende Listing, das vom Compiler anstandslos übersetzt wird:

```
public class Typcast {
  public static void main(String[] args) {
    Hund obj1 = new Hund();
    obj1.art = "Kampfpudel";
    Tier obj2 = new Hund();
    obj2.gewicht = 4;
    System.out.println(obj2.gewicht);
    Hund obj3 = (Hund) new Tier();
  }
}
```

Sie sehen in der achten Zeile, dass eine Referenzvariable des Typs der Subklasse angelegt wird. Das Objekt des Typs der Superklasse wird manuell mit dem Castingoperator in ein Objekt des Typs der Subklasse umgewandelt. Und für den Compiler geht das in Ordnung. Allerdings bricht der Interpreter beim Erreichen der Zeile mit einer Ausnahme ab.

Exception in thread "main" java.lang.ClassCastException: Tier cannot be cast to Hund at Typcast. main(Typcast.java:8)

Aber mit einer kleinen Abwandlung funktioniert das Programm.

```
public class Typcast2 {
  public static void main(String[] args) {
    ...
    Tier obj2 = new Hund();
    obj2.gewicht = 4;
    System.out.println(obj2.gewicht);
    Hund obj3 = (Hund) obj2;
  }
}
```

Wenn mit `new Hund()` ein Objekt des Typs `Hund` angelegt, aber einer Referenzvariablen des Typs einer Superklasse zugewiesen wurde, »vergisst« das Objekt seine spezifischen Member. Aber wenn man es durch Casting wieder in seinen Orginaltyp zurückwandelt, »erinnert« sich das Objekt wieder an seine spezifischen Member. Und so wird auch zur Laufzeit kein Fehler ausgelöst.

Zurück-Casten ist erlaubt

Wenn ein Objekt mittels Casting in ein Objekt einer Superklasse umgewandelt wurde, kann man dieses ohne Laufzeitprobleme durch Zurück-Casten wieder in seinen ursprünglichen Typ umwandeln.

5.5 Überladen

Java erlaubt im Rahmen seines polymorphen Verhaltens ein sogenanntes **Überladen** (engl. **Overloading**) von Methoden, jedoch kein Überladen von Operatoren (was etwa in C++ möglich ist), was sowohl als Vereinfachung als auch Sicherheitsfeature gelten kann.

Das Überladen einer Methode bedeutet, dass bei Gleichheit von Methodenbezeichnern in einem Namensraum einfach ***mehrere Methoden gleichen Namens*** parallel vorhanden sind. Dazu müssen sich dann aber die Parameter ***signifikant*** unterscheiden. Signifikant für die Unterscheidung kann die Anzahl der Parameter sein, aber bei gleicher Anzahl von Parametern auch allein der oder die Parametertyp(en). Andere Faktoren wie die Namen der Parameter, Modifizierer oder der Typ des Rückgabewerts sind wie beim Überschreiben irrelevant. Das ist zwingend erforderlich, denn der Compiler muss die Methoden unterscheiden können.

Das Verfahren muss man vom Standpunkt des Aufrufers einer Methode sehen! Dort muss eindeutig erkennbar sein, welche Methode gemeint ist. Und beim Aufruf der Methode sind weder Rückgabewert noch Parametername oder Modifizierer unmittelbar zu erkennen (mittelbar teilweise aufgrund der Syntaxregeln schon, aber das spielt hier keine Rolle).

5.5.1 Warum Überladen?

Es gibt zahlreiche Gründe, warum man Methoden überladen möchte. Sie können einem Anwender verschiedene Methoden zu einer verwandten Thematik bereitstellen, die sich im Namen der Methode aber nicht unterscheiden sollen. Damit wird die Anwendung eines Konzepts extrem erleichtert, da sich ein Anwender nicht verschiedene Namen merken muss. Insbesondere ist eine solche Namensgleichheit dann von Vorteil, wenn bereits eine Methode etabliert ist und die Klasse durch eine neue Variante erweitert werden soll.

In der Java-API wird Überladen unzählige Male zu finden sein. Javas polymorpher Charakter wird besonders deutlich, wenn Sie sich die Online-Dokumentation und dort den Index oder die sensitive Hilfe von Eclipse oder NetBeans ansehen und nachschauen, wie viele Varianten es von den Methoden `println()` bzw. `print()` gibt. Für die verschiedensten Datentypen als Parameter gibt es eine eigene Methode. Bisher haben wir bereits `println()` in verschiedenen Varianten eingesetzt, wahrscheinlich ohne dass Sie sich darüber Gedanken gemacht haben, dass das in Wirklichkeit lauter verschiedene Methoden waren.

Das Verfahren des Überladens ist jedoch insbesondere bei Konstruktormethoden extrem wichtig, denn deren Bezeichner ist ja auf den Namen der Klasse festgelegt. Gäbe es kein Überladen, könnte jede Klasse nur genau eine Konstruktormethode besitzen. So aber sind beliebig viele möglich, wovon die Java-API auch ausgiebig Gebrauch macht (siehe Seite 252).

5.5.2 Beispiele für das Überladen

Das folgende Beispiel (Projekt *Ueberladen*) zeigt, wie Methoden überladen werden. Die Klasse `Overload` definiert drei Methoden, die alle drei `test` als Bezeichner verwenden:

```
public class Overload {
  void test() {
    System.out.println("Ohne Parameter");
  }
  void test(int a) {
    System.out.println(
       "Mit int-Parameter. Wert Uebergabewert war " + a);
  }
  void test(boolean a) {
    System.out.println(
     "Mit boolean-Parameter. Wert Uebergabewert war " + a);
  }
  public static void main(String[] args) {
    Overload obj = new Overload();
    obj.test(true);
    obj.test();
    obj.test(42);
  }
}
```

Die drei Methoden unterscheiden sich durch die Parameterliste. In der `main()`-Methode wird zuerst ein Objekt der Klasse `Overload` erzeugt und darüber zuerst die Methode mit dem `boolean`-Parameter, dann die parameterlose Methode und zuletzt die Methode mit dem `int`-Parameter aufgerufen. Vergegenwärtigen Sie sich noch einmal, dass die Auswahl der richtigen Methode ausschließlich an der Stelle des Aufrufs erfolgt und nur die dort erkennbaren Informationen (also keine Parameternamen oder Rückgabewerte) zur Identifikation bereitstehen.

5.6 Definieren parametrisierter Konstruktoren

Wir haben schon gesehen, dass Sie den Default-Konstruktor in einer Klasse redefinieren können, um bei der Erzeugung eines Objekts spezifische Zusatzaufgaben zu erledigen. Aber Sie können auch zusätzliche Konstruktoren in einer Klasse anlegen. Im Grunde sind das ja nur Methoden. Allerdings haben wir ein Problem – der Name eines Konstruktors ist in Java immer (!) identisch mit dem Klassennamen. Wie soll man also mehrere Konstruktoren in einer Klasse anlegen können, wenn diese sich im Namen nicht unterscheiden dürfen? Ganz einfach – sie müssen sich anderweitig unterscheiden lassen, und das erfolgt über unterschiedliche Parameter. Diese Konstruktoren nennt man dann parametrisierte Konstruktoren. Dass so etwas funktioniert, ist ebenfalls Teil des oben erwähnten OO-Konzepts, das man Polymorphie nennt

– Vielgestaltigkeit. Das bewirkt, dass Sie in Java mehrere Konstruktoren in einer Klasse anlegen können. Etwa so:

```
class A {
  ...
  A(int i) {
    System.out.println(
      "Das Objekt wird dem ersten Konstruktor erzeugt");
  }
  A(int i, int j) {
    System.out.println(
      "Das Objekt wird dem zweiten Konstruktor erzeugt");
  }
  A(double i) {
    System.out.println(
      "Das Objekt wird dem dritten Konstruktor erzeugt");
  }
  ...
}
```

Man nennt die mehrfache Deklaration von Konstruktoren das **Überladen** der Konstruktoren – was Ihnen aufgrund des vorherigen Abschnitts sicher klar war.

5.6.1 Keine Vererbung bei Konstruktoren und Beseitigung des Vorgabekonstruktors

Konstruktoren werden in Java nicht vererbt, wie etwa Eigenschaften oder normale Methoden vererbt werden. Allerdings steht, wie schon erwähnt, in jeder Klasse immer ein Default-Konstruktor zur Verfügung – und das sieht aus wie Vererbung. Und jede Methode, deren Namen mit dem Bezeichner der Klasse übereinstimmt, wird als Konstruktormethode verstanden.

Wenn Sie jedoch anfangen, einen einzigen Konstruktor in der Klasse selbst zu definieren, ist der Default-Konstruktor nicht mehr vorhanden. Sie müssen ihn redefinieren, wenn Sie ihn weiter benötigen. Dazu genügt es bereits, einen leeren Körper hinzuschreiben. Dieses Verhalten von Java mag im ersten Augenblick seltsam erscheinen, aber wenn man parametrisierte Konstruktoren notiert, will man in der Regel ein bestimmtes Verhalten beim Erzeugen von Objekten erzwingen. Und wenn dann immer noch automatisch der Default-Konstruktor vorhanden wäre, könnte man nicht verhindern, dass ein Anwender der Klasse damit ein Objekt erzeugt. Man müsste den Default-Konstruktor manuell »abschalten«. Java geht eben den umgekehrten Weg und erzwingt die manuelle »Reaktivierung« des Vorgabekonstruktors, wenn Sie parametrisierte Konstruktoren definieren.

Was allerdings in Java bei der Definition von parametrisierten Konstruktoren stark an echte »Vererbung« erinnert, ist die Tatsache, dass man in Subklassen nur die Konstruktorensyntax verwenden kann, die in der Superklasse bereitgestellt wird. Wenn etwa in der Superklasse der Default-Konstruktor durch einen parametrisierten Konstruktor ersetzt wurde, kann man in der Subklasse den Default-Konstruktor auch nicht mehr verwenden. Der Konstruktor der Subklassen muss die gleiche Parameterliste verwenden, wie der Konstruktor der Superklasse. Oder Sie definieren in der Subklasse wieder einen neuen zusätzlichen Konstruktor.

5.6.2 Zugriff auf den Konstruktor der Superklasse über super()

In der Form `super()` kann man beim Redefinieren eines Konstruktors den Konstruktor der Superklasse direkt verwenden. Damit werden Konstruktoren also verkettet. Bei Konstruktoren wird die folgende Syntax verwendet:

```
super(OptionaleParameter);
```

Diese Anweisung kann ausschließlich innerhalb eines Konstruktors verwendet werden. Der Aufruf muss dabei ***als erste Anweisung*** im Konstruktor der Subklasse erfolgen!

5.7 Information Hiding und Zugriffsschutz

Es wurde an verschiedenen Stellen im Buch erwähnt, dass man in der OOP grundsätzlich versucht, die inneren Strukturen von Objekten soweit wie möglich zu verbergen, um die **Wiederverwendbarkeit** möglichst hoch zu halten. Die Wiederverwendbarkeit von Code ist **das** (!) zentrale Ziel der OOP.

Ein Objekt ist nach außen nur durch seine offengelegten Methoden und Attribute definiert. Es ist gekapselt, versteckt seine innere Struktur – bis eben auf die offengelegten Elemente – vollständig vor andern Objekten. Man nennt dies **Information Hiding**, **Datenkapselung** oder einfach **Kapselung**. Kapselung ermöglicht einen differenzierten Zugriffsschutz auf die Strukturen einer Klasse wie auch auf die Klasse selbst und kann sowohl für eine Klasse als auch jedes Klassenelement separat festgelegt werden. Allerdings haben wir dies bisher nicht weiter verfolgt. Aber jetzt werden wir uns diesem immens wichtigen Part widmen.

Man unterscheidet in der OOP vier grundsätzliche Kategorien beim Zugriffsschutz. Beachten Sie, dass wir hier ausdrücklich noch nicht von den Java-Schlüsselwörtern reden, sondern den neutralen OO-Bezeichnern, die auch so in UML abgebildet werden:

- **public:** Ein öffentliches Element, das uneingeschränkt nutzbar ist. Das ist die maximal offene Zugänglichkeit. Auch eine Klasse kann als public definiert werden. In einem UML-Klassendiagramm kann ein öffentliches Element durch ein Pluszeichen (+) gekennzeichnet werden.
- **package:** Ein bedingt öffentliches Klassenelement, das in derselben Klasse und allen anderen Klassen desselben Pakets zugänglich ist. Auch eine Klasse kann als package definiert werden. Dann kann die Klasse nur von anderen Klassen im selben Paket, nicht aber aus

anderen Paketen genutzt werden. In einem UML-Klassendiagramm wird ein öffentliches Element durch eine Tilde (~) angezeigt.

- **protected:** Ein bedingt öffentliches Klassenelement, das nur in derselben Klasse und ihren Subklassen sowie im selben Paket nutzbar ist. Diese Zugänglichkeit umfasst also package und erweitert diese auf Nachfahren einer Klasse. Die Klasse mit dem proteced-Element kann in einem anderen Paket als ihre Subklassen definiert sein und die Subklassen haben dennoch Zugriff darauf. In einem UML-Klassendiagramm wird ein bedingt öffentliches Element durch ein Hash-Symbol (#) angezeigt.
- **private:** Ein internes Klassenelement, das ausschließlich in derselben Klasse verwendet werden kann. Das ist die maximal mögliche Beschränkung der Zugänglichkeit. In einem UML-Klassendiagramm ist ein privates Element durch ein Minuszeichen (-) gekennzeichnet.

Die Zugänglichkeit einer vorhandenen Klasse oder eines Klassenbestandteils wird auch **Sichtbarkeit** genannt.

Zugriffslevel sind nicht universell

Die genannten Level sind nicht in allen OO-Sprachen und -Konzepten verfügbar. Einige Quellen zur OOP unterscheiden nur drei Level. Dort wird die Zugänglichkeit package nicht explizit ausgeführt, obwohl der Zustand existiert. Ebenso gibt es Konzepte, in denen die Zugriffslevel kombiniert werden können und die damit eine andere Zugänglichkeit beschreiben. Etwa `private protected`, was in den ersten Java-Versionen vorgesehen war. Dieser Kombinationslevel ist aber abgeschafft worden und kann in Java nicht mehr verwendet werden. Wir verfolgen diese Spezialfälle nicht. In der verwandten Welt von C# gibt es dagegen Zugriffslevel wie internal (Zugriff auf ein Assembly, was dort in etwa ein Paket darstellt) oder die Kombination internal protected. Im Wesentlichen sind diese Zugriffslevel aber alle gleich konstruiert.

Ein ganz entscheidender Vorteil dieser Reglementierung des Zugriffsverfahrens ist, dass sich ein Objekt im Inneren, das heißt bezüglich seiner nicht offengelegten Struktur, vollständig verändern kann. Solange es sich nur nach außen unverändert zeigt, wird das veränderte Objekt problemlos in ein System integriert, in dem es in seiner alten Form funktioniert hatte. Ein weiterer Vorteil ist, dass man gezielt Zugriffe auf die Interna eines Objekts steuern kann.

Zugriffsregeln sind wie eine Firewall

Man kann sich die Zugriffsregelung auf Elemente in der OOP wie die Konfiguration einer Firewall mit einer Portregulierung vorstellen. Dort gibt es zwei grundsätzliche Vorgehensweisen, um die Firewall abzusichern.

- Die erste Variante lässt erst einmal alle Ports offen und man verhindert im Problemfall gezielt den Zugriff auf einen Port. Übertragen auf die OOP würde das bedeuten, dass man ein Design mit ausschließlich öffentlichen Zugriffsleveln erzeugt und dann sukzessive bestimmte Bestandteile in der Zugänglichkeit einschränkt.
- Die zweite Variante einer Firewallkonfiguration schließt erst einmal alle Ports und öffnet erst dann einen Port, wenn eine konkrete Anwendung das zwingend erforderlich macht. Übertragen auf die OOP würde das bedeuten, dass man ein Design mit ausschließlich maximal eingeschränkten Zugriffsleveln erzeugt und dann sukzessive bestimmte Bestandteile zugänglich macht. Und das immer nur so weit, wie es unbedingt notwendig ist, um eine konkrete Aufgabe zu lösen.

Grundsätzlich wird die Wiederverwendbarkeit von Objekten durch möglichst restriktive Zugriffslevel extrem erhöht, was einen der Hauptvorteile der OOP darstellt. Hier besitzt die zweite Variante erhebliche Vorteile gegenüber der ersten. Denn es ist immer leichter, Dinge auf Bedarf bzw. Druck freizugeben, als den Zugriff auf einmal freigegebene Dinge nachträglich wieder einzuschränken.

5.7.1 Die konkrete Umsetzung in Java

In Java wird der Zugriff auf Bestandteile einer Klasse bzw. eines Objekts über Modifizierer (engl. Modifier) geregelt, die den beschriebenen Zugänglichkeitsleveln entsprechen und (fast) genauso genannt werden.

Das »fast« betrifft den Fall `package`. Ohne einen vorangestellten Zugriffsmodifizierer ist eine Klasse bzw. ein Element der Klasse immer für alle anderen Klassen im selben Paket zugänglich. Und das entspricht dem Zugriffslevel package. Beachten Sie aber, dass das Java-Schlüsselwort `package` – wie wir gesehen haben – anders verwendet wird, nämlich zur Zuordnung der Klassen in einer *.java*-Datei zu einem spezifischen Paket.

Mit dem Modifizierer `public` werden eine Klasse bzw. deren Elemente uneingeschränkt zugänglich.

Der Modifizierer `private` beschränkt Elemente in einer Klasse auf die ausschließliche Verwendung in dieser Klasse selbst. Solche Member werden auch nicht vererbt.

Außen geht vor

Wenn eine Klasse nicht als `public` deklariert ist, wohl aber die enthaltenen Elemente, bewirkt das für den Zugang zu den Elementen gar nichts. Sie besitzen maximal die Zugänglichkeit, die die Klasse festlegt. Eine höhere Zugänglichkeit ist von außen nicht sichtbar. So wenig wie das Licht im Kühlschrank, wenn die Tür zu ist. Im Inneren einer Klasse können Sie Elemente aber im Zugriffslevel einschränken. Das wirkt sich aus.

Erstellen wir zur Demonstration ein neues Projekt *Zugriffsregeln*. Darin sollen ein Paket paket1 und ein Paket paket2 angelegt werden. In paket1 erstellen wir die Klasse A mit folgender Syntax:

```
package paket1;
public class A {
  private int z = 1;
  public void test() {
    System.out.println(z);
  }
}
```

Die Variable z ist privat. In der gleichen Klasse ist sie zugänglich, wie wir in der Methode test() sehen. Wenn Sie nun eine weitere Klasse im selben Paket erzeugen und daraus wie im folgenden Beispiel auf die private Variable z zugreifen wollen, wird der Compiler den Zugriff verhindern und eine entsprechende Fehlermeldung ausgeben. So etwas wie in dem folgenden Listing funktioniert ausdrücklich **nicht** mit privaten Variablen:

```
package paket1;
public class B {
  public void test() {
    A obj = new A();
    System.out.println(obj.z);
  }
}
```

In der Methode test() der Klasse B erzeugen wir ein Objekt der Klasse A. Das ist erforderlich, da z Teil von A und definitiv keine Klasseneigenschaft ist (es gibt kein static). Die einzige andere Chance zum Zugriff auf z besteht darin, dass z als eine Instanzvariable zur Verfügung steht. Und dann müssen wir wie in dem Beispiel erst ein Objekt des Typs der Klasse A erzeugen und dann über diese Instanz auf die Variable zugreifen.

Über das Objekt obj versuchen wir dann, auf die private Variable z zuzugreifen, das funktioniert jedoch nicht. Denn z ist eben durch die Privatisierung explizit keine Eigenschaft, sondern nur eine interne Variable. Interessant ist es auch zu sehen, was Eclipse als konkretes Problem meldet. Wenn Sie im Editor den Mauszeiger über der Fehlerstelle im Code platzieren oder am linken Rand auf das Fehlersymbol klicken, bekommen Sie eine entsprechende Meldung angezeigt. Sie finden dort keine Meldung der Art, dass die Variable oder Eigenschaft z nicht vorhanden ist, sondern dass sie nicht sichtbar ist. Wenn ein Bezeichner im System überhaupt nicht bekannt wäre, würde nicht die Sichtbarkeit erwähnt werden, sondern nur, dass der Bezeichner nicht bekannt ist.

Und wenn die Zugänglichkeit schon im selben Paket nicht gewährleistet ist, kann es aus anderen Paketen heraus erst recht nicht funktionieren.

Wenn wir in Klasse `A` die Zugänglichkeit des Bezeichners auf *package* (nicht das Java-Schlüsselwort) ändern (also das vorangestellte `private` entfernen), klappt aber der Zugriff aus demselben Paket, denn dadurch wird `z` zu einer Instanzvariablen. Erstellen wir in `paket2` nun eine neue Klasse `C` mit folgender Syntax:

```
package paket2;
import paket1.A;
public class C {
  public void test() {
    A obj = new A();
    System.out.println(obj.z);
  }
}
```

Sie werden sehen, dass der Zugriffslevel *package* jetzt wieder zu niedrig ist. Setzen Sie vor `z` den Modifizierer `public`, wird der Zugriff wieder funktionieren. Nun wollen wir die Vererbung ins Spiel bekommen und damit demonstrieren, was Sie mit `protected` erreichen können. Erzeugen Sie in `paket2` folgende Klasse `D`:

```
package paket2;
import paket1.A;
public class D extends A {
  public void test() {
    System.out.println(z);
  }
}
```

Sie sehen, dass die Klasse `D` eine Subklasse der Klasse `A` ist. Daher sind alle offengelegten Eigenschaften aus `A` auch in `D` direkt verfügbar, denn sie werden vererbt. Ist `z` nun privat, ist es klar, dass `z` in `D` nicht verfügbar ist (die Variable ist nur in der Klasse `A` sichtbar und wird nicht vererbt), ist `z` öffentlich, ist die Variable überall sichtbar und damit trivialerweise auch in `D`. Aber das ist möglicherweise eine zu große Zugänglichkeit. Mit der Sichtbarkeit *package* aber ist `z` in `D` nicht sichtbar, da `D` in einem anderen Paket definiert ist. Und genau hier kommt eben `protected` ins Spiel – die Sichtbarkeit *package* wird zusätzlich auf die Nachfahren der Klasse erweitert. Damit kann man – ohne die Zugänglichkeit zu weit zu öffnen – die Nachfahren einer Klasse beliebig in Paketen strukturieren, ohne die Möglichkeit der Vererbung einzuschränken.

Vollkommen analog zu diesem Beispiel mit Variablen/Eigenschaften werden natürlich auch die Zugänglichkeiten zu Methoden in der OOP über einen Zugriffsschutz geregelt. Und da Klassen sowohl öffentlich sein als auch den Level package besitzen können, gelten hier die Überlegungen ebenfalls völlig analog.

5.7.2 Lokale und anonyme Klassen

Es gibt in Java auch die Möglichkeit, die Klassen innerhalb anderer Klassen zu definieren sowie auf den Namen für eine Klasse zu verzichten. Das wurde schon einmal ganz kurz thematisiert und wird jetzt ausgearbeitet. Auch diese Techniken kann man als Teil des Information Hiding sehen.

Allgemeine lokale Klassen

Lokale bzw. innere Klassen werden mit vollständiger Klassendeklaration in einer umgebenden Klasse notiert. Schematisch sieht eine Konstruktion dieser Art also so aus:

```
class Aussen {
  // Irgendwelcher Code
  class Innen{
  // Irgendwelcher Code
  }
  // Irgendwelcher weiterer Code
 }
```

Lokale Klassen können in der Regel direkt von der umgebenden Klasse genutzt, aber – bei geeigneter Sichtbarkeit – auch von anderen Klassen angesprochen werden, denn aus jeder Klassendeklaration erzeugt der Compiler eine eigenständige *.class*-Datei. Dabei wird der Bezeichner der inneren Klasse mit einem $-Zeichen dem Namen der umgebenden Klasse nachgestellt.

Beispiel (*Aussen.java* im Projekt *KlassenSchreiben*):

```
public class Aussen {
  public class Innen {
    public int x=1;
  }
}
```

Die lokale Klasse erstreckt sich über das gesamte Listing. Die innere Klasse und die darin enthaltene Variable x in der inneren Klasse sind von außen zugänglich. Etwa so (*NutzeInnere-Klasse.java*):

```
public class NutzeInnereKlasse {
  public static void main(String[] args) {
    System.out.println(new Aussen().new Innen().x);
  }
}
```

Sie sehen, dass zuerst ein Objekt der umgebenden Klasse erzeugt wird. Als Eigenschaft davon wird ein danach erzeugtes Objekt der inneren Klasse angesprochen. Und darüber gelangen Sie dann an die Variable x. In der Regel formuliert man aber die Sichtbarkeit von inneren Klassen so, dass sie nur von der umgebenden Klasse genutzt werden kann. Das ist eigentlich der Hauptnutzen – hier kann man dann von Information Hiding sprechen. Interessant ist die Sichtbarkeit der Variablen der äußeren Klasse aus der inneren Klasse heraus – aus der inneren Klasse kann man immer auf die Variablen der umgebenden Klasse zugreifen.

Umgekehrt gibt es nur dann einen Zugang zu den Variablen der inneren Klasse, wenn das mit Sichtbarkeitsmodifizierern nicht verhindert wird. Beispiel:

```
public class AussenInnen {
  private int x=4;
  private class Innen {
    public int y=x;
  }
  public void ausgabe(){
    System.out.println(new Innen().y);
  }
}
```

In der umgebenden Klasse sehen Sie eine private Variable, die nur im Inneren der Klasse sichtbar ist. Aber Sie sehen auch, dass aus der lokalen Klasse darauf zugegriffen werden kann. Die Implementierung der lokalen Klasse wird also explizit als innerer Bereich der umgebenden Klasse gesehen. In der äußeren Klasse sehen Sie, wie Sie über ein Objekt der inneren Klasse auf die darin enthaltene Variable zugreifen. Diese ist aus anderen Klassen aber nicht mehr zugänglich, da die Sichtbarkeit der inneren Klasse nicht mehr `public` ist (in dem Beispiel ist die innere Klasse `private`, aber auch der Zugriffslevel *package* kann schon ausreichen).

Und so könnte man das nutzen:

```
public class NutzeInnereKlasse2 {
 public static void main(String[] args) {
   new AussenInnen().ausgabe();
 }
}
```

Klassendeklarationen in Methoden

Man kann in Java Klassendeklarationen sogar in der Deklaration einer Methode (oder allgemein in einem Block) notieren. Das wird zwar nicht oft gemacht, eröffnet aber die Möglichkeit, dass Sie aus dieser inneren Klasse heraus auf die lokalen Variablen der Methode bzw. des Blocks zugreifen. Allerdings muss diese dann zwingend `final` sein (also eine Konstante).

Beispiel (*KlasseInMethode.java*):

```
public class KlasseInMethode {
  public void ausgabe(){
    final int LOKAL = 5;
    class Innen {
      public int y=LOKAL;
    }
    System.out.println(new Innen().y);
  }
}
```

Sie sehen eine lokale Konstante in einer Methode. Die innere Klasse befindet sich innerhalb einer Methodendeklaration und greift auf diese zu. Ein Objekt der inneren Klasse wird in der Methodendeklaration erzeugt, und dort erfolgt dann der Zugriff auf die innere Variable der inneren Klasse.

Anonyme Klassen

Anonyme Klassen sind weitestgehend identisch mit lokalen bzw. inneren Klassen. Nur verzichtet man hier ganz auf einen Namen für diese Klasse. Dazu müssen die Deklaration und die Instanziierung – und in der Regel auch die Verwendung – in einer Anweisung erfolgen. Der Compiler erzeugt – solange die Klasse verwendet wird – temporär *.class*-Dateien mit einem internen Bezeichner, die nach der Verwendung der Klasse wieder gelöscht werden.

Gerade in Verbindung mit Subklassen von abstrakten Klassen, die etwas später in diesem Kapitel genauer besprochen werden (siehe Seite 278), ist so eine Notation sinnvoll. Denn dann kann man die Vervollständigung der abstrakten Methoden direkt beim Instanziieren vornehmen.

Beispiel (*AnonymeKlasse.java*):

```
public abstract class AnonymeKlasse {
  abstract void ausgabe();
  public static void main(String[] args) {
    new AnonymeKlasse() {
      void ausgabe() {
        System.out.println("Anonyme Klasse");
      }
    }.ausgabe();
  }
}
```

Die Klassendeklaration in dem Beispiel beschreibt eine abstrakte Klasse. In der zweiten Zeile sehen Sie die Deklaration einer abstrakten Methode, die vor der Instanziierung vervollständigt werden muss. In den folgenden Zeilen deklarieren wir eine anonyme Klasse, die diese abstrakte Methode überschreibt und dabei gleich instanziiert wird.

Damit das so erzeugte Objekt überhaupt genutzt werden kann, muss man in der Anweisung auch gleichzeitig eine Methode oder eine Eigenschaft des Objekts verwenden. Wir rufen einfach direkt die gerade überschriebene Methode auf, was in der Praxis auch die Hauptanwendung dieser Technik darstellt.

5.8 Indirekte Zugriffe über Getter und Setter

Aus verschiedenen Gründen werden viele Details eines Objekts oft nicht direkt offengelegt. Stattdessen realisiert man in der OOP meist einen indirekten Zugang über Methoden, die den Zugriff gewährleisten. Das hat vielfältige Vorteile. Insbesondere kann man damit Werte filtern. Wenn Sie etwa ein Objekt haben, das eine Woche repräsentieren soll, ergäbe es keinen Sinn, wenn Sie eine Eigenschaft für einen Wochentag auf den Wert 8 setzen würden. Bei einem direkten Zugriff auf ein Feld wäre so ein Filter nur mühsam oder gar nicht zu realisieren, denn die verfügbaren Datentypen lassen nur eine recht grobe Angabe der Inhalte zu.

Wenn Sie jedoch über eine Methode zum Setzen der Tage auf das Feld zugreifen, kann im Inneren dieser Methode eine Überprüfung auf erlaubte Werte stattfinden. Das gilt für diejenigen Fälle, in denen nur bestimmte Werte sinnvoll sind. Aber auch bei der Abfrage des Feldwertes kann so ein indirekter Zugriff sehr sinnvoll sein. Es kann sein, dass – je nach Situation – nur bestimmte Informationen Sinn ergeben.

Denken Sie bei unserer Beispiel-API mit den Tieren an die Anzahl der Eier, die ein Tier vom Typ `Gefluegel` liefern kann – die hängt vom Geschlecht ab. Ebenso können Sie durch das Unterbinden eines direkten Feldzugriffs einrichten, dass ein Feld entweder nur zum Lesen (read-only) oder zum Schreiben (write-only) eines Wertes freigegeben ist – oder auch beides.

Je nach gewünschter Situation stellen Sie die entsprechenden Methoden bereit oder auch nicht. Ein indirekter Zugriff gestattet auch Änderungen der Eigenschaften selbst, sowohl was den Namen als auch den Typ der repräsentierenden Variable angeht. Die Filterfunktion sorgt gegebenenfalls dafür, dass die Schnittstelle nach außen unverändert bleibt.

5.8.1 Die tatsächliche Notation von Getter und Setter

Grundsätzlich werden Sie diese Vorgehensweise in einer Java-API sehr oft realisiert finden, insbesondere auch in der Standard-API. Die Methoden, die zum Setzen des Wertes einer Eigenschaft verwendet werden, beginnen dort durchgängig mit ***set*** und die Methoden zum Abfragen des Wertes einer Eigenschaft mit ***get*** oder ***is*** (letzteres beim Zugriff auf `boolean`-Werte – Wahrheitswerte). Beispiele sind etwa `setText("Text")` zum Setzen der Beschriftung einer Schaltfläche oder `getText()` zum Abfragen des Wertes. Man nennt solche Methoden **Getter-Methoden** und **Setter-Methoden** oder kurz nur **Getter** und **Setter**.

Getter und Setter als Königsweg der OOP

Grundsätzlich sollte man in der OOP möglichst alle Felder einer Klasse nur indirekt zugänglich machen und dafür Lese- und Schreibmethoden zur Verfügung zu stellen, wenn es sinnvoll ist.

Man spricht in einigen Quellen bei Objekten, die ihre innere Struktur vollkommen verbergen und nur über einen äußeren Ring mit Getter- und Setter-Methoden Zugang erlauben, von einem Donuts-Modell, denn das Modell wird in der Regel wie diese amerikanische Süßspeise dargestellt.

Im Donuts-Modell erfolgt der Zugang zum Inneren eines Objekts nur über einen äußeren Ring aus Gettern und Settern. Wenn eine Klasse so konstruiert ist, dass sämtliche Eigenschaften nur indirekt über Getter und Setter verfügbar sind, redet man von einer Bohne (bean) – einer **Java Bean**.

Die standardisierten Namen von Gettern und Settern

Die Bezeichner der Getter und Setter folgen in der Praxis fast immer der Regel, dass nach get oder set/is der Name des Feldes notiert wird, auf dessen Wert zugegriffen wird. Wenn Sie also auf den Wert eines Felds `x` zugreifen wollen, heißt der Getter `getX()` oder `isX()` und der Setter `setX()`.

Das ist nicht zwingend erforderlich, aber doch so standardisiert, dass IDEs wie NetBeans oder Eclipse das automatisch so machen und dafür sogar Menübefehle anbieten. Betrachten wir einmal in Eclipse die folgende Klasse `A`, die wir in einem Projekt *getset* anlegen wollen:

```
public class A {

  private int x;

}
```

Wenn Sie jetzt in Eclipse das Menü *Source* aufrufen, finden Sie dort den Befehl *Generate Getters and Setters...*

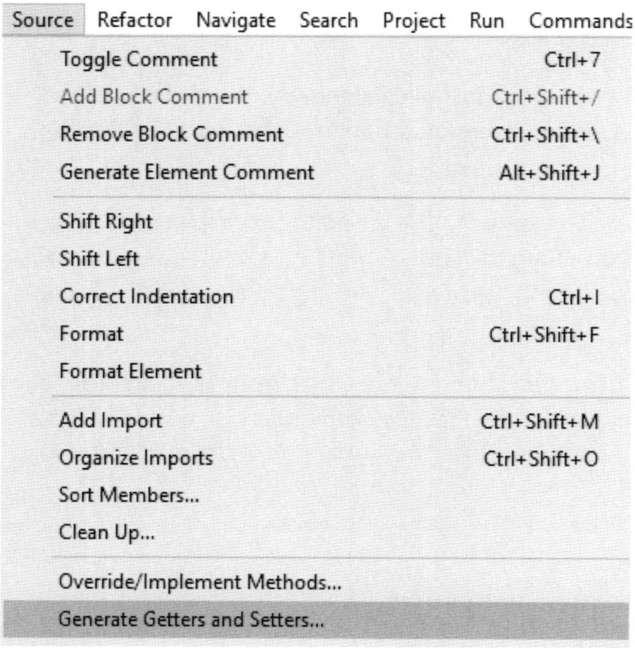

Abbildung 5.5: Getter und Setter lassen sich automatisch über die IDE anlegen.

Wenn Sie den Befehl ausführen, erhalten Sie einen Dialog, in dem alle Felder in der Klasse aufgelistet werden. Sie können jedes Feld auswählen und mit einer Markierung individuell angeben, ob Sie dafür einen Setter oder Getter generieren wollen.

Außerdem können Sie festlegen, mit welcher Zugänglichkeit die Getter und Setter versehen werden.

Beachten Sie, dass Sie die Namen für die Getter und Setter im Dialog nicht individuell auswählen können, obwohl diese im Prinzip frei wählbar sind – das macht die Bedeutung dieser Konvention deutlich.

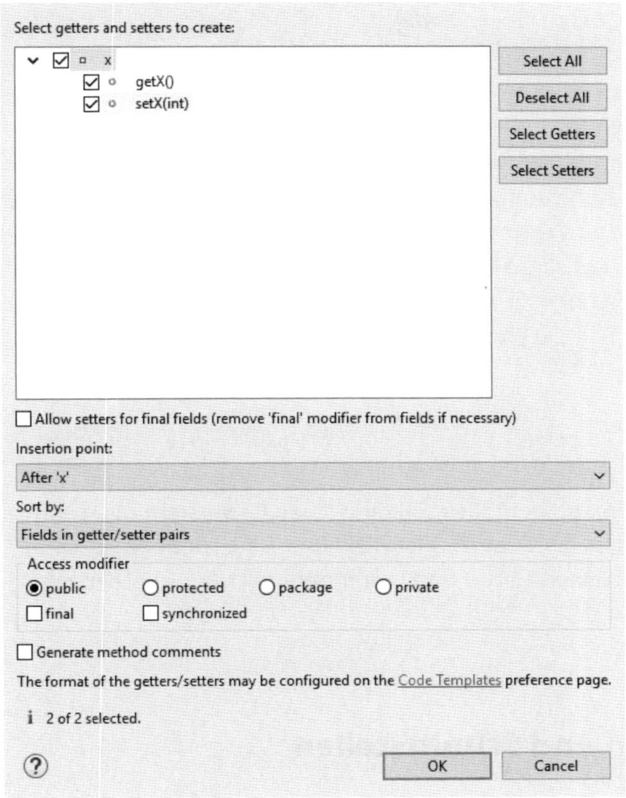

Abbildung 5.6: Auswahl der gewünschten Getter und Setter.

Wenn Sie sowohl den Getter als auch den Setter für das Feld `x` selektieren und einen öffentlichen Zugriff gestatten, erhalten Sie folgenden Code:

```
public class A {
  private int x;
  public int getX() {
    return x;
  }
  public void setX(int x) {
    this.x = x;
  }
}
```

Beachten Sie, dass der Parametername des Setters exakt dem Bezeichner des zu setzenden Feldes entspricht. Dieser ist innerhalb der Setter-Methode dann eine lokale Variable, die dort das Feld verdeckt. Um auf diese Feld dann doch zuzugreifen (der Zweck des Settters ist ja gerade das Setzen dieses Felds), muss es über `this` angesprochen werden. Die Zuweisung sehen Sie in dem Setter.

Identischer Parametername des Setters und des Feldbezeichners

Für Anfänger ist die identische Wahl des Parameternamens des Setters und des Feldbezeichners am Anfang verwirrend. Wenn Sie den Parameter des Setters anders benennen, können Sie in der Methode auch ohne `this` auf das Feld zugreifen – es wäre nicht verdeckt. Diese Vorgehensweise ist für Anfänger zwar verführerisch, aber sie ist ganz, ganz schlecht. Es ist eine einfache und extrem konsistente Logik, dieselben Bezeichner zu wählen. Alleine die Tatsache, dass Eclipse Ihnen gar keine Möglichkeit gibt, den Parameternamen anders als den Feldnamen zu wählen, sollte klarmachen, dass es wichtig ist, das System zu verstehen und sich die Logik zu merken.

Der Sonderweg von Microsoft

In dem .NET-Framework allgemein und dem Java sehr ähnlichen C# versteht Microsoft den Begriff einer Eigenschaft so, dass der Zugriff auf ein Feld über eine spezielle set- und get-Syntax anstelle der in Java üblichen Getter und Setter geregelt wird. Diese macht aber genau das Gleiche.

5.9 Abstrakte Klassen und Schnittstellen

Wir behandeln nun im Kern einen Modifizierer, dessen Name `abstract` lautet. Dieser Modifizierer kann bei einer Klasse bzw. einer sogenannten Schnittstelle und einer Methode auftauchen. Im Wesentlichen bezeichnet bzw. kennzeichnet dieser Modifizierer (potenziell) unvollständigen Code. Und damit dieser verwendet werden kann, erzwingt die vertragsbasierende Programmierung in Java gewisse Verhaltensweisen, die hauptsächlich der Vervollständigung dieses Codes vor einer konkreten Instanziierung oder zumindest deren Absicherung dienen.

5.9.1 Was ist eine abstrakte Klasse?

Eine abstrakte Klasse ist im Prinzip eine gewöhnliche Klasse, der aber der Modifizierer `abstract` vorangestellt wird. Signifikante Eigenschaft ist, dass abstrakte Klassen auch Methoden enthalten dürfen, die noch nicht vollständig sind. Deswegen ist es aber nicht mehr sinnvoll, von einer abstrakten Klasse eine Instanz zu bilden. So eine Instanz könnte unfertigen Code enthalten und wenn dieser aufgerufen wird, kann offensichtlich keine sinnvolle Aktion stattfinden. Eine abstrakte Klasse ist in der Tat nicht instanziierbar. Ihr hauptsächlicher Nutzen liegt in den erheblichen Möglichkeiten zur Strukturierung eines Klassenbaums. Man kann im Grunde drei Möglichkeiten unterscheiden, wie Sie abstrakte Klassen verwenden können:

- Sie verwenden die abstrakte Klasse ohne Instanziierung. Dann verwendet man ihre bereits vollständigen Klassenelemente, denn das ist grundsätzlich möglich.

- Sie vervollständigen die abstrakte Klasse. Das erfolgt in einer Subklasse der abstrakten Klasse. Und dann instanziieren Sie die Subklasse.
- Die abstrakte Klasse dient nur als Typfestlegung. Einer Referenzvariablen dieses Typs weisen Sie ein Objekt zu, das irgendwie anders erzeugt wurde.

5.9.2 Eine abstrakte Klasse direkt verwenden

Allgemein kann in einer abstrakten Klasse jeder bereits vollständig definierte Code unmittelbar (als Klassenelement) verwendet werden. Etwa so, wie in dem kleinen Beispiellisting, das in dem Projekt *AbstrakteKlassen* zu finden ist:

```
public abstract class Abstr {
  static int a = 42;
  static void ausgabe(){
     System.out.println("Frage?");
  }
}
```

Diese abstrakte Klasse kann nicht instanziiert werden, was Ihnen der Compiler oder eine IDE wie Eclipse oder NetBeans auch mitteilen werden. Was aber problemlos funktioniert, ist das Folgende:

```
public class VerwendeAbstrakteKlasse1 {
  public static void main(String[] args) {
    Abstr.ausgabe();
    System.out.println(Abstr.a);
  }
}
```

Beachten Sie, dass wir bisher die Klasse `Abstr` zwar als abstrakt gekennzeichnet haben, aber noch keinen unvollständigen Code in der Klasse definieren. Alleine das Kennzeichnen als `abstract` genügt, um die Klasse nicht mehr instanziierbar zu machen.

Die Deklaration einer Klasse als abstrakt bedeutet also nicht, dass vollständiger Code einen Fehler erzeugt.

Auch **muss** eine abstrakte Klasse **keinen** unvollständigen Code enthalten. Es ist nur wenig sinnvoll, solche Klassen als abstrakt zu kennzeichnen. Es sei denn, Sie wollen explizit verhindern, dass von einer Klasse ein Objekt erzeugt werden kann. Das kann in einigen Fällen sinnvoll sein. Denken Sie an unsere Bauernhof-API. Wenn Sie diese API weitergeben, ergibt es kaum Sinn, wenn ein Anwender ein Objekt von `Tier` oder einer Zwischenklasse im Vererbungsbaum bildet. Es sind ja nur Hilfsklassen zum Aufbau einer Vererbungsstruktur. Nur die endgültigen Blattklassen im Baum sind solche Klassen, von denen eine Instanz gebildet werden sollte. Wenn Sie `Tier` und nicht zur Objekterzeugung gewünschte Klassen einfach als `abstract` kennzeichnen, unterbinden Sie auf elegante Weise die Instanziierung. Auch wenn im Prinzip kein unfertiger Code Sie dazu zwingt und es im Grunde sogar einen gewissen »Missbrauch« der Technik darstellt.

5.9.3 Eine abstrakte Klasse vervollständigen

Prinzipiell dienen abstrakte Klassen also dazu, unvollständigen Code zu deklarieren. Es handelt sich dementsprechend bei einer abstrakten Klasse in der Regel um eine Klasse, in der mindestens eine Methode nicht vollständig ist. Entweder durch Implementation einer Schnittstelle, ohne alle dort deklarierten Methoden zu überschreiben, oder indem Sie explizit eine Methode ohne Code in einer Klasse deklarieren. Wenn Sie dies ohne die Kennzeichnung als abstrakt probieren, wird der Compiler einen Fehler erzeugen oder Sie werden bereits durch eine bessere IDE zur Programmierzeit darauf aufmerksam gemacht.

Eine abstrakte Methode (auch virtuell genannt) besitzt grundsätzlich keine Implementierung. Die Definition der abstrakten Methode in der Klasse erfolgt ausschließlich über die Signatur und direkt nachgestelltem Semikolon. Dabei muss eine Methode ohne Körper in ihrer Unterschrift ebenso mit `abstract` gekennzeichnet werden wie auch die Klasse selbst.

UML-Kennzeichnung für abstrakte Dinge

Abstrakte Klassen und abstrakte Methoden werden in einem UML-Diagramm in der Regel *kursiv* dargestellt.

Unvollständiger Code muss in einer Subklasse vervollständigt (überschrieben) werden und erst aus einer vollständigen Subklasse einer abstrakten Klasse kann eine Instanz gebildet werden. Die Subklasse einer abstrakten Klasse muss aber sämtliche (!) dort als `abstract` definierten Methoden vervollständigen, bevor man davon eine Instanz bilden kann. Andernfalls muss die Subklasse selbst wieder als abstrakt deklariert werden – eine Folge der vertragsbasierten Programmierung. Das ist natürlich möglich. In dem Fall kann aber von dieser Klasse natürlich auch keine Instanz gebildet werden.

Aufbau von Verträgen über abstrakte Kennzeichnungen

Wir sehen bei der Kennzeichnung als `abstract` wie erwähnt eine der interessantesten Anwendungen der vertragsbasierten Programmierung in Java. Abstrakte Methoden dienen zur Definition einer verbindlichen Sammlung von Methoden und zwingen gewissermaßen die Subklassen dazu, diese Methoden zu implementieren. Dadurch kann frühzeitig in der Entwicklung eines Softwaresystems festgelegt werden, welche Funktionalität bereitstehen wird. Aber erst die Subklassen legen fest, wie die Funktionalität zu implementieren ist.

Schauen wir uns ein Beispiel an. Die nachfolgende Klasse `A` ist eine einfache abstrakte Klasse mit einer Definition einer abstrakten Methode:

```
public abstract class A {
  abstract void test();
}
```

Die Klasse `B` soll eine Subklasse von `A` sein. Darin wird die vererbte Methode `test()` überschrieben. Damit kann von der Klasse `B` eine Instanz gebildet werden.

```
public class B extends A {
  void test() {
    System.out.println(
    "Vervollstaendigung abstrakte Methode der Superklasse");
  }
  public static void main(String[] args) {
    new B().test();
  }
}
```

Der Widerspruch zwischen final und abstract

Die Schlüsselwörter `final` und `abstract` können nicht zusammen bei einer Klasse oder einer Methode verwendet werden. Das ist aber offensichtlich, denn eine finale Klasse kann nicht vererbt werden, eine abstrakte hingegen muss vererben, um überhaupt einen Nutzen von ihr zu haben. Einen analogen Widerspruch hätten Sie bei einer Methode. Sie dürfte nicht überschrieben werden und müsste es auf der anderen Seite. Beachten Sie, dass eine abstrakte Methode grundsätzlich nur Sichtbarkeitsmodifier, aber keine anderen Modifier besitzen darf. Also kann eine abstrakte Methode auch nicht `static` sein.

5.9.4 Abstrakte Typen

Eine abstrakte Klasse kann auch bei der Deklarierung einer Variablen oder der Rückgabe einer Methode als Typ zur Festlegung verwendet werden. Dieser Typ ist ja im Grunde nur eine Beschreibung dessen, was eine Instanz einer Klasse alles leistet. Und das ist mit Code ohne Implementierung ja auch schon gegeben.

Im Wesentlichen kommt so etwas vor, wenn man ein Objekt einer vollständigen Subklasse erstellt und einer Variablen zuweisen will, über die man nur die Eigenschaften und Methoden einer Superklasse zur Verfügung stellen will. Und diese Superklasse kann abstrakt sein. Sehen Sie nachfolgend ein Beispiel:

```
public class C {
  public static void main(String[] args) {
    A obj = new B();
    obj.test();
  }
}
```

In der dritten Zeile deklarieren wir ein Objekt vom Typ `A`. Das ist eine abstrakte Klasse. Konkret wird aber ein Objekt einer nichtabstrakten Subklasse `B` zugewiesen. Diese kann instanziiert werden, da sie eben nicht mehr abstrakt ist – alle abstrakten Methoden der Superklasse wurden überschrieben. In der Folge stehen über das Objekt alle Elemente zur Verfügung, die bereits in der abstrakten Superklasse eingeführt wurden. Nicht aber diejenigen, die in der Subklasse zusätzlich eingeführt wurden.

5.10 Schnittstellen

Eine **Schnittstelle** (gelegentlich auch Interface-Klasse oder kurz **Interface** genannt) ist eine spezielle Form einer abstrakten Klasse. Sie kann ***ausschließlich*** abstrakte Methoden und Konstanten enthalten. Eine Schnittstelle ist also eine Sammlung von Methodennamen ohne konkrete Implementation und/oder eine Reihe von Konstanten. Dies charakterisiert eigentlich schon alles, wenn man den Zwang der vertragsbasierten Programmierung ergänzt, den die Verwendung einer Schnittstelle ausübt.

5.10.1 Wozu Schnittstellen?

Schnittstellen ermöglichen ähnlich wie abstrakte Klassen das Erstellen von Pseudoklassen, die ganz aus abstrakten Methoden und gegebenenfalls Konstanten zusammengesetzt sind. Schnittstellen werden jedoch nicht wie Superklassen zur Vererbung verwendet, sondern werden in Klassen oder anderen Schnittstellen implementiert. Neben der Eigenschaft als Alternative zur Mehrfachvererbung werden Schnittstellen (gerade durch die Eigenschaft, keine konkrete Definition zu besitzen) dazu verwendet, eine bestimmte Funktionalität zu definieren, die in mehreren Klassen benutzt werden soll, die genaue Umsetzung einer Funktionalität aber noch nicht sicher ist. Sie wird erst später in der auf der Schnittstelle aufbauenden Klasse realisiert. Sofern Sie derartige Methoden in einer Schnittstelle unterbringen, können Sie gemeinsame Verhaltensweisen definieren und die spezifische Implementierung dann den Klassen selbst überlassen. Daher liegt die Verantwortung für die Spezifizierung von Methoden dieser Implementierungen, ähnlich wie bei abstrakten Klassen, immer bei den Klassen, die eine Schnittstelle implementieren.

Schnittstellen beinhalten bei ihrer Verwendung wie gesagt ein Zwangsverfahren. Durch die Implementierung von Schnittstellen muss jede nichtabstrakte Klasse alle in der Schnittstelle deklarierten Methoden überschreiben! Das ist analog zur Verwendung von abstrakten Klassen.

Mehrfachvererbung light

Schnittstellen gelten als eine Art Ersatz für Mehrfachvererbung, denn per Kommata getrennt können in eine Klasse beliebig viele Schnittstellen eingebunden werden. Man redet von »leichter Mehrfachvererbung«.

UML-Darstellung von Schnittstellen

Schnittstellen werden in UML-Diagrammen in der Regel als Klassen dargestellt, die das Stereotyp *interface* tragen. Die Implementierung eines Interfaces durch eine andere Klasse wird durch einen gestrichelten Vererbungspfeil dargestellt. Die Bereitstellung eines Interfaces wird durch einen Kreis dargestellt.

5.10.2 Erstellung einer Schnittstelle

Die Syntax zur Erstellung einer Schnittstelle und der konkrete Erstellungsprozess sind dem Vorgehen bei (abstrakten) Klassen sehr ähnlich. Es gibt hauptsächlich den Unterschied, dass keine Methode in der Schnittstelle einen Körper besitzen darf und keine Variablen deklariert werden dürfen, die nicht als Konstanten dienen. Die Deklaration einer Schnittstelle erfolgt mit folgender Syntax:

```
[public] interface NamederSchnittstelle [extends SchnittstellenListe]
```

Alles in eckigen Klammern Geschriebene ist optional. Statt `class` finden Sie hier also das Schlüsselwort `interface` als Kennzeichen.

Schnittstellen können als Voreinstellung von allen Klassen im selben Paket implementiert werden (freundliche Einstellung). Damit verhalten sie sich wie freundliche Klassen und Methoden. Indem Sie Ihre Schnittstelle explizit als `public` deklarieren, ermöglichen Sie es – wie auch bei Klassen und Methoden – den Klassen und Objekten außerhalb eines gegebenen Pakets, diese Schnittstelle zu implementieren.

Analog zu `public`-Klassen müssen öffentlich deklarierte Schnittstellen zwingend in einer *.java*-Datei definiert werden, deren Namen der Schnittstelle entspricht. Andere Zugriffsmodifier wie `public` sind bei Schnittstellen nicht erlaubt! Die Regeln für die Benennung von Schnittstellen sind dieselben wie für Klassen.

Das ist alles vollkommen analog zu dem Verfahren bei Klassen und macht deutlich, dass Schnittstellen nur – besondere – Klassen sind. Das wird auch nach der Übersetzung klar, denn aus jeder Schnittstellendeklaration in einer *.java*-Datei wird ein *.class*-File.

> **Namenskonventionen bei Schnittstellen**
>
> Viele Schnittstellenbezeichner in der Standard-API von Java enden mit dem Teiltoken ***able***. Diese Konvention können Sie auch gut zur schnellen Erkennung in Ihren eigenen Namenskonventionen einsetzen, obwohl damit eigentlich eine bestimmte Art charakterisiert wird. Ebenso beginnen Schnittstellen oft mit einem ***I*** für Interface.

5.10.3 Vererbung bei Schnittstellen

Java-Schnittstellen können gemäß dem OOP-Konzept der Vererbung auch andere Schnittstellen erweitern, um somit zuvor geschriebene Schnittstellen weiterentwickeln zu können. Die neue Sub-Schnittstelle erbt dabei auf die gleiche Art und Weise wie bei Klassen die Eigenschaften der Super-Schnittstelle(n). Vererbt werden alle Methoden und statischen Konstanten der Super-Schnittstelle. Schnittstellen können andere Schnittstellen erweitern, indem sie per `extends` an eine andere Schnittstelle angehängt werden. Dabei können aber – im Gegensatz zu normalen Klassen – auch mehrere Super-Schnittstellen angegeben werden.

```
interface IAable{
...
}
interface IBable {
...
}
interface ICable extends IAable, IBable {
...
}
```

5.10.4 Der Körper einer Schnittstelle

Da eine Schnittstelle nur abstrakte Methoden und Konstanten (als final deklarierte Variablen) enthalten darf, können im Körper einer Schnittstelle zwar keine bestimmten Implementierungen spezifiziert werden, aber ihre Eigenschaften können dennoch festgelegt werden. Ein großer Teil der Vorzüge von Schnittstellen resultiert aus der Fähigkeit, Methodenunterschriften deklarieren zu können.

Die Verwendung des Schlüsselworts `public` bei Methodendeklarationen in Schnittstellen ist zwar bei der Deklaration einer Methode möglich, aber da alle Methoden in Schnittstellen defaultmäßig `public` sind, kann man diesen Modifizierer weglassen. Theoretisch kann man Methoden auch als `abstract` kennzeichnen, aber auch das ist überflüssig, weil alle Methoden in Schnittstellen abstrakt sind. Andere potenzielle Methodenmodifier dürfen bei der Deklaration einer Methode in einer Schnittstelle nicht verwendet werden.

Auch bei Schnittstellen selbst kann bei der Deklaration vor dem Schlüsselwort `interface` der Modifizierer `abstract` gesetzt werden. Das ist aber – genau wie bei den Methoden – nur der besseren Lesbarkeit wegen in manchen Fällen sinnvoll und im Allgemeinen überflüssig.

Variablen in Schnittstellen werden finale, globale Felder für die Klasse sein. Alle Felder, die in einer Schnittstelle deklariert werden, sind unabhängig vom Modifizierer, der bei der Deklaration des Feldes benutzt wurde, immer `public`, `final` und `static`. Sie müssen das nicht explizit in der Felddeklaration angeben, obwohl es der besseren Lesbarkeit halber manchmal sinnvoll ist. Es handelt sich also immer um öffentliche Klassenkonstanten.

Weil alle Felder `final` sind, müssen sie in der Schnittstelle natürlich unbedingt initialisiert werden, wenn sie von der Schnittstelle selbst deklariert werden.

Selbstverständlich können Methoden und Konstanten zusammen in einer Schnittstelle deklariert werden. Viel von der Leistungsfähigkeit von Schnittstellen basiert auch auf der gemeinsamen Deklaration in einer Schnittstelle. Wenn Sie Konstanten einer Schnittstelle verwenden wollen, erkaufen Sie das mit dem Zwang, alle dort vorhandenen Methoden unbedingt überschreiben zu müssen. Eine autoritäre, aber geniale Führung zum Ziel.

5.10.5 Verwenden von Schnittstellen

Grundsätzlich kann eine Klasse, die eine Schnittstelle implementiert, nicht – wie schon mehrfach erwähnt – zur Instanziierung verwendet werden, bis nicht alle in der Schnittstelle definierten Methoden überschrieben worden sind. Eine Schnittstellenmethode selbst könnte aber sowieso nicht verwendet werden, bis sie in der Klasse überschrieben worden ist, die diese Methode implementiert. Das ist zwangsläufig so, da eine Schnittstellenmethode ja keinerlei Körper besitzen darf. Eine Methodendeklaration in einer Schnittstelle legt aber das Verhalten einer Methode insoweit fest, dass der Methodenname, der Rückgabetyp und die Parametersignatur definiert werden.

Die Implementierung von Schnittstellen in Klassen erfolgt über die `implements`-Anweisung. Wenn mehrere Schnittstellen in einer Klasse implementiert werden sollen, werden sie durch Kommata getrennt angehängt. Beispiel:

```
class A implements IBable
```

5.10.6 Überschreiben von Methoden einer Schnittstelle

Weil Schnittstellen allgemein keine konkreten Methoden definieren dürfen, dürfen auch Sub-Schnittstellen keine Methoden der Super-Schnittstellen definieren. Stattdessen ist dieses die Aufgabe jeder Klasse, die die abgeleitete Schnittstelle verwendet. Die Klasse muss sowohl die in der Sub-Schnittstelle deklarierten Methoden als auch alle Methoden der Super-Schnittstellen definieren! Wenn Sie also eine erweiterte Schnittstelle in einer Klasse implementieren, müssen Sie sowohl die Methoden der neuen als auch die der alten Schnittstelle überschreiben.

Wenn eine Schnittstellenmethode in einer Klasse überschrieben wird, gibt es mehrere Aspekte, die geändert werden können. Was sich an der Methode nie verändern darf, ist der Methodenname. Aber auch andere Faktoren unterliegen bezüglich einer Veränderung strengen Regeln.

Wie wir schon gesehen haben, sind alle in einer Schnittstelle deklarierten Methoden als Grundeinstellung mit dem Zugriffslevel `public` ausgestattet (unabhängig von der expliziten Auszeichnung). Eine solche Methode kann nicht so überschrieben werden, dass der Zugriff auf sie weiter beschränkt wird. Deshalb müssen alle in einer Schnittstelle deklarierten und in einer Klasse überschriebenen Methoden mit dem Zugriffsmodifier `public` versehen werden.

Schnittstellenmethoden können eine Parameterliste definieren, die an die Methode weitergegeben werden müssen. Wenn Sie in der Klasse eine neue Methode mit demselben Namen, jedoch einer anderen Parameterliste deklarieren, wird wie allgemein üblich die in der Schnittstelle deklarierte Methode überladen und nicht überschrieben.

Dies ist zwar nicht falsch, aber dann muss zusätzlich noch die abstrakte Methode überschrieben werden. Denn wir hatten ja schon festgehalten, dass jede Methode in einer Schnittstelle überschrieben werden muss, es sei denn, Sie erklären sie wieder für abstrakt. Das bedeutet, dass sich für eine Redefinition zwar die Namen von Variablen ändern dürfen, nicht aber deren Anordnung und Typ.

Da der Körper einer Schnittstellenmethode leer ist, muss als wesentliche Aufgabe bei der Implementierung einer solchen Methode in einer Klasse ein Körper für die ursprünglich in der Schnittstelle deklarierten Methoden erstellt werden.

Wie Sie nun konkret eine Schnittstellenmethoden überschreiben, hängt von der Aufgabe ab, die die jeweilige Methode erfüllen soll. Eine Schnittstelle stellt zwar sicher, dass Methoden in einer nichtabstrakten Klasse definiert und entsprechende Datentypen zurückgegeben werden. Ansonsten werden von ihr aber keine weiteren Restriktionen oder Begrenzungen für die Körper der Methoden in den Klassen festgelegt.

Die Erstellung eines Methodenkörpers, der nur aus geöffneten und geschlossenen geschweiften Klammern besteht, reicht beispielsweise aus, um die Bedingung einer Methode zu erfüllen, deren Rückgabetyp `void` ist. Ansonsten genügt eine `return`-Anweisung, die einen geforderten Datentyp zurückliefert. Das ist aber selten sinnvoll, denn der Ersteller einer Schnittstelle hat sich ja etwas dabei gedacht, eine bestimmte Behandlung von Aufgaben vorzuschreiben.

5.10.7 Felder einer Schnittstelle

Die Felder einer Schnittstelle müssen wie gesagt sowohl statisch als auch final sein (das gilt auch, wenn das nicht explizit so ausgezeichnet ist). Sie stehen bei der Implementierung der Schnittstelle in der Klasse als Erbe zur Verfügung und können über eine Instanz der Klasse – wenn diese vervollständigt wurde – verwendet werden. Aber der Zugriff auf ein Feld einer Schnittstelle kann auch direkt oder durch die Benutzung der standardisierten Punktschreibweise erfolgen, ohne eine Instanz zu erzeugen. Entweder über die (möglicherweise sogar noch abstrakte) vorangestellte Klasse, die die Schnittstelle implementiert, oder die Schnittstelle selbst.

5.10.8 Ein vollständiges Beispiel mit Schnittstellen

Betrachten wir das folgende Projekt *Schnittstellen*, das die Verwendung von Schnittstellen demonstriert und bewusst – entgegen dem, was Sie in der Praxis machen sollten – uneinheitlich die Modifizierer explizit setzt und auch explizit weglässt. Hier sehen Sie zuerst die Listings von vier Schnittstellen:

```
public interface IKonstable {
  public static final int ANTWORT = 42;
  String FRAGE = "Das ist die Frage";
}
```

In der ersten Schnittstelle werden nur zwei Klassenkonstanten deklariert. Beachten Sie, dass auch in der dritten Zeile eine Klassenkonstante deklariert wird – obwohl `static` und `final` explizit nicht notiert wurden. Ebenso ist diese Klassenkonstante nicht als `public` deklariert worden.

```
public interface IMethodable {
  public String antwortGeben();
}
```

In der zweiten Schnittstelle sehen Sie eine Methodendeklaration. Beachten Sie, dass der Modifizierer `abstract` bewusst weggelassen wurde.

```
public interface IAnhaltable extends IKonstable, IMethodable {
  public static String ANTWORTTEXT = "Die Antwort ist";
}
```

In der dritten Schnittstelle werden die ersten beiden Schnittstellen implementiert. Zusätzlich wird eine Konstante ergänzt, die explizit mit `static`, aber nicht mit `final` ausgezeichnet wurde.

```
public interface IRaumschiffable {
  String SCHIFF = "Herz aus Gold";
  public abstract String getAntrieb();
}
```

In der vierten Schnittstelle wird sowohl eine Klassenkonstante als auch eine abstrakte Methode deklariert.

Die unterschiedlichen Verfahren, implizite Modifizierer einmal wegzulassen und an anderer Stelle zu notieren, dient hier nur zur Demonstration. In der Praxis ist so eine uneinheitliche Schreibweise immer zu vermeiden. Ich rate auf jeden Fall, die vollständigen Modifizier hinzuschreiben.

Und nun implementieren wir alle Schnittstellen in einer Klasse. Diese soll die abstrakten Methoden der vier Schnittstellen überschreiben, damit wir die Klasse nicht abstrakt deklarieren müssen. Die Klasse können wir jetzt zur Instanziierung verwenden:

```
public class Anhalter implements IAnhaltable,
  IRaumschiffable {
  public String antwortGeben() {
    return ANTWORTTEXT + ANTWORT;
  }
  public String getAntrieb() {
    return "Unwahrscheinlichkeits-Drive";
  }
  public String getSchiff(){
    return IRaumschiffable.SCHIFF;
  }
}
```

Die Klasse implementiert zwei Schnittstellen direkt und da `IAnhaltable` selbst die anderen beiden Super-Schnittstellen implementiert, werden auch diese indirekt von der Klasse implementiert. Die beiden abstrakten Methoden werden überschrieben und damit kann die Klasse `Anhalter` zur Instanziierung verwendet werden. Die überschriebene Methode `antwortGeben()` verwendet selbst vererbte Klassenkonstanten der Schnittstellen.

```
public class DasBuch {
  public static void main(String[] args) {
    Anhalter obj = new Anhalter();
    System.out.println(Konstable.FRAGE);
    System.out.println(obj.antwortGeben());
    System.out.println(obj.getSchiff());
  }
}
```

In der Programmklasse instanziieren wir die Klasse `Anhalter` und verwenden deren Methoden. Aber auch Klassenkonstanten aus den Schnittstellen können wir direkt verwenden, wie Sie in dem Code sehen.

5.11 Adapter-Klassen

In der Ereignisbehandlung von Java gibt es einen speziellen Klassentyp – **Adapter-Klassen**. Aber auch in anderen Zusammenhängen kommen sie vor. Und obwohl sie in manchen Situationen wichtig sind (hauptsächlich für das Design des Vererbungsbaums), sind sie im Grunde sehr einfach und die Behandlung wird für uns nichts Neues bringen. Es geht einfach darum, dass man – wie gerade gesehen – grundsätzlich in einer Klasse alle abstrakten Methoden überschreiben muss, die man über Schnittstellen und gegebenenfalls abstrakte Superklassen implementiert. Auch dann, wenn man diese Methoden gar nicht braucht! Und hier setzt das Konzept an.

Adapter-Klassen sind nichts anderes als Filterklassen, die in der Vererbung zwischengeschaltet werden. Sie werden als Subklassen solcher abstrakten Superklassen eingefügt oder implementieren statt der eigentlichen Klasse Schnittstellen oder allgemein abstrakte Strukturen.

Und dann überschreibt man darin einfach alle abstrakten Methoden mit einer leeren Implementation, die nur den formalen Anforderungen genügt, aber gezielt keine Funktionalität implementiert. Diese Adapter-Klasse wird dann die Superklasse der konkreten Klasse, die die Funktionalität bereitstellen soll. Es handelt sich also im Grunde nur um ein Designmittel, um eine gewisse Arbeit in eine andere Ebene des Vererbungsbaums zu verlagern und damit die konkrete Klasse klein zu halten und nicht mit funktional nutzlosem und nur rein formalem Code zu überfrachten.

Nun kann man bei Bedarf in der Subklasse einer Adapter-Klasse die formal bereits implementierten, aber funktional noch leeren Methoden einfach überschreiben. Wobei man festhalten sollte, dass in manchen Quellen Adapter-Klassen alle (!) abstrakten Methoden überschreiben und diese funktionale Vervollständigung in Subklassen damit rein freiwillig machen, während in anderen Quellen Adapter-Klassen so verstanden werden, dass bestimmte abstrakte Methoden bewusst nicht überschrieben werden.

Damit ist die Adapter-Klasse explizit selbst abstrakt und filtert nur die grundsätzlich nicht gewünschte Funktionalität durch leere Methodenrümpfe weg. In der Subklasse einer solchen abstrakten Adapter-Klasse implementieren Sie dann die noch offenen abstrakten Methoden gezielt mit gewünschter Funktionalität.

5.12 Weiterentwicklung des Bauernhof-API-Projekts

Zum Abschluss des Kapitels wollen wir die Bauernhof-API so weiterentwickeln, dass die zuletzt besprochenen OO-Techniken in einem größeren praktischen Umfeld zur Anwendung kommen. Insbesondere sollen sämtliche Eigenschaften von Objekten nur noch indirekt zugänglich sein, die Objekte bereits beim Erzeugen initialisiert und Methoden in Subklassen konkretisiert werden. Damit vollziehen wir eine Umstrukturierung der API, die nach außen massive Konsequenzen hat. Die bisherige Klasse `Bauernhof` verlässt sich zum Beispiel auf die bisherige Struktur. Wenn Sie nun alle Felder nur noch indirekt zugänglich machen, wird die Klasse nicht mehr zu kompilieren sein. Sie muss angepasst werden.

Ich möchte mit dieser nebenwirkungsbehafteten Umstrukturierung zeigen, dass eine sorgfältige Analyse und ein ebenso sorgfältiges Design in der objektorientierten Programmierung unabdingbar sind und spätere Umstrukturierungen massive Konsequenzen haben können. Sofern Sie jedoch von Anfang an sorgfältige Kapselung, Information Hiding und indirekten Zugriff implementieren, werden spätere Umstrukturierungen weniger oder sogar gar keine Auswirkungen für den Anwender einer API haben.

5.12.1 Schritt 1

Aber schauen wir uns die API an. Dazu erzeugen wir ein neues Projekt *Vererbungsapi2*. In den enthaltenen API-Klassen werden alle Felder auf `private` gesetzt. Wir müssen dann allerdings für jede Eigenschaft eine Getter- und Setter-Methode implementieren. Unsere oberste Klasse `Lebewesen` sieht also jetzt so aus:

```
package rjs.de.javabuch.vererbungsapi.api;
public class Lebewesen {
  private int alter;
  Lebewesen(int alter) {
    super();
    this.alter = alter;
  }
  public int getAlter() {
    return alter;
  }
  public void setAlter(int alter) {
    this.alter = alter;
  }
}
```

In der dritten Zeile ist das Feld `alter` auf `private` gesetzt worden und damit nicht mehr von außen zugänglich. Dafür sehen Sie eine zugehörige Getter-Methode und eine Setter-Methode, die öffentlich zugänglich ist und damit auch vererbt wird. Des Weiteren haben wir hier den Fall, dass der Default-Konstruktor explizit verborgen wird. Stattdessen definieren wir in den Zeilen einen neuen parametrisierten Konstruktor, der bereits beim Aufruf das Feld `alter` initialisiert. Es sollte Ihnen auffallen, dass die Sichtbarkeit des Konstruktors nicht `public` ist. Das ist kein Zufall und hat die Bedeutung, dass wir letztendlich nie ein Objekt vom Typ `Tier`, sondern nur von einer seiner Subklassen erzeugen wollen.

Beachten Sie die erste Zeile des Konstruktors. Hier wird mit `super()` der Default-Konstruktor der Superklasse von `Lebewesen` als erste Anweisung des neuen parametrisierten Konstruktors aufgerufen. Das ist ein Zugriff auf `Object()`, denn `Object` ist ja die Superklasse von `Lebewesen`, da kein explizites `extends` notiert wurde. Dieser Aufruf von `super()` ist nicht explizit notwendig. Wenn er fehlt, wird implizit der Konstruktor der Superklasse verwendet. Nur ist die explizite Notation gut zu lesen, und für den Fall eines parametrisierten Konstruktors der Superklasse will man meist explizit Werte übergeben.

Beachten Sie auch im Konstruktor und im Setter die Anwendung des Schlüsselwortes `this` und die gleich benannten Bezeichner für die Instanz- und die lokalen Variablen.

Schauen wir uns nun die direkten Subklassen von `Lebewesen` an. Zuerst sehen Sie die neue Version der Klasse `Tier`:

```
package rjs.de.javabuch.vererbungsapi.api;
public class Tier extends Lebewesen {
  private int inventarnummer;
  Tier(int alter, int inventarnummer) {
    super(alter);
    this.inventarnummer = inventarnummer;
  }
  public int getInventarnummer() {
    return inventarnummer;
  }
  public void setInventarnummer(int inventarnummer) {
    this.inventarnummer = inventarnummer;
  }
  protected void lautGeben() {  }
}
```

Im Grunde machen wir in der Subklasse von `Lebewesen` formal das Gleiche wie in der Superklasse. Nur wird in der Klasse ein weiteres privates Feld `inventarnummer` eingeführt. Auch zu diesem wird der Zugang über Getter und Setter gewährleistet. Nun soll der Konstruktor dieser Klasse beim Erzeugen einer Instanz die Werte der Felder `alter` und `inventarnummer` setzen. Wir benötigen also einen Konstruktor mit zwei Parametern.

Zuerst sehen Sie dort den Zugriff auf `Lebewesen(int alter)`. Denn `super(alter)` reicht den Wert von `alter` an den Konstruktor der Superklasse weiter, und damit wird auch die dort privat gesetzte Variable initialisiert. Danach wird die in der Klasse `Tier` neu eingeführte private Variable `inventarnummer` gesetzt.

Allerdings wollen wir auch von `Tier` gar kein konkretes Objekt erzeugen. Deshalb ist die Sichtbarkeit des Konstruktors auf das Paket beschränkt. Die Beschränkung der Sichtbarkeit des Konstruktors auf Paketebene ist nur ein mögliches Designmittel. Es gibt auch andere Beschränkungstechniken.

Nun stellen wir uns die Frage, wie ein Tier klingt. Welches Geräusch macht ein Tier? Ich kann die Frage nicht beantworten. Meinen wir einen Fisch? Oder eine Spinne? Sie werden erkennen, dass wir uns ähnliche Fragen im Zusammenhang mit der Sichtbarkeit des Konstruktors gestellt haben. Es ist offensichtlich nicht immer sinnvoll, von bestimmten Klassen Instanzen zu erzeugen. Hinsichtlich unserer API ist klar, dass jedes dort realisierte Tier ein Geräusch macht. Wenn wir das im Design für alle Tiere vorsehen wollen, können wir in der Klasse `Tier` eine Methode vorsehen, die für das Erzeugen von Geräuschen verantwortlich sein soll. Noch ohne konkretes Geräusch, aber zumindest die Methode soll schon vorhanden sein. Und das sehen Sie bei der Methode `lautGeben()` mit dem leeren Körper. Sie können sich vorstellen, dass wir diese Methode für spezielle Tiere konkretisieren wollen. Das läuft also auf ein Überschreiben hinaus. Beachten Sie den Modifizierer `protected`. Wir könnten auch auf eine paketweite Sichtbarkeit reduzieren, aber bei unserem API-Design genügt die Reduzierung auf `protected`, um die nicht sinnvolle Methode ohne konkrete Wirkung zu verbergen.

Die zweite direkte Subklasse von `Lebewesen` ist `Mensch`:

```
package rjs.de.javabuch.vererbungsapi.api;
public class Mensch extends Lebewesen {
  private String name;
  private String beruf;
  public Mensch(int alter) {
    super(alter);
  }
  public Mensch(int alter, String name, String beruf) {
    super(alter);
    this.name = name;
    this.beruf = beruf;
  }
  public void telefonieren() {
    System.out.println("Hallo - ist dort ...");
  }
  public String getName() {
    return name;
  }
  public void setName(String name) {
    this.name = name;
  }
  public String getBeruf() {
    return beruf;
  }
}
```

Wir hatten in unserem (künstlichen) Design der API ja vorgesehen, dass ein Mensch keine Subklasse von `Tier` sein soll, sondern einen eigenständigen Zweig unterhalb von `Lebewesen` bildet. Dazu designen wir die Klasse bewusst so, dass sie sich von den anderen Klassen der API unterscheidet. Daran können wir vor allen Dingen verschiedene Möglichkeiten zeigen, die in dem Kapitel vorgestellten Techniken mit gewissen Zielen anzuwenden.

Beachten Sie als Erstes, dass die Klasse Mensch zwei Konstruktoren bereitstellt. Da gibt es einmal den Konstruktor mit drei Parametern. Dieser initialisiert vollständig alle Eigenschaften, die ein Objekt vom Typ Mensch auszeichnen soll. Das sind das Alter, der Beruf und der Name. Wir wollen aber bewusst gestatten, dass auch ein Objekt vom Typ Mensch erzeugt werden kann, bei dem nur das Alter initialisiert wird.

Die Konstruktoren sind als public deklariert, denn von dieser Klasse sollen ja auch wirklich Objekte erzeugt werden. Auch wenn sich die Klasse, die das erledigt, in einem anderen Paket befindet. Wir erweitern also die Sichtbarkeit bzw. Zugänglichkeit, was ja im Gegensatz zu einer Einschränkung erlaubt ist. Ihnen sollte auffallen, dass es nur einen Getter für den Beruf gibt, keinen Setter! Die Konsequenz wird sein, dass beim Erzeugen eines Objekts vom Typ Mensch mit dem Konstruktor mit drei Parametern ein Beruf festgelegt werden kann, der aber hinterher nicht mehr zu ändern ist. Damit ist beruf ein Read-only-Feld. So eine Vorgehensweise ergibt oft Sinn. In der Klasse wird zudem eine spezifische Methode telefonieren()programmiert.

Verlassen wir nun diesen Zweig der API und schauen wir uns die Spezialisierungen von Tier an. Hier ist die Klasse Saeugetier:

```
package rjs.de.javabuch.vererbungsapi.api;
public class Saeugetier extends Tier {
  private int gewicht;
  Saeugetier(int alter, int inventarnummer, int gewicht) {
    super(alter, inventarnummer);
    this.gewicht = gewicht;
  }
  public int getGewicht() {
    return gewicht;
  }
  public void setGewicht(int gewicht) {
    this.gewicht = gewicht;
  }
}
```

Die formalen Schritte in der Klasse sind besprochen und ich möchte nur auf den Konstruktor mit drei Parametern und den Aufruf von Tier(int alter, int inventarnummer) über super(alter, inventarnummer) hinweisen.

Die Klasse Saeugetier ist wie Tier eine Art Zwischenklasse zwischen der Wurzelklasse der API (Lebewesen) und den Klassen, aus denen konkrete Instanzen erzeugt werden sollen. Diesen drei Blattklassen unserer API widmen wir uns jetzt.

Hier ist der Code von Gefluegel:

```
package rjs.de.javabuch.vererbungsapi.api;
public final class Gefluegel extends Tier {
```

```
  private boolean geschlecht;
  public Gefluegel(int alter, int inventarnummer,
    boolean geschlecht) {
    super(alter, inventarnummer);
    this.geschlecht = geschlecht;
    this.setInventarnummer(inventarnummer);
    this.setAlter(alter);
  }
  public int getEi() {
    if (this.geschlecht == true) return 0;
    else return 1;
  }
  public boolean isGeschlecht() {
    return geschlecht;
  }
  public final void lautGeben() {
    System.out.println("Gack, gack, gack");
  }
}
```

Zuerst sollte Ihnen auffallen, dass wir hier eine finale Klasse gebildet haben. Klassen, von denen aus keine Unterklassen mehr gebildet werden dürfen, werden ja in Java als solche finalen Klassen implementiert (als Blattklassen), und das soll unser Design leisten. Dazu sehen Sie einen Konstruktor mit vier Parametern, über die alle relevanten Eigenschaften eines Objekts dieses Typs gesetzt werden können. Und in dem Fall ist der Konstruktor wie bei den Objekten vom Typ Mensch `public`! Wir erweitern also explizit die Sichtbarkeit bzw. Zugänglichkeit.

Dann finden Sie in der Klasse auch zwei Getter-Methoden, bei denen die im Prinzip zugehörigen Setter-Methoden fehlen. Beides ist aber sinnvoll, denn eine Setter-Methode für das Geschlecht würde sinngemäß eine Geschlechtsumwandlung bedeuten und auch das Setzen des Wertes für die Anzahl der gelegten Eier ist kaum sinnvoll.

Wie Sie in der Methode `getEi()` erkennen können, liefern wir diese Anzahl aufgrund einer gewissen Logik zurück. In Abhängigkeit vom Geschlecht wird entweder kein Ei (bei einem Hahn, einem Männchen – wir interpretieren den Wert `true` ohne bestimmten Hintergedanken entsprechend) oder ein Ei (bei einem Huhn) geliefert.

Wir verwenden in der Überprüfung einen direkten Zugriff auf das private Feld `geschlecht` (`if (this.geschlecht == true)`), aber wir könnten an der Stelle auch die Methode `isGeschlecht()` verwenden.

Ebenso überschreiben wir mit einer erweiterten Sichtbarkeit die Methode `lautGeben()`. Jetzt wird eine (mehr oder weniger) sinnvolle Funktionalität implementiert.

Analog wird die Klasse `Schaf` angepasst:

```
package rjs.de.javabuch.vererbungsapi.api;
public final class Schaf extends Saeugetier {
  private int geschlecht;
  public Schaf(int alter, int inventarnummer,
    int gewicht, int geschlecht) {
    super(alter, inventarnummer, gewicht);
    this.geschlecht = geschlecht;
    this.setInventarnummer(inventarnummer);
    this.setGewicht(gewicht);
  }
  public int getMilch() {
    if (this.geschlecht <1) return 0;
    else return 10;
  }
  public int getWolle() {
    return 0;
  }
  public void lautGeben(){
    System.out.println("Määhh");
  }
}
```

Im Grunde gibt es hier nicht viel Ergänzendes zu sagen, nur verwenden wir für das Geschlecht einen anderen Datentyp.

Und auch die Klasse `Schwein` hat die gleiche Struktur wie `Schaf`:

```
package rjs.de.javabuch.vererbungsapi.api;
public final class Schwein extends Saeugetier {
  private String typ;
  public Schwein(int alter, int inventarnummer,
    int gewicht, String typ) {
    super(alter, inventarnummer, gewicht);
    this.typ = typ;
    this.setAlter(alter);
    this.setInventarnummer(inventarnummer);
  }
  public String getTyp() {
    return typ;
  }
  public void lautGeben(){
    System.out.println("Grunz");
  }
}
```

Wenn Sie sich das UML-Klassendiagramm der veränderten API ansehen, werden Sie nun in den Klassen die veränderten Strukturen wiederfinden.

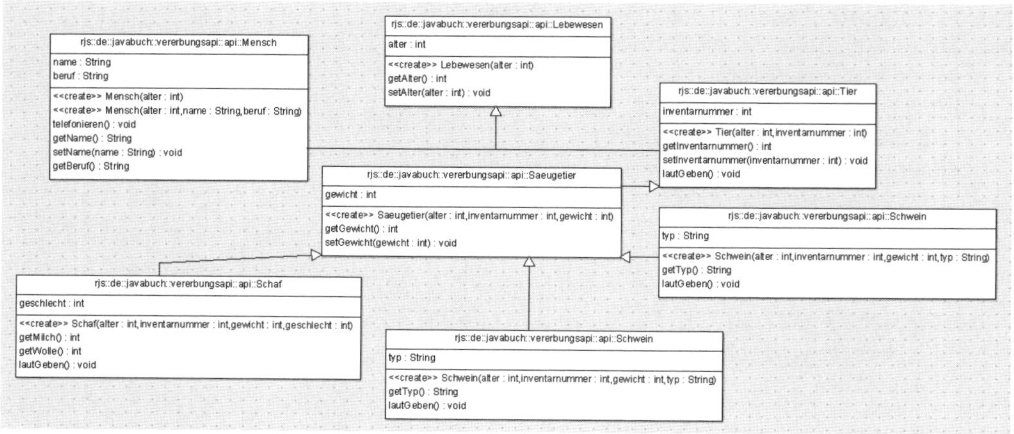

Abbildung 5.7: Ein UML-Klassendiagramm für den aktuellen Stand der Bauernhof-API – ohne die Sichtbarkeiten.

Durch die Umstrukturierung der Bauernhof-API sind jetzt natürlich massive Anpassungen in der Klasse `Bauernhof` notwendig. Sie können nur noch indirekt auf die Felder zugreifen, haben auf manche Felder nur noch Lesezugriff und müssen beim Erzeugen eines Objekts dieses mit parametrisierten Konstruktionen bereits initialisieren.

Ganz wie gewünscht ist die Freiheit bei der Verwendung der API massiv eingeschränkt worden, was zu einer stabileren Verwendung und besserer Softwarequalität führt. So könnte man die API nun anwenden:

```
package rjs.de.javabuch.vererbungsapi;
import rjs.de.javabuch.vererbungsapi.api.*;
public class Bauernhof {
  public static void main(String[] args) {
    Gefluegel huhn1 = new Gefluegel(1, 4711, true);
    Gefluegel huhn2 = new Gefluegel(2, 666, false);
    Gefluegel huhn3 = new Gefluegel(1, 42, true);
    Mensch mann = new Mensch(43, "Schmitt", "Bauer");
    Mensch frau = new Mensch(53);
    Schwein piggy = new Schwein(10, 111, 85, "Hausschwein");
    Schaf mani = new Schaf(5, 123, 17, 0);
    System.out.println("Die Inventarnummer von Huhn3: "
      + huhn3.getInventarnummer());
    System.out.println("Der Typ vom piggy: " +
      piggy.getTyp());
    piggy.lautGeben();
    System.out.println("Beruf und Name von mann: "
      + mann.getBeruf() + ", " + mann.getName());
  }
}
```

Da, wo bisher ein direkter Zugriff auf Eigenschaften erfolgt ist, wird nun über Getter- und Setter-Methoden auf die Werte der Eigenschaften zugegriffen.

5.12.2 Schritt 2 – Schnittstellen und abstrakte Klassen einsetzen

Verwenden wir nun auch noch die abstrakte Technik, um die Qualität (nicht die Funktionalität) unserer Bauernhof-API erneut weiterzuentwickeln. Diese Weiterentwicklung wird also so erfolgen, dass ein Anwender der API keine Auswirkungen zu befürchten hat, sofern er sie bisher wie gewünscht (aber eben noch nicht erzwungen) verwendet hat. Die Umstrukturierung wird aufgrund der bisherigen Kapselung im Verborgenen erfolgen. Die API wird jedoch qualitativ weiter verbessert und optimiert.

Dabei setzen wir an dem Punkt an, dass die Methode `lautGeben()` in `Tier` bisher leer implementiert wurde, da wir ja ausdrücklich nicht wissen können, wie ein allgemeines Tier klingen kann. Und diese leere Implementierung war bisher nur eine Krücke für etwas, das man viel besser mit einer abstrakten Methode erledigen kann.

Wir erstellen ein neues Projekt *Vererbungsapi3* und dort importieren wir *Vererbungsapi2* vollständig. Wir versionieren also unser Projekt weiter. In dem Projekt soll zuerst ein neues Paket `rjs.de.javabuch.vererbungsapi.schnittstellen` erzeugt werden. Darin wird folgende Schnittstelle mit der öffentlichen abstrakten Methode `lautGeben()` erstellt:

```
package rjs.de.javabuch.vererbungsapi.schnittstellen;
public interface ITierable {
  public abstract void lautGeben();
}
Die importieren wir in die Klasse Tier, die nun so aussieht:
package rjs.de.javabuch.vererbungsapi.api;
import
  rjs.de.javabuch.vererbungsapi.schnittstellen.ITierable;
public abstract class Tier extends Lebewesen
  implements ITierable {
  private int inventarnummer;
  Tier(int alter, int inventarnummer) {
    super(alter);
    this.inventarnummer = inventarnummer;
  }
  public int getInventarnummer() {
    return inventarnummer;
  }
  public void setInventarnummer(int inventarnummer) {
    this.inventarnummer = inventarnummer;
  }
}
```

Die Klasse `Tier` braucht nun keine leere Implementierung von `lautGeben()` vorzunehmen. Im Gegenteil – durch den Verzicht darauf erreichen wir genau das, was die Qualitätsverbesserung der neuen Version ausmacht. Wir müssen dafür aber die Klasse `Tier` als abstrakt deklarieren und verhindern damit, dass diese jemals instanziiert werden kann. Und die direkte Subklasse `Saeugetier` von `Tier` muss ebenfalls als abstrakt deklariert werden, wenn sie nicht die Methode überschreibt. Und darauf verzichten wir natürlich auch, um zu verhindern, dass diese Klasse instanziiert werden kann. Der Zwang zum Überschreiben wird an die Subklassen von `Saeugetier` weitergereicht, was ebenso die Qualität der API erhöht. Da wir das aber schon »freiwillig« in der Vorgängerversion des Projekts vorgenommen haben, können die restlichen Klassen der API so bleiben, wie sie sind. Und damit hat die Refaktorierung dazu geführt, dass das Programm wie bisher die Klassen der API ohne Auswirkungen weiterverwenden kann. Zumindest soweit wir bisher nur die Blattklassen verwendet haben. Aber der wesentliche Vorteil der neuen Version ist, dass wir auch daran gehindert werden, nicht zur Instanziierung vorgesehene Klassen dennoch dazu zu verwenden.

5.13 Ausnahmebehandlung

Bei jeder Form der Programmierung muss man mit Fehlersituationen umgehen. Dabei muss man verschiedene Situationen unterscheiden:

- typografische Fehler beim Schreiben des Quelltextes.
- syntaktische Fehler beim Schreiben des Quelltextes.
- Programmfehler zur Laufzeit, die auf logische Fehler im Programmaufbau zurückzuführen sind.
- Programmfehler und unklare Situationen zur Laufzeit, die auf äußere Umstände zurückzuführen sind.

Die Bereinigung der ersten drei Punkte ist hauptsächlich das, was man unter Debugging versteht und was hier keine Rolle spielen soll. Die Behandlung des vierten Punkts jedoch zählt in Java im Wesentlichen zum sogenannten **Exception-Handling** bzw. der Ausnahmebehandlung. Und dies ist nicht nur eine der wichtigsten Java-Techniken, sondern in Java auch explizit Teil der vertragsbasierten Programmierung.

5.13.1 Was sind Ausnahmen?

Mittels des Ausnahmekonzepts kann Java zwei seiner Grundprinzipien – Sicherheit und Stabilität – gewährleisten. Eine Ausnahme ist eine Unterbrechung des normalen Programmablaufs aufgrund einer besonderen Situation, die eine isolierte und unverzügliche Behandlung notwendig macht. Der normale Programmablauf wird erst fortgesetzt, wenn diese Ausnahme behandelt wurde – oder das Programm wird beendet. Ein klassisches Beispiel, das eine solche Situation provoziert, ist der Versuch, auf einen Wechseldatenträger zuzugreifen, in den kein Medium eingelegt ist. Eine Java-Klasse sollte vor einem Zugriff auf einen Wechseldatenträger überprüfen, ob ein Medium eingelegt ist, und andernfalls mit einer Ausnahme auf den Versuch reagieren.

Diese Ausnahme gibt Informationen zurück, welcher Fehler genau vorliegt, und aufgrund dieser Information kann der Programmierer Gegenmaßnahmen ergreifen. Denn Ausnahmen sind in Java auch Objekte! Spezielle Mitteilungsobjekte, die bevorzugt behandelt werden.

Ausnahmebehandlung ist jedoch nicht auf reine Fehler begrenzt, sondern beschäftigt sich mit jeder Form einer kritischen Situation zur Laufzeit eines Programms, die eine unverzügliche Reaktion erfordert und mit Gegenmaßnahmen behandelt werden kann (sogenannte **auffangbare Laufzeitfehler** oder **trappable Errors**). Java verfügt dabei über ein voll in die gesamte Plattform integriertes Konzept zum Umgang mit auffangbaren Laufzeitfehlern.

5.13.2 Warum ein Ausnahmekonzept?

Ein Ausnahmekonzept ist nicht unabdingbar. Immerhin hatten ältere Programmiersprachen so ein Konzept ja nicht implementiert. Sie können auch mit selbst programmierten Kontrollmechanismen jeden Fehler in einem Programm abfangen, den Sie als potenzielle Fehlerquelle erkennen. Aber das ist der entscheidende Schwachpunkt – Sie müssen die potenzielle Fehlerquelle erkennen, was oft nahezu unmöglich ist. Gerade in komplexen Programmen können Sie nie alle kritischen Zusammenhänge überblicken. Es werden immer Fehlerquellen da sein, die an kaum beachteten Stellen auftreten.

Außerdem ist es sehr viel Arbeit, bei jeder Anweisung im Quelltext zu überlegen, ob da eine Gefahr lauert, und diese dann sicher abzufangen. Es ist sogar so, dass Sie bei der überwiegenden Anzahl auffangbarer Fehler das Rad neu erfinden, denn es gibt sehr oft schon Standardmaßnahmen. Zu guter Letzt setzt diese individuelle Technik der Laufzeitfehlerbehandlung oft voraus, dass der Fehler selbst nicht eintritt, sondern vorher erkannt und umgebogen wird. Betrachten wir einmal das einfache folgende Programm (Projekt *Ausnahmen*):

```
public class Divison {
  public static void main(String[] args) {
    System.out.println(new Integer(args[0]) /
          new Integer(args[1]));
  }
}
```

In dem Programm werden einfach die beiden Parameter, die ein Anwender dem Programm beim Aufruf übergibt, durcheinander geteilt und das Ergebnis angezeigt. Wir greifen dabei etwas auf das Konzept der Arrays vor, denn die Übergabewerte an das Programm sind ein solches. Im nächsten Kapitel werden Arrays ausführlich behandelt, aber bis auf Weiteres stellen Sie sich diese einfach als eine Variable mit mehreren Werten vor, die über einen Index zugänglich sind.

Die Parameter des Programms werden beim Aufruf auf der Konsolenebene einfach mit Leerzeichen voneinander getrennt an den Programmaufruf gehängt. Etwa so:

java Division 60 6

In einer IDE wie Eclipse können Sie das natürlich direkt aus der integrierten Oberfläche heraus angeben. Sie gehen etwa über *Run/Run Configurations...* und wählen das Register *Arguments* aus. Dort tragen Sie durch Leerzeichen getrennt die Übergabeparameter unter *Program arguments* ein.

Wir verwenden zum Umwandeln der Eingaben die Wrapper-Klasse `Integer`, um aus den Übergabeparametern des Typs String ganze Zahlen zu extrahieren, und Autoboxing, um aus den `Integer`-Objekten die primitiven Datentypen zu extrahieren. So weit, so gut.

Nur was geschieht, wenn der Anwender beim Programmaufruf zu wenige Parameter eingibt?

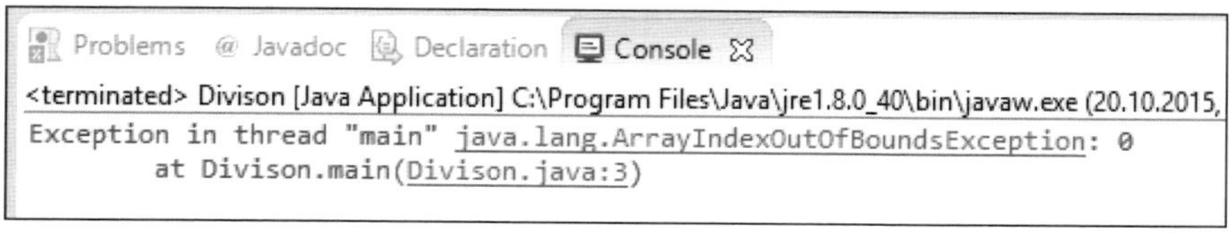

Abbildung 5.8: Zu wenige Parameter.

Dann haben wir ein Problem. Gut – das können wir vorher abfangen. Mit `args.length` gelangen Sie an die Anzahl der Parameter, und dann können wir mit `if (args.length < 2)` dem Anwender eine Fehlermeldung anzeigen und das Programm beenden.

Und dann gibt der Anwender Text statt Zahlen als Parameter an. Dann haben wir ein anderes Problem. Nun kann man irgendwie versuchen, herauszubekommen, ob wirklich nur Zahlen und keine andere Zeichen in den Parametern stehen.

Und selbst wenn wir das gelöst haben – dann gibt der Anwender als zweiten Parameter 0 ein.

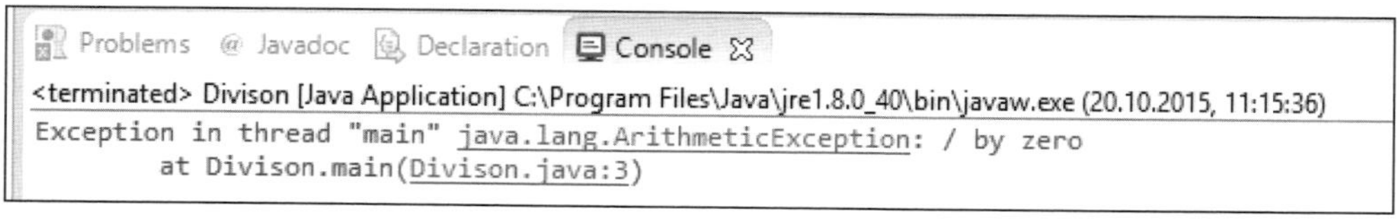

Abbildung 5.9: Division durch 0.

Dann haben wir noch ein anderes Problem.

Beachten Sie, dass wir in dem Beispiel bewusst zwei Integerwerte durcheinander teilen (auch kein Casting zur Umwandlung in einen Nachkommatyp). Sofern Sie etwa den Zähler als `float` oder `double` vereinbaren, werden Sie die für unser Beispiel gewünschte Ausnahme bei Division durch 0 nicht mehr auslösen. Stattdessen kommt der wohlqualifizierte Wert `Infinity`. Aber wir wollen ja (künstlich) Probleme produzieren.

Und denken Sie nun etwa daran, dass wir in dem Algorithmus vielleicht noch eine Wurzel ziehen wollen. Und der Anwender gibt eine negative Zahl ein. Und ...

Ich denke, Sie merken, worauf es hinausläuft. Man kann nur in einfachen Situationen wirklich alle potenziellen Probleme im Vorfeld abfangen. Oft ist es nicht zu verhindern, dass das Kind in den Brunnen fällt und man es danach wieder herausholt. Denn in Java passiert dem Kind nichts, wenn man es richtig macht.

Ausnahmenbehandlung in Java ist viel mächtiger und dennoch mit weniger Aufwand verbunden als eine individuelle Fehlerbehandlung. Das Konzept erlaubt sowohl eine Fehlerbehandlung »vor Ort« als auch eine globale Fehlerbehandlung an einer zentralen Stelle im Programm, an die Ausnahmeobjekte weitergereicht werden. Dabei ist von besonderer Bedeutung, dass das Java-Konzept ein Programm bei einer solchen Ausnahmesituation dennoch stabil weiterlaufen lässt! Zumindest, wenn es einen weiteren sinnvollen Ablauf gibt.

Vorsorge ist meist besser als Ausnahmebehandlung

Trotz des sicheren Konzepts der Ausnahmebehandlung – ein vorheriges Abfangen von potenziellen Problemen ist vorzuziehen, wenn es möglich ist und man eine Problemsituation entschärfen kann! Das Auftreten einer Ausnahme wirkt sich auf die Performance, den gradlinigen Programmfluss und den Ressourcenverbrauch negativ aus.

5.13.3 Die Klassen Throwable, Error und Exception

Eine Ausnahme ist in Java eine Instanz der Klasse `Throwable` oder einer ihrer Subklassen. Die direkten Subklassen `Error` und `Exception` unterteilen Ausnahmen in zwei Zweige:

1. echte Fehler und

2. zu behandelnde Situationen.

Einerseits wird jedes Objekt des Typs einer Ausnahmeklasse vom Java-Laufzeitsystem als Ausnahme identifiziert und setzt die dazugehörenden Mechanismen in Gang. Andererseits erlaubt dieses Konzept Programmierern, leicht eigene Ausnahmen zu definieren, indem einfach eine Unterklasse der Klasse `Throwable` oder einer schon vorhandenen Ausnahmeklasse abgeleitet wird. Dabei genügt es für verschiedene Situationen bereits, einfach eine Klasse als Subklasse einer Ausnahmeklasse zu definieren, ohne konkrete Funktionalität zu ergänzen. Beispiel:

```
public class MeineAusnahmeKlasse extends Throwable {}
```

Werfen mit throw

Eine so als Subklasse erstellte eigene Ausnahmeklasse oder eine Standardausnahmeklasse wird innerhalb von Methoden mit der Anweisung `throw` ausgeworfen. Das ist eine Sprunganweisung mit Rückgabewert – eben das Ausnahmeobjekt. Verwandt ist die Situation mit einer `return`-Anweisung.

Zwingendes Auffangen

Das Konzept ist aber mehr – eine Methode, die eine Ausnahme auswirft, muss (!) dies dem Aufrufer der Methode in der Methodenunterschrift mitteilen (ein Kontrakt).

Dies geschieht mit dem Schlüsselwort `throws`, was nicht mit `throw` verwechselt werden darf.

Beispiel (die Klasse `MeineAusnahmeKlasse` sei die oben erzeugte Subklasse von `Throwable`):

```
public class B {
  public void mMethEx () throws MeineAusnahmeKlasse {
    System.out.println("Gleich kommt eine Ausnahme");
    throw new MeineAusnahmeKlasse();
  }
}
```

Mehrere potenzielle Ausnahmen werden in der Methodensignatur durch Kommata getrennt.

Dieser über `throws` eingeleitete Kontrakt zwingt einen Programmierer dazu, alle möglichen Ausnahmen einer Methode abzufangen, bevor er sie verwenden kann. Diese Beschreibung der Gefahr ist wie gesagt eine Art Vertrag zwischen der Methode und demjenigen, der sie verwendet. Die Beschreibung enthält Angaben über die Datentypen der Argumente einer Methode und die allgemeine Semantik.

Außerdem werden die gefährlichen Dinge, die bei der Methode auftreten können, spezifiziert. Als Anwender der Methode können Sie sich darauf verlassen, dass diese Angaben die Methode korrekt charakterisieren.

Ausnahmen in der Standard-API

Wenn Sie sich die Dokumentation der Java-Standardpakete ansehen, werden Sie erkennen, dass eine große Anzahl von Methoden dort mit `throws` gekennzeichnet ist. Sie werden diese Methoden nur dann verwenden können, wenn Sie diese Ausnahmen behandeln. Sie werden also von zahlreichen Methoden der Standard-API gezwungen, Ausnahmen zu behandeln, bevor Sie damit arbeiten können.

5.13.4 Ausnahmen behandeln

Da Java einen Mechanismus zur standardisierten Erzeugung von Ausnahmen bereitstellt, ist es naheliegend, dass es einen standardisierten Mechanismus zu deren Auswertung und Behandlung gibt. Man muss dabei zwei Szenarien unterscheiden.

Globales versus lokales Exception-Handling

An Stellen, an denen Sie eine Methode mit potenziellen Ausnahmen verwenden wollen, müssen Sie sich darum kümmern. Sie müssen die dokumentierten Ausnahmen entweder selbst abfangen oder selbst mittels der `throws`-Erweiterung in der aufrufenden Methode weiterreichen.

Wenn nun eine mit der `throws`-Erweiterung gekennzeichnete Methode oder eine andere Anweisung, die Ausnahmen erzeugen kann, aufgerufen werden, was passiert dann? In diesem Fall wird die aufrufende Methode nach einer expliziten Ausnahmebehandlung durchsucht (wie die aussieht, folgt gleich). Enthält die aufrufende Methode eine direkte Ausnahmebehandlung, wird die Ausnahme mit dieser bearbeitet. Das ist ein lokales Exception-Handling. Ist dort keine direkte Routine zur Ausnahmebehandlung vorhanden, wird deren aufrufende Methode durchsucht und so fort. Das Spiel geht so lange weiter, bis eine Ausnahmebehandlungsmethode gefunden wird oder die oberste Ebene des Programms erreicht ist. Die Ausnahme wird von der Hierarchieebene, in der sie aufgetreten ist, jeweils eine Hierarchieebene weiter nach oben gereicht. So etwas wird dann globales Exception-Handling genannt. Sofern eine Ausnahme nirgends aufgefangen wird, bricht der Java-Interpreter normalerweise die Ausführung des Programms ab.

Dieses Weiterreichen der Behandlung über verschiedene Hierarchieebenen erlaubt sowohl die unmittelbare Behandlung ganz nahe am Ort des Problems als auch eine entfernte Behandlung, wenn dies sinnvoll ist – etwa in einer Struktur, die mehrere potenzielle Probleme umgibt.

5.13.5 Welche Ausnahmen müssen zwingend aufgefangen werden?

Es müssen nicht alle denkbaren Ausnahmen explizit von einem Programmierer selbst aufgefangen werden. Die Klasse `Throwable` im Paket `java.lang` besitzt, wie oben erwähnt, zwei große Subklassen im gleichen Paket, nämlich die Klassen `Exception` und `Error`. In den beiden Ausnahmeklassen sind die wichtigsten Ausnahmen und Fehler der Java-Laufzeitbibliothek bereits enthalten. Diese beiden Klassen bilden zwar zwei getrennte Hierarchien, werden aber ansonsten gleichwertig als Ausnahmen behandelt.

RuntimeException und Error

Die Ausnahmen der Klasse `RuntimeException` und ihrer Subklassen sowie der Klasse `Error` und deren Subklassen müssen Sie in Ihrem Java-Code nicht extra abfangen oder dokumentieren. Dies geschieht automatisch durch das Java-Laufzeitsystem. Wenn keine Behandlung durch Sie erfolgt, wird die Ausnahme auf oberster Ebene des Java-Laufzeitsystems behandelt, in der Systemausgabe erfolgt eine Meldung und ein Programm wird beendet.

In die Ausnahmentypen dieser Klassen fallen unter anderem Situationen wie Speicherplatzmangel, Array-Probleme oder mathematische Fehlersituationen. Wenn Sie sich die Java-Dokumentation anschauen, werden Sie dort Hunderte von Standardausnahmen entdecken. Sie werden diese Standardproblemfälle bei Ihren eigenen Codes in vielen Fällen in einer Methodensignatur auch nicht mehr explizit auflisten, denn damit zwingen Sie einen Aufrufer der Methode, diese irgendwie zu handhaben. Und das wird sonst automatisch über die Java-Umgebung behandelt, was im Allgemeinen sinnvoller ist.

5.13.6 Explizites Ausnahmen-Handling

Die explizite Behandlung einer Ausnahme erfolgt in Java in einer umgebenden `try-catch`-Struktur. Das sieht schematisch so aus:

```
try {
// kritische Aktionen, die Ausnahmen erzeugen können
}
catch (Exception e) {
// Behandlung der Ausnahme
}
```

Der try-Block

Kritische Aktionen in einem Java-Programm sollten (oder müssen) immer innerhalb des `try`-Blocks notiert werden. Der Begriff »try« sagt bereits sehr treffend, was dort passiert. Es wird versucht, den Code innerhalb des `try`-Blocks auszuführen. Wenn ein Problem auftauchen sollte (sprich, es wird eine Ausnahme ausgeworfen), wird dieses sofort entsprechend im passenden `catch`-Block gehandhabt (sofern vorhanden), und alle nachfolgenden Schritte im `try`-Block werden nicht mehr durchgeführt. Das Auftreten einer Ausnahme bewirkt also einen unmittelbaren Sprung in den `catch`-Block.

Wenn eine Ausnahme in einem `catch`-Block aufgefangen wurde, wird das Objekt dort vernichtet (man sagt, es wird konsumiert). Damit steht dieses Informationsobjekt in weiteren Blöcken des Codes nicht mehr zur Verfügung.

Nach Ende eines `try`-Blocks können beliebig viele `catch`-Klauseln mit unterschiedlichen Ausnahmen (die eine Situation möglichst genau beschreiben) stehen. Sie werden einfach nacheinander notiert, wobei es nicht möglich ist, eine Subklasse einer vorher bereits aufgefangenen Ausnahmeklasse zu notieren. Dies würde zu unerreichbarem Code führen und das lässt das Java-Konzept nicht zu.

Verschachteln von try-catch-Strukturen

Ein Verschachteln von `try-catch`-Strukturen ist in Java möglich, wobei dann außerhalb angesiedelte `catch`-Blöcke im Inneren nicht explizit aufgefangene Ausnahmen auffangen können. Damit können unterschiedliche Arten von Ausnahmen verschiedenartig – und damit sehr qualifiziert – gehandhabt werden. Anstatt alle möglichen Ausnahmen explizit aufzulisten, die eventuell erzeugt werden könnten, können Sie auch einfach einen etwas allgemeineren Ausnahmetyp auflisten (wie beispielsweise `Exception`).

Damit würde jede Ausnahme abgefangen, die aus `Exception` abgeleitet wurde. Das lässt dann aber keine qualifizierte (das heißt, der Situation genau angepasste) Reaktion zu. Falls nirgendwo eine Behandlung erfolgt, wird sich wie gesagt letztendlich das System selbst der Ausnahme annehmen und entweder eine Fehlermeldung ausgeben und/oder das Programm beenden.

Der catch-Teil

Sie haben nun eine ausgeworfene Ausnahme in einem `catch`-Teil aufgefangen. Dort erfolgt die eigentliche Behandlung der Ausnahmesituation. Aber was tun Sie da konkret? Das bleibt vollkommen Ihnen überlassen. Diese Aussage soll deutlich machen, dass es Ihrem Konzept überlassen ist, eine Ausnahme so zu behandeln, wie es für das Programm sinnvoll erscheint. Das Einpacken kritischer Anweisungen in `try-catch` stellt nur sicher, dass für den Compiler bzw. Interpreter der Rahmen so abgesichert ist, dass das Programm weiterlaufen kann. Aber Sie müssen gewährleisten, dass das Programm noch logisch korrekt arbeitet.

Wir werden unter anderem eine potenzielle Behandlung durchspielen – die Ausgabe einer Fehlermeldung. Und es muss noch erklärt werden, wie Sie überhaupt an die Ausnahme herankommen. Schauen wir uns nochmals die Syntax einer beispielhaften `catch`-Klausel an:

```
catch (ArithmeticException m) { }
```

In den runden Klammern nach `catch` steht ein Verweis auf den Typ der Ausnahme, der in der betreffenden `catch`-Klausel behandelt werden soll. Sie können dort eine der unzähligen Standardausnahmen von Java verwenden oder auch selbst definierte Ausnahmen. Das Ausnahmeobjekt, das damit übergeben wird, besitzt einige Methoden, die Sie dann in der Behandlung nutzen können. Etwa die Methode `getMessage()`.

Diese Methode gibt die Fehlermeldungen der Ausnahme zurück. Sie wird von der Klasse `Throwable` (der Superklasse aller Ausnahmen) definiert und ist daher in allen `Exception`-Objekten vorhanden. Wir verwenden ein Beispiel mit der potenziellen Division durch einen Wert 0 und packen es in eine `try-catch`-Struktur. Daran sieht man, wie so eine Ausnahme behandelt werden kann. Dabei seien `a`, `b` und `teiler` irgendwelche `int`-Werte, denen irgendwo Werte zugewiesen wurden:

```
try {
  a = b / teiler;
}
catch (ArithmeticException m) {
  System.out.println("Fehler bei der Berechnung: " +
    m.getMessage());
}
```

Die finally-Klausel

Die hinter dem letzten `catch`-Block optionale `finally`-Anweisung erlaubt die Abwicklung wichtiger Abläufe, bevor die Ausführung des gesamten `try-catch-finally`-Blocks unterbrochen wird. Unabhängig davon, ob innerhalb des `try`-Blocks eine Ausnahme auftritt oder nicht, werden die Anweisungen in dem Block `finally` ausgeführt. Tritt eine Ausnahme auf, wird der jeweilige `catch`-Block ausgeführt und erst im Anschluss daran der Block hinter der `finally`-Anweisung.

Nun sollte aus den bisherigen Ausführungen klar geworden sein, dass Anweisungen hinter der gesamten `try-catch`-Struktur auf jeden Fall ausgeführt werden, wenn eine Ausnahme behandelt wurde. Wozu dann die `finally`-Klausel? Wenn etwa innerhalb einer `try-catch`-Struktur eine Sprunganweisung wie `break` ausgelöst wird und damit eine umgebende Schleife verlassen werden soll, wird der `finally`-Block dennoch vorher ausgeführt – außerhalb der gesamten Struktur, jedoch noch innerhalb der Schleife notierter Quelltext allerdings nicht. Also hat diese Klausel immer dann ihre Bedeutung, wenn der Programmfluss umgeleitet wird und bestimmte Schritte vor der Umleitung unumgänglich sind.

5.13.7 Zwei praktische Beispiele

Die Ausführungen zu Ausnahmen sollen durch zwei praktische Beispiele verdeutlicht werden.

Abfangen einer automatisch generierten Laufzeitausnahme

Betrachten wir zunächst, wie Sie Ausnahmen abfangen können, die vom Laufzeitsystem automatisch in gewissen Situationen abgefeuert werden. Diese müssen Sie ja nicht unbedingt abfangen, wie wir gesehen haben. Nur hat das die Konsequenz, dass im Fall einer Ausnahme das Programm einfach beendet wird. Modifizieren wir unser Beispiel von eben wie folgt:

```
public class Divison2 {
  public static void main(String[] args) {
    try {
      System.out.println(new Integer(args[0]) /
         new Integer(args[1]));
    } catch (Exception e) {
      System.err.println("Allgemeines Problem");
    }
```

```
    System.out.println(
    "Vielen Dank, dass Sie unseren Service genutzt haben.");
  }
}
```

Die kritischen Anweisungen sind nun in einem »Schutzzaun« untergebracht. Wenn die Parameter beim Aufruf sinnvoll sind, wird das Ergebnis angezeigt. Im Fall einer Ausnahme erscheint eine Fehlermeldung. In jedem Fall läuft das Programm aber weiter.

Nun erfolgt aber die Behandlung der Ausnahme sehr allgemein. Und das können wir qualifizierter vornehmen:

```
public class Divison3 {
  public static void main(String[] args) {
    try {
      System.out.println(new Integer(args[0]) /
         new Integer(args[1]));
    } catch (ArithmeticException e) {
      System.out.println("Mathematischer Fehler! "
         + e.getMessage());
    } catch (ArrayIndexOutOfBoundsException e) {
      // Keine zwei Übergabeparameter.
      System.out.println(
         "Das Programm benoetigt 2 Parameter.");
    } catch (NumberFormatException e) {
      // Keine numerischen Übergabeparameter
      System.out.println(
        "Das Programm benoetigt zwei numerische "
        + "Uebergabeparameter. "
           + e.getMessage());
    } catch (Exception e) {
      System.err.println("Allgemeines Problem");
    } finally {
      System.out.println(
        "Vielen Dank, " +
        "dass Sie unseren Service genutzt haben.");
    }
  }
}
```

In dem Beispiel wird eine `try`-Struktur mit mehreren `catch`-Blöcken und einem `finally`-Block erstellt.

- Wenn Sie als Teiler (der zweite Übergabeparameter) eine 0 übergeben, wird eine `ArithmeticException` ausgeworfen und im passenden `catch`-Teil aufgefangen.

- Fehlt ein Übergabewert, wird eine `ArrayIndexOutOfBoundsException` ausgeworfen und im entsprechenden `catch`-Teil behandelt.
- Wird keine Ganzzahl als Übergabewert angegeben, wird eine `NumberFormatException` ausgeworfen und qualifiziert behandelt.
- Sollte noch eine andere Ausnahme auftreten, wird sie allgemein behandelt.
- Der Block, der mit dem Schlüsselwort `finally` eingeleitet wird, wird auf jeden Fall ausgeführt.

Eine explizit ausgeworfene Ausnahme

Das zweite Beispiel zeigt eine benutzerdefinierte Ausnahme in Verbindung mit der `throw`-Anweisung. Wir wollen also explizit eine Ausnahme abfeuern. Das Programm fängt über eine selbst definierte Ausnahme den Start eines Programms ab. Diese ist vom Typ der oben definierten Klasse `MeineAusnahmeKlasse`. Das Programm darf nur gestartet werden, wenn als Übergabewert ein korrektes Passwort angegeben wird. Andernfalls wird eine Ausnahme ausgeworfen und die im `try`-Block nachfolgenden Anweisungen werden nicht ausgeführt. Außerdem wird eine Standardausnahme abgefangen (kein Übergabewert). Das Spannende wird es sein zu sehen, wie wir das Coding entwickeln müssen (!), wenn wir eine Ausnahme werfen. Betrachten wir zunächst diese Version:

```
public class ZugangGeschuetzt {
  static void pruefePW(String pw) {
    if (!pw.equals("geheim")) {
      System.out.println(
          "Start des Programms nur mit Passwort");
      throw new MeineAusnahmeKlasse();
    }
  }
  public static void main(String[] args) {
    pruefePW(args[0]);
    System.out.println("Willkommen im geheimen Bereich");
  }
}
```

In der sechsten Zeile soll eine Ausnahme geworfen werden, aber die wird weder behandelt noch dokumentiert. Die Folge: Der Compiler wird das nicht übersetzen!

Eine so geworfene Ausnahme würde das Programm beenden und der Verwender der Methode hätte das nicht wissen bzw. übersehen können. So eine gefährliche Programmierung lässt ein sicheres System wie Java eben nicht zu. Von daher muss man einen der beiden Vorschläge von Eclipse annehmen und die `throw`-Anweisung innerhalb der Methode `pruefePW()` in ein try-catch-Umfeld setzen. Aber das würde genau das nicht bewirken, was der Sinn sein soll. Also bleibt nur die Möglichkeit, dass wir der Methodensignatur eine throws-Kennzeichnung hinzufügen. Und dann weiß jeder Aufrufer, dass die Methode eine Ausnahme werfen kann. Und nicht nur das, denn nun übersetzt der Compiler den Code immer noch nicht.

Sie können die Methode jetzt gar nicht ungesichert verwenden! Das Java-Sicherheitskonzept zwingt Sie dazu, dass Sie nun entweder die main()-Methode mit throws kennzeichnen (was unsinnig ist) oder den Aufruf der Methode pruefePW() in ein try-catch einschließen. Wie Sie es auch anstellen – das System lässt nicht zu, dass Sie gegen die Wand laufen oder sonst einen Unsinn anstellen, der das Programm ungeprüft abstürzen lässt.

Nehmen wir also die Hilfe von Eclipse an und packen den Aufruf in so ein try-catch. Und dann fangen wir auch noch eine Standardausnahmeklasse ab, um zu gewährleisten, dass auch ein Parameter an das Programm übergeben wird:

```
public class ZugangGeschuetzt {
  static void pruefePW(String pw)
     throws MeineAusnahmeKlasse {
    if (!pw.equals("geheim")) {
      System.out.println(
         "Start des Programms nur mit Passwort");
      throw new MeineAusnahmeKlasse();
    }
  }
  public static void main(String[] args) {
    try {
      pruefePW(args[0]);
    } catch (MeineAusnahmeKlasse e) {
      System.out.println("Nix is.");
    } catch (ArrayIndexOutOfBoundsException ex) {
      System.out.println(
      "Bitte einen Uebergabewert an das Programm eingeben");
    }
    System.out.println("Willkommen im geheimen Bereich");
  }
}
```

Viele Methoden in der Java-Standard-API werfen Ausnahmen aus und dokumentieren das mit throws. Etwa bei Dateizugriffen, Netzwerkaktionen oder Datenbankaktivitäten. Durch die Dokumentation mit throws ist gewährleistet, dass Probleme bei solchen Aktionen nicht zu einem Programmende führen, denn die Methoden können ausschließlich dann verwendet werden, wenn der Aufrufer sich um einen Schutzzaun kümmert.

5.13.8 Neuerungen in Java 7 bei der Ausnahmebehandlung

Wenn Sie mehrere Ausnahmen auffangen wollen, können Sie ab Java 7 statt mehrerer aufeinanderfolgender `catch`-Blöcke mehrere Ausnahmen in einem `catch`-Block fangen. Dabei verbindet jeweils ein OR-Operator (|) die Exception-Typen. Für alle Typen wird dann aber im `catch`-Block der gleiche Parameter verwendet. Das könnte so aussehen:

```
try {
 ...
 } catch (Exception1 | Exception2 e) {
  ..
 }
```

Eine weitere Hintergrundänderung ergibt sich folgendermaßen: Wenn Sie nach dem Auffangen einer Ausnahme in einem `catch`-Block erneut die Ausnahme werfen (re-throw) bzw. weiterreichen, erzeugt dies nun ein Objekt des Typs der ursprünglich geworfenen Ausnahme und nicht mehr des Typs der aufgefangenen Ausnahme, wie es bisher der Fall war. Dies soll eine Verbesserung der Exception-Analyse zur Kompilierzeit ermöglichen. Dazu wurde auch eine neue Superklasse `ReflectiveOperationException` eingeführt.

5.13.9 Weiterentwicklung des Bauernhof-API-Projekts

Widmen wir uns nun noch einmal der Bauernhof-API, die uns in diesem Buch ja schon eine Weile begleitet. Wir bringen in dem neuen Projekt *Vererbungsapi4* nun eine selbst definierte Ausnahme ins Spiel. Diese erstellen wir in dem neuen Paket `rjs.de.javabuch.vererbungsapi.ausnamen`, das zuerst angelegt wird:

```
package rjs.de.javabuch.vererbungsapi.ausnamen;
  public class MetzgerException extends Exception {
}
```

Nun deklarieren wir in der Schnittstelle `ITierable` eine neue Methode, die eine Ausnahme dieses Typs auswerfen soll:

```
package rjs.de.javabuch.vererbungsapi.schnittstellen;
import
  rjs.de.javabuch.vererbungsapi.ausnamen.MetzgerException;
public interface ITierable {
  public abstract void lautGeben();
  public abstract void tobeornottobe()
    throws MetzgerException;
 }
```

In dem Code sehen Sie die Deklaration der neuen Methode `tobeornottobe()`. Beachten Sie, dass wir in der zweiten Zeile die Ausnahmeklasse importieren. Die Aufnahme der abstrakten Methode in die Schnittstelle erzwingt, dass in den Klassen `Schwein`, `Schaf` und `Gefluegel` die Methode überschrieben werden muss. Die anderen Klassen der API sind abstrakt und deshalb ist das dort ja nicht notwendig.

Wenn Sie nun die Methode in den Klassen überschreiben, müssen Sie dabei aber die `throws`-Anweisung nicht verwenden. Oder anders ausgedrückt: Sie können eine als »gefährlich« gekennzeichnete abstrakte Methode auch »harmlos« überschreiben, wenn Sie in der konkreten Implementierung keine Ausnahme werfen. Wir wollen das in `Gefluegel` tun, während die anderen Klassen dann auch Exceptions werfen werden. So sehen die Klassen nun aus:

```
package rjs.de.javabuch.vererbungsapi.api;
public final class Gefluegel extends Tier {
...
  public void tobeornottobe() {
    System.out.println("Ich hinterfrage mich doch nicht");
  }
}
```

In dem Code wird die Methode überschrieben, ohne eine Ausnahme zu werfen. Damit kann die `throws`-Kennzeichnung entfallen.

Kommen wir zur Klasse `Schaf`:

```
package rjs.de.javabuch.vererbungsapi.api;
import java.util.Random;
import
  rjs.de.javabuch.vererbungsapi.ausnamen.MetzgerException;
public final class Schaf extends Saeugetier {
...
  public void tobeornottobe()
     throws MetzgerException {
    System.out.println("Tja, ist es Zeit für den Metzger?");
    if (new Random().nextInt(50) < 40)
      throw new MetzgerException();
  }
}
```

In dieser Variante der Methode sehen Sie die Kennzeichnung der Ausnahme in der Methodensignatur der überschriebenen Methode. Das ist zwingend erforderlich, denn die Methode kann eine Ausnahme werfen. Gemäß einem Zufallsmechanismus wird eine Ausnahme geworfen oder eben nicht.

Vollkommen analog ist die Klasse `Schwein` aufgebaut:

```
package rjs.de.javabuch.vererbungsapi.api;
import java.util.Random;
import
  rjs.de.javabuch.vererbungsapi.ausnamen.MetzgerException;
public final class Schwein extends Saeugetier {
...
  public void tobeornottobe()
      throws MetzgerException {
    System.out.println("Tja, ist es Zeit für den Metzger?");
    if (new Random().nextInt(50) < 20)
      throw new MetzgerException();
  }
}
```

Im Programm wollen wir jetzt die Methode `tobeornottobe()` für Objekte vom Typ `Schwein` verwenden und das aufrufende Objekt löschen, wenn eine Ausnahme auftritt. Andernfalls vermeidet das Schwein den Gang zum Metzger ;-).

```
import rjs.de.javabuch.vererbungsapi.api.*;
import
  rjs.de.javabuch.vererbungsapi.ausnahmen.MetzgerException;
public class Bauernhof {
  public static void main(String[] args) {
    Schwein s1 = new Schwein(10, 111, 85, "Hausschwein");
    Schwein s2 = new Schwein(9, 101, 55, "Wildschwein");
    System.out.println("Der Typ vom Schwein 1: "
      + s1.getTyp());
    s1.lautGeben();
    try {
      s1.tobeornottobe();
      System.out.println("Och ne");
    } catch (MetzgerException e) {
      System.out.println(s1.getInventarnummer() +
        " sagt \"Tschüss und danke für alles\"");
      s1 = null;
    }
    try {
      s2.tobeornottobe();
      System.out.println("Ich denk nicht dran");
    } catch (MetzgerException e) {
      System.out.println(s2.getInventarnummer() +
        " sagt \"Wenn es denn sein muss :-(\"");
      s2 = null;
    }
```

```
    System.out.println(
      "Das Leben auf dem Bauernhof geht weiter");
  }
}
```

Unsere gefährliche Methode rufen wir für beide Objekte vom Typ `Schwein` in dem Schutzzaun mit `try-catch` auf. Als Reaktion auf die Ausnahme setzen wir das aufrufende Objekt jeweils auf `null`, was einem Vernichten des Objekts gleichkommt.

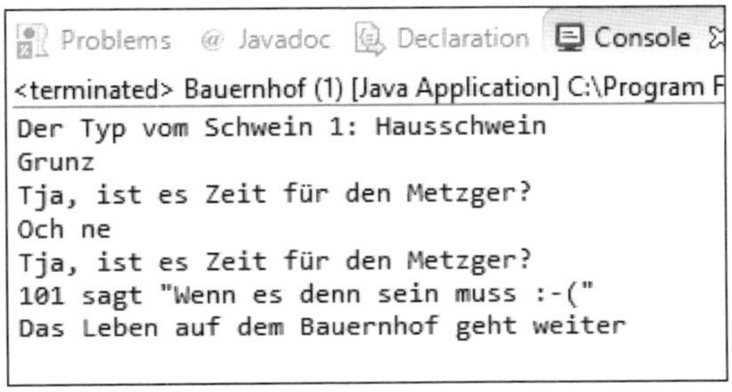

Abbildung 5.10: Die Schweine müssen zum Metzger.

5.14 Zusammenfassung

Sie kennen nun nahezu alle wichtigen, elementaren Ideen der OOP. Denn wir haben mit Vererbung, Polymorphie über die Techniken des Überladens und Überschreibens, dem Zugriffsschutz samt Gettern und Settern sowie abstrakten Techniken inklusive Schnittstellen und Adaperklassen bis hin zur Ausnahmebehandlung in diesem Kapitel die noch offenen Punkte behandelt, die Sie für ein vollständiges Verständnis benötigen.

6 Datenstrukturen

6.1 Was lernen Sie in diesem Kapitel?

In diesem Kapitel widmen wir uns Datenstrukturen, um zusammengehörende Werte gemeinsam verwalten zu können. Dies umfasst einige wichtige Strukturen, ohne die Sie in Zukunft kaum auskommen werden (insbesondere Arrays), berührt aber auch weitergehende Techniken, die vielleicht erst in fortgeschrittenen Phasen Ihrer Java-Karriere notwendig werden. Konkret werden wir uns im Zusammenhang mit Datenstrukturen auch generischen Ausdrücken widmen.

6.2 Arrays (Datenfelder)

Das erste Thema beschäftigt sich mit **Arrays** bzw. **Datenfeldern**. Ein Array ist eine Sammlung von Variablen gleichen Typs, die alle über einen gemeinsamen Bezeichner und einen in eckigen Klammern notierten Index (im Fall einer numerischen Indizierung in Java bei 0 beginnend) angesprochen werden können. Arrays sind immer dann von Nutzen, wenn eine Reihe gleichartiger oder zusammengehörender Informationen gespeichert werden soll. Wenn Sie für jede einzelne Information eine eigene Variable definieren, müssen Sie viele sinnvolle Namen vergeben und man hat viel Schreibarbeit. Außerdem steigt die Fehlerwahrscheinlichkeit. Ein Name und ein Index sind effektiver. Der Hauptvorteil ist aber, dass der Zugriff auf die einzelnen Einträge im Array über den numerischen Index erfolgen kann. Das kann man in Programmkontrollflussanweisungen und sonstigen automatisierten Vorgängen nutzen.

Arrays gehören in Java nicht zu den primitiven Datentypen, sondern zu den Referenztypen. Sie sind (besondere) Objekte. Sie können sowohl primitive Datentypen als auch andere Objekte enthalten und werden wie normale Objekte in Java dynamisch angelegt und am Ende ihrer Verwendung vom Garbage Collector beseitigt. Weiterhin stehen in Arrays als Ableitung von `Object` alle Methoden dieser obersten Klasse zur Verfügung. Gegenüber normalen Objekten gelten für Arrays zwei wesentliche Einschränkungen:

1. Arrays haben keine Konstruktoren. Stattdessen wird der `new`-Operator mit spezieller Syntax aufgerufen. Man redet auch von klassenlosen Objekten.

2. Es können keine Subklassen eines Arrays definiert werden.

Um ein Array in Java zu erstellen, muss man drei Schritte durchführen:

1. Deklarieren des Arrays.

2. Zuweisen von Speicherplatz.

3. Füllen des Arrays.

6.2.1 Einige grundsätzliche Anmerkungen zu Arrays

- Es ist möglich, mehrere Schritte zur Erstellung eines Arrays mit einer Anweisung zu erledigen.
- Die Indizierung von Arrays beginnt immer mit 0 (nullindiziert).
- Sie können ein Array bei der Initialisierung ganz oder teilweise füllen.
- Array-Indizes müssen entweder vom Typ `int` (ganze 32-Bit-Zahl) sein oder als `int` festgesetzt werden. Daher ist die größtmögliche Array-Größe 2.147.483.647.
- Arrays können in Java durch die Verwendung des `new`-Operators dynamisch erstellt werden. Vom Java-Laufzeitsystem werden Arrays wie gewöhnliche Objekte behandelt. Das hat weitreichende (positive) Konsequenzen. So kann auf kein Array-Element zugegriffen werden, das noch nicht erstellt worden ist; dadurch wird das Programm vor Abstürzen und nicht initialisierten Zeigern bewahrt. Des Weiteren besitzen Arrays Methoden und Instanzvariablen, die den Umgang mit ihnen stark vereinfachen.

6.2.2 Deklarieren von Arrays

Im ersten Schritt beim Anlegen eines Arrays wird fast immer eine Variable erstellt, über die das Array dann später referenziert werden kann. Dabei müssen der Datentyp der Inhalte des Arrays (primitiver Datentyp oder ein Objekttyp) und der Bezeichner festgelegt werden. Im Unterschied zu normalen Variablen muss die Variable jedoch mit eckigen Klammern als Array gekennzeichnet werden. Es sind im Prinzip zwei Positionen denkbar, in denen diese eckigen Klammern die Variable als Array kennzeichnen können – nach der Variablen oder nach dem Datentyp der Variablen. Beispiele:

```
int a[];
int[] b;
Schwein[] c;
Object d[];
```

Java unterstützt beide Syntaxtechniken! Allerdings hat sich die Schreibweise mit den eckigen Klammern am Datentyp durchgesetzt.

Arrays können auch andere Arrays zum Inhalt haben. Das ist trivial, da Arrays beliebige Objekte als Inhalt haben können und Arrays nur (spezielle) Objekte sind. Arrays mit anderen Arrays als Inhalt müssen natürlich auch besonders deklariert werden können, und dabei ist eine eigenständige Notation notwendig. Dazu wird pro Dimension einfach ein weiteres Paar eckiger Klammern angefügt. Ein Array mit einem Array als Inhalt der Elemente wird z. B. wie folgt deklariert:

```
int a [] [];
int[] [] a;
int[] a[];
int[] [] [] a;
```

6.2.3 Erstellen von Arrays

Arrays können auf verschiedene Arten erstellt werden. Zum einen mittels des new-Operators. Zum anderen gibt es die Möglichkeit, durch direktes Initialisieren des Array-Inhalts ein Array-Objekt zu erzeugen (ein sogenanntes literales Anlegen).

Erzeugung mit dem new-Operator

Die Erzeugung mit new erfolgt schematisch so:

```
new Datentyp[Größe]
```

Also etwa wie in den folgenden Beispielen:

```
new int[5]
new double[5] [7]
new Schwein[10];
```

Arrays werden unter Java grundsätzlich erst zur Laufzeit erzeugt. Arrays sind dabei **semidynamisch**. Das bedeutet, dass die Größe eines Arrays bei Bedarf erst zur Laufzeit festgelegt werden kann. Die Referenzvariable (immer ohne Angabe der Größe eines Arrays) kann existieren und erst zur Laufzeit mit einem konkreten Array versehen werden. Die Anzahl der Elemente muss jedoch bei der direkten Erzeugung eines Array-Objekts angegeben werden. Und nach der Festlegung kann die Größe des Arrays nicht mehr geändert werden.

Dieses dynamische Verhalten der Java-Arrays beruht darauf, dass zum Zeitpunkt der Deklaration eben noch nicht festgelegt wird, wie viele Elemente das Array besitzt. Dies geschieht erst bei der Initialisierung. Nur wenn man Deklaration und Initialisierung in einem Schritt erledigt, hat man das Array quasi statisch erzeugt.

Beachten Sie, dass hier keine Konstruktoren zum Einsatz kommen. Insbesondere bei der Erzeugung von Arrays mit Objekten als Inhalt kann man leicht auf die Idee kommen, dass hier Konstruktoren stehen. Denn hinter new stehen ja die Bezeichner von Klassen. Aber das sind nur Typangaben und eben keine Konstruktoren (eckige Klammern!).

Übergabeparameter an die main()-Methode

Einen wichtigen Fall der dynamischen Festlegung der Array-Größe kennen Sie bereits. Die Übergabewerte an ein Java-Programm, die in der `main()`-Methode angegeben werden, sind ein Array (`String[] args` bzw. `String args[]`), dessen Größe erst zur Laufzeit dynamisch bestimmt wird (einfach anhand der Anzahl der vom Aufrufer mitgegebenen Übergabewerte). Der Programmcode legt die Größe nicht fest.

In der Regel wird das Array direkt bei der Erzeugung einer Variablen zugewiesen. Ganz wie im Fall von primitiven Variablen oder »normalen« Objekten. Beispiele:

```
int [] a = new int[5];
double[][] b = new double[5][7];
```

Diese Deklaration und die Zuweisung des Arrays kann man aber natürlich auch in zwei Schritte zerlegen. Aber Vorsicht – die Variable wird dann bei der Zuweisung ohne Klammern notiert. Beispiel:

```
a = new int[5];
```

Automatische Initialisierung

Beim Erzeugen eines Arrays mit `new` werden alle Elemente des Arrays automatisch initialisiert. Dabei gelten die Default-Werte des jeweiligen Datentyps (`false` für boolesche, `\0` für Zeichen-Arrays und `0` bzw. `0.0` für alle numerischen Arrays sowie `null` für alle Arrays mit Objekten als Inhalt).

Erzeugung mit direktem Initialisieren des Array-Inhalts

Sie können beim Anlegen eines Arrays dieses auch schon direkt mit Werten initialisieren. Für diese Technik der literalen Erzeugung eines Array-Objekts müssen Sie nach dem Gleichheitszeichen die Elemente des Arrays in geschweiften Klammern und durch Kommata getrennt angeben. Etwa wie in dem nachfolgenden Beispiel:

```
int[] a = {41, 42, 43, 44};
```

Beachten Sie, dass hier explizit kein `new` verwendet wird.

Ein Array mit einem Array als Inhalt der Elemente wird z. B. wie folgt erzeugt (2x2-Array):

```
int[][] a = {{41,42},{43,44}};
```

Im Prinzip können Sie auch schreiben:

```
int a[] = new int[]{ 1, 2, 3, 5, 7, 11, 13, 17 };
```

Sie kombinieren hier eine literale Erzeugung mit der `new`-Syntax. Dabei wird das Array erzeugt und gleichzeitig initialisiert. Aber es gibt wenige Gründe, warum man sich die Schreibarbeit nicht spart und nur die literale Notation hinschreibt.

6.2.4 Array-Elemente speichern und darauf zugreifen

Einen Weg, um Elemente von Arrays mit Inhalt zu versehen, haben wir gerade gesehen: die literale Initialisierung. Dies ist aber nur für die anfängliche Bestückung zu verwenden. Wir benötigen eine Technik, um auf die Werte sämtlicher Elemente eines Arrays zuzugreifen, sie testen und manipulieren zu können. Also Zugreifen auf Array-Elemente im allgemeinen Sinn.

Zugreifen auf Elemente eindimensionaler Arrays

Wenn Sie schon mit Arrays gearbeitet haben, wird Ihnen bei normalen Arrays primitiven Datentyps keine Überraschung bevorstehen – Sie geben einfach den Array-Bezeichner und in eckigen Klammern den Index an.

Um auf das zweite Element des Arrays

```
int[] antwort = {41, 42, 43, 44};
```

zugreifen zu können, werden wir einfach

```
antwort [1];
```

angeben. Der Index eines Arrays beginnt mit 0.

Es wird Zeit für praktische Beispiele (Projekt *Arrays*):

```
public class Array1 {
  public static void main(String[] args) {
    int a[] = { 1, 2, 3, 5, 7, 11, 13, 17 };
    for (int i = 0; i < a.length; i++) {
      System.out.println(a[i]);
    }
  }
}
```

Sie sehen hier die Erzeugung mit direktem Initialisieren des Array-Inhalts und das Zugreifen auf Elemente mit einer `for`-Schleife. Das Programm gibt den Inhalt des Arrays zeilenweise aus. Beachten Sie in der vierten Zeile die Eigenschaft `length`. Ein Array »weiß«, wie groß es ist.

ArrayIndexOutOfBoundsException

Wenn Sie bei einem Array versuchen, auf Elemente zuzugreifen, die sich außerhalb der Array-Grenzen befinden, wird entweder ein Kompilierungsfehler oder ein Laufzeitfehler (genauer: eine Ausnahme) erzeugt. Ein Kompilierungsfehler tritt ein, wenn bereits innerhalb des Quelltextes eine falsche Zuweisung für den Compiler erkennbar ist, der zweite Fall, wenn das Array-Element erst zur Laufzeit berechnet wird. Eine solche Ausnahme ist dann vom Typ `ArrayIndexOutOfBoundsException`. Die Verhaltensweisen tragen viel zur Stabilität und Sicherheit von Java bei.

Die Änderung von Werten in Arrays ist identisch mit der Änderung von Werten normaler Variablen. Geben Sie einfach den Array-Bezeichner und den Index an. Beispiel:

```
a [2] = 42;
```

Die for-each-Schleife für Arrays

Erinnern Sie sich an die `for-each`-Schleife und daran, dass man hier zwar von einer `for-each`-Schleife redet, aber kein `each` als Schlüsselwort vorkommt? Die `for-each`-Anweisung ist zum Iterieren über alle Elemente in Arrays in verwandten Datenstrukturen perfekt geeignet, was eine kleine Abwandlung des letzten Beispiels zeigen soll:

```
public class Array1_1 {
  public static void main(String[] args) {
    int a[] = { 1, 2, 3, 5, 7, 11, 13, 17 };
    for (int i : a) {
      System.out.println(i);
    }
  }
}
```

Sie sehen in der vierten Zeile die Syntax der sogenannten `for-each`-Schleife – der Wert vor dem Doppelpunkt repräsentiert pro Durchlauf das jeweilige Element in der Datenstruktur, die dem Doppelpunkt nachgestellt wird. In der Zeile danach geben wir deshalb mit `i` das jeweilige Element aus.

Zugreifen auf Elemente multidimensionaler Arrays

Wir hatten bereits festgehalten, dass Java keine multidimensionalen Arrays im herkömmlichen Sinn unterstützt, sondern in einem solchen Fall ein Array mit Arrays erwartet (die wiederum weitere Arrays enthalten können – im Prinzip beliebig viele Ebenen). Wir wollen der Einfachheit halber dennoch von multidimensionalen Arrays reden (obwohl verschachtelte Arrays besser passt).

Die Deklaration und Erzeugung haben wir schon gesehen, aber wie erfolgt der Zugriff? In der ersten eckigen Klammer geben Sie die erste Dimension, in der zweiten die zweite Dimension etc. an. Ein Zugriff auf das zweite Element in der zweiten Spalte erfolgt etwa so:

```
a [1][1];
```

Der Unterschied gegenüber Arrays in einigen anderen Programmiersprachen ist, dass die eckigen Klammern in der beschriebenen Weise angegeben werden müssen. Ein Zugriff in der Form a[2, 2] oder ähnlich wird einen Fehler erzeugen. Das nachfolgende kleine Beispiel arbeitet mit multidimensionalen Arrays:

```
public class Array2 {
  public static void main(String args[]) {
    int a[][] = new int[2][3];
    a[0][0] = 1;
    a[0][1] = 2;
    a[0][2] = 3;
    a[1][0] = 4;
    a[1][1] = 5;
    a[1][2] = 6;
    System.out.println("Stringverkettung der Zeile 1: "
      + a[0][0] + a[0][1] + a[0][2]);
    System.out.println("Stringverkettung der Zeile 2: "
      + a[1][0] + a[1][1] + a[1][2]);
    System.out.println("Addition der Zeile 1: "
      + (a[0][0] + a[0][1] + a[0][2]));
    System.out.println("Addition der Zeile 2: "
      + (a[1][0] + a[1][1] + a[1][2]));
  }
}
```

Multidimensionale Arrays sind wie gesagt ein spezieller Fall von Arrays mit Objekten als Inhalt der Elemente. Darin kann sich allerdings ebenso jegliche andere Form von Objekten befinden. Ein Array mit Objekten als Inhalt der Elemente enthält Referenzen auf diese Objekte. Wenn einem Array-Element ein Wert zugewiesen wird, erstellen Sie eine Referenz auf das betreffende Objekt. Verschieben Sie die Werte in den Arrays, weisen Sie die Referenz neu zu. Es wird also nicht der Wert eines Elements in ein anderes Element kopiert, wie es bei einem Array mit primitiven Datentypen der Fall wäre.

Arrays mit Objekten als Inhalt sind eine einfache Möglichkeit, innerhalb eines Arrays verschiedene Arten von Informationen unterzubringen. Es gibt zwar in Java keine direkte Möglichkeit, ein Array mit verschiedenen Datentypen zu deklarieren, aber wenn man einfach Objekte mit unterschiedlichen Datentypen als Inhalt verwendet, ist das kein Problem (obgleich etwas Hintergrundwissen zu Java notwendig ist).

Das nachfolgende kleine Beispiel arbeitet mit zwei Wrapper-Klassen, um dort Informationen verschiedenen Datentyps (im Beispiel `int` und `float`) unterzubringen. Die damit erzeugten Objekte werden einem Array zugewiesen, dessen Typ eine Instanz der Klasse `Number` ist (der Superklasse der beiden Wrapper-Klassen).

Damit befinden sich in dem Array verschiedene primitive Datentypen. Zwar in Objekte »eingepackt«, aber wie das Beispiel weiter zeigt, stehen Methoden bereit, die primitiven Werte wieder zu extrahieren (vom Boxing ganz zu schweigen):

```
public class Array3 {
  public static void main(String args[]) {
    Integer b = new Integer(5);
    Float c = new Float("4.4f");
    Number a[] = { b, c };
    System.out.println(a[0].intValue());
    System.out.println(a[1].floatValue());
  }
}
```

Die Ausgabe wird zuerst der Ganzzahlwert 5 und dann der Gleitzahlwert 4.4 sein.

Es ist in Java mit dieser Technik sogar möglich, nicht rechteckige Arrays zu erzeugen. Damit werden Verfahren wie Records oder Typedef-Konstrukte, wie sie in anderen Programmiersprachen vorkommen, überflüssig. Das nachfolgende Beispiel demonstriert so eine Technik:

```
public class Array4 {
  public static void main(String args[]) {
    int c[][] = { { 1, 2, 3 }, { 5, 7, 11, 13, 17 } };
    System.out.println("Groesse des Arrays c: "
      + c.length);
    System.out.println("Groesse des Arrays c[0]: "
      + c[0].length);
    System.out.println("Groesse des Arrays c[1]: "
      + c[1].length);
    System.out.println("Zugriff auf den Wert von c[1][2]: "
      + c[1][2]);
  }
}
```

Und Weihnachten zur Ehre zeichnen wir mit einem nicht rechteckigen Array einen Tannenbaum. Dieser zeigt auch optisch, dass wir hier mit einem nicht rechteckigen Array arbeiten.

```
public class Array5 {
  public static void main(String args[]) {
    String tb[][] =
      { { " ", " ", "*" }, { " ", "*", "*", "*" },
      { "*", "*", "*", "*", "*" }, { " ", " ", "*" },
      { " ", " ", "*" }, { " ", " ", "*" } };
    for (int i = 0; i < tb.length; i++) {
      for (int j = 0; j < tb[i].length; j++) {
        System.out.print(tb[i][j]);
      }
      System.out.println();
    }
  }
}
```

Das Beispiel verwendet einfach eindimensionale String-Arrays verschiedener Länge und nutzt sie als Inhalte des äußeren Arrays. In der verschachtelten `for`-Schleife iterieren wir zuerst über die erste Dimension und jeweils im Inneren über die zweite. In der inneren Schleife geben wir ohne Zeilenvorschub den String jedes Elements der eindimensionalen String-Arrays aus.

Nach jedem Schleifendurchlauf der äußeren Schleifen wird ein Zeilenvorschub durchgeführt. Beachten Sie, dass wir mit `length` sowohl die Länge des äußeren Arrays abfragen als auch diejenige des jeweiligen inneren Arrays mit dem Index des jeweiligen äußeren Schleifendurchlaufs.

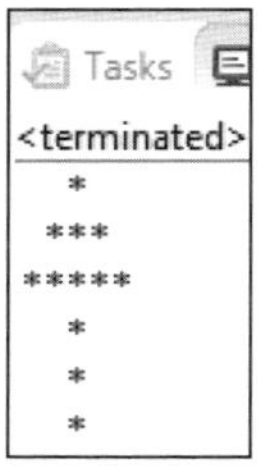

Abbildung 6.1: Es weihnachtet sehr.

Sie können diese Ausgabe übrigens auch einfacher haben. Sie brauchen nicht einmal eine verschachtelte `for`-Schleife. Denn die `println()`-Methode ist ja polymorph und es gibt eine Version, die alle Einträge eines `char`-Arrays und dann einen Zeilenvorschub ausgibt. Beispiel:

```
public class Array5_1 {
  public static void main(String args[]) {
    char tb[][] =
      { { ' ', ' ', '*' }, { ' ', '*', '*', '*' },
      { '*', '*', '*', '*', '*' }, { ' ', ' ', '*' },
      { ' ', ' ', '*' }, { ' ', ' ', '*' } };
    for (int i = 0; i < tb.length; i++) {
      System.out.println(tb[i]);
    }
  }
}
```

So ist die Ausgabe auch mit einer einfachen Schleife möglich. Achtung: Der Datentyp der Inhalte ist kein String mehr.

6.2.5 Spezielle Methoden zur Arbeit mit Arrays

In der Java-Standard-API gibt es ein paar spezielle Methoden, um mit Arrays einige Operationen durchführen zu können. Arrays sind ja Referenztypen und daher kann man sie beispielsweise nicht so einfach kopieren. Denn bei einer Zuweisung einer Variablen, die ein Array referenziert, zu einer anderen Variablen, wird nur die Referenz kopiert. Beide Variablen verweisen danach einfach auf das gleiche Objekt. Nun kann man einfach mit einer Schleife die Elemente des Original-Arrays durchlaufen und diese sukzessive einem neuen Array zuweisen. Ober aber Sie nutzen die Klassenmethode `arraycopy()` vom System. Dieser übergeben Sie als Parameter

- das zu kopierende Array,
- den Index des Elements, das als Erstes kopiert werden soll,
- das Ziel-Array,
- die Position im Ziel-Array, an die kopiert werden soll, und
- die Anzahl der zu kopierenden Elemente.

Ab Java 6 gibt es jedoch in der Klasse `java.util.Arrays` weitere Methoden zum Kopieren von Arrays. Etwa `copyOf()` und `copyOfRange()`. In der Klasse gibt es etwa auch die Methode `sort()` zum Sortieren eines Arrays (aufsteigend entsprechend der Inhalte), die Methode `equals()` zum Vergleichen der Elementinhalte oder `fill()` zum einheitlichen Füllen von Array-Elementen.

Trotz der verschiedenen Methoden, die von System und `java.util.Arrays` zur Arbeit mit Arrays bereitgestellt werden, sind diese Strukturen recht unflexibel. Es wurden daher nach und nach einige speziellere Strukturen zum Verwalten von Daten in Java eingeführt, die entweder sehr flexibel sind oder für eine gewisse Spezialanwendung optimiert wurden (siehe Seite 344).

6.2.6 Weiterentwicklung des Bauernhof-API-Projekts

Wir wollen nun noch Arrays in Verbindung mit unserer Bauernhof-API sehen. Oder genauer: Wir werden bei der Anwendung unserer API Arrays mit beliebigen Objekten erzeugen und die API selbst an dieser Stelle nicht weiterentwickeln. Konkret sollen Schweine und Geflügel in »Ställen« einsortiert werden. Ich möchte damit den Blick dafür schärfen, was Arrays wirklich sind, was es bedeutet, ein Array anzulegen, und warum es zusätzlich notwendig ist, das Array zu füllen (Projekt *Vererbungsapi5*). Sie sollen sich vor allen Dingen von der Fokussierung auf den Datentyp lösen. Kopieren Sie einfach das bisherige Projekt *Vererbungsapi4*, dessen Klasse `Bauernhof` wir nun modifizieren:

```
package rjs.de.javabuch.vererbungsapi;
import rjs.de.javabuch.vererbungsapi.api.*;
import
  rjs.de.javabuch.vererbungsapi.ausnahmen.MetzgerException;
public class Bauernhof {
  public static void main(String[] args) {
    Gefluegel[] huehnerstall = new Gefluegel[3];
    huehnerstall[0] = new Gefluegel(1, 4711, true);
    huehnerstall[1] = new Gefluegel(2, 666, false);
    huehnerstall[2] = new Gefluegel(1, 42, true);
```

```
    Schwein[] schweinestall = {
      new Schwein(10, 111, 85, "Hausschwein"),
      new Schwein(9, 101, 55, "Wildschwein")
    };
    System.out.println("Die Inventarnummer von Huhn 3: "
      + huehnerstall[2].getInventarnummer());
    System.out.println("Der Typ vom Schwein 1: "
      + schweinestall[0].getTyp());
    schweinestall[0].lautGeben();
    try {
      schweinestall[0].tobeornottobe();
      System.out.println("Och ne");
    } catch (MetzgerException e) {
      System.out.println(schweinestall[0].getInventarnummer()
         + " sagt \"Tschüss und danke für alles\"");
      schweinestall[0] = null;
    }
    try {
      schweinestall[1].tobeornottobe();
      System.out.println("Ich denk nicht dran");
    } catch (MetzgerException e) {
      System.out.println(schweinestall[1].getInventarnummer()
        + " sagt \"Wenn es denn sein muss :-(\"");
      schweinestall[1] = null;
    }
    System.out.println(
      "Das Leben auf dem Bauernhof geht weiter");
  }
}
```

Wie Sie am Anfang der `main()`-Methode erkennen können, legen wir hier ein Array mit Objekten des Typs `Gefluegel` an. Es kann drei Objekte dieses Typs aufnehmen. Aber nach diesem Schnitt enthält das Array nur drei Mal `null` als Inhalt. Deshalb muss man den einzelnen Elementen zusätzlich die konkreten Objekte zuordnen. Und das machen wir in den folgenden Zeilen.

Analog gehen wir bei Objekten vom Typ `Schwein` vor. Nur verwenden wir hier die direkte Initialisierung, und damit ist das Array nach der Anwendung schon direkt gefüllt. Auf die einzelnen Objekte des Arrays greifen wir in der Folge einfach über einen Index zu und können damit alle Eigenschaften und Methoden verwenden, die für Objekte des jeweiligen Typs bereitgestellt werden.

6.3 Aufzählungstypen – Enums

Betrachten wir nun **Aufzählungstypen**. Damit können Sie in Java Wertmengen mit sprechenden Namen spezifizieren. Das geht seit Java 5 mittels **Enums**. Dazu gibt es sogar ein eigenes Schlüsselwort `enum`. Dieses wird als Ersatz für `class` oder `interface` verwendet. Und das leitet zur Anwendung über, denn Sie schreiben in der Regel für einen Aufzählungstyp eine eigene *.java*-Datei, deren Inhalt eben mit `enum` eingeleitet wird. Im Grunde ist also ein solcher Aufzählungstyp – wie eine Schnittstelle – eine Spezialform einer Klasse.

6.3.1 Syntax für die Erstellung eines Enums

Schematisch sieht ein Enum so aus:

```
[modifizierer] enum Bezeichner {
  Name1 [, Name2, Name3,...]
 }
```

Alles in eckigen Klammern ist optional, und die kursiven Bestandteile des Schemas werden durch konkrete Bezeichner ersetzt. Die Namen in dem Enum werden in der Regel wie Konstanten vollständig großgeschrieben und repräsentieren in der Folge Token, mit denen Sie im Quellcode arbeiten können.

Beispiel (Projekt *Enums*):

```
public enum Monate {
  JAN, FEB, MRZ, APR, MAI, JUN, JUL, AUG, SEP, OKT,NOV, DEZ
}
```

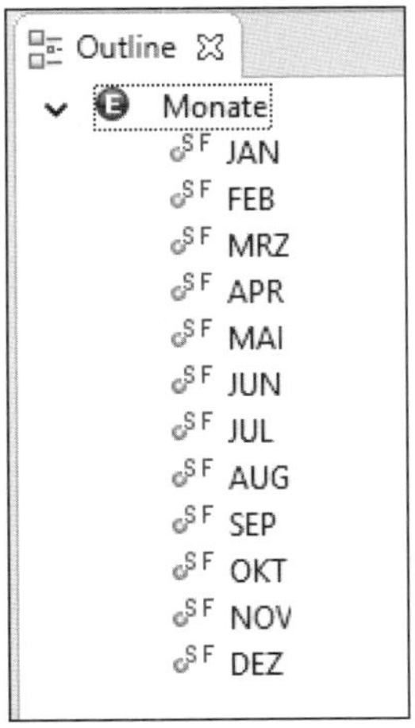

Abbildung 6.2: In einer IDE wie Eclipse werden die Einträge in dem Enum in der Outline übersichtlich angezeigt.

Für einen Wert in einem Enum gilt, dass jeder direkt eine Instanz des Aufzählungstyps definiert. Java weist jedem Element zudem automatisch im Hintergrund einen numerischen Wert zu, der dessen Position in der Liste entspricht (nullindiziert). Mit der Methode `ordinal()` können Sie diesen numerischen Wert abfragen. Beispiel:

```
System.out.println(Monate.FEB.ordinal());
```

6.3.2 Aufzählungstypen verwenden

Nun stellt sich die Frage, wie man überhaupt Enums verwendet? Sie können auf die Elemente in einem Enum wie auf normale Klassenelemente zugreifen bzw. haben wie gesagt direkt eine Instanz des Typs zur Verfügung. Aber warum soll man das überhaupt einsetzen? Es gibt neben den sprechenden Token ein paar echte Argumente:

- Typsicherheit
- Eindeutigkeit
- ein eigener Namensraum für die enthaltenen Elemente

Schauen wir uns ein paar Konstellationen an, in denen manche Programmierer auf Enums zurückgreifen. Man kann etwa in Vergleichen, wie bereits gesagt, lesbare Token hinschreiben. Etwa so:

```
if(eingabe == Monate.FEB) ...
```

Betrachten wir ein vollständiges Beispiel:

```
public class EnumsVerwenden {
  private static String auswahl(Monate wann) {
    switch (wann) {
    case DEZ:
    case JAN:
    case FEB: return "Winter";
    case MRZ:
    case APR:
    case MAI: return "Frühjahr";
    case JUN:
    case JUL:
    case AUG: return "Sommer";
    default: return "Herbst";
    }
  }
  public static void main(String[] args) {
    System.out.println(auswahl(Monate.APR));
    System.out.println(auswahl(Monate.DEZ));
  }
}
```

Als Parameter an die Methode `auswahl()` werden Werte aus dem Enum übergeben. Im Inneren der Methode kann man dann im Vergleich der Entscheidungsstruktur direkt mit der Werteliste arbeiten, was sprechenden Code erlaubt.

Die Deklaration eines Aufzählungstyps kann auch in den Körper einer normalen Klasse eingebettet werden. Man hat eine Art inneren Enum vorliegen, die wie innere Klassen zu sehen sind.

Beispiel:

```
public class InnereEnums {
  public enum Buchstabiertafel {
    A, B, C, D, E, F
  }
  public static String buchstabieren(Buchstabiertafel c) {
    String str = "";
    switch (c) {
    case A: str = "Anton"; break;
    case B: str = "Berta"; break;
    case C: str = "Cäsar"; break;
    case D: str = "Dora"; break;
    case E: str = "Emil"; break;
    case F: str = "Friedrich"; break;
    }
    return str;
  }
 public static void main(String[] args) {
    Buchstabiertafel c1 = Buchstabiertafel.A;
    System.out.println(Buchstabiertafel.A +
       " wie " + buchstabieren(c1));
    System.out.println(Buchstabiertafel.D +
       " wie " + buchstabieren(Buchstabiertafel.D));
  }
}
```

Der Parameter der Methode `buchstabieren()` ist vom Typ des inneren Enums und im Inneren wird wieder mit den Enum-Konstanten gearbeitet.

Ein künstlicher Datentyp für eine spezielle Logik

Ein Enum ist ein künstlicher, aufgesetzter Datentyp, den nur eine gewisse Logik auszeichnet. Die aus einem Enum erzeugte Klassendatei enthält immer für jede Enum-Konstante ein entsprechendes Feld, das `public`, `static` und `final` ist. Ebenso wird intern innerhalb der Klassendatei des Enums jeweils das Bit ACC_ENUM (Property-Flag) für diese Felder gesetzt. Das Bit zeigt an, dass jedes Feld für das Speichern einer Instanz des Aufzählungstyps vorgesehen ist. Insbesondere ist der gesamte Typ `final` und kann nicht direkt mit einem Konstruktor instanziiert werden. Es gibt zwar in der generierten Klassendatei einen Konstruktor, aber der ist als `private` deklariert. Sie können den Konstruktor eines Enums aber redefinieren.

6.3.3 Attribute und Methoden bei Aufzählungstypen

Ein Enum kann wie eine normale Klasse Methoden und Attribute enthalten. Aber man geht bei einer Deklaration speziell vor. Die Enum-Konstanten werden bei Bedarf mit einer beliebigen Anzahl an Argumenten deklariert. Die Argumente einer Enum-Konstanten können innerhalb runder Klammern notiert werden. Mehrere Argumente werden durch ein Komma voneinander getrennt. Allerdings ist dann eine Redeklaration des Konstruktors notwendig. Der Konstruktor kann genutzt werden, um die beiden erhaltenen Argumente in entsprechenden Feldern zu speichern. Ein Beispiel mit einem inneren Enum:

```
public class EnumsMitArgumenten {
  public enum Buchstabiertafel {
    A(1, 2), B(3, 4), C(5, 6), D(7, 8), E(9, 10), F(11, 12);
    private final int value1;
    private final int value2;
    private Buchstabiertafel(int value1, int value2) {
      this.value1 = value1;
      this.value2 = value2;
    }
  }
  public static void main(String[] args) {
    System.out.println(Buchstabiertafel.D.value1);
    System.out.println(Buchstabiertafel.C.value2);
  }
}
```

Die Felder in dem Enum sind `private`, aber da eine innere Werteliste vorliegt, kann man dennoch über den Typ direkt darauf zugreifen.

Sie können in einem Enum auch Methoden definieren. Etwa spezielle Getter, um damit die Werte der Felder von Enum-Konstanten über eine gewisse Logik abzufragen. Das ergibt insbesondere dann Sinn, wenn man nicht mit inneren Enums arbeiten will und über `private` den direkten Zugriff auf die Felder versteckt. Beispiel:

```
public enum Buchstabiertafel {
    A(1, 2), B(3, 4), C(5, 6), D(7, 8), E(9, 10), F(11, 12);
    private final int value1;
    private final int value2;
    private Buchstabiertafel(int value1, int value2) {
      this.value1 = value1;
      this.value2 = value2;
    }
     public int getValue1() {
      return value1;
    }
    public int getValue2() {
      return value2;
    }
}
```

So könnte man die Methoden jetzt verwenden:

```
public class EnumsMitMethoden {
  public static void main(String[] args) {
    System.out.println(Buchstabiertafel.D.getValue1());
    System.out.println(Buchstabiertafel.C.getValue2());
  }
}
```

6.3.4 Über ein Enum iterieren

Sie können auch mit Schleifen über ein Enum iterieren. Ideal bietet sich hier wieder die `for-each`-Anweisung an. Dazu nutzt man noch die Tatsache, dass ein Aufzählungstyp auch immer implizit zwei statische Methoden – `values()` und `valueOf()` – enthält. Die Methode `values()` gibt ein Array zurück, dessen Elemente die Enum-Konstanten des Aufzählungstyps sind. Und mit `valueOf()` wird diejenige Enum-Konstante zurückgegeben, die durch den Parameter spezifiziert ist. Und die Methode `values()` verwenden wir in Verbindung mit `ordinal()` zum Ermitteln des numerischen Index in der Liste in dem folgenden Beispiel:

```
public class EnumsIterieren {
  public static void main(String[] args) {
    for (Monate i : Monate.values()) {
      System.out.println("Listenindex: " +
          i.ordinal() + ", Wert: " + i);
    }
  }
}
```

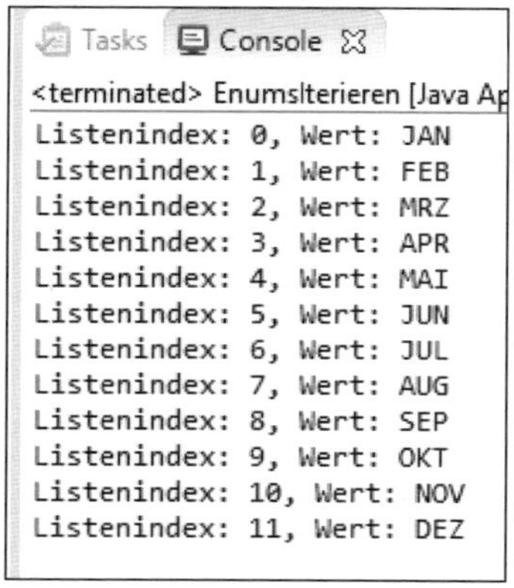

Abbildung 6.3: Die Indizes und die Werte in dem Enum.

6.4 Generics

Sogenannte **Generics** und generische Elemente sind ein im Prinzip recht einfaches Sprachmittel, um seit Java 1.5 allgemeinere Klassen und Methoden mit Typangaben zu parametrisieren, die sie in ihrer Verwendbarkeit einschränken. Damit können Sie etwa (eingeschränkt) ein Array oder vor allen Dingen ein Objekt des Typs einer Collection beschreiben (siehe Seite 326), das nur String-Objekte aufnehmen kann. Denn vor Java 1.5 war es ein großes Problem von Datenstrukturen, dass sie prinzipiell offen für jeden Typ sind, da sie in jedem Fall Objekte des allgemeinsten Typs `Object` beim Speichern entgegennehmen und diesen auch als Rückgabe liefern.

Wenn bei einer Liste zum Beispiel gewünscht wird, dass sie nur bestimmte Objekte aufnimmt, kann mit dem allgemeinen Typ `Object` nicht verhindert werden, dass dort falsche Objekttypen eingefügt werden. Und der Fehler fällt beim Einfügen auch nicht auf, doch beim erneuten Zugriff auf die falschen Datentypen und eventuell anschließender Typanpassung kommt es eventuell zu einer `ClassCastException` oder einer ähnlichen Ausnahme.

Generics versus Vererbung

Generische Klassen und Vererbung sind zwei zueinander komplementäre Mechanismen für die Erweiterbarkeit und Wiederverwendbarkeit von objektorientierten Softwaresystemen. Vererbung spezialisiert/generalisiert eine Klasse, eine generische Klasse variiert Typen in Klassenspezifikationen.

Seit Java 5 macht wie gesagt insbesondere die Collection-API (siehe Seite 326) massiven Gebrauch von Generics. Erst dadurch wird Typsicherheit gewährleistet, da auf Wunsch nur ganz spezielle Objekte in die Datenstruktur eingefügt werden können. Damit erreicht man nicht nur eine Typsicherheit für den Programmierer, sondern man kann in Folgeschritten meist auch explizite Typanpassungen weglassen. Mit den Generics lässt sich bei der Konstruktion einer Collection-Datenstruktur angeben, welche Objekte in die Liste aufgenommen werden dürfen. Etwa so:

```
ArrayList<Integer> liste = new ArrayList<Integer>();
```

Die erlaubten Datentypen werden in spitzen Klammern direkt nach dem Typ angegeben. Und auch beim Konstruktor sollte man den Datentyp zwischen dem Namen der Klasse und den runden Klammern angeben, wobei Java 7 hier mit dem **Diamond-Operator** eine Erleichterung geschaffen hat (siehe Seite 324).

Generics müssen auch nicht zwingend deklariert werden, denn intern verwendet der Compiler auch in neuen Java-Versionen implizit die Klasse `Object`, wenn kein konkreter Datentyp angegeben wurde. Damit wird eine Abwärtskompatiblität der bisherigen Strukturen gewährleistet.

Beachten Sie, dass sich Generics hinsichtlich der Performance in der Regel negativ auswirken, denn sowohl der Compiler als auch vor allen Dingen der Interpreter müssen permanent die Datentypen überprüfen. Außerdem findet zur Laufzeit häufig eine interne Umwandlung von Werten in erlaubte Datentypen statt, wenn das im Rahmen der erlaubten Bedingungen möglich ist. Und es gibt diverse Situationen, in denen Generics ziemlich trickreiche Probleme bereiten können.

Verschiedene Namen für ein vergleichbares Konzept

In vielen anderen OO-Programmiersprachen sind vergleichbare Konzepte bekannt. Diese werden teilweise aber anders benannt. Etwa Templates oder Schablonen in C++. Meist sind diese syntaktisch ähnlich aufgebaut und bewirken Ähnliches.

6.4.1 Generische Klassen

Eine generische Klasse (oder kurz Generics) repräsentiert eine ganze Familie von Klassen durch eine parametrisierte Klassenspezifikation. Man nennt eine generische Klasse auch eine Klassenschablone. Eine generische Klasse definiert in spitzen Klammern hinter dem Klassennamen einen oder mehrere Parameter, die in der Implementierung einer Klassenschablone wie gewöhnliche Klassenelemente verwendet werden können. Beispiel:

```
public class A<T1, T2>
```

Erst durch Einsetzen der Parameter im Konstruktor entsteht eine verwendbare und vollständige Klasse.

Die Typparameter dürfen nicht von einem primitiven Datentyp sein. Es sind nur Referenztypen erlaubt. Und generische Typen können nicht in statischen Elementen und statischen Initialisierern einer Klasse referenziert werden.

Die Technologie der Generics erlaubt es, Klassen mit Informationen darüber zu versehen, welche Datentypen sie beim Instanziieren zulassen. Dazu wird dem Konstruktor der übergebene Parameter weitergereicht. Beispiel:

```
A(T1 a, T2 b){  }
```

In Java gibt man beim Anlegen einer Referenzvariablen nun den Zieltyp einer generischen Klasse in spitzen Klammern an. Der Ausdruck wird dem vorangestellten Typ nachgestellt. Beispiel:

```
List<Integer> intListe;
```

Der Konstruktor wird ebenso mit dem Zieltyp zwischen dem Namen und den runden Klammern verwendet. Beispiel:

```
intListe = new Vector<Integer>();
```

Natürlich funktioniert das auch wieder in einer Zeile:

```
List<Integer> intListe = new Vector<Integer>();
```

Fassen wir es noch mal zusammen – die Verwendung von Generics läuft folgendermaßen ab: Beim Erzeugen der Instanz eines parametrisierten Typs müssen nun auch Typparameter angegeben werden, die in spitzen Klammern notiert werden. Das sind dann sogenannte »aktuelle Typargumente«. Damit wird etwa aus einer neutralen `ArrayList` eine spezielle des Typs `Integer`, in der nur noch Objekte des Typs `Integer` eingefügt werden dürfen. Beim Versuch, ein unpassendes Objekt einzufügen, meldet der Compiler einen Fehler. Liest man dagegen einen Wert aus der `ArrayList` (etwa über die Methode `get()`), ist keine Typkonvertierung notwendig, was ohne Generics der Fall wäre.

Ein vollständiges Beispiel für die Anwendung einer generischen Klasse

Schauen wir uns ein vollständiges Beispiel für die Arbeit mit Generics an (Projekt *Generics*). Dabei sei `AllgemeineGenerischeKlasse` ein allgemein definiertes Generic:

```
public class AllgemeineGenerischeKlasse<T1, T2> {
  private T1 a;
  private T2 b;
  AllgemeineGenerischeKlasse(T1 a, T2 b) {
    this.a = a;
    this.b = b;
  }
```

```
  public T1 getA() {
    return a;
  }
  public T2 getB() {
    return b;
  }
}
```

In der Klassenunterschrift sehen Sie, dass es zwei Parameter geben soll, die in der Implementierung verwendet werden sollen. Diese Typen sind an den Konstruktor der Klasse zu übergeben. Die privaten Variablen `a` und `b` sind auch von den entsprechenden generischen Typen `T1` und `T2`. Die entsprechenden Getter sind ebenso neutral formuliert und liefern auch genau solche Typen zurück, die dem Konstruktor übergeben wurden.

In der Klasse `VerwendeAllgemeineGenerischeKlasse` soll `AllgemeineGenerischeKlasse` angewendet werden, um daraus konkret eine verwendbare und vollständige Klasse zu machen:

```
public class VerwendeAllgemeineGenerischeKlasse {
  public static void main(String[] args) {
    AllgemeineGenerischeKlasse<Object, String> obj1 =
       new AllgemeineGenerischeKlasse<Object, String>(
        new Integer(42), "Die Antwort ist");
    System.out.println(obj1.getB() instanceof String);
    System.out.println(obj1.getA() instanceof Integer);
    AllgemeineGenerischeKlasse<Integer, StringBuffer> obj2 =
       new AllgemeineGenerischeKlasse<Integer, StringBuffer>(
        new Integer(42), new StringBuffer(
          "Die Antwort ist"));
    System.out.println(obj2.getB());
    System.out.println(obj2.getA());
  }
}
```

Sie sehen in den Zeilen mit dem Konstruktor, wie aus der generischen Klasse eine konkrete Instanz erzeugt wird. Dabei kann als erster Parameter ein beliebiges Objekt übergeben werden. Diese Bedingung ist also extrem allgemein formuliert. In der generischen Klasse `AllgemeineGenerischeKlasse` steht das Objekt dann über das Token `T1` zur Verfügung.

Wir verwenden hier in `VerwendeAllgemeineGenerischeKlasse` konkret ein Objekt vom Typ `Integer`. Um dann zu ermitteln, von welchem Typ das Objekt wirklich ist, verwenden wir den `instanceof`-Operator.

Der zweite Parameter muss hingegen ein String sein, der dann über `T2` in der generischen Klasse verwendet wird. Diese Angabe ist damit sehr eng gefasst.

Die zweite Anwendung der Klassenschablone `AllgemeineGenerischeKlasse` ist spezieller. Hier kann als erster Parameter explizit nur ein Objekt vom Typ `Integer` oder einer Subklasse übergeben werden. Der zweite Parameter muss ein `StringBuffer` (siehe Seite 360) sein.

6.4.2 Generische Methoden

Um generische Techniken zu nutzen, muss nicht die ganze Klasse als Generics deklariert werden. Sie können auch einfach direkt bei den Methoden die Typen generisch vorschreiben und damit Methodenschablonen erzeugen. Etwa so:

```
public class GenerischeMethoden {
  public <T> T zufall( T m, T n ) {
    return Math.random() > 0.5 ? m : n;
  }
}
```

Sie deklarieren hier eine Methode mit beliebigen Typen hinsichtlich Parameterliste und Rückgabetyp. Die Klasse selbst ist jedoch nicht generisch. Beim Aufruf der generischen Methode wird der Typ nicht explizit übergeben, sondern automatisch erkannt.

```
public class VerwendeGenerischeMethoden {
  public static void main(String[] args) {
    GenerischeMethoden obj = new GenerischeMethoden();
    System.out.println(obj.zufall(new Integer(5), "b"));
  }
}
```

Generische Methoden werden auch als **polymorphe Methoden** bezeichnet.

6.4.3 Der Diamond-Operator

Java 7 bringt bei Generics eine Vereinfachung. Es wird der sogenannte Diamond-Operator (<>) eingeführt. Damit spart man die redundante Deklaration der Typen. Etwa so:

```
List<Integer> intListe = new Vector<>();
```

Mit dem Diamond-Operator kann man sich auf der Zuweisungsseite die Typangabe sparen. Aber Sie brauchen eben explizit eine Java-Version ab 7 aufwärts.

6.4.4 Generische Arrays

Arrays selbst haben in Java im Gegensatz zu den Klassen der Collection-API bereits einige Eigenschaften, die man Generics zuordnet. Wenn man etwa `Integer[]` angibt, legt man ja fest, dass in das Array nur Objekte des Typs `Integer` aufgenommen werden können.

Bei Arrays ist Integer[] beispielsweise zuweisungskompatibel zu Object[]. Sie können also auch Objekte des allgemeinsten Typs Object in das Array einfügen. Und wenn Sie das über ein vorangestelltes (Object) durch Casting in eine Umwandlung in Object verbinden, können Sie auch andere Objekte als Integer-Objekte in diesem Array ablegen. Und zur Laufzeit kommt es zu einer ArrayStoreException.

Schon aus diesem Grunde gibt es einige Reibungspunkte zwischen Arrays und Generics in Java. Allgemein ist der Umgang mit Generics bei Arrays nicht ungefährlich und nicht trivial. Wir wollen deshalb den Weg nicht weiter verfolgen und Generics bei Datenstrukturen nur in der Collection-API (siehe Seite 326) verwenden.

6.4.5 Typeinschränkungen

Im Generics-Konzept ist vorgesehen, dass man einen erlaubten Typ weiter einschränkt. Dazu gibt es das Schlüsselwort extends. Damit wird der erlaubte Typ auf Ableitungen einer bestimmten Klasse eingeschränkt (bounded type parameter). Etwa so:

```
<T extends Number>
```

Auch hierbei können mehrere Typen vorgegeben werden. Beispiel:

```
<T1 extends Number, T2 extends Integer>
```

Mit super Type können Sie alle Supertypen eines Typs angeben. Beide Angaben ergeben vor allen Dingen in Verbindung mit Wildcards Sinn.

6.4.6 Wildcards

Im Konzept der Generics gibt es auch ein bewusstes »Vergessen« der Typinformationen. Dazu gibt es eine Wildcard ?. Das Verfahren erlaubt es, verschiedene Unterklassen zusammenzuführen. Über Wildcards ist es möglich, den Typ eines Objekts frei zu lassen. Etwa so:

```
List<?> b;
```

Der Einsatz von Wildcards bedeutet aber nicht, dass hier etwas gänzlich ohne generische Syntax deklariert wird, sondern das Fragezeichen in der Angabe steht für alle Listen und für alle Untertypen T im Fall von List<T>. Das Fragezeichen steht nicht für Object, sondern für einen unbekannten Typ! Da die Wildcards auch mit Typeinschränkung arbeiten, können wir auf diese Weise eine Liste mit spezifischen Objekten – etwa Number-Objekten – aufbauen.

Die Schreibweise <? extends Klasse> nennt sich **upper-bound wildcard** und steht für die Angabe aller Typen, die von der angegebenen Klasse abgeleitet oder vom Typ der Klasse sind. Und <? super Klasse> steht für alle Supertypen der Klasse.

6.5 Allgemeine Datenstrukturen mit Containerfunktionalität – Collections & Co.

Wie wir gesehen haben, sind in Java Arrays semidynamisch. Wenn einmal die Größe festgelegt wurde, kann diese nicht mehr geändert werden. Wirklich dynamische Datenstrukturen hingegen passen ihre Größe bei Bedarf an. Die Anzahl der enthaltenen Daten legt die tatsächliche Größe fest. Etwa sogenannte **Collections** (Kollektionen). In der Java-2-Plattform wurde für solche dynamischen Datenstrukturen die **Collection-API** eingeführt. Damit bezeichnet man in Java ein ganzes Framework an Möglichkeiten, Mengen von Daten aufzunehmen und auf vielfältige Weise verfügbar zu machen.

Eine solche Kollektion ist allgemein als ein Containerobjekt zu verstehen, das andere Objekte enthalten kann und diese verwaltet. Die Daten werden aber im Gegensatz zu Arrays gekapselt abgelegt und es ist nur möglich, mithilfe vorgegebener Methoden darauf zuzugreifen. Ein wichtiger Spezialfall einer Kollektion ist eine Hashtabelle, die die Klasse `Hashtable` repräsentiert. Dies ist eine Datensammlung, in der die Daten paarweise mit einer Referenzbeziehung gespeichert sind. Solche allgemeineren Datenstrukturen sind im Wesentlichen im Paket `java.util` untergebracht. Dort gibt es etwa die Klasse `Vector` als Java-Repräsentation einer linearen Liste oder das Interface `Enumeration`, das den sequenziellen Zugriff auf die Elemente eines Vektors mittels eines Iterators erlaubt. Weitere wichtige Datenstrukturen sind Listen und Mengen. Entscheidende Vorteile solcher allgemeineren Datenstrukturen gegenüber Arrays sind neben dem indirekten Zugriff die Erweiterbarkeit bzw. Flexibilität und die Bereitstellung spezifischer Methoden, um gewisse spezielle Algorithmen abzubilden. Solche Algorithmen basieren jedoch zwingend darauf, dass die zugrundeliegenden Daten geeignet strukturiert sind.

Arrays versus dynamische Datenstrukturen

Nachteil von dynamischen Datenstrukturen gegenüber statischen Konstruktionen wie Arrays ist, dass zur Laufzeit Speicher angefordert werden muss, wenn Daten eingefügt werden. Das geht deutlich zulasten der Performance.

6.5.1 Die Schnittstelle Collection

Zentrale Basis der meisten dynamischen Datenstrukturen in Java ist eine Schnittstelle – `java.util.Collection`. Diese gibt der gesamten API den Namen und wird in fast alle dynamischen Datenstrukturen implementiert. Damit steht in diesen Datenstrukturen eine ganze Reihe an identisch zu verwendenden Methoden bereit, um Elemente auf einheitliche Weise hinzuzufügen, zu löschen, zu selektieren und zu finden sowie über die Elemente zu iterieren.

Hohe Ähnlichkeiten bei dynamischen Datenstrukturen

Zwischen den verschiedenen Typen dynamischer Datenstrukturen gibt es große Ähnlichkeiten. Um es flapsig zu formulieren: »Kennst du eine, kennst du alle.« Oder anders ausgedrückt: Es ist nicht notwendig, dass man zwecks Verständnis jede der Datenstrukturen bis ins Detail ansieht. Es genügt für die allgemeinen Methoden, dass Sie sich eine Datenstruktur als Beispiel nehmen. Natürlich gibt es aber für jeden Typ gewisse spezielle Verhaltensweisen – sonst bräuchte man nicht verschiedene Typen. Wir werden punktuell die Spezialitäten der verschiedenen Strukturen beleuchten (können).

Alle Klassen, die `java.util.Collection` implementieren, implementieren auch die Schnittstelle `java.lang.Iterable`. Wie der Name schon nahelegt, kann man über solch eine Datenstruktur iterieren. Damit kann man dann etwa über `for-each` die Datenmenge durchlaufen oder sich einen sogenannten Iterator besorgen.

Wichtige Methoden dynamischer Datenstrukturen, die `Collection` implementieren, sind folgende:

Methode	Beschreibung
`boolean add(E o)`	Die Methode fügt dem Containerobjekt ein Element hinzu und gibt `true` zurück, falls sich das Element einfügen lässt. Der Wert `false` kommt zurück, wenn schon ein Objekt gleichen Wertes vorhanden ist und doppelte Werte verboten sind.
`boolean addAll(Collection c)`	Die Methode fügt alle Elemente der als Parameter angegebenen Collection dem Containerobjekt hinzu.
`void clear()`	Damit Löschen Sie alle Elemente im Containerobjekt. Wird dies vom Containerobjekt nicht unterstützt, wird eine `UnsupportedOperationException` ausgeworfen.
`boolean contains(Object o)`	Der Aufruf der Methode liefert `true`, falls das Containerobjekt ein entsprechendes Element enthält.
`boolean containsAll( Collection c)`	Der Aufruf der Methode liefert `true`, falls das Containerobjekt alle Elemente der als Parameter angegebenen Collection enthält.
`boolean isEmpty()`	Der Aufruf der Methode liefert `true`, falls das Containerobjekt keine Elemente enthält.
`Iterator iterator()`	Eine der wichtigsten Methoden, um eine gesamte Datenstruktur zu durchlaufen. Der Aufruf liefert ein `Iterator`-Objekt über alle Elemente des Containers. Und mit dem kommen Sie an alle Elemente in der Datenstruktur.
`boolean remove(Object o)`	Damit entfernen Sie das angegebene Objekt aus dem Containerobjekt.

Methode	Beschreibung
`boolean removeAll( Collection c)`	Damit entfernen Sie alle Objekte der als Parameter angegebenen Collection aus dem Container.
`boolean retainAll( Collection c)`	Mit dieser Methode entfernen Sie alle Objekte, die nicht in der als Parameter angegebenen Collection vorkommen.
`int size()`	Diese Methode gibt die Anzahl der Elemente im Container zurück.
`Object[] toArray()`	Diese Methode gibt ein Array mit allen Elementen des Containers zurück.
`T[] toArray(T[] a)`	Diese Methode gibt ein Array mit allen Elementen des Containers zurück. Dabei wird das als Argument übergebene Array als Zielcontainerobjekt verwendet. Aber nur dann, wenn dieses groß genug ist. Ansonsten wird ein Array passender Größe angelegt, dessen Laufzeittyp dem gewünschten Zielcontainer entspricht.
`int hashCode()`	Der Aufruf der Methode liefert den Hashwert des Containerobjekts. Dies kann man etwa als Schlüssel in Hashtabellen verwen- den, wie der Name wohl schon deutlich macht. Unter einer Hashfunktion versteht man allgemein eine Abbildung einer großen Quellmenge in einer kleineren Zielmenge – dem sogenannten Hashcode bzw. Hashwert oder kurz Hash. Eine solche Funktion arbeitet mit einem speziellen mathematischen Hashalgorithmus. Eine Hashfunktion sollte bei unterschiedlichen Quellmengen zu unterschiedlichen Zielwerten führen (ansonsten spricht man von einer Kollision). Sollte das gewährleistet sein, kann man bei verschiedenen Verfahren auch mit dem Hashcode einer Datenmenge arbeiten statt mit den Daten selbst, was eine erhebliche Verbesserung der Performance bedeuten kann. In Java stellt jede Klasse eine Methode `hashCode()` bereit, die in einem 32-Bit-Integer mit Vorzeichen die Daten abbildet, die in einer Instanz der Klasse gespeichert sind. Und damit enthalten dynamische Datenstrukturen und die darin enthaltenen Objekte natürlich auch so eine Hashinformation.

Die Methoden der Schnittstelle `Collection` stehen prinzipiell in allen Klassen zur Verfügung, die diese Schnittstelle implementieren. Allerdings sind diese nicht immer vollständig funktional. Oder anders ausgedrückt: Sie ergeben für eine konkrete Datenstruktur nicht immer Sinn. In der Dokumentation der Java-Standard-API werden Methoden, die nicht in allen Klassen eingesetzt werden können, als optional gekennzeichnet. Sie sollten bei jeder spezifischen Klasse kontrollieren, ob die Methode dort jeweils auch eingesetzt werden kann.

6.5.2 Wichtige Schnittstellen in der Collection-API

In der Collection-API gibt es diverse weitere Schnittstellen, die die Verhaltensweisen von speziellen Datenstrukturen definieren und dann in konkreten Datenklassen implementiert werden. Einige davon sollen hier besprochen werden.

Die Schnittstelle List für Listen

Eine wichtige Anwendung der Collection-API sind Listen. Diese werden erst einmal sehr allgemein von der Schnittstelle `List` bereitgestellt. Diese wird selbst wieder von diversen Klassen implementiert, die spezielle Listen und andere Datenstrukturen bereitstellen. Die Schnittstelle `List`, die selbst die `Collection`-Schnittstelle erweitert, enthält zusätzliche Operationen für eine geordnete Liste (auch Sequenz genannt) von Elementen. Auf die Elemente einer Liste lässt sich über einen ganzzahligen Index zugreifen, und es kann linear nach Elementen gesucht werden. Doppelte Elemente sind erlaubt. Neben den Klassen `LinkedList` sowie `ArrayList` implementiert auch `Vector` die Schnittstelle `List`.

Bei ganz alten grafischen Oberflächen mit dem AWT aufpassen

Weil auch das AWT-Paket eine Klasse namens `List` definiert, muss man bei gemeinsamer Verwendung mit Namenskonflikten rechnen und deshalb gegebenenfalls den vollqualifizierten Namen (`java.util.List` oder `java.awt.List`) verwenden. Allerdings sind AWT-Oberflächen schon seit zig Jahren veraltet und sollten kaum noch vorkommen.

Die Schnittstelle `List` stellt außerdem die folgenden Methoden bereit:

Methode	Beschreibung
`void add(int index, E o)`	Die Methode fügt dem Containerobjekt ein Element genau an der angegeben Stelle hinzu.
`E get(int index)`	Die Methode liefert das Element, das Sie durch den Index spezifizieren.
`int indexOf(Object o)`	Der Index eines konkreten Elements in einer Liste.
`E set(int index, E element)`	Die Methode setzt das Element an dem spezifizierten Index.

Die Schnittstelle Set für Mengen

Ein Objekt vom Typ `Set` ist eine im mathematischen Sinn definierte Menge von Objekten. Mathematische Mengen dürfen keine doppelten Elemente enthalten und ein Objekt vom Typ `Set` demnach auch nicht. Besondere Beachtung muss Objekten vom Typ `Set` geschenkt werden, die ihren Wert nachträglich ändern. Denn wenn damit vorher ungleiche Mengenelemente inhaltlich gleich werden, kommt es hier zu einem Widerspruch. Dies kann ein `Set` selbst nicht kontrollieren und muss vom Programmierer manuell unter Kontrolle gehalten werden. Als weitere Einschränkung gilt, dass eine Menge sich selbst nicht als Element enthalten darf (was aber im Grunde trivial ist). Die wichtigste konkrete Mengenklasse ist `HashSet`.

Eine Subschnittstelle von `Set` ist `SortedSet`. Diese Schnittstelle erweitert `Set` um die Möglichkeit, Elemente sortiert auslesen zu können. `TreeSet` implementiert beispielsweise `SortedSet`.

Die Schnittstellen Queue und Deque für Schlangen

Eine **Schlange** arbeitet immer nach dem **FIFO-Prinzip** (first in first out). Zuerst eingefügte Elemente werden zuerst wieder ausgegeben.

Die Schnittstelle `Queue` definiert Operationen für alle Schlangen und wird etwa von den Klassen `LinkedList` und `PriorityQueue` implementiert. Und seit Java 6 gibt es auch `Deque`. Damit können Sie sowohl auf das erste als auch auf das letzte Element in der Schlange zugreifen.

Die Schnittstelle Map

Eine Datenstruktur, die einen Schlüssel mit einem Wert verbindet, heißt **assoziativer Speicher**. In Java stellt die Schnittstelle `Map` Möglichkeiten zum Umgang mit solchen Strukturen bereit. Im Gegensatz zu `List` ist eine `Map` unsortiert. Die Reihenfolge, in der die Elemente eingefügt und verwaltet werden, spielt keine Rolle, denn durch den Schlüssel hat man einen eindeutigen Zugriff. Die Schnittstelle `Map` implementiert auch `Collection` nicht, da Schlüssel-Werte-Paare immer zusammen vorkommen müssen und die Datenstruktur eine Operation wie `add(Object)` nicht unterstützen kann.

Die Schlüssel einer `Map` können mithilfe spezifischer Kriterien sortiert werden. Ist das der Fall, implementieren diese speziellen Klassen die Schnittstelle `SortedMap`, die `Map` direkt erweitert. Das Kriterium zum Sortieren wird entweder über ein externes Objekt des Typs `Comparator` festgelegt, oder die Elemente in der `Map` sind selbst vom Typ der Schnittstelle `Comparable`. Damit kann ein assoziativer Speicher über einen `Iterator` in einer definierten Reihenfolge durchlaufen werden. Bisher gibt es jedoch nur wenige Anwendungen dieser sortierbaren `Map`-Strukturen – etwa die Klasse `TreeMap`.

Schnittstellen zum Iterieren

Die meisten Datenstrukturen in der Collection-API bieten einheitliche Möglichkeiten, um über die Einträge in den Datenstruktren zu iterieren. Für Iteratoren gibt es in der Java-Bibliothek aus historischen Gründen zwei unterschiedliche Schnittstellen. Die Schnittstelle `Enumeration` war von Anfang an dabei, während die Schnittstelle `Iterator` erst später hinzukam. In der Collection-API kommt hauptsächlich der Typ `Iterator` zum Einsatz.

Die Namen der Methoden können sich zwar unterscheiden, aber grundsätzlich bieten Schnittstellen zum Iterieren immer zumindest eine Funktionalität, die das nächste Element erfragt, und eine, die ermittelt, ob es überhaupt ein nächstes Element gibt. Damit durchwandert ein Iterator eine Datenstruktur dann Element für Element.

One way bei einem einfachen Iterator

Im Gegensatz zu einer »echten« indizierten Datenstruktur kann man mit einem Iterator nicht hin und her springen oder gezielt ein bestimmtes Element auswählen. Es ist im Grunde einfach ein Datenstrom in eine Richtung ohne Lücken. Will man aus diesem Datenstrom ausbrechen und etwa ein vorherigen Element erneut selektieren, muss man einen neuen Iterator erzeugen. Allerdings gibt es spezielle Iteratoren, die man auch rückwärts durchlaufen kann.

Für die Schnittstelle `Iterator` sollten Sie sich die Methoden `next()` und `hasNext()` merken. Bei jedem Aufruf von `next()` erhalten Sie ein weiteres Element der Datenstruktur. Genau genommen wird der Zeiger des Iterators bzw. der Datenstruktur weiter vorgeschoben und das aktuelle Element zurückgegeben. Gibt es kein weiteres Element, dann erhalten Sie eine `NoSuchElementException`. Aber diese können Sie ja vorher mit `hasNext()` abfangen.

Die Schnittstelle `Iterator` bietet zudem die Möglichkeit, das zuletzt aufgezählte Element mit `remove()` aus der zugrundeliegenden Datenstruktur zu entfernen. Vor dem Aufruf muss jedoch `next()` das zu löschende Element als Ergebnis geliefert haben. Sie können übrigens auch einen typisierten Iterator erstellen (dazu finden Sie in den Beispielen Anwendungen). Das kann in Verbindung mit der `Iterator`-Subschnittstelle `ListIterator` interessant werden, denn damit können Sie eine Datenstruktur auch rückwärts durchlaufen (`previous()` und `hasPrevious()`).

6.5.3 Konkrete Klassen

Um nun Datenstrukturen tatsächlich nutzen zu können, brauchen Sie über die Modellierungsschnittstellen als Basistyp hinaus konkrete Klassen, die teilweise auch schon erwähnt wurden. Etwa diese:

Art	Klasse	Beschreibung
Listen	`ArrayList`	Eine Liste, die auf ein Array abgebildet wird. Damit stehen Ihnen sowohl die von den Schnittstellen `Collection` und `List` spezifizierten Methoden als auch klassische Array-Techniken zur Verfügung.
	`LinkedList`	Eine doppelt verkettete `List` mit Referenzen auf den jeweiligen Nachfolger und Vorgänger. Das ist nützlich beim Einfügen und Löschen von Elementen an beliebigen Stellen innerhalb der Liste.
Mengen	`HashSet`	In der Klasse erfolgt eine Implementierung der Schnittstelle `Set`. Die Arbeit mit dieser Menge ist sehr performant, da ein schnelles Hashverfahren zum Einsatz kommt.

Art	Klasse	Beschreibung
	`TreeSet`	Auch diese Klasse ist eine Implementierung der Schnittstelle `Set`. Allerdings wird durch die Klasse ein Baum abgebildet, der alle Elemente sortiert enthält.
	`LinkedHashSet`	Die Klasse ist ähnlich wie ein `HashSet` aufgebaut. Parallel dazu merkt sie sich aber auch die Reihenfolge der eingefügten Elemente.
Assoziativspeicher	`HashMap`	In dieser Klasse finden Sie die Implementierung eines assoziativen Speichers durch ein Hashverfahren.
	`TreeMap`	Diese Klasse hält ihre Elemente in einem Binärbaum sortiert vor und implementiert die Schnittstelle `SortedMap`.
	`LinkedHashMap`	Die Klasse ist ähnlich wie ein `HashMap` als schneller Assoziativspeicher aufgebaut. Parallel dazu merkt sie sich aber auch die Reihenfolge der eingefügten Elemente.
Schlangen	`LinkedList`	Eine verkettete Liste, die auch die Schnittstelle `Queue` implementiert. Sie ist damit ein Zwitter aus einer Schlange und einer Liste.
	`ArrayBlockingQueue`	Eine blockierende Warteschlange.
	`PriorityQueue`	Eine Warteschlange mit Priorität.
Eigenschaften	`Properties`	Die Klasse `java.util.Properties` erweitert `java.util.Hashtable` und bezeichnet eine Tabelle von Eigenschaften. Eine Eigenschaft besteht wie bei allen Hashs aus einem Schlüssel, der die Eigenschaft bezeichnet, und ihrem Wert. In Java ist eine Properties-Datei (üblicherweise mit der Dateiendung *.properties*) eine Textdatei, die als einfacher Konfigurationsmechanismus verwendet wird. In so einer Datei gibt es Kommentarzeilen, die mit # oder einem Ausrufezeichen beginnen, und Datenzeilen, in denen ein Schlüssel-Werte-Paar definiert wird. Schlüssel und Wert können durch ein oder mehrere Leerzeichen, ein Gleichheitszeichen oder einen Doppelpunkt getrennt werden.

Wie wir schon gesehen haben, implementieren die meisten genannten Containerklassen das Interface `Collection` und bieten dadurch schon wichtige Methoden, um Daten aufzunehmen, zu manipulieren und auszulesen.

6.5.4 Beispiele mit der Collection-API

Wir betrachten nun für die verschiedenen Datenstrukturtypen einige exemplarische Anwendungen. Beachten Sie, dass wir durch die Fülle der Möglichkeiten in keinster Weise vollständig sein können. Aber wenn Sie das Konzept einer Datenstruktur einmal gesehen und verstanden haben, erschließen sich die meisten weiteren Möglichkeiten recht einfach.

Einige Beispiele mit Listen

Das erste Beispiel erzeugt als Datenstruktur eine verkettete Liste und fügt fünf Strings ein. Die Collection wird anschließend in ein Feld übertragen, das auf der Standardausgabe geschrieben wird:

```
import java.util.Collection;
import java.util.LinkedList;
public class ErsteListe {
  @SuppressWarnings("unchecked")
  public static void main(String[] args) {
    Collection c = new LinkedList();
    for (int i = 0; i < 5; i++) {
      c.add("" + i);
    }
    for (Object e : c) {
      System.out.println(e);
    }
  }
}
```

Am Anfang importieren wir die beiden notwendigen Schnittstellen. Sie erkennen dann die Festlegung einer verknüpften Liste auf den Schnittstellentyp `Collection`. Damit stehen über das Objekt `c` nur die Methoden zur Verfügung, die auch in der Schnittstelle bereits definiert sind. Aber das genügt uns für das Beispiel, da wir nur Elemente hinzufügen und dann über die Liste iterieren wollen.

Wie beim Abschnitt über Generics erörtert wurde, arbeitet man in der Collection-API massiv mit generischen Typfestlegungen. Zur einfachen Anwendung kann man die Collection-API auch ohne generische Festlegungen nutzen. Der Compiler meldet dann aber eine ***Unchecked***-Warnung, da er keine sichere Typprüfung vornehmen kann. In unserem ersten Beispiel wollen wir deshalb explizit noch keine Generics einsetzen. Und das dokumentieren wir mit `@SuppressWarnings("unchecked")`. Das unterdrückt u. a. auch Compiler-Warnungen.

Nun soll mit einer Abwandlung demonstriert werden, wie verwandt die Datenstrukturen aus Sicht der Anwendung sind. Wir ändern die `LinkedList` einfach in eine `ArrayList`. Und schon können Sie etwa spezifische Methoden anwenden, die nur bei solch einer Liste zur Verfügung stehen. Zumindest dann, wenn der Typ der Referenzvariable nicht auf `Collection` beschränkt ist, was im Moment noch der Fall ist. Zusätzlich soll nun aber auch typsicher gearbeitet werden, und als Einträge in der Liste sollen nur Strings erlaubt sein:

```
import java.util.ArrayList;
import java.util.Collection;
public class ZweiteListe {
  public static void main(String[] args) {
```

```
    Collection<String> c = new ArrayList<String>();
    for (int i = 0; i < 5; i++) {
...
```

In der ersten Zeile wird nun eine `ArrayList` importiert und man sieht die nun typsichere Erzeugung. Der Rest des Beispiels bleibt unverändert.

Die folgende weitere Abwandlung gibt als Typ der Referenzvariablen `c` nun direkt `ArrayList` an. Damit braucht man `Collection` nicht mehr zu importieren und kann vor allen Dingen auch die spezifischen Methoden verwenden, die eine `ArrayList` bereitstellt. Wir greifen hier in Zeile 8 mit `get()` direkt auf einen Eintrag in der Liste zu (den vierten):

```
import java.util.ArrayList;
public class DritteListe {
  public static void main(String[] args) {
    ArrayList<String> c = new ArrayList<String>();
    for (int i = 0; i < 5; i++) {
      c.add("" + i);
    }
    System.out.println(c.get(3));
  }
}
```

Mit Iteratoren über eine Liste iterieren

Verwenden wir nun noch ein paar Iteratoren, um über eine Liste zu iterieren:

```
import java.util.*;
public class VierteListe {
  public static void main(String[] args) {
    ArrayList<String> meineListe = new ArrayList<String>();
    int x = 0;
    for (int i = 1; i <= 10; i++)
      meineListe.add("Element: " + i);
    Iterator<String> iter = meineListe.iterator();
    while (iter.hasNext()) {
      System.out.print(iter.next());
      if ((x++ % 2) == 0) {
        System.out.println(" - Index gerade");
      } else
        System.out.println(" - Index ungerade");
    }
    ListIterator<String> listIter =
       meineListe.listIterator(meineListe.size());
    System.out.println(
      "\nListe ab rueckwaerts durchlaufen:");
```

```
      while (listIter.hasPrevious())
        System.out.println(listIter.previous());
  }
 }
```

Die ArrayList enthält in dem Beispiel zehn Elemente. Über diese Liste wollen wir zweimal iterieren.

Wir generieren uns zuerst einen Iterator über die Liste. Mit der Methode next() holen wir uns alle Elemente in der Liste und geben diese aus. Vorher haben wir in der Bedingung der Schleife mit hasNext() überprüft, ob es überhaupt noch Elemente in der Datenstruktur gibt. Über eine mitlaufende Zählvariablen überprüfen wir, ob der Index des Elements in der Datenstruktur gerade oder ungerade ist.

Für den zweiten Durchlauf erzeugen wir nach dem ersten Durchlaufen der ArrayList einen ListIterator. Über die Methode size() positionieren wir den Zeiger des Iterators auf das letzte Element. Und da ein ListIterator auch rückwärts durchlaufen werden kann, verwenden wir dazu hasPrevious() und previous().

Beispiele für Mengen

Kommen wir zu Beispielen mit Mengen. Und da konkret zur Anwendung eines HashSet. Betrachten wir zuerst eine einfache Klasse zur Abbildung von Daten, die mit den üblichen Gettern und Settern sowie einem parametrisierten Konstruktor versehen ist:

```
public class Person {
  private String name;
  private String vorname;
  private int ausweisnummer;
  public String getName() {
    return name;
  }
  public void setName(String name) {
    this.name = name;
  }
  public String getVorname() {
    return vorname;
  }
  public void setVorname(String vorname) {
    this.vorname = vorname;
  }
  public int getAusweisnummer() {
    return ausweisnummer;
  }
  public void setAusweisnummer(int ausweisnummer) {
```

```
    this.ausweisnummer = ausweisnummer;
  }
  public Person(String name, String vorname,
     int ausweisnummer) {
    super();
    this.name = name;
    this.vorname = vorname;
    this.ausweisnummer = ausweisnummer;
  }
}
```

Von dieser Klasse werden wir mehrere Objekte erzeugen und in einem HashSet verwalten:

```
import java.util.*;
public class ErsteMenge {
  private static void hashSetDurchlaufen(
     HashSet<Person> personSet) {
    Person aktuellePerson = null;
    System.out.println("HashSet mit Iterator durchlaufen:");
    Iterator<Person> iter = personSet.iterator();
    while (iter.hasNext()) {
      aktuellePerson = iter.next();
      System.out.print("HashCode: " +
         aktuellePerson.hashCode());
      System.out.println(", Vorname: " +
         aktuellePerson.getVorname());
    }
  }
  public static void main(String[] args) {
    HashSet<Person> personSet = new HashSet<Person>();
    Person[] gruppe = { new Person("Steyer", "Ralph", 48),
        new Person("Roth", "Andrea", 39),
        new Person("Roth", "Florian", 11) };
    for (int i = 0; i < gruppe.length; i++) {
      personSet.add(gruppe[i]);
    }
   hashSetDurchlaufen(personSet);
   Person neu = new Person("Roth", "Felix", 12);
   System.out.println("Existiert " +
      neu.getVorname() + " bereits im HashSet? "
      + personSet.contains(neu));
   System.out.println("Hashcode des neuen Objekts: "
      + neu.hashCode());
   if (personSet.add(neu)) System.out.println(
     neu.getVorname() + " in das HashSet aufgenommen");
   else System.out.println(neu.getVorname()
```

```
      + " nicht in das HashSet aufgenommen");
    hashSetDurchlaufen(personSet);
  }
}
```

In der `main()`-Methode erzeugen wir zuerst eine typsichere `HashSet`-Menge, die nur Objekte vom Typ `Person` aufnehmen kann. Beachten Sie den Diamond-Operator.

Danach erzeugen wir ein Array mit Objekten vom Typ `Person`, wobei der parametrisierte Konstruktor von `Person` und die literale Erzeugung des Arrays zum Einsatz kommen.

Wir fügen nun die Objekte vom Typ `Person` der `HashSet`-Menge hinzu. Dazu iterieren wir mit einer Schleife über das Array und fügen jeweils die einzelnen Array-Elemente mit `add()` der Menge hinzu. Natürlich ist das etwas künstlich, wenn Elemente bereits in einer Datenstruktur wie einem Array verfügbar sind und man sie dann auf diese Weise in eine andere Datenstruktur einfügt. Aber wir wollen ja explizit mit einer Menge arbeiten.

Dann iterieren wir über die Menge und geben verschiedene Werte der darin enthaltenen Elemente aus. Die Methode `hashSetDurchlaufen()` ist am Anfang des Listings deklariert und ihr wird typsicher eine `HashSet`-Menge übergeben. Für die übergebene `HashSet`-Menge besorgen wir uns einen `Iterator` und durchlaufen die Datenstruktur mit `next()`. Beachten Sie, dass jeder Aufruf von `next()` den Zeiger weiterbewegt. Da wir in der Schleife in mehreren Schritten mehrere Informationen des jeweils aktuellen Elements verwenden wollen, speichern wir es in einer lokalen Variablen. Als Informationen werten wir einen Getter und den Hashcode des Elements aus.

Nach der ersten Verwertung der `Hash`-Menge wird ein neues Objekt vom Typ `Person` erzeugt und anschließend überprüft, ob das Element in der `HashSet`-Menge vorhanden ist. Außerdem kommt eine Methode `contains()` zum Einsatz, die bereits aus `Collection` bekannt ist.

Wir könnten jetzt diesen Rückgabewert verwenden um zu entscheiden, ob wir das neue Element in die Menge einfügen. Aber das nicht nicht notwendig, denn die Methode `add()`, die wir nachfolgend verwenden, kann das automatisch steuern. Wenn das Element schon vorhanden ist, wird einfach nichts gemacht und `false` zurückgegeben. Zum Abschluss zeigen wir noch einmal die Informationen des nun erweiterten `HashSet` an.

Beispiele für Assoziativspeicher

Betrachten wir auch ein vollständiges Beispiel für den Umgang mit Assoziativspeichern. Und zwar anhand einer `HashMap`. Die Datenbasis sind wieder Objekte vom Typ `Person`:

```
import java.util.*;
public class MeineMap {
  public static void main(String[] args) {
    HashMap<String, Person> personenMap =
```

```
      new HashMap<String, Person>();
    Person[] gruppe = { new Person("Blues", "Jake", 38),
      new Person("Blues", "Elwood", 35),
      new Person("Murphy", "Matt", 40) };
    String[] schluessel = { "1", "2", "3" };
    for (int i = 0; i < gruppe.length; i++) {
      personenMap.put(schluessel[i], gruppe[i]);
    }
    System.out.println("HashMap durchlaufen:");
    for (Map.Entry<String, Person> e :
      personenMap.entrySet()) {
      String key = e.getKey();
      Person person = e.getValue();
      System.out.println("Schluessel: " + key + "\tName: "
        + person.getVorname() + " " + person.getName()
        + "\tAusweisnr: " + person.getAusweisnummer());
    }
    personenMap.put("3", new Person("Dunn", "Donald", 45));
    System.out.println(
      "HashMap nach put() wieder durchlaufen:");
    for (Map.Entry<String, Person> e :
      personenMap.entrySet()) {
      String key = e.getKey();
      Person person = e.getValue();
      System.out.println("Schluessel: " + key + "\tName: " +
        person.getVorname() + " " + person.getName()
        + "\tAusweisnr: " + person.getAusweisnummer());
    }
  }
}
```

Am Anfang wird in der `main()`-Methode eine `HashMap` mit zwei Typargumenten angelegt. Das erste Typargument legt den Datentyp für den Schlüssel fest (`String`), das zweite den Datentyp des eigentlichen Wertes (Elemente vom Typ `Person`). Wie bekannt verwalten wir zuerst die Objekte vom Typ `Person` in einem Array. Dazu kommt ein gleich großes Array mit Schlüsseln, das literal angelegt wird. Das könnten wir natürlich zu einer Struktur zusammenfassen. Aber das ist ja eigentlich auch genau das, was wir mit der `HashMap` erreichen – die Datenstruktur mit zusammengehörenden Wertepaaren. Mit der Methode `put()` fügen wir die Werte-Schlüssel-Paare der `Map` hinzu.

Danach iterieren wir über die `HashMap`. Und zwar typsicher mit der `for-each`-Schleife. Dabei verwenden wir die Methode `entrySet()`. Das generiert aus jedem aktuellen Schlüssel-Werte-Paar pro Durchlauf ein Set vom Typ `Map.Entry`. Bei Objekten dieses Typs können Sie bequem mit `getKey()` und `getValue()` den Schlüssel und den Wert auslesen. Und da der jeweilige

Wert vom Typ `Person` ist, können Sie dessen Getter verwenden, um die einzelnen Bestandteile zu extrahieren.

Nach dem ersten Durchlaufen der `Map` verwenden wir wieder `put()`, um der `HashMap` ein Schlüssel-Werte-Paar hinzuzufügen. Beachten Sie, dass der Schlüssel aber schon existiert. Damit wird dieses Wertepaar nicht neu angehängt, sondern es ersetzt das vorhandene.

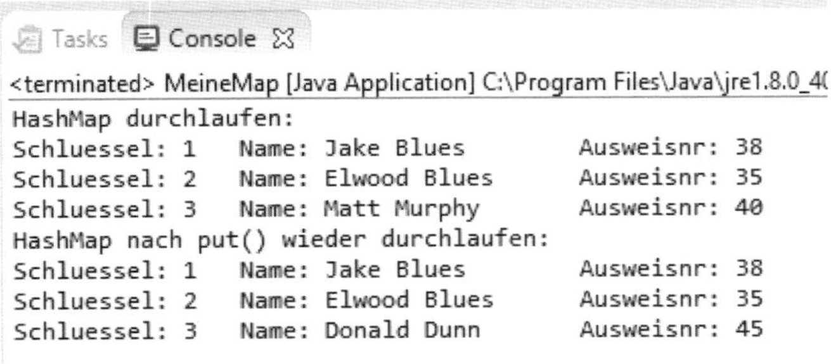

Abbildung 6.4: Die HashMap wird zweimal ausgegeben.

Beispiele für Schlangen

Auch zu Schlangen wollen wir zumindest eine kleine Beispielanwendung sehen. Und zwar eine `LinkedList` – diese ist ja ein Zwitter aus einer Liste und einer Schlange:

```
import java.util.*;
public class MeineSchlange {
  public static void main(String[] args) {
    LinkedList<Person> meineListe = new LinkedList<Person>();
    meineListe.add(new Person("Blues", "Jake", 38));
    meineListe.add(new Person("Blues", "Elwood", 35));
    meineListe.add(new Person("Blue ", "Lou", 29));
    System.out.println(meineListe.getLast().getVorname());
    System.out.println(meineListe.getFirst().getVorname());
    System.out.println(meineListe.get(1).getVorname());
  }
}
```

Nach den vorangehenden ausführlichen Ausführungen zu den verwandten Datenstrukturen dürfte das Beispiel leicht nachvollziehbar sein. Oder genauer gesagt: Es sollte eigentlich nichts Neues enthalten. Es wird eine `LinkedList` erstellt und diese dann mit `add()` sukzessive gefüllt. Zuerst wird dann das letzte, danach das erste und schlussendlich das Element mit dem Index 1 (also das zweite) ausgegeben.

6.6 String, StringBuffer und StringBuilder

Widmen wir uns nun noch kurz einem alten Bekannten – dem `String` – und seinen Verwandten, dem `StringBuffer` und dem `StringBuilder`. Obwohl wir gerade Strings schon intensiv benutzt und die wesentlichen Aspekte bis hin zu String-Vergleichen und String-Verkettung kennengelernt haben, ist eine Behandlung in dem Umfeld von Datenstrukturen sinnvoll. Denn es handelt sich in der Tat auch um Strukturen, die durchaus viele Ähnlichkeiten zu Klassen aufweisen, wie sie in diesem Kapitel betrachtet wurden.

Zum Erzeugen von Strings gehen Sie bekanntlich meist literal vor, aber Sie können auch den expliziten Aufruf eines Konstruktors der Klasse `String` nutzen. Des Weiteren existieren verschiedene Varianten, um einen String aus einem `char`- oder `byte`-Array zusammenzusetzen, was die Verwandtschaft von Arrays und Strings weiter verdeutlicht.

Was man mit diesen Datenstrukturen anfangen kann, sollte weitgehend klar sein – nicht zuletzt aufgrund diverser Beispiele mit Zeichenketten in diesem Buch. Es gibt die klassischen Zeichenkettenmethoden, die Sie von jeder besseren IDE angezeigt bekommen oder in der Dokumentation nachschlagen können. Sie können String-Instanzen verketten, die Länge bestimmen (mit der Methode `length()`), durchsuchen (`indexOf()` und `lastIndexOf()`) oder konvertieren (`toLowerCase()` und `toUpperCase()` sowie `valueOf()` und `toString()`). Und Sie können Zeichen extrahieren (etwa `charAt()` oder `substring()`), Vergleiche durchführen oder Teile von Zeichenketten ersetzen (`replace()`).

Werfen wir einen etwas genaueren Blick auf das Durchführen von Vergleichen, denn gerade hier wird die Verwandtschaft zu anderen in diesem Kapitel erläuterten Datenstrukturen deutlich:

Methoden	**Beschreibung**
`equals()`	Ein inhaltlicher Vergleich.
`equalsIgnoreCase()`	Ein inhaltlicher Vergleich, aber ohne die Beachtung von Groß- und Kleinschreibung.
`startsWith()`	Prüft ab dem Anfang oder einer spezifischen Indexposition des Strings, ob dieser mit einer bestimmten Zeichenfolge beginnt.
`endsWith()`	Prüft, ob ein String mit einer spezifischen Zeichenfolge endet.
`compareTo()`	Führt einen lexikalischen Vergleich durch. Dabei werden die korrespondierenden Zeichen sowie die Länge verglichen.
`compareToIgnoreCase()`	Die Methode arbeitet wie `compareTo()`, ignoriert aber die Groß- und Kleinschreibung.
`regionMatches()`	Vergleicht zwei gleichlange Strings, welche an beliebigen Positionen innerhalb eines String liegen können. Die Groß- und Kleinschreibung kann optional ignoriert werden.

Strukturell sind Strings in Java intern ähnlich wie Arrays organisiert. Insbesondere ist die Größe nicht mehr veränderbar, wenn sie einmal initialisiert wurden. Das Prinzip des Ersetzens mit `replace()` muss deshalb auch etwas anders verstanden werden, als man vielleicht auf den ersten Blick denkt. Strings werden kopiert, geändert und als komplett neue Objekte zurückgeliefert.

6.6.1 Dynamische Strings mit StringBuffer und StringBuilder

Die Klasse `StringBuffer` hingegen ist dynamisch in der Größe veränderlich. `StringBuffer` ist für Zeichenketten sozusagen das, was die Collection-API für Arrays ist. Interessanterweise ist `StringBuffer` jedoch **keine** Subklasse von `String`. Insbesondere implementiert `StringBuffer` die Schnittstelle `Comparable` nicht, während dies bei `String` sehr wohl der Fall ist.

Es gibt durchaus wichtige Gründe dafür, dass Instanzen der Klasse `String` konstant sind. Dies ist vor allen Dingen in Hinsicht auf die Performance von Vorteil, aber auch bei Speicheroptimierungen. Die Klasse `StringBuffer` ergänzt dafür die normale `String`-Klasse um einige wichtige Methoden. So zum Beispiel um das nachträgliche Ändern eines Strings oder dessen Manipulation.

Einen `StringBuffer` können Sie im Gegensatz zu einem `String` nicht literal erzeugen, Sie müssen für die Erzeugung eines StringBuffers stattdessen einen der Konstruktoren der Klasse verwenden. Bei `StringBuffer`-Instanzen können Sie dafür elementare Datentypen, Zeichen-Arrays oder Strings jeweils am Ende des aktuellen Objekts oder an einer zuvor spezifizierten Position im String einfügen. Dazu gibt es etwa die Methode `append()`, die Elemente jeweils am Ende des StringBuffer-Objekts anhängt. Die `insert()`-Methode bestimmt mit ihrem ersten Parameter die Einfügeposition des gewünschten Elements (nullindiziert).

Auch das Löschen von Zeichen ist in einem StringBuffer möglich. Die `deleteCharAt()`-Methode erlaubt das Entfernen eines einzelnen Zeichens an dem spezifizierten Index. Genauso einfach lassen sich mit `delete()` ganze Zeichensequenzen entfernen. Die Start- und Endposition werden dabei durch die beiden Parameter festgelegt.

Und auch die dynamische Manipulation von Elementen wird unterstützt. Mit `setCharAt()` kann man an einer spezifizierten Position (erster Parameter) gezielt ein Zeichen überschreiben. Der zweite Parameter ist das neue Zeichen (`char`-Datentyp).

Nun gibt es seit Java 5 auch noch die Klasse `StringBuilder`. Diese entspricht fast vollkommen der Klasse `StringBuffer`. Sie bietet allerdings gegenüber dieser Klasse Performancevorteile. Der Preis dafür ist, dass Instanzen der Klasse `StringBuilder` nicht synchronisiert sind (im Gegensatz zu `StringBuffer`), wenn man im Rahmen des sogenannten Multithreadings von mehreren Threads gleichzeitig auf eine solche Instanz zugreift.

6.7 Zusammenfassung

Wir haben uns in diesem Kapitel um die Möglichkeiten gekümmert, die Datenstrukturen in Java bereitstellen. Seien es wenig flexible, aber einfache Arrays und Strings oder seien es spezialisierte, dynamische Strukturen, die dann aber meist durch generische Mittel abgesichert werden sollten. Grundsätzlich stellt Java für jeden Zweck eine passende Datenstruktur bereit. Und diese sind meist auch ziemlich einheitlich zu verwenden.

7 Erweiterte Java-Techniken

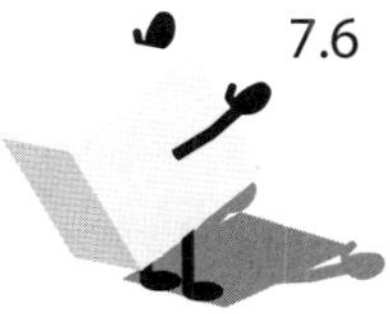

7.1 Was lernen Sie in diesem Kapitel?

In diesem Kapitel werden wir uns erweiterten Java-Techniken widmen, die Sie zum Teil zwingend brauchen werden, die zum Teil aber sicher erst in Ihrer fortgeschrittenen Java-Karriere von Bedeutung sein werden. Wir beschäftigen uns etwas genauer mit dem Erstellen grafischer Oberflächen und mit Multithreading, reißen aber auch fortgeschrittene Techniken wie Assertions und Factories kurz an. Von Bedeutung ist in diesem Kapitel ebenso, dass wir einen Blick auf die Java-Standard-API und deren Dokumentation werfen und grundsätzlich ansprechen, wie Sie mit für Sie neuen Klassen und Techniken aus der Standard-API zurechtkommen können.

7.2 Grafische Oberflächen in Java mit dem AWT, Swing, SWT und JavaFX

Ihnen wird aufgefallen sein, dass wir in dem Buch nur ganz wenige Applikationen mit grafischen Oberflächen erstellt haben – bis auf unsere ersten Beispiele. Für die Grundlagen zur Java-Syntax und den OO-Konzepten ist das nicht erforderlich. Im Gegenteil – die Konzepte zum Erstellen einer grafischen Oberfläche (GUI – Graphical User Interface) lenken viel zu sehr von den erst einmal zu lernenden und zu beherrschenden Techniken ab. Aber letztendlich werden Sie in der Praxis mit Java sehr oft grafische Oberflächen erzeugen.

Das bedeutet aber nur, dass Sie spezielle Java-Klassen und -Schnittstellen einsetzen, deren Grundlagen Sie grundsätzlich hier in diesem Buch gelernt haben. Allerdings im Rahmen gewisser Konzepte, die man als Frameworks sehen sollte. Ein Framework (Englisch für »Rahmenstruktur«) ist ein Programmiergerüst, das in der objektorientierten Softwareentwicklung verwendet wird und neben der Bereitstellung solcher Klassen und Schnittstellen auch gewisse Vorgehensweisen bei der Anwendung vorschreibt. Wenn wir jetzt also grafische Oberflächen erstellen wollen, üben wir damit auch, wie Sie grundsätzlich mit neuen APIs und Frameworks umgehen.

Im Java-Umfeld gibt es im Wesentlichen vier grafische Konzepte, die wir hier sehr kompakt vorstellen wollen.

- AWT (Abstract Window Toolkit)
- Swing
- SWT (Standard Widget Toolkit)
- JavaFX

7.2.1 Das AWT – how it begins

Die ersten grafischen Benutzeroberflächen in Java, die schon mit der ersten Java-Version verfügbar waren, basierten auf dem sogenannten AWT. Damit sollte in Java eine visuelle Kommunikation mit dem Anwender über grafische Benutzerschnittstellen zu erstellen sein, wie es Anwender zu der Zeit bereits gewohnt waren. Mit den üblichen Bedienelementen wie Schaltflächen, Menüs, Eingabefeldern etc.

Die AWT-API

Sie finden die Klassen, Schnittstellen, Exceptions etc. zum AWT in dem Paket `java.awt` samt Unterpaketen in der Java-Standard-API. Deren Dokumentation (Java 8) finden Sie zum Beispiel unter *https://docs.oracle.com/javase/8/docs/api/*.

Nun ist ein Charakteristikum von Java-Applikationen die Plattformunabhängigkeit. Und das umfasst auch eine grafische Oberfläche. Das AWT beinhaltete zur Kommunikation mit dem Anwender im Wesentlichen eine API aus Klassen und Schnittstellen, über die allgemeine Komponenten der Anwenderschnittstelle wie Schaltflächen oder Menüs deshalb plattformunabhängig (!) genutzt werden können.

Damit war ein erhebliches Problem zu lösen. Eine grafische Benutzerschnittstelle kann auf verschiedenen Plattformen ziemlich unterschiedlich aussehen und zu bedienen sein. Es kann sich um grundsätzlich verschiedene Konzepte handeln. Für eine portierbare und plattformunabhängige grafische API hat sich Sun damals alle Plattformen, die unterstützt werden sollen, angesehen, die gemeinsamen und sinnvollen Komponenten identifiziert und dann einen größten gemeinsamen Nenner geschaffen. Dabei gab es auch eigene Varianten für Komponenten, wenn diese auf verschiedenen Zielplattformen mit unterschiedlichem »Look and Feel« implementiert waren. Natürlich erhält ein Anwender bei einem solchen Ansatz nicht zu 100 % ein bestehendes »Look and Feel«, sondern ein eigenes Konzept.

Aber dieser Weg hat Sun nicht nur Lob eingebracht. Da das Java-AWT in der Version 1.0 relativ klein und allgemein gehalten wurde, konnten Java-Applikationen über das AWT (insbesondere am Anfang) nur eine Auswahl bekannter Elemente bieten, die zudem oft nicht so aussahen wie die nativen Vorbilder. Außerdem war das AWT und vor allen Dingen die Ereignisbehandlung anfangs nicht sonderlich stabil.

Swing als Ablösung des AWT

Deshalb hat Sun als Ergänzung mit Swing (eingeführt in Java 1.1, aber erst im JDK 1.2 vollständig implementiert) eine anders konzipierte Ablösung des AWT geschaffen. Swing baut über Vererbung explizit auf dem AWT auf und implementiert im Vergleich zum AWT einen neuen Satz von GUI-Komponenten mit anpassungsfähigem »Look and Feel« bestehender Komponenten und ergänzt diese um eine Reihe von Higher-Level-Komponenten (Baumansichten, Listboxen etc.). Swing ist also im Grunde eine Erweiterung des AWT.

Das bedeutet, dass viele Klassen, Methoden und Techniken des AWT unter Swing verbessert und erweitert worden sind, aber diverse Dinge aus dem AWT (insbesondere die Ereignisbehandlung) werden indirekt und teils sogar direkt noch in Swing-Applikationen verwendet. Vom Bezeichner her sind Swing-Klassen daran zu erkennen, dass sie mit `J` beginnen. Während eine Frame-Klasse im AWT auch `Frame` genannt wurde, nennt sie sich unter Swing `JFrame`. Das J steht dabei für Java.

Die Swing-API

Sie finden die wichtigsten Klassen etc. zu Swing unter `javax.swing` und dessen Unterpakete in der Java-Standard-API. In der Standarddokumentation auf *https://docs.oracle.com/javase/8/docs/api/* finden Sie die Details zu Swing in Java 8.

Das SWT als Nagelprobe

Einige Jahre nach der Einführung von Swing hat IBM das SWT für die Entwicklungsumgebung Eclipse entwickelt. SWT nutzt dabei im Gegensatz zum AWT oder Swing explizit die nativen grafischen Elemente des Betriebssystems. Das ermöglicht das Erstellen von Programmen, die ein »Look and Feel« wie »native« Programme aufweisen. Aber SWT-Programme sind damit explizit nicht mehr plattformunabhängig. Deshalb wurde das SWT von vielen Java-Programmierern nicht akzeptiert und wir werden hier auch nicht weiter darauf eingehen.

JavaFX – die Zukunft

JavaFX wird von Oracle als die aktuelle Technologie für grafische Oberflächen bereitgestellt und soll die alten Swing-Oberflächen ablösen. Die erste Version wurde bereits auf der JavaOne-Konferenz von Sun im Jahr 2007 vorgestellt, aber erst die zweite Version, die technisch vollkommen verändert wurde, wird derzeit angewendet. JavaFX vereinheitlicht und kapselt alle grafischen Vorgänge beim Aufbau einer grafischen Oberfläche. Sie können dort auch vollkommen harmonisch Webtechnologien integrieren und GUIs auch deklarativ beschreiben. Gerade für Entwickler ohne tiefere Kenntnisse der Java-Grundlagen stellt JavaFX mit FXML eine einfach erlernbare, deklarative Sprache zur Verfügung, die eine alternative Definition grafischer Oberflächen rein über XML erlaubt.

Und dieser Ansatz geht mit einem GUI-Designer mit visuellen Controls zur Erstellung von Oberflächen einher – dem Scene Builder (*www.oracle.com/technetwork/java/javase/downloads/sb2download-2177776.html*). Dieser erlaubt sogar die Erstellung einer GUI per Drag-and-drop bzw. rein visuell.

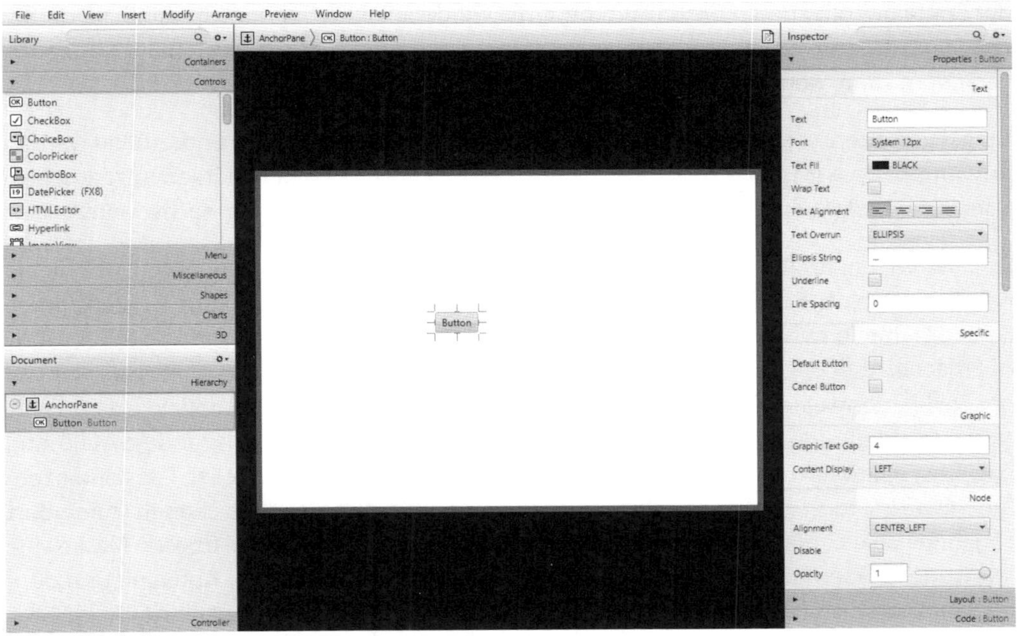

Abbildung 7.1: Visuelle Erstellung von FXML-Oberflächen mit dem Scene Builder.

Die JavaFX-API

Sie finden die Klassen, Schnittstellen etc. zu JavaFX, das zum Zeitpunkt der Buchererstellung in der Version 2.2 vorliegt, in dem Paket `javafx` samt Unterpaketen. Allerdings werden diese nicht in der »normalen« Java-Standard-API bereitgestellt, sondern in einem eigenen Zweig. Auch ist die Dokumentation zu JavaFX nicht in der „normalen" API-Dokumentation zu finden, sondern in einer eigenständigen Dokumentation, die Sie etwa für JavaFX 2.2 unter *https://docs.oracle.com/javafx/2/api/* finden.

7.2.2 Das Konzept der Layoutmanager, Panels, Panes und anderer Container

Grafische Oberflächen in Java folgen alle einem Konzept von verschachtelten Anordnungscontainern, die in Java in der Regel als sogenannte **Panels** oder **Panes** bezeichnet werden. Das gilt bereits für das AWT und setzt sich bis zu den modernen GUI-Frameworks fort. Ein bedeutender Bestandteil des AWT-Konzepts war bereits die Technik der **Layoutmanager**. Diese wurden auch in Swing verwendet und bilden die Urform der Pane-Strukturen in JavaFX.

Beim AWT muss man sich beim Hinzufügen von Komponenten (Schaltflächen, Eingabefelder etc.) zu Containerobjekten (scheinbar) überhaupt nicht um die genauen Positionen innerhalb der Container oder deren Größe kümmern. Sie werden einfach »irgendwo« auf der Oberfläche platziert. Und sie haben irgendeine scheinbar zufällige Größe, die sich manchmal auch verändern kann, wenn sich die Größe des umgebenden Fensters ändert.

Dieses Verhalten ist kein Zufall und keinesfalls ohne System. Positionen und Größen werden nur automatisch im Hintergrund gemanagt. Das ist eine der großen Stärken des Java-GUI-Konzepts. Auch wenn man sich erst einmal mit der Konzeption vertraut machen muss.

Schauen wir uns als Alternative erst einmal andere Fensterkonzepte an, bei denen man für die Komponenten der Benutzeroberfläche überwiegend exakte Koordinaten und Größen angibt. Ein Programmierer hat (scheinbar) vollständige Kontrolle über das Aussehen der Benutzeroberfläche. Aber dies ist trügerisch. Die hartcodierten Angaben ergeben nur Sinn, wenn auf der Zielplattform einer Applikation die gleiche Bildschirmauflösung und Größe des Java-Fensters vorhanden ist. Was aber, wenn der Bildschirm des Anwenders nun eine andere Auflösung hat? Die Funktionalität kann massiv beeinträchtigt sein. Bei konventionellen Fensterkonzepten muss ein Programmierer sämtliche denkbaren Auflösungen berücksichtigen (zumindest diejenigen, die er unterstützen möchte), diese zur Laufzeit abfragen und für jede Maske eine individuelle Oberfläche für jede Auflösung generieren. Ein erheblicher Aufwand und dennoch immer noch keine befriedigende Lösung. Denn was geschieht, wenn der Anwender die Fenstergröße verändert? Vergrößern ist wieder nur ein ästhetisches Problem, aber Verkleinern kann zum Verdecken von Komponenten der Oberfläche führen. Nicht umsonst kann die Größe der meisten Dialogfenster nicht verändert werden.

Java löste diese Probleme bereits beim AWT auf eine intelligente Art und Weise. Das GUI-System kümmert sich weitgehend selbstständig um Größenanpassung und Positionierung der Komponenten auf der Oberfläche. Je nach Plattform und Bedingungen werden die Komponenten optimal an die Oberfläche angepasst. Und wenn man Container verschachtelt, hat man genügend Kontrolle über Position und Größe von Komponenten, ohne sich so weit festzulegen, dass eine veränderte Bedingung ein System so zur Unbedienbarkeit degradieren kann. Die gesamte Technik, auf der dieses Konzept basiert, nennt sich wie gesagt **Layoutmanager**.

Sie können damit eine Art Hintergrundverwalter der Oberfläche anweisen, wo sich Ihre Komponenten im Verhältnis zu den anderen Komponenten befinden sollen. Ein Layoutmanager findet nach gewissen Regeln heraus, an welche Stellen die Komponenten am besten passen und ermittelt die besten Größen der Komponenten. Das genaue Aussehen einer solchen flexiblen Oberfläche wird von drei Aspekten festgelegt:

- von der Plattform und den genauen Bedingungen dort,
- von der Reihenfolge, in der die Komponenten einem Container hinzugefügt werden, und
- von der Art des Layoutmanagers.

Über Punkt eins kann ein Programmierer keine Aussagen machen und muss es unter Java auch nicht. Darum geht es ja gerade. Der zweite Punkt ist naheliegend, denn es gilt: Wer zuerst kommt, mahlt zuerst. Das soll heißen, dass zuerst eingefügte Komponenten auch vorher angeordnet werden. Allerdings kann es auch sein, dass eine später eingefügte Komponente eine vorherige ersetzt oder überlagert.

Richtig interessant ist die Art des Layoutmanagers, deren Details aber unseren Rahmen sprengen. Das AWT beinhaltete ursprünglich fünf verschiedene Typen von Layoutmanagern, die die Oberfläche unterschiedlich anordnen und auch heute noch die Basis verschiedener Pane-Container in JavaFX bilden. Zwei davon sollen nur ganz kurz angerissen werden.

Layoutmanager	Beschreibung
`BorderLayout`	Bei der Klasse handelt es sich um ein Rahmenlayout. Die Komponenten werden dem Container nach geografischen Aspekten zugeordnet (wie bei einem Kompass). Es gibt fünf Gebiete, in denen eine Komponente platziert werden kann: *Zentrum (Center)* *Nord (North)* *Süd (South)* *Ost (East)* *West (West)* Die fünf Bereiche werden wie auf einem Kompass angeordnet. Das Zentrum befindet sich in der Mitte. Wenn Sie dem Container Komponenten hinzufügen wollen, müssen Sie mit einer `add()`-Methode einen dieser fünf Bereiche angeben. Beim `BorderLayout` kann in jedem Bereich nur eine Komponente platziert werden! Das ist jedoch keine Einschränkung der Funktionalität. Man muss nur mit verschachtelten Panels arbeiten und diese in den fünf Zentren verteilen. Auf diesen Panels fügt man dann Komponenten wie Schaltflächen ein. In JavaFX gibt es ein analoges `BorderPane`, bei dem zwar die Anordnungen nicht mehr nach Himmelsrichtungen benannt werden, aber die Bereiche konzeptionell identisch sind.
`FlowLayout`	Bei einem `FlowLayout` werden die Komponenten in der Reihenfolge, in der sie in den Container eingefügt werden, spaltenweise einfach von links nach rechts angeordnet, bis keine weiteren Komponenten mehr in eine Zeile passen. Dann geht es zur nächsten Zeile und analog weiter. Die Breite jeder Komponente ergibt sich aus dem Platz, den sie benötigt, um ihren Inhalt darzustellen. Die Höhe der Zeilen wird von der Höhe der in der Reihe platzierten Elemente bestimmt. Besonders interessant ist, dass die Veränderung der Größe eines Fensters dazu führen kann, dass Komponenten zur Laufzeit in die nächste Zeile verlagert oder weiter oben positioniert werden. Unter JavaFX ist das `FlowPane` ein analog arbeitendes Layout-System. Allerdings ist es – wie die meisten JavaFX-Panes – viel flexibler als sein Urahn. Die Klasse basiert auch nicht auf seinem Vorgänger, sondern besitzt einen eigenständigen Vererbungsbaum.

Verschachtelung und pixelgenaue Anordnung

Die verschiedenen Layoutmanager vom AWT oder Swing, aber auch die Panes und JavaFX, sind vor allen Dingen dann interessant, wenn man sie verschachtelt. Ein Fenster im AWT oder in Swing nutzt in der Grundeinstellung ein `BorderLayout`. In den einzelnen Bereichen bringt man dann meist `Panel`-Objekte unter, die in der Grundeinstellung ein `FlowLayout` einsetzen. Aber man kann die Ebenen auch tiefer verschachteln und andere Layoutmanager verwenden. Von daher war das Konzept im Prinzip völlig ausreichend, um beliebige Oberflächen zu konstruieren. Dennoch haben diese automatisch anordnenden Layoutmanager und deren Nachfolger nicht alle Anforderungen erfüllen können, und im Laufe der Zeit kamen immer mehr Anordnungstechniken dazu, die auch ein festes Design mit pixelgenauer Positionierung gestatten.

7.2.3 Event-Handling

Oberflächenprogrammierung umfasst auch die Reaktion auf Benutzeraktionen. Wenn ein Anwender etwa auf eine Schaltfläche klickt, muss im Programm hinterlegt sein, was daraufhin zu tun ist. Java bot im Laufe der Zeit verschiedene Modelle an, wie auf Ereignisse zu reagieren ist. Auch aktuell gibt es verschiedene Techniken, die sich aber alle auf ein ähnliches Konzept fokussieren.

Wenn Ereignisse entstehen, sind das Mitteilungsobjekte, die irgendwie ausgewertet werden müssen. Dazu gibt es entsprechend aufgebaute Mechanismen, die eine Reaktion des Programms bewirken. Das Ereignisobjekt selbst ist noch keine Reaktion des Programms. Es muss zu einem Auswertungsobjekt transportiert werden. Dies funktioniert so:

- Ein Ereignis tritt bei einem Quellobjekt (dem sogenannten Event Source) auf.
- Das entstandene Ereignisobjekt wird an ein Zuhörerobjekt (einem sogenannten Event-Listener oder kurz Listener oder Event-Handler bzw. Handler) weitergeleitet.
- Erst dort wird über die konkrete Ereignisbehandlung entschieden und die Reaktion auch ausgelöst.

7.2.4 Grundsätzliches zum Verwenden neuer Klassen aus der Standard-API

Wir wollen ja anhand der grafischen Oberflächen auch behandeln, wie Sie grundsätzlich vorgehen, wenn Sie neue Klassen, Schnittstellen etc. aus der Standard-API verwenden wollen.

Nun – der Weg führt über die Dokumentation oder die Hilfe in einer IDE wie Eclipse oder NetBeans.

Angenommen, Sie wollen eine Swing- oder JavaFX-Applikation[1] erstellen. Dann suchen Sie sich im Internet (oder anderen Quellen) eine Anleitung und werden die Information finden, wie man grundsätzlich vorzugehen hat. Insbesondere werden die Klassen genannt, mit denen man arbeitet. In den folgenden zwei Beispielen verfolgen wir das exemplarisch.

7.2.5 Ein Beispiel für eine Swing-Applikation

Wir schauen uns nun einmal ein Beispiel für eine ganz einfache grafische Swing-Applikation an. Dabei werden wir ein Fenster (`JFrame`) mit einer Schaltfläche erstellen, die beim Anklicken etwas in einem Label (`JLabel`) ausgeben soll (Projekt *SwingGUI*).

Eine Swing-Applikation verwendet ein Fenster, das von der Klasse `JFrame` abgeleitet wird. Das kann man in zig Quellen zu Swing eruieren. Also sollten Sie in die Dokumentation gehen und die Klasse `JFrame` suchen. Sie finden diese unter `javax.swing`.

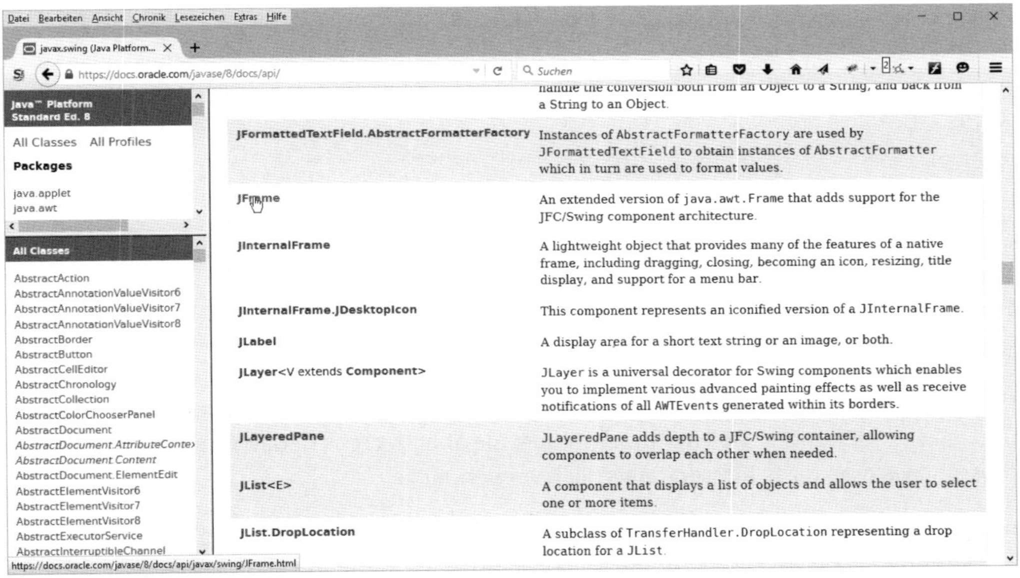

Abbildung 7.2: In der API-Dokumentation finden Sie die gesuchte Klasse.

Klicken Sie auf die gesuchte Klasse. In dem folgenden Dokument finden Sie alle Informationen, die Sie zur Anwendung der Klasse brauchen. Wie sehen die Konstruktoren aus, welche Eigenschaften und Methoden gibt es etc.?

1 Oder auch eine ganz andere Applikation, wie ein Programm mit Netzwerk- oder Datenbankzugriff.

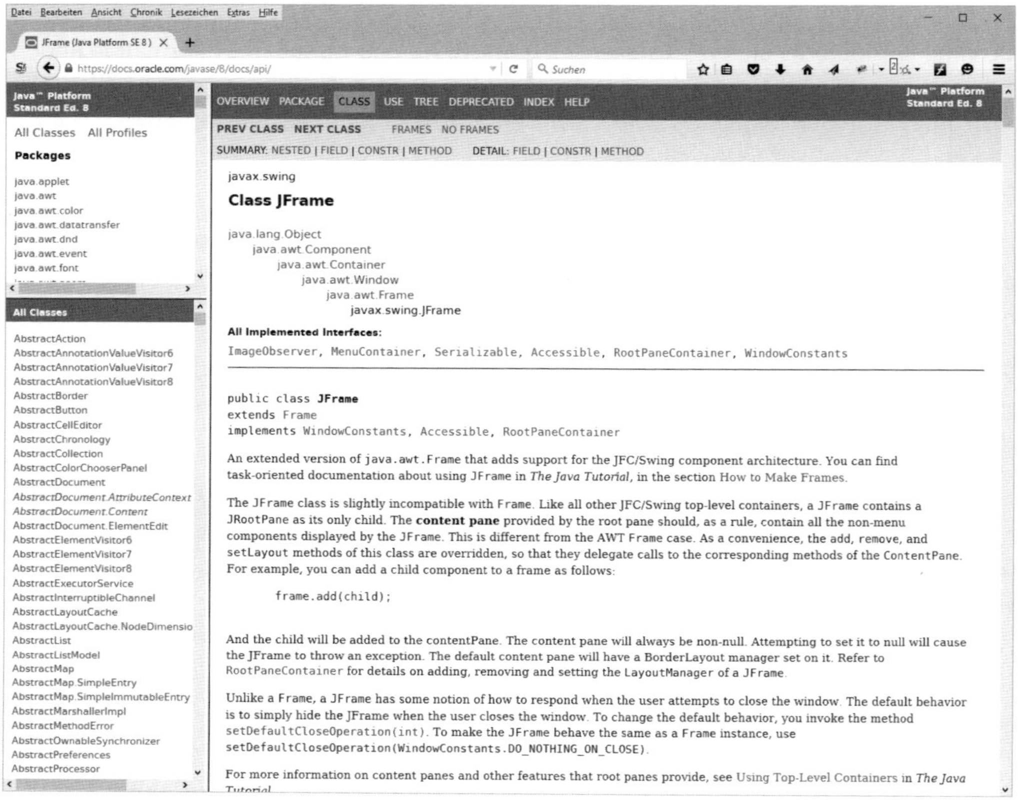

Abbildung 7.3: Details zur Klasse JFrame.

Genauso gehen Sie vor, wenn Sie nun – wie in dem folgenden Listing – die Klassen `JButton` und `JLabel` verwenden wollen. Das entbindet Sie aber noch nicht davon, auch verstehen zu müssen, wie man diese Klassen tatsächlich verwendet.

Aber zumindest sind alle grundsätzlichen Informationen verfügbar. Und wie gesagt – die modernen IDEs bieten direkt aus ihrem Quellcode heraus Zugang zu diversen Hilfeinformationen.

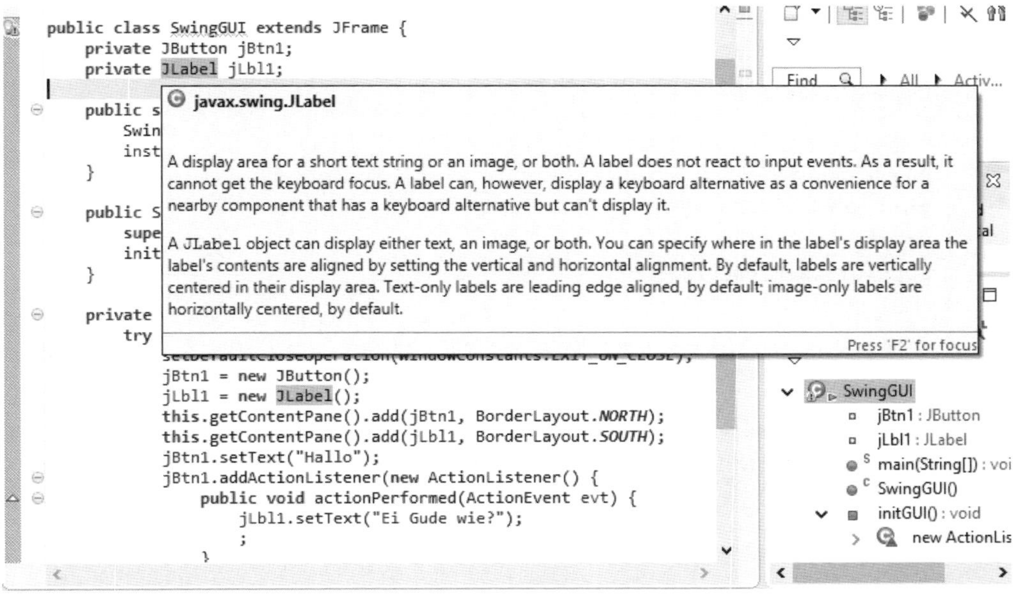

Abbildung 7.4: Eine IDE bietet direkten Zugang zur Hilfe aus dem Quellcode.

Hier ist nun der Quellcode der Datei *SwingGUI.java*:

```
import javax.swing.*;
import java.awt.event.*;
import java.awt.*;
public class SwingGUI extends JFrame {
  private JButton jBtn1;
  private JLabel jLbl1;
  public static void main(String[] args) {
    SwingGUI inst = new SwingGUI();
    inst.setVisible(true);
  }
  public SwingGUI() {
    super();
    initGUI();
  }
  private void initGUI() {
    try {
      setDefaultCloseOperation(
        WindowConstants.EXIT_ON_CLOSE);
      jBtn1 = new JButton();
      jLbl1 = new JLabel();
      this.getContentPane().add(jBtn1, BorderLayout.NORTH);
      this.getContentPane().add(jLbl1, BorderLayout.SOUTH);
      jBtn1.setText("Hallo");
```

```
      jBtn1.addActionListener(new ActionListener() {
        public void actionPerformed(ActionEvent evt) {
          jLbl1.setText("Ei Gude wie?");
          ;
        }
      });
      this.setSize(245, 85);
    } catch (Exception e) {
      e.printStackTrace();
    }
  }
}
```

Das Programm wird als Subklasse von **javax.swing.JFrame** erzeugt. Im überschriebenen Default-Konstruktor wird eine Initialisierungsmethode aufgerufen und in dieser das Layout des Fensters festgelegt, in dem eine Schaltfläche und ein Label auf der Oberfläche platziert werden.

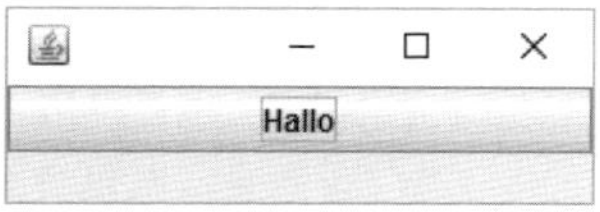

Abbildung 7.5: Eine einfache grafische Applikation – die Schaltfläche wurde noch nicht angeklickt.

Für die Schaltfläche wird eine Reaktion auf den Anwenderklick implementiert. Dabei wird mit einer anonymen Klasse gearbeitet. Mit der Methode `addActionListener()` wird der Schaltfläche ein oben angesprochenes Listener-Objekt angeheftet.

`ActionListener` ist abstrakt und legt die Methode `actionPerformed()` fest, die in der anonymen Klasse dann überschrieben wird und einen Text in dem Label anzeigt.

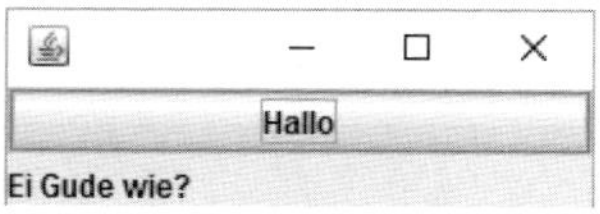

Abbildung 7.6: Die Schaltfläche wurde angeklickt und der Text in das Label geschrieben.

Mit `setDefaultCloseOperation(WindowConstants.EXIT_ON_CLOSE)` legen wir fest, dass ein Klick auf den Schließbutton des Fensters das Programm auch beendet.

Der GUI-Builder von NetBeans

Wie wir bereits bei den einleitenden Beispielen im Buch gesehen haben, besitzt NetBeans einen integrierten GUI-Builder, der sehr verführerisch ist, wenn man grafische Oberflächen erzeugen will[2].

Damit kann man visuell eine Oberfläche erzeugen und rein mit der Maus »zusammenklicken«. Wir haben das ja in einem der ersten Beispiele im Buch auch schon mal so gemacht.

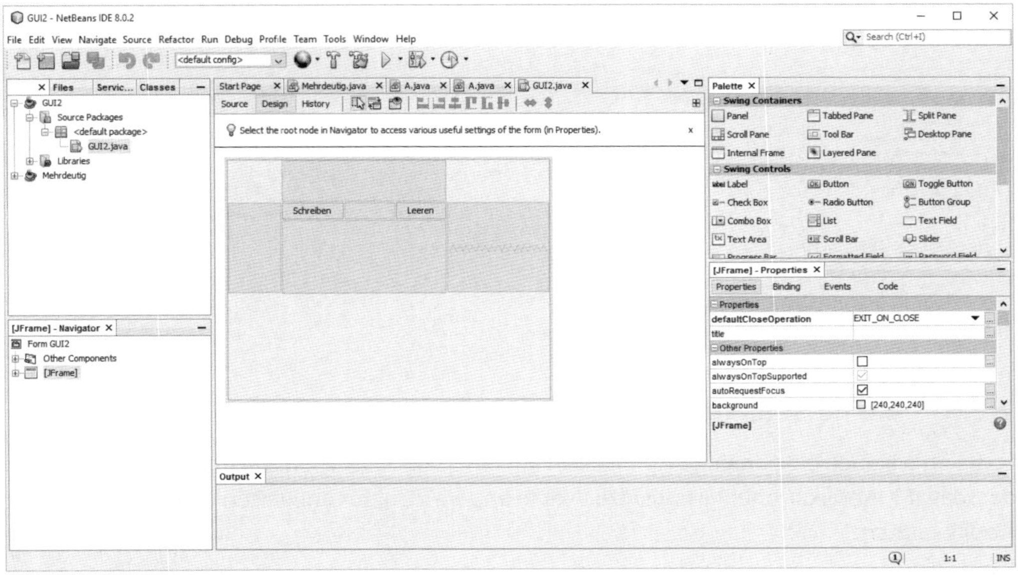

Abbildung 7.7: Eine Swing-Oberfläche wird visuell erzeugt.

Sie sollten aber unbedingt beachten, dass Sie damit nur bis zu einer gewissen »oberflächlichen« Grenze kommen und – trotz des sehr bequemen Vorgehens – verstehen müssen, was Sie da eigentlich tun und wie sich daraus Codestrukturen ergeben und aufbauen.

Mit den Registern *Source* und *Design* am oberen Rand des Editorbereichs von NetBeans können Sie zwischen dem visuellen Design- und dem Quelltextmodus hin und her wechseln.

2 Für Eclipse gibt es auch entsprechende Plug-ins, die man aber nachinstallieren muss.

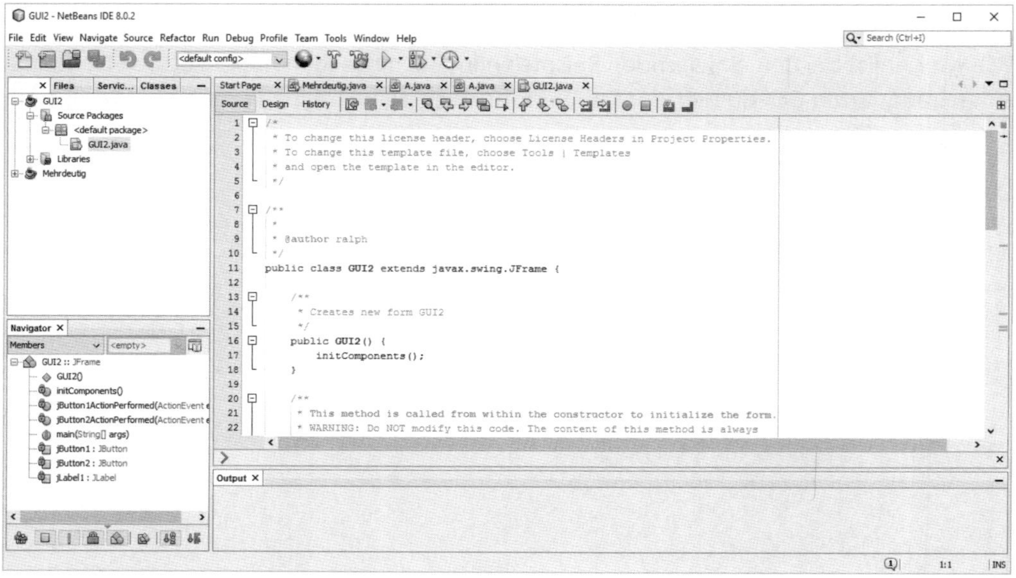

Abbildung 7.8: Die Quellcodeebene derselben Applikation.

7.2.6 Ein Beispiel für eine einfache JavaFX-Applikation

Erstellen wir auch eine analoge Applikation auf Basis von JavaFX. Wobei man festhalten muss, dass JavaFX-Applikationen grundsätzlich eine andere Struktur aufweisen als »normale« Java-Applikationen.

Sie sollten weiter beachten, dass JavaFX nur bei ganz neuen Java-Versionen standardmäßig dabei ist (ab Java 8). Mit älteren Versionen kann man solche Applikationen zwar auch ausführen, muss aber Dinge nachinstallieren und das sprengt unseren Rahmen.

Wenn Sie nun Klassen etc. suchen, finden Sie die Informationen wie eben auch in der Dokumentation.

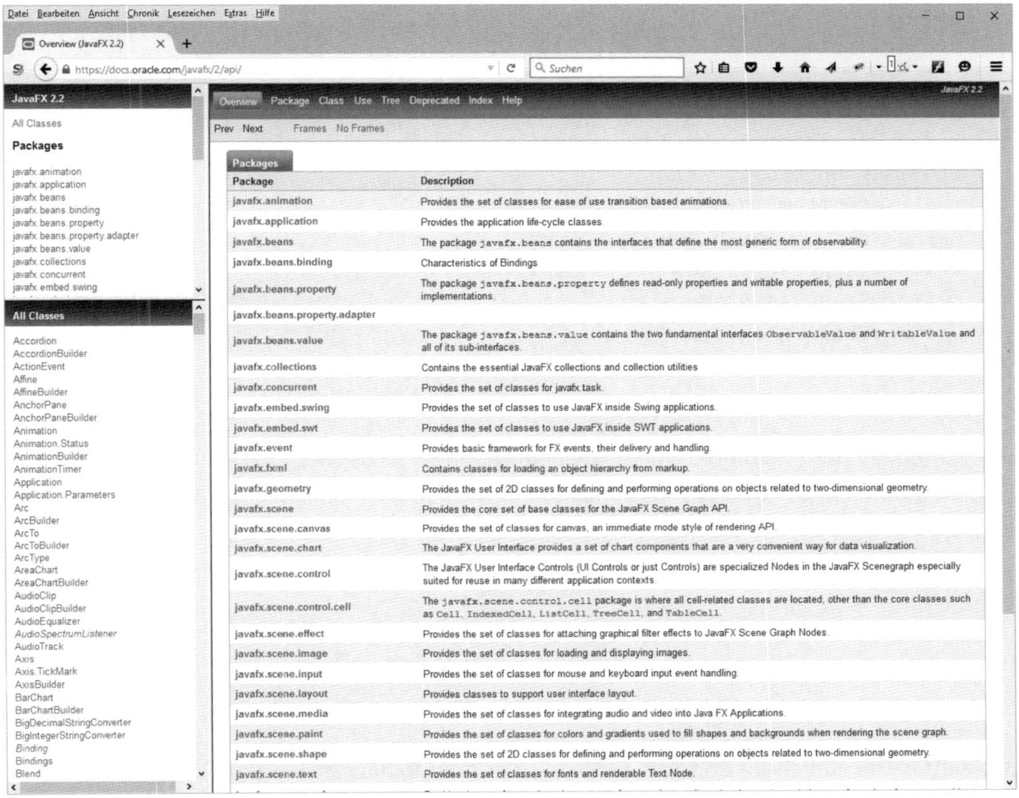

Abbildung 7.9: Die Dokumentation zu JavaFX.

Alle nachfolgend verwendeten Klassen finden Sie hier. Doch hier erst einmal der Code der Datei *JavaFXGUI.java* und des Projekts *JavaFXGUI*:

```
import javafx.application.Application;
import javafx.event.ActionEvent;
import javafx.event.EventHandler;
import javafx.scene.Scene;
import javafx.scene.control.*;
import javafx.scene.layout.*;
import javafx.stage.Stage;
public class JavaFXGUI extends Application {
  @Override
  public void start(Stage primaryStage) {
    Button btn = new Button();
    Label lbl = new Label();
    btn.setText("Hallo");
    btn.setOnAction(new EventHandler<ActionEvent>() {
      @Override
```

```
      public void handle(ActionEvent event) {
        lbl.setText("Ei Gude wie?");
      }
    });
    BorderPane root = new BorderPane();
    root.setTop(btn);
    root.setBottom(lbl);
    Scene scene = new Scene(root, 100, 50);
    primaryStage.setTitle("Hello World!");
    primaryStage.setScene(scene);
    primaryStage.show();
  }
}
```

Betrachten wir anhand dieses Quellcodes die wichtigsten Details, an denen Sie die wegweisendsten Konzepte von JavaFX lernen. Ebenso werden Sie Ähnlichkeiten zu der vorherigen Swing-Applikation erkennen.

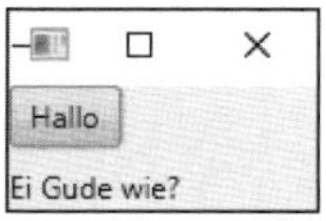

Abbildung 7.10: Die JavaFX-Applikation mit gleicher Funktionalität wie die Swing-Applikation.

Betrachten Sie zuerst die Importe. Diese verweisen nun allesamt auf die JavaFX-API. Damit stehen diese Klassen im folgenden Code wie üblich über eine verkürzte Notation zur Verfügung – sofern die JavaFX-Bibliothek *jfxrt.jar* überhaupt bereitsteht.

Die JavaFX-API im Projekt verfügbar machen – der Classpath

Unter NetBeans ist die JavaFX-API immer automatisch verfügbar, wenn Sie dort ein JavaFX-Projekt anlegen. Unter Eclipse legen Sie dagegen in der Regel ein normales Java-Projekt an und müssen dieses erst über den Befehl *Project/Properties* und im folgenden Dialog in der Kategorie *Java Build Path* auf dem Register *Libraries* auswählen. Über *Add External Jars* wählen Sie die Datei *jfxrt.jar* aus dem *jre/lib* bzw. *jre/lib/ext*-Verzeichnis Ihrer Java-Installation aus und machen diese damit explizit in Ihrem Projekt bekannt.

Damit steht Ihnen die JavaFX-API auch in dem Eclipse-Projekt zur Verfügung. Merken Sie sich diese Vorgehensweise, denn wenn Sie mit externen Bibliotheken arbeiten, müssen diese im Klassenpfad (Classpath) bereitstehen und so fügen Sie diese dem Klassenpfad hinzu. Auch NetBeans stellt die Möglichkeit bereit, wenn eine Bibliothek nicht unmittelbar verfügbar ist, wie es bei der JavaFX-API der Fall ist.

Jedes JavaFX-Programm wird als Subklasse von `javafx.application.Application` erstellt! Das ist eine der wichtigsten Informationen aus diesem Blick in den Quelltext, die Sie sich merken müssen. Es handelt sich hierbei um eine abstrakte Klasse, deren `start()`-Methode Sie überschreiben müssen, da auch diese abstrakt ist.

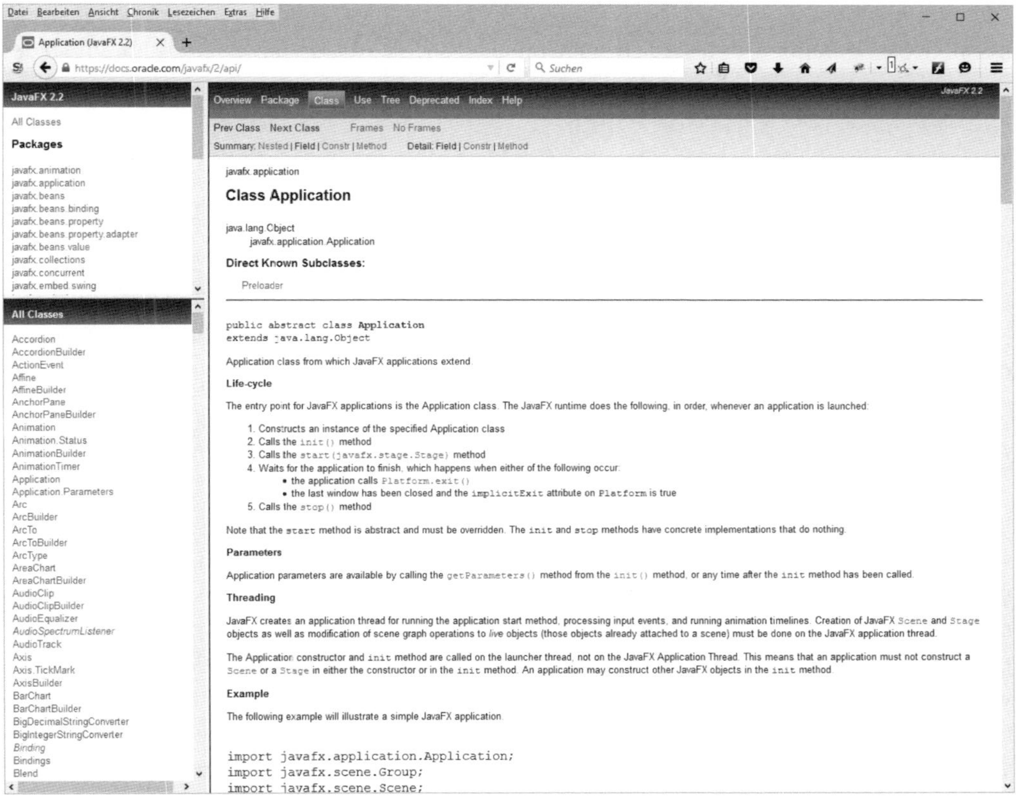

Abbildung 7.11: In der JavaFX-Dokumentation finden Sie alle relevanten Informationen zur Klasse Application.

Die `Application`-Klasse bezeichnet also den Einstiegspunkt für eine JavaFX-Applikation, und die Methode `start()` ersetzt die `main()`-Methode.

Wenn ein JavaFX-Programm gestartet wird, passiert Folgendes:

- Die JavaFX-Runtime ruft beim Erzeugen einer Instanz der spezifizierten `Application`-Klasse zuerst eine `init()`-Methode auf.
- Dann wird die `start()`-Methode aufgerufen.
- Anschließend wartet die JavaFX-Runtime, bis die Applikation beendet wird.

Der Parameter der `start()`-Methode ist vom Typ `javafx.stage.Stage`. Diese Klasse ist der Top-Level-JavaFX-Container. Die oberste Stage (Bühne) wird immer von der Plattform konstruiert (als besagter Parameter von `start()`).

Auf einer Bühne (Stage) werden Sie in der Regel eine oder mehrere Szenen präsentieren. Diese Szenen sind vom Typ `javafx.scene.Scene`. Die Klasse ist der Container für sämtlichen Inhalt in einem Szenegraphen, den Sie sich erst einmal als alle sichtbaren Bestandteile innerhalb des Fensters vorstellen können. Eine Applikation muss den Wurzelknoten für den Szenegraphen angeben. Dazu gibt es die `root`-Property.

Sie sehen nun in dem Quellcode, dass wir eine Schaltfläche und ein Label erzeugen. Ähnlich wie bei Swing, nur entsprechen die Namen wieder den alten AWT-Klassen. Die Komponenten werden der Szene und diese dann dem Hauptfenster hinzugefügt.

Dem Button wird ein Event-Handler zugeordnet. Das ist dem Anheften des Listeners in der Swing-Applikation sehr ähnlich. Wie dort wird eine abstrakte Methode überschrieben – in diesem Fall `handle()`. Und dort erfolgt die Ausgabe in dem Label.

7.3 Multithreading

Im Rahmen moderner Programme ist es oft notwendig, dass mehrere Prozesse parallel ablaufen. Das findet in Java beispielsweise immer statt, obwohl es kaum sichtbar ist. Neben dem normalen Programmablauf gibt es immer einen Hintergrundprozess, der sich permanent um die Speicherfreigabe kümmert (die Garbage Collection), und bei Bedarf einen Prozess, der permanent auf das Auftreten von Ereignissen wartet. Aber diese Anforderungen gehen noch viel weiter. Auch der »normale« Programmablauf kann in Einzelsequenzen unterteilt werden, die man separat unter Kontrolle halten und/oder parallel zu anderen Prozessen ablaufen lassen möchte. All das wird in Java von dem sogenannten **Multithreading**-Konzept erledigt, um das es in diesem Abschnitt des Buches zumindest kurz gehen soll.

Multithreading bedeutet im Wesentlichen, dass mehrere Aufgaben oder Prozesse quasi gleichzeitig ausgeführt werden können. Der Vorgang des Multithreading darf nicht mit Multitasking verwechselt werden.

Ein **Thread** (übersetzt »Faden«, »Faser« oder am besten »Zusammenhang«) bedeutet nicht die quasi gleichzeitige Ausführung mehrerer Programme wie beim Multitasking, sondern die gleichzeitige, parallele Ausführung von mehreren Schritten innerhalb eines Programms. Bei Java ist das Multithreading-Konzept voll integrierter Bestandteil der Philosophie. Zwar wurde Multithreading nicht für Java erfunden, aber intelligent weiterentwickelt. Insbesondere die Synchronisationsanweisungen für den Umgang mit Multithreading sind für Java optimiert worden und machen das Verfahren extrem sicher. Die Schlüsselwörter *synchronized* und *threadsafe* werden zum Markieren von Blöcken und Methoden benutzt, die eventuell vor gleichzeitiger Verwendung geschützt werden sollen (die Behandlung sprengt allerdings den Umfang des Buches und das lassen wir ausdrücklich weg).

Es gibt zwei Wege, wie Sie Teile Ihrer Anwendungen und Klassen in separaten Threads laufen lassen können. Entweder, indem Sie die `Thread`-Klasse erweitern, oder indem Sie die Schnittstelle `Runnable` implementieren. Beide finden Sie im Paket `java.lang`. Damit stehen sowohl die Klasse als auch die Schnittstelle überall zur Verfügung.

7.3.1 Die Klasse Thread

Sie können eine Klasse als `Thread` lauffähig machen, indem Sie einfach die Klasse `java.lang.Thread` erweitern. Dies gewährt Ihnen dann durch Vererbung direkten Zugriff auf alle `Thread`-Methoden.

Threads laufen lassen – run()und start()

In einer explizit als Multithreading-Programm aufgebauten Applikation spielt die `main()`-Methode nicht mehr die absolute Rolle, wie es in einer »normalen« Applikation der Fall ist. Der `main()`-Methode werden eine Art Assistentenmethoden zur Seite gestellt. Die `main()`-Methode reduziert ihre Aufgabe darauf, diesen Assistentenmethoden Aufgaben zu übertragen, was im Prinzip nur bedeutet, sie zu starten. Der Name der Methoden ergibt sich damit recht logisch: `start()`. In einer als Thread lauffähig gemachten Klasse müssen Sie die Methode `run()` überschreiben. Diese hat dann im Wesentlichen die Aufgabe, die in einer »normalen« Applikation `main()` erfüllt. Die Abarbeitung der `run()`-Methode ist der vollständige Lauf eines jeden Threads. Aus der so vorbereiteten Klasse erzeugen Sie dann mit einem der zahlreichen Konstruktoren ein `Thread`-Objekt, das man von der Hauptapplikation aus mit `start()` starten kann. Die Methode löst eine Ausnahme vom Typ `IllegalThreadStateException` aus, wenn ein Thread bereits läuft.

Die Methode run() nicht direkt aufrufen

Die Methode `run()` einer `Thread`-Subklasse sollte nie direkt aufgerufen werden. In diesem Fall wird das als normaler Methodenaufruf interpretiert und nicht als Start eines Threads.

Schauen wir uns ein Beispiel an (Projekt *Multithreading*). Zuerst erstellen wir zwei einfache `Thread`-Klassen. Diese sollen für unsere Zwecke genügen:

```
public class ErsterThread extends Thread {
  public void run() {
    while (true) {
      System.out.println("Das kommt aus Thread 1 ***");
    }
```

```
  }
}
```

Hier ist die zweite Klasse:

```
public class ZweiterThread extends Thread {
  public void run() {
    while (true) {
      System.out.println("***** Thread 2 ist aktiv");
    }
  }
}
```

Die beiden Klassen sind einfach als Ableitungen von `Thread` konzipiert und machen nichts wirklich Spannendes. Die Threads führen in der `run()`-Methode jeweils eine Endlosschleife aus, in der eine Ausgabe erfolgt. Deshalb lässt sich das Programm nur durch die Tastenkombination Strg+C in der Shell oder mit dem Terminierungsbutton der IDE abbrechen.

Wir würden sogar mit einer `Thread`-Klasse auskommen, aber damit die Sache so einfach wie möglich wird, arbeiten wir mit zwei ganz einfachen hartcodierten Ausgaben, die ein `Thread`-Objekt identifizierbar machen.

Hier ist die Klasse, die die zwei Threads erzeugt und einfach startet:

```
public class Threading1 {
  public static void main(String args[]) {
    ErsterThread p = new ErsterThread();
    ZweiterThread q = new ZweiterThread();
    p.start();
    q.start();
  }
}
```

In der eigentlichen Applikation erzeugen wir jeweils ein Objekt der beiden `Thread`-Klassen und starten dann die beiden Threads. Beachten Sie, dass danach die Anweisungen der `main()`-Methode abgearbeitet sind und ein Nicht-Multithreading-Programm unmittelbar beendet werden würde. Insbesondere würde es aber auch gar nicht zum Aufruf von `q.start()` kommen, denn die erste Endlosschleife würde das verhindern. So aber werden Sie sehen, dass beide Threads gestartet werden und die Ausgabe hin- und herwechselt (je nachdem, welcher Thread gerade die Ausgabe erzeugt).

Threads abbrechen

Ein Thread wird beendet, wenn das Ende seiner `run()`-Methode erreicht ist oder das umgebende Programm endet. Es gibt aber auch die Möglichkeit, einen Thread über einen Stoppaufruf an sein Objekt zu beenden oder zumindest zu unterbrechen. Die mittlerweile als deprecated geltende Methode stop() kann das erledigen, aber es gibt mittlerweile eine bessere Variante, die auf den Methoden interrupt(), interrupted() und isInterrupted() basiert.

Diese Technik basiert auf einem Unterbrechungsstatus, der gesetzt werden kann und dann in Form von Botschaften an einen Thread weitergereicht wird. Dieser nimmt den Status ziemlich unmittelbar zur Kenntnis und man kann entsprechende Aktionen auslösen (natürlich erst, wenn dem Thread vom Prozessor wieder Rechenzeit zugewiesen wird).

- Die Methode interrupt() unterbricht den Thread, auf den sie angewendet wird.
- Über die Klassenmethode interrupted() kann man testen, ob ein aktueller Thread unterbrochen wurde. Der Aufruf der Methode löscht den Interrupted-Status des Threads, sodass ein zweiter Aufruf false zurückliefern wird (es sei denn, der Thread ist zwischenzeitlich erneut unterbrochen worden).
- Die Methode isInterrupted() testet ebenso, ob ein Thread unterbrochen wurde, nur wird der Interrupted-Status bei einem Aufruf unverändert gelassen.

Bei allen drei Methoden sollte man beachten, dass man nur mit der Unterbrechung eines Threads agiert, ihn aber noch nicht explizit beendet. Darum muss man sich noch selbst kümmern. Der Unterbrechungsstatus ermöglicht jedoch auf einfache Weise, eine Abbruchanweisung im unterbrochenen Thread auszulösen. Etwa so wie in dem folgenden Beispiel:

```
public class DritterThread extends Thread {
  long erg;
  public void run() {
    while (true) {
      erg++;
      if (isInterrupted()) {
        System.out.println("Erster Thread unterbrochen");
        break;
      }
    }
  }
}
```

Sie sehen wieder eine Thread-Klasse, die in einer Endlosschleife etwas ausführt. Hier wird einfach der Wert der Instanzvariablen erg erhöht. Aber Sie sehen, dass in der Schleife permanent der Interrupt-Status überwacht wird. Wenn eine entsprechende Botschaft kommt, wird die Schleife mit break beendet und damit auch der Thread. Das Signal zum Beenden senden wir in der folgenden Klasse, in der wir auch eine Instanz der Klasse DritterThread erzeugen:

```
public class VierterThread extends Thread {
  DritterThread p = new DritterThread();
  public void run() {
    p.start();
```

```
    while (true) {
      System.out.println(p.erg);
      if (p.erg > 10000) {
        p.interrupt();
        break;
      }
    }
  }
}
```

In der `run()`-Methode dieser Klasse haben wir wieder eine Endlosschleife. Nachdem wir den Thread der Klasse `DritterThread` gestartet haben, überwachen wir den Wert der Eigenschaft `erg`, die in dem anderen Thread erhöht wird. Dabei werden Sie durch die Ausgabe sehen, dass wir hier nicht jeden Erhöhungsschritt in dem anderen Thread mitbekommen, denn wenn der Thread der Klasse `VierterThread` nicht der gerade aktive ist, können wir darin auch nicht die Erhöhung der unabhängig in einem anderen Thread veränderten Variable sehen. Das ist ja gerade der Sinn des Multithreadings. Wenn der Thread jedoch aktiv ist, wird der Wert von `p.erg` überprüft und – falls dieser größer als 10.000 ist – dem Thread, auf den die Variable `p` verweist, mit `interrupt()` das Unterbrechungssignal gesendet.

Und so starten wir den gesamten Vorgang:

```
public class Threading2 {
  public static void main(String args[]) {
    VierterThread q = new VierterThread();
    q.start();
  }
}
```

Sie sehen also, dass man gestartete Threads wieder stoppen kann, wenngleich bei so einer Konstruktion, wie sie hier vorliegt, mit nicht genau vorhersagbarem Ausführungszeitpunkt. Das ist aber im Fall von Multithreading integraler Bestandteil des Konzepts.

Man hat bei vernünftiger Anwendung so gut wie nie genaue Kontrolle über den Zeitpunkt des Abbruchs.

Status eines Threads prüfen

Von Interesse ist in diesem Zusammenhang die finale Methode `isAlive()`, mit der getestet werden kann, ob ein Thread beendet wurde. Falls er noch nicht beendet wurde, wird `true` zurückgegeben.

Threads pausieren lassen

Oft muss man Threads auch in der Geschwindigkeit der Ausführung beeinflussen. Eine sehr interessante Methode ist die Klassenmethode `sleep()`, die Threads pausieren lässt. Damit kann man einen Thread für ein in Millisekunden oder optional Nanosekunden angegebenes Zeitintervall »schlafen legen«. Diese Zeitangaben sind aber unter Umständen sehr ungenau und können von diversen Faktoren abhängen (Betriebssystem, Hardware, parallel laufende Programme etc.). Die Methode wirft eine Ausnahme des Typs `InterruptedException` aus und muss entsprechend in einen passenden `try-catch`-Block eingeschlossen werden. Testen wir die Methode:

```
import java.util.Date;
public class FuenfterThread extends Thread {
  public void run() {
    while (true) {
      Date d = new Date();
      System.out.println("Das Datum und die Uhrzeit: "
         + d.toString());
      try {
        sleep(5000);
      } catch (InterruptedException e) {
        System.out.println(e.getMessage());
      }
    }
  }
}
```

In der Schleife sehen Sie, dass der Thread nach jeder Ausführung 5 Sekunden pausieren soll.

Und so starten Sie den Thread:

```
public class Threading3 {
  public static void main(String args[]) {
    FuenfterThread q = new FuenfterThread();
    q.start();
  }
}
```

7.3.2 Die Schnittstelle Runnable

Wenn Sie eine Klasse in die Lage versetzen, Threads laufen zu lassen, werden Sie unter Umständen auch die Fähigkeiten einiger anderer Klassen erweitern wollen. Da Java keine Mehrfachvererbung unterstützt, können Sie für die Multithreading-Fähigkeit das Alternativkonzept der Schnittstellen verwenden. Sie implementieren einfach die Schnittstelle `Runnable`. Tatsächlich implementiert sogar die Klasse `Thread` selbst `Runnable`. Die Schnittstelle besitzt nur eine Methode: `run()`. Jedes Mal, wenn Sie in einer Klasse `Runnable` implementieren, werden Sie die `run()`-Methode in Ihrer Klasse überschreiben (müssen). Es ist dann wie gehabt die Methode, die all diejenige Arbeit erledigt, die ein oder mehrere Thread(s) tun sollen.

7.4 Assertions

Unter **Assertions** versteht man Behauptungen, die erstmals mit dem JDK 1.4 eingeführt wurden, und die in engem Zusammenhang mit der Ausnahmebehandlung stehen. Die Technik ist nicht für Ihr fertiges Programm bzw. Ihre fertigen Klassen allgemein gedacht, sondern erlaubt Ihnen den gezielten Test einzelner Zustände in Ihrer Applikation. Insbesondere können Sie überprüfen, ob die Bedingungen zum Aufruf einer Methode erfüllt sind. Denn beim Aufruf einer Methode wird häufig von bestimmten Annahmen ausgegangen, die zur korrekten Ausführung erfüllt sein müssen: den sogenannten Vorbedingungen. Und am Ende einer Methode wird ein bestimmtes Ergebnis erwartet. Dies nennt man die Nachbedingung. Im Rahmen der vertragsbasierenden Programmierung wird ja in Java streng auf die Einhaltung solcher Bedingungen geachtet.

Über Assertions können Sie die Erfüllung dieser Bedingungen automatisiert prüfen. Dazu wurde das Schlüsselwort `assert` bereitgestellt. Dieses wird einem Ausdruck vorangestellt, der einen Wahrheitswert liefert. Das ist entweder direkt eine Bedingung, kann aber natürlich auch der boolesche Rückgabewert einer Methode sein, die eine Bedingung prüft. Mit einem Doppelpunkt können Sie optional einen String angeben, der im Fehlerfall ausgewertet werden kann. Liefert der Test im Ausdruck der folgenden Assertion `false`, wird eine Ausnahme des Typs `AssertionError` ausgelöst. Der Fehlerstring steht über das Ausnahmeobjekt zur Verfügung und kann mit der Methode `getMessage()` ausgewertet werden. Liefert der Test hingegen `true`, wird das Programm mit der nächsten Anweisung fortgesetzt. Betrachten wir eine ganz einfache Behauptung (Projekt *Assertions*):

```
import java.util.Random;
public class Annahme1 {
  public static void main(String[] args) {
    int zufall = new Random().nextInt(20);
    assert (zufall < 10) : "Wert ist zu groß";
    System.out.println("Nach der Behauptung");
  }
}
```

Sie sehen hier die Berechnung einer Zufallszahl. Ich treffe jetzt die Annahme, dass diese Zahl nicht zu groß wird. Ist die Zahl größer als 10, liefert die Bedingung meiner Behauptung `false` und die Exception wird geworfen. Natürlich wird das Programm dann wie bei Ausnahmen üblich beendet. Sie können aber ebenso eine qualifizierte Ausnahmebehandlung vollziehen und etwa in dem `catch`-Teil Daten protokollieren.

Ist die Behauptung wahr, wird das Programm einfach fortgesetzt.

Einschalten der Behauptungsauswertung

Achtung – zur Auswertung der Assertions zur Laufzeit muss der Interpreter *java* mit der Option *-ea* aufgerufen werden. Beispiel:

java –ea Annahme1

Ansonsten werden die Assertions nicht beachtet. Natürlich können Sie diese Parameter auch in einer IDE wie Eclipse angeben. Das erledigen Sie unter *Run -> Run Configurations...* und dort im Register *Arguments*. Den Wert tragen Sie bei *VM arguments* ein.

Um die Behauptungen nun im Fall von `false` vernünftig behandeln zu können, baut man rund um eine Behauptung wie gesagt in der Regel eine Ausnahmebehandlung mit `try-catch` auf. Etwa so:

```
import java.util.Random;
public class Annahme2 {
  public static void main(String[] args) {
    int zufall = new Random().nextInt(20);
    try {
      assert (zufall < 10) : "Wert ist zu groß";
    }
    catch(AssertionError e){
      System.out.println(e.getMessage());
    }
    System.out.println("Nach der Behauptung");
  }
}
```

Damit kann man dann natürlich auch mehrere Tests nacheinander durchführen und Fehlersituationen gezielt protokollieren, beispielsweise in einer Datei oder der Fehlerkonsole. Etwa so:

```
import java.util.Random;
public class Annahme3 {
 public static void main(String[] args) {
   int zufall = 0;
   for (int i = 0; i < 20; i++) {
     zufall = new Random().nextInt(20);
     try {
       assert (zufall < 15) : "Wert ist zu groß";
       System.out.println(zufall);
     } catch (AssertionError e) {
       System.err.println(e.getMessage());
     }
```

```
    }
    System.out.println("Tests beendet");
  }
}
```

In einer Schleife wird immer wieder die Bedingung der Behauptung in verschiedenen Situationen überprüft und beim Auswerfen der Ausnahme eine Meldung in die Fehlerkonsole geschrieben. Die anderen Werte werden in der Standardkonsole ausgegeben.

7.5 Fabrikmethoden (Factory) und Fabrikklassen

Wir haben im Laufe des Buches gesehen, dass Sie allgemein mit Konstruktoren Objekte erzeugen. Im Zusammenhang mit der Erzeugung von Objekten spielt auch der Begriff der **Fabrikmethode** (engl. **Factory Method** oder kurz **Factory**) eine Rolle. Eine solche Methode erzeugt ein Objekt und liefert es als Rückgabewert. Von der OO-Theorie her wird eine solche Methode als ein sogenanntes **Entwurfsmuster** gesehen.

Die genaue Definition einer Factory ist umstritten, denn es gibt (mindestens) zwei formale Definitionen, deren Details aber zu weit führen. Wir wollen der Praxis folgen und unter einer Fabrikmethode einfach eine statische Methode verstehen, die ähnlich einem Konstruktor ein neues Objekt erzeugt.

Wann eine Factory verwenden?

Man verwendet in Java eine Factory als Hilfsmittel zum Erzeugen von Objekten, wenn die Erzeugung des Objekts mit einer gewissen internen Logik bzw. nur unter gewissen Voraussetzungen erfolgen muss. In diesem Fall ist die direkte Erzeugung mit dem `new`-Operator alleine entweder nicht möglich oder nicht sinnvoll.

In vielen Fällen rufen Factory-Methoden implizit den `new`-Operator auf, um Objekte zu erzeugen. Nur wird intern eine gewisse Logik und gegebenenfalls Konfiguration durchgeführt, um ein Objekt in der gewünschten Weise zu konstruieren.

7.5.1 Ein erstes Beispiel für eine Factory-Methode

Schauen wir uns beispielhaft in einem neuen Projekt namens *Fabriken* die Implementierung einer Klasse `Fabrik1` an, die eine Methode `create()` zum Erzeugen einer Instanz bereitstellt. Diese wird damit eine erste Version einer sehr einfachen Factory-Methode darstellen:

```
public class Fabrik1 {
   long attr1;
   public static Fabrik1 create(int wert) {
     Fabrik1 tempObjekt = new Fabrik1();
     tempObjekt.attr1 = Math.round(Math.random() * wert);
     return tempObjekt;
   }
}
```

In der Klasse wird eine Instanzeigenschaft deklariert. Die Factory-Methode ist danach deklariert. In ihr wird mit einem Konstruktor ein Objekt der Klasse selbst erzeugt und die Instanzvariable mit einem Zufallswert initialisiert. Die Methode gibt dann das Objekt zurück. Wenden wir die Factory-Methode an:

```
public class NutzeFabriken {
  public static void main(String[] args) {
    Fabrik1 obj = Fabrik1.create(42);
    System.out.println(obj.attr1);
  }
}
```

In dem Programm wird eine Variable des Typs `Fabrik1` angelegt. Das Objekt dieses Typs wird allerdings nicht direkt über den Aufruf des Konstruktors zugewiesen, sondern über den Rückgabewert der Methode `create()`.

Nun könnten Sie allerdings weiter problemlos den Konstruktor der Klasse `Fabrik1` verwenden, um ein Objekt des Typs zu erzeugen. In der Regel setzt man Factory dann ein, wenn man die direkte Erzeugung mit einem Konstruktor gar nicht gestatten möchte.

Um diese Erzeugung zu verhindern, redeklariert man in der Klasse den Default-Konstruktor einfach mit dem Modifizierer `private`. Etwa so:

```
private Fabrik1(){}
```

Dann geht in einer anderen Klasse so etwas nicht mehr:

```
Fabrik1 obj2 = new Fabrik1();
```

Natürlich stellt man dann auch keine parametrisierten Konstruktoren bereit.

7.5.2 Eine erweiterte Logik für das Beispiel

Nun war die Logik, die wir mit `create()` umgesetzt haben, ziemlich einfach. So etwas hätte man auch in einer Redefinition des Default-Konstruktors oder – besser – in einem zusätzlichen parametrisierten Konstruktor erledigen können. In der Tat ist der Aufbau mehrerer Konstruktoren oft ausreichend und Sie müssen gar nicht auf Factory-Methoden zurückgreifen. Viele Programmierer verwenden deshalb gar keine Factory-Methoden. Allerdings kann die Logik beliebig komplex werden und dann ist eine Factory oft eleganter bzw. universeller. Gerade im Hinblick auf sogenannte Entwurfsmuster (Pattern), beim Testen oder wenn mit einer gewissen Logik unterschiedliche Implementierungen eines Typs geliefert werden sollen, ohne dass diese Logik in einem bestimmten Konstruktor stehen soll. Und Letzteres werden wir in `Fabrik2` zeigen:

```
import java.util.Calendar;
public class Fabrik2 {
  long attr1;
  private Fabrik2() {
    attr1 = 7;
  }
  private Fabrik2(int wert) {
    attr1 = Math.round(Math.random() * wert);
  }
  public static Fabrik2 create() {
    Fabrik2 tempObjekt;
    Calendar datum = Calendar.getInstance();
    System.out.println(datum.getFirstDayOfWeek());
    if (datum.getFirstDayOfWeek() < 7)
      tempObjekt = new Fabrik2(datum.getFirstDayOfWeek());
    else
      tempObjekt = new Fabrik2();
    return tempObjekt;
  }
}
```

Sie sehen in der Klasse zwei Konstruktoren, die beide privatisiert wurden. Beim Default-Konstruktor wird die Instanzvariable mit einem konstanten Wert initialisiert. Im parametrisierten Konstruktor hingegen erfolgt die Initialisierung mit einem Zufallswert, der zudem von dem Parameter abhängt.

In der Factory-Methode erfolgt die Auswahl des jeweiligen Konstruktors aufgrund einer Logik, die von der Plattform des Anwenders abhängt. Diese Logik ist also explizit aus der Logik des Konstruktors ausgelagert. Das Verfahren ist damit getrennt oder modularisiert. Konkret schauen wir nach, mit welchem Tag die Woche bei einem Anwender beginnt. Das wird in der Praxis Sonntag oder Montag sein, aber wir behandeln alle Wochentage bis inklusive Samstag gleich und rufen in diesem Fall den parametrisierten Konstruktor auf. Für den Sonntag nutzen wir die redefinierte Standardversion.

So sieht nun unser Programm aus:

```
public class NutzeFabriken {
  public static void main(String[] args) {
    Fabrik1 obj = Fabrik1.create(42);
    System.out.println(obj.attr1);
    Fabrik2 obj2 = Fabrik2.create();
    System.out.println(obj2.attr1);
  }
}
```

Architektur

Es ist wichtig zu verstehen, dass Factory-Methoden keine wirklich neuen Java-Techniken zeigen, sondern nur ein **Architekturmuster** darstellen, mit dem man Logik formal in bestimmte Strukturen packen kann.

7.5.3 Fabrikklassen

Es gibt auch eine konsequente Erweiterung des Konzepts einer Factory-Methode. Das ist die Factory-Klasse bzw. Fabrikklasse. Wobei auch hier wieder verschiedene Definitionen zu finden sind. Allgemein wird hierbei jedoch nicht nur eine einzelne Methode innerhalb der eigenen Klasse für das Instanziieren neuer Objekte definiert. Es gibt eine eigenständige Klasse, die auch in diesem Fall mit einem offengelegten Konstruktor daherkommt und die das Objekterzeugen mittels verschiedener Methoden übernimmt. Die Factory-Klasse selbst wird dann in der Klasse, die ein neues Objekt benötigt, verwendet, um eine Instanz von sich zu erzeugen.

Das kann beispielsweise dann sinnvoll sein, wenn die Erzeugung sehr aufwendig ist und man den Herstellungsvorgang auslagern möchte. Damit ist die Factory selbst auch austauschbar. Ein weiterer Grund für den Einsatz von Factory-Klassen ist, wenn Objekttypen einer Schnittstelle definiert werden. Dort können keine Methoden implementiert werden.

Die Methoden in den Factory-Klassen können als Klassenmethoden implementiert werden, aber auch als Instanzmethoden, da man von der Factory-Klasse ein Objekt erzeugen kann. Meist wird man das auch tun, weil man ja gerade unterschiedliche Logiken beim Erzeugen eines Objekts benötigt und dann individuelle Instanzen der Factory-Klasse mehr Freiheiten bieten.

7.6 Zusammenfassung

Sie kennen nun einige erweiterte Java-Techniken wie das Erstellen grafischer Oberflächen und Multithreading, ohne die man in Java keine anspruchsvollen Applikationen erzeugen kann. Allerdings haben wir diese Themen in unserem Rahmen nur angerissen und Sie sollten sie bei Bedarf und Interesse vertiefen. Gerade für aufwendigere Applikationen (etwa Animationen) wird das Konzept des Multithreadings wichtig werden. Sie haben ja auch einen Einblick in Vorgehensweisen erhalten, wie Sie sich mithilfe der API-Dokumentation neue Java-Techniken (weiter) erschließen können. Assertions und Factories sind jedoch Techniken, die Sie vermutlich erst in Ihrer fortgeschrittenen Java-Karriere benötigen werden.

8 Anhang

8.1 Tieferer Einblick in Eclipse

Eclipse ist eine sehr mächtige IDE. Allerdings ist es auch nicht ganz trivial, damit umzugehen. In diesem Abschnitt finden Sie wichtige Details und Einstellungsmöglichkeiten von Eclipse und Sie erfahren, wie Ihnen Eclipse bei der Erzeugung von Java-Programmen helfen kann.

8.1.1 Die Menüs

Das Hauptmenü von Eclipse hält sich natürlich an die üblichen Standards, die Sie auch sonst in modernen grafischen Programmen finden. Das bedeutet, Sie werden in jedem datenverarbeitenden Programm, das sich an diese Standards hält, ganz links ein Dateimenü vorfinden. Daneben befindet sich das Bearbeitenmenü und ganz rechts steht ein Hilfemenü. Wenn ein Programm mit mehreren Fenstern arbeitet, werden Sie unmittelbar links des Hilfemenüs ein Fenstermenü finden, mit dem die verschiedenen Fenster und alles, was damit zu tun hat, verwaltet werden können.

Weitere Menüs sind jedoch immer davon abhängig, was ein Programm spezifisch leistet, und auch der genaue Inhalt einzelner Menüs umfasst neben den üblichen Standardbefehlen an der jeweiligen Stelle individuelle, programmtypische Befehle. Und diese sind in Eclipse natürlich an den Bedürfnissen der Programmierung orientiert.

Befehle, die in einer spezifischen Phase nicht aktivierbar sind, werden von Eclipse wie üblich grau dargestellt. Ebenso unterstützt Eclipse in der Grundeinstellung die gewohnten Tastaturbefehle für übliche Befehle (etwa Alt+F4 zum Schließen einer Datei oder Strg+F zum Suchen im Text).

- Über das *File*-Menü stehen Ihnen die üblichen Befehle zur Dateiverwaltung zur Verfügung. Sie erzeugen damit neue Dateien und Projekte, schließen eine einzelne oder alle offenen Dateien, speichern Dateien einzeln oder alle offenen Dateien in einem Schritt, drucken eine Datei und beenden Eclipse. Ebenso werden die zuletzt geöffneten Dateien am unteren Ende des *File*-Menüs angezeigt. Das ist so in keiner Weise ungewöhnlich. Aber es gibt auch Besonderheiten, die wir kurz ansprechen wollen. Über das *New*-Untermenü erzeugen Sie etwa grundsätzlich eine neue Datei. Es gibt aber mehrere Dateitypen, die Sie in Eclipse erstellen können. Diese können Sie dann in Untermenüs auswählen. Sie greifen in allen Fällen zum Erzeugen eines Ordners oder einer Datei über *File/New* nicht direkt auf die Verzeichnisstruktur des Rechners zu, sondern verwenden als Wurzel das Workspace-Verzeichnis von Eclipse. Dementsprechend müssen alle Dateien und Ordner einem Projektordner untergeordnet werden. Nur das Projekt selbst können Sie bei Bedarf an einem beliebigen Ort im Verzeichnissystem positionieren. Interessant sind auch die Anweisungen zum Import von Ressourcen zu der Workbench und dem Export aus Eclipse heraus. Mit den beiden entsprechenden Menübefehlen können Sie dies über Assistenten erledigen.

Workspace versus Dateisystem

Projekte und Dateien, die Sie nicht mit Eclipse erstellt haben, sind erst einmal nicht in der Verwaltung des Eclipse-Workspace enthalten, auch wenn sich diese in dem von Ihnen gewählten Workspace-Verzeichnis befinden. Es gibt einen Unterschied zwischen einfach nur in dem Workspace-Verzeichnis gespeicherten Dateien und denen, die als Teil des verwalteten Workspace verstanden werden. Der Workspace ist nicht ein Verzeichnis, sondern eine virtuelle Sicht auf ein Verzeichnis mit ergänzenden Metainformationen. Erst wenn die Dateien importiert wurden, werden sie von Eclipse als Teil des verwalteten Workspaces gesehen. Das bedeutet, dass Sie etwa mit dem Windows-Explorer beliebig Dateien in das Workspace-Verzeichnis kopieren können und Eclipse bekommt das gar nicht mit. Auch wenn Sie Dateien löschen oder umbenennen, wird Eclipse das nicht zur Kenntnis nehmen, was zu unkalkulierbaren Problemen führen kann. Verwenden Sie deshalb zur Dateiverwaltung nur die Eclipse-eigenen Werkzeuge, wenn Sie sicherstellen wollen, dass der Workspace bzw. ein Projekt konsistent bleibt. Teilweise können Sie mit dem Package Explorer arbeiten, aber wir lernen ein anderes Werkzeug zur Dateiverwaltung gleich noch kennen – den Navigator.

- Ganz interessant ist das *Source*-Menü in Eclipse, denn es wird Ihnen eine ganze Menge Arbeitserleichterung bieten. Je mehr Sie mit Eclipse und Java arbeiten, umso mehr werden Sie die Befehle des Menüs bzw. die zugeordneten Tastaturkürzeln zu schätzen wissen. Denn Sie können damit schnell und bequem Dinge im Editor mithilfe von Assistenten, Makros, Schablonen etc. erledigen, die Sie sonst von Hand eingeben müssten und die dann viel länger dauern. Als Beispiele seien nur die automatische Ummantelung von Codezeilen mit Kommentaren bzw. deren Entfernung, die automatische Texteinrückung einer aktuellen Selektion oder die übersichtliche Quelltextstruktur mit automatisierter Codeformatierung genannt. Schauen Sie sich einfach einmal um.
- Das *Run*-Menü dient sowohl zum Ausführen eines Java-Programms als auch spezieller Varianten davon sowie der Konfiguration spezieller Ablaufbedingungen. Eclipse wird bei der ersten Ausführung eines Programms eine neue Konfiguration mit Ablaufbedingungen für ein Programm erzeugen, die mit der Tastenkombination Strg+F11 aufgerufen werden kann. Damit starten Sie das zuletzt ausgeführte Programm neu. Auch in der Eclipse-Symbolleiste finden Sie eine Schaltfläche, mit der Sie ein Programm starten können – den Run-Button. Diesem ist immer die zuletzt ausgeführte Run-Konfiguration zugeordnet, sodass für eine erneute Programmausführung auch ein Klick auf die Schaltfläche genügt. Aber Sie finden auch rechts neben der Schaltfläche einen Listenpfeil. Damit können Sie alle erzeugten Run-Konfigurationen wiederfinden und auswählen. Weitere Anmerkungen sollen an späterer Stelle erfolgen, wenn es sinnvoll ist und wir auch über die dazu notwendigen Java-Kenntnisse verfügen.

- Das *Window*-Menü ist die zentrale Navigationsinstanz in Eclipse, wenn Sie irgendwelche Fenster öffnen, schließen oder anordnen wollen. Sie können etwa über *New Window* eine weitere Eclipse-Instanz öffnen, aber das ist eher unwichtig. Wichtiger hingegen sind die Views und Perspektiven. Eine Perspektive ist in Eclipse nur eine bestimmte Konfiguration von Editoren und internen Fenstern in der Workbench. Diese integrierten Fenster mit ganz bestimmten Aufgaben werden Views genannt und sie gehören zusammen mit bestimmten Menüs zu einer spezifischen Perspektive. Eclipse hat einige dieser Perspektiven als sinnvolle Vorschläge integriert. Sie können aber auch eigene Perspektiven erstellen und speichern. Über *Window/Open Perspective* gelangen Sie an ein Untermenü, über das Sie die verschiedenen Perspektiven anzeigen können. Wählen Sie gegebenenfalls *Others...* und Sie sehen in einem Dialog alle Standardperspektiven in Ihrem Eclipse. Nun bestehen Perspektiven wie gesagt aus einzelnen Ansichten (Views), die immer eine spezialisierte Sicht auf eine bestimmte Situation gestatten. Und diese Views können Sie bei Bedarf auch gezielt öffnen oder schließen – unabhängig von der Perspektive, die nur eine gewisse Vorauswahl an Views bereitstellt. Über *Window/Show view* gelangen Sie an ein Untermenü, über das Sie losgelöst von einer Perspektive die verschiedenen Eclipse-Ansichten anzeigen können. Dieses Untermenü zeigt Ihnen eine Vorauswahl mit Ansichten, die von der ausgewählten Perspektive abhängen. In allen diesen Untermenüs finden Sie jedoch auch hier den Eintrag *Other...* Darüber gelangen Sie an einen Dialog, in dem Sie alle verfügbaren Ansichten auswählen können. Über *Window/Preferences* können Sie die zentralen Einstellungen in Eclipse vornehmen.

8.1.2 Hilfe beim Codieren

Glücklicherweise helfen Ihnen gute Entwicklungsumgebungen wie Eclipse bei der Bewahrung einer übersichtlichen Struktur des Quelltextes. Unter *Java/Code Formatter* stellen Sie dazu verschiedene Verhaltensweisen des Java-Editors ein. Etwa, wie weit er Quelltext automatisch einrückt, ob eine neue Zeile bei einer öffnenden Klammer eines Blocks erzeugt wird etc. Das ist aber in der Regel vernünftig voreingestellt und hilft Ihnen sehr stark, Strukturfehler (etwa eine nicht geschlossene Klammer) in Ihrem Quellcode zu entdecken.

Die automatischen Codeformatierungen können Sie auch nachträglich auf Quellcode anwenden und schlampig notierten Quellcode mit einem Befehl in Form bringen. Dazu klicken Sie im Editor mit der rechten Maustaste in den Quellcode und wählen aus dem Kontextmenü *Source/Format*. Oder Sie verwenden die Tastenkombination [Strg]+[⇧]+[F]. Sofern Sie einen Teil des Codes selektiert haben und er eine syntaktisch abgeschlossene Einheit (eine Klasse, eine Methode etc.) bildet, wird nur dieser formatiert.

Viel Arbeit können Sie sich auch mit Editor-Einstellungen, Vorlagen und Codevervollständigung sparen. Denn Eclipse generiert viel Code automatisch und hilft Ihnen dabei, ziemlich standardisierte Tipparbeit zu umgehen. In dem Menü *Code Generation* können Sie dabei zahlreiche Details spezifizieren, wie Ihnen Eclipse dabei helfen kann. Vor allem der Bereich *Java/Code Style/Code Templates* ist eine wahre Schatztruhe, um Ihnen Schreibarbeit abzunehmen.

Ein großer Teil des generierten Quellcodes basiert auf Vorlagen (sogenannten Templates). Hier können Sie für verschiedene Situationen festlegen, welche Codestrukturen (aber auch Kommentare) beim Anlegen von Java-Strukturen generiert werden sollen.

Ein richtig mächtiges Werkzeug zur Arbeitserleichterung in Eclipse ist der Editor. Wenn Sie in dem Editor ein Java-Objekt notieren und dann einen Punkt, erscheint ein Einblendmenü. Dort sehen Sie alle Elemente, die Ihnen das Objekt zur Verfügung stellt. Hier können Sie einfach auf einen Eintrag klicken und der Editor übernimmt das Codesegment. Das dürfte Ihnen schon beim ersten Eclipse-Beispiel aufgefallen sein.

Die Vorschlagsliste manuell öffnen

Auch diese Codesegmente können Sie konfigurieren, was aber meist nicht notwendig ist. Wichtiger ist, dass Sie die Hilfefunktionen auch manuell aufrufen können, wenn sie gerade nicht sichtbar ist und Sie keinen Punkt notieren wollen. Drücken Sie einfach hinter dem Punkt die Tastenkombination [Strg]+[ ].

Grundsätzlich unterstützt der Java-Editor in Eclipse sogenannte Syntaxhervorhebung. Das bedeutet, der Editor zeigt Ihnen unterschiedliche Strukturen im Quelltext mit verschiedenen Farben an. Das ist ein unschätzbares Feature, um Fehler im Quelltext zu lokalisieren und den Überblick über verzwickte Codestrukturen zu behalten. Dazu stellt Ihnen der Editor auch andere Informationen (Fehler, Warnungen, Zeilennummern, PopUp-Infos etc.) unterschiedlich dar und erleichtert damit den Überblick.

8.1.3 Ein Blick auf die Eclipse-Projektstruktur

Werfen wir einen kurzen Blick auf die physikalische Projektstruktur, die Eclipse bei einer Java-Applikation standardmäßig anlegt. Sie sollten dazu einen weiteren View namens *Navigator* öffnen. Das ist das Dateiverwaltungswerkzeug unter Eclipse, das in etwa dem Windows-Explorer entspricht. Nur werden Arbeitsschritte, die Sie im Navigator ausführen, in der Verwaltung von Eclipse explizit zur Kenntnis genommen und Ihr Workspace bzw. Ihr Projekt bleibt konsistent.

Standardmäßig wird der Navigator in dem gleichen Bereich der Workbench angezeigt, in dem sich auch der Package Explorer befindet (in der Java-Perspektive in der Grundeinstellung auf der linken Seite als überlagernde Register). Das ist auch logisch, weil beide Views eine ähnlich gelagerte Sicht auf Ihr Projekt bieten. Während der Package Explorer eine Art virtuelle Sicht darstellt, sehen Sie im Navigator hingegen genau die Dateien, die sich im Projektverzeichnis selbst befinden.

In dem Package Explorer werden Ihnen alle Quellressourcen angezeigt, die das neue Projekt verwaltet. Egal ob sie sich in dem Projektverzeichnis befinden oder nur eingebunden werden. Sie sehen da insbesondere auch die gesamten Pakete der JRE. Wenn Sie diesen Zweig expandieren, werden Sie da unter anderem die Datei *rt.jar* finden. Der Name steht für ***Runtime*** und das sagt deutlich, dass es sich um die Java-Laufzeitbibliothek handelt. Was Sie im Package Explorer aber nie sehen, sind die lauffähigen Resultate Ihrer Java-Applikation. Diese finden Sie an anderer Stelle.

Sie sehen in der Navigator-Ansicht, dass sich im Projektverzeichnis neben dem Verzeichnis *src* ein Verzeichnis *bin* befindet. Wenn Sie es öffnen, können Sie erkennen, dass sich nach der Übersetzung des Quelltextes hier die generierte lauffähige Datei befindet (und auch alle binären Bytecodedateien sind hier zu finden).

Quellcode und Binärcode separieren

Es ist in der Praxis üblich, dass man die Quellcodedateien und die binären lauffähigen Resultate strikt trennt. Das erleichtert sowohl die Wartung von Applikationen als auch die spätere Weitergabe der lauffähigen Resultate. Denn die Quellcodedateien gibt man ja in der Regel nicht weiter, wenn man ein Programm veröffentlicht. In der Konfiguration von Eclipse können Sie diese Aufteilung zwar beeinflussen, aber Sie sollten diese Vorgabe unbedingt einhalten.

Außerhalb der beiden Ordner *src* und *bin* befinden sich weitere Verwaltungsdateien, die meist auf XML basieren.

8.2 Das Deployment und Java Web Start

Wenn Sie Ihre Java-Programme erstellt haben, werden Sie diese möglicherweise an andere Personen weitergeben wollen. Dies nennt man dann Deployment und das meint verteilen und an anderer Stelle ausführen. Es bedeutet sowohl die Weitergabe als auch die Einrichtung lauffähiger Anwendungen. Im Fokus stehen hier Java Web Start und JAR-Dateien.

Java Web Start beschreibt eine Technologie, mit der Sie Java-Programme auf verschiedenste Weise aufrufen können – sogar über das Internet. Die Ausführung von Java-Applikationen ist aber in ein Sicherheitskonzept integriert. Deshalb muss ein Anwender die erste Ausführung von Java-Anwendungen, die aus unbekannten bzw. nicht vertrauenswürdigen Quellen kommen, in der Regel zuvor bestätigen.

Das ist zwar etwas unbequem und wird die Akzeptanz bei Laien möglicherweise erschweren, ist aber – gerade wenn Java-Applikationen von externen Quellen kommen – sehr wichtig.

8.2.1 Erstellen von JAR-Dateien

Es gibt verschiedene Möglichkeiten, eine JAR-Datei zu erzeugen. Am primitivsten funktioniert das mit dem JDK-Programm jar, das einfach von der Kommandozeile aus aufgerufen und mit verschiedenen Parametern konfiguriert werden kann. Dazu verwenden Sie die folgende schematische Syntax:

jar cf JARDatei.jar Datei

Dies erstellt eine neue JAR-Datei (die erste Datei) und fügt die zuletzt angegebene Datei dem Archiv hinzu. Etwa so:

*jar cf JavaApplication.jar *.class*

Allerdings sind wir mit dem Hinzufügen der Klassendateien noch nicht fertig. Wenn Sie Ihre Java-Applikation für einen Anwender aus der Konsole mit dem Interpreter oder gar direkt per Doppelklick startbar machen wollen, muss eine der ausgelieferten JAR-Dateien ein sogenanntes Manifest enthalten. Das ist eine reine Textdatei mit Metainformationen. Ein sehr einfaches, aber dennoch oft ausreichendes Manifest sieht z. B. so aus:

Programmcode Start

Manifest-Version: 1.0

Class-Path: .

Main-Class: de.rjs.rjskryp.RJSKryp

Programmcode Stop

Das Attribut *Main-Class* legt fest, welche Klasse aus der JAR-Datei ausgeführt werden soll. Im Fall von Java muss diese Klasse natürlich über eine Methode `public static void main(String [] args)` verfügen.

Das Manifest speichern Sie nach der Erstellung beispielsweise als Textdatei (am besten mit der Dateierweiterung *.MF*) im Projektverzeichnis und fügen es einer bestehenden JAR-Datei an. Zum Beispiel mit dieser schematischen Syntax auf Kommandozeilenebene:

jar ufm JARDatei.jar Manifest-Datei

Allerdings ist der Umgang mit dem jar-Tool des JDK wie gesagt recht mühsam und oft passen die Optionen und Parameter nicht richtig, wenn man nicht aufpasst.

Zum Hinzufügen von Dateien zu einem JAR-Archiv können Sie mittlerweile auch viele grafische Komprimierungsprogramme oder unsere Referenz-IDEs verwenden. In Eclipse können Sie etwa mit *FILE/EXPORT...* unter der Kategorie *Java* eine JAR-Datei (auch startbar) erzeugen. Das ist natürlich sehr einfach.

8.2.2 Die Launch-Datei

Wenn eine JAR-Datei direkt ausführbar sein soll, legen Sie im folgenden Schritt eine sogenannte Launch-Konfiguration (also im Wesentlichen das auszuführende Projekt) und das Ziel des Exports fest. Java-Anwendungen können damit sowohl lokal bereitgestellt als auch von einem Webserver heruntergeladen werden. Als universelle Lösung zum Starten von Java-Applikationen gibt es bereits seit Java 1.4 Java Web Start. Allgemein ist das Geniale an Web Start, dass Java-Applikationen damit vollkommen einheitlich sowohl über das Internet oder ein lokales Intranet verteilt und auf Clientrechnern gestartet als auch rein lokal ausgeführt werden können. Und dies im Fall des Starts über ein Netzwerk, ohne dass vom Benutzer Installationsdateien geladen und installiert werden müssen. Eine Installation ist aber ebenso möglich.

Die Applikation läuft nach dem Laden als eigenständiges Java-Programm auf der lokalen Maschine im Rahmen einer Sandbox, für die verschiedene Sicherheitsregeln konfiguriert werden können. Dies bedeutet, dass ein mit engen Sicherheitsregeln gestartetes Programm auf dem Rechner des Benutzers in der Regel keinen Schaden anrichten und höchstens mit dem Server, von dem es geladen wurde, Daten austauschen kann. Wenn ein Anwender jedoch einer Applikation die notwendigen Rechte einräumt, kann diese wie ein normales natives Programm auf einem Rechner all das tun, was einer Applikation üblicherweise erlaubt ist.

Über Java Web Start wird eine Applikation in der Regel einfach auf einem Webserver zum Download bereitgestellt. Aber eben auch ein rein lokaler Start ohne Webserver ist möglich. Die zentrale Datei ist dabei eine spezielle XML-Datei mit der Dateierweiterung *.jnlp*. Diese beschreibt die einzelnen Komponenten der Anwendung.

8.2.3 Die Sicherheitsmechanismen

Java benutzt beim Laden einer Applikation über Web Start einen Sicherheitsmechanismus. In der Regel müssen bei einer solchen fremden Applikation, die auf einen Clientrechner gelangt, alle verwendeten JAR-Dateien bzw. Ressourcen und Bibliotheken signiert sein. Anhand solch einer Signatur entscheidet der Benutzer, ob er der Quelle des Programms vertraut und das Programm wirklich ausführen will.

Als Entwickler müssen Sie Ihrer Applikation eine solche Signatur hinzufügen. Das Verfahren ist nicht ganz einfach und bei einer echten Signatur auch nicht ganz billig. Wir vertiefen das Thema hier nicht weiter, aber ohne eine Signatur können Sie in der Regel Ihre Applikationen per Java Web Start nicht deployen. Zudem muss auch der Anwender selbst die Ausführung von Java per JWS aktivieren und wird trotzdem mit Warnungen konfrontiert. Das schadet der Praxisrelevanz von JWS leider ziemlich.

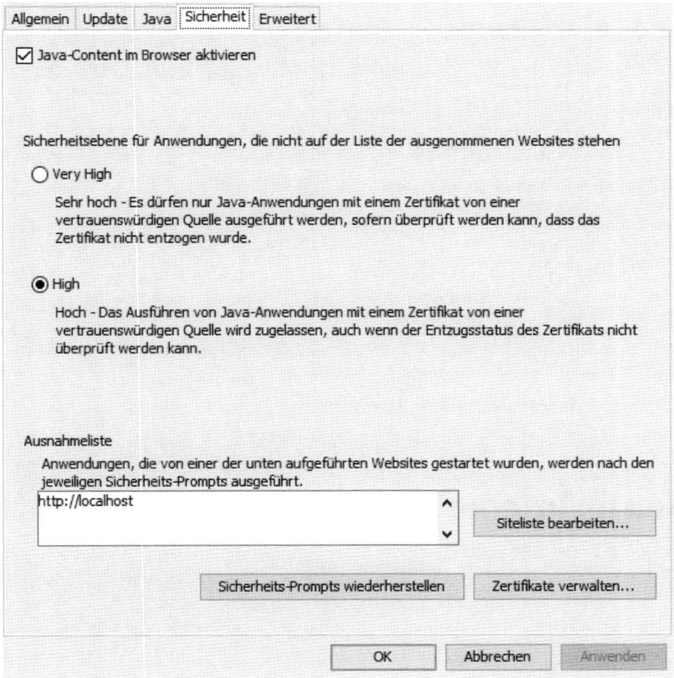

Abbildung 8.1: Ein Anwender muss das Ausführen per JWS explizit freischalten.

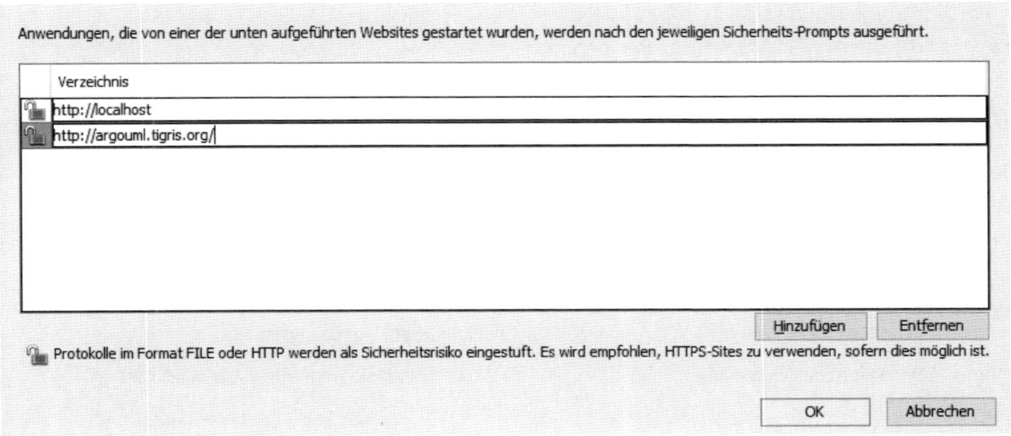

Abbildung 8.2: Ein Webserver wird als vertrauenwürdig angegeben.

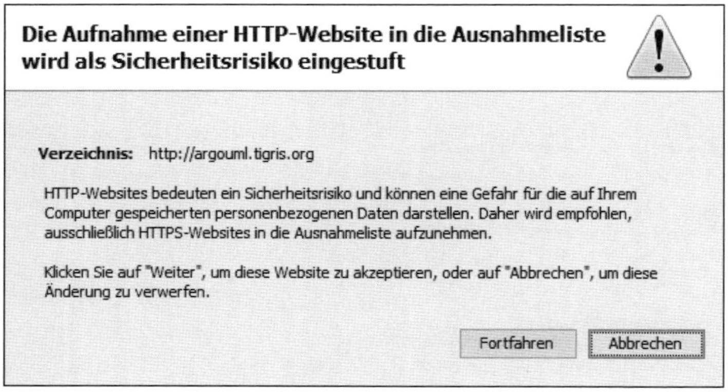

Abbildung 8.3: Trotzdem kann es immer noch zu Sicherheitswarnungen kommen.

8.3 Quellenangaben im Internet

URL	Beschreibung
http://argouml.tigris.org/	ArgoUML
http://blog.rjs.de	Blog des Autors
http://dia-installer.de/	Dia
http://javafx-buch.de	Webseite des Autors zu JavaFX
http://meesoft.logicnet.dk/DiagramDesigner/	Diagram Designer
http://netbeans.org/downloads/index.html	NetBeans
http://www.ajax-net.de	ein Portal vom Autor zu Ajax
http://www.eclipse.org	Eclipse
http://www.oracle.com/technetwork/java/javase/downloads/index.html	die Java-Seiten von Oracle
http://www.oracle.com/technetwork/java/javase/downloads/sb2download-2177776.html	der Scene Builder
http://www.rjs.de	Webseite des Autors
https://docs.oracle.com/javafx/2/api/	API-Dokumentation von JavaFX 2.2
https://docs.oracle.com/javase/8/docs/api/	Dokumentation der Java-Standard-API
https://notepad-plus-plus.org/	Notepad++

Index

F

G

H

I

L

M

N

O

P

Q

R

S

W

Z